DROIT CONSTITUTIONNEL ET ORDONNANCES DANS LES ÉTATS D'AFRIQUE NOIRE FRANCOPHONE

Bénin, Burkina Faso, Burundi, Cameroun, Comores, Congo, Côte d'Ivoire, Djibouti, Gabon, Guinée, Madagascar, Mali, Mauritanie, Niger, République centrafricaine, République démocratique du Congo, Rwanda, Sénégal, Tchad et Togo

Saidou Nourou Tall
Professeur de Droit public

DROIT CONSTITUTIONNEL ET ORDONNANCES DANS LES ÉTATS D'AFRIQUE NOIRE FRANCOPHONE

Bénin, Burkina Faso, Burundi, Cameroun, Comores, Congo, Côte d'Ivoire, Djibouti, Gabon, Guinée, Madagascar, Mali, Mauritanie, Niger, République centrafricaine, République démocratique du Congo, Rwanda, Sénégal, Tchad et Togo

Préfaces des Professeurs Babacar Kanté et André Cabanis

L'Harmattan Sénégal

10 VDN, Sicap Amitié 3, Lotissement Cité Police, DAKAR

http://www.harmattansenegal.com
senharmattan@gmail.com
senlibrairie@gmail.com

ISBN : 978-2-343-24167-8
EAN : 9782343241678

DÉDICACE

Aux Enseignants chercheurs des Sciences Juridiques et Politiques, toutes générations confondues du CAMES

REMERCIEMENTS

L'auteur tient à exprimer sa gratitude et ses sincères remerciements :

- ➢ aux Professeurs André Cabanis, Babacar Kanté, Boubacar Ba et Paterne Mambo ;
- ➢ à ses doctorants, docteurs et collègues du Bénin (Marie Akpotrossou), du Burkina Faso (Boukary Sawadogo, Emile Ouedraogo et Djaminatou Zombré), de la Guinée (Abdourahmane Wassalo Diallo), du Mali (Oumar Toumaly Diallo, Aboubacry Sidiki Fomba et Mahamadou Sanogo), du Niger (Moussa Ada et Alassane Soufouyanou Abdourahimoune), des Comores (Iddy Soidrouddrine Boina), et du Sénégal (Issoufou Adamou, Nfally Camara, El Hadj Oumar Diop, Moussa Diop et Mamadou Yaya Diallo), pour l'aide inestimable à la recherche documentaire ;
- ➢ à sa très chère famille pour sa présence et ses encouragements ;
- ➢ au Doyen de la Faculté des Sciences Juridiques et Politiques de l'Université Cheikh Anta Diop, le Professeur Alassane Kanté et à l'ensemble des personnels enseignant et de recherche, administratif, technique et de service, pour l'amitié et le soutien indéfectibles ;
- ➢ à Mme Anna Diaw Mboup, Chef du Service informatique de la FSJP pour la mise en forme du manuscrit.

Préface du Professeur Babacar Kanté

C'est une véritable somme sur les ordonnances que le professeur Saidou Nourou Tall nous livre à travers cet ouvrage intitulé : « Droit constitutionnel et ordonnances en Afrique noire francophone ». *On pensait pourtant qu'il tenait déjà son manuel, comme on le dit des professeurs qui ont publié un ouvrage de référence, avec la publication, en 2012, de* « Théories et réalités du droit international humanitaire. Contribution à l'étude de l'application du droit des conflits en Afrique noire contemporaine ». *Mais, insatiable, il a poursuivi avec* « Droit des organisations internationales africaines », *paru en 2015, suivi en 2018, comme en guise de complément, de* « Droit du contentieux international africain ». *C'est à croire que le professeur TALL s'est imposé une discipline pour nous gratifier d'une production scientifique triennale. « Pourvu que ça dure », serait-on tenté de dire.*

Mais ce « Droit constitutionnel et ordonnances en Afrique noire francophone » *a une histoire qui le singularise parmi les travaux du professeur Tall. Après avoir publié, en 2004, à la Revue EDJA un article sur* « Les ordonnances en Afrique noire francophone » *dans la perspective de la préparation du concours d'agrégation de 2005, qu'il a d'ailleurs brillamment réussi, il a, curieusement, décidé de reprendre le même sujet. Ce choix inhabituel est, en réalité, le résultat de deux facteurs. D'une part, la fortune de cet article, les observations des collègues au fil du temps, d'autre part, et surtout, l'actualité des coups d'État et la pandémie du coronavirus imposant un recours aux ordonnances ont vaincu ses hésitations et l'ont encouragé à entreprendre un travail d'approfondissement, de densification du tissu normatif et jurisprudentiel de l'article, pour offrir à la communauté doctrinale un produit plus abouti.*

C'était un pari audacieux : il s'exposait en effet au risque soit de se répéter soit de se contredire. Mais, finalement, il l'a gagné. Ce qui rend cet ouvrage digne d'estime est que l'auteur procède non seulement à une exhumation, mais encore, à une résurrection d'une notion qui a connu une errance, une pérégrination jalonnée de vicissitudes. La pratique des ordonnances a en effet fini par lasser les puristes normativistes qui ont peut-être décidé de les reléguer aux oubliettes à la manière des personnes dont on voulait se débarrasser et qu'on emprisonnait jadis dans des cachots.

Le professeur Tall, comme pour prouver que la notion d'ordonnance mérite un meilleur sort que celui qui lui est réservé par les régimes politiques africains contemporains, est allé la sortir de l'oubli des profondeurs de l'histoire de la France. Il consacre de longs passages aux origines de la notion, qui n'ont pas manqué de réveiller en moi des souvenirs de mes débuts de carrière, que les jeunes ne peuvent pas connaître. En ce temps-là, le droit africain n'offrant pas suffisamment de matière, on insistait sur la possession des notions fondamentales en passant notamment par la distinction entre règlement d'administration publique, décret-loi et ordonnance. Peut-on lui reprocher un tel retour aux sources ? On peut l'approuver ou le désapprouver, mais le fait est là : le droit des pays d'expression française trouve encore largement ses sources matérielles, pour l'essentiel, dans le droit français. Cette situation a finalement donné l'occasion au professeur d'écrire de très belles pages sur l'histoire parfois inconnue et souvent méconnue des ordonnances.

Mais même quand l'auteur retombe sur ses pieds à travers l'analyse de l'usage des ordonnances dans les pays qui constituent le champ de son étude, il ne s'éloigne pas pour autant de la comparaison avec la France. Cependant, c'est pour montrer, cette fois, que les enjeux ne sont pas les mêmes. L'évolution plus ou moins récente des ordonnances dans ce pays de référence, avec le refus par le président de la République de les signer en 1986 et, plus récemment, les décisions du Conseil constitutionnel des 20 mai et 3 juillet 2020 leur attribuant, par un raisonnement contra legem, un régime juridique opposé aux dispositions pourtant claires de l'article 38 de la Constitution, a suscité un regain d'intérêt pour la notion. Dans les pays sous étude, il en est de même, mais malheureusement, pour d'autres raisons.

L'étude des ordonnances dans les vingt pays choisis à travers, d'une part, la diversité de leur nature et, d'autre part, la complexité de leur encadrement, c'est-à-dire de leur régime juridique, finit par révéler que la notion a, en réalité, une identité plurielle. Il y est fait un usage abusif tel que les ordonnances, selon la taxinomie que l'auteur en établit, échappent à l'orthodoxie juridique. Fabriquées dans des officines présidentielles comme des boîtes à outils, elles répondent à d'autres préoccupations qui ne sont pas toujours saisissables par les juristes classiques. Ainsi, les régimes d'exception issus de coups d'État militaires ont usé et même abusé de cette pratique au point de créer ce qui ressemblerait à un droit constitutionnel de la Transition. L'ouvrage contribue ainsi grandement à sortir les ordonnances de l'oubli à travers l'analyse du contexte politique africain assez particulier, pour ne pas dire plus, qui les produit.

À côté des ordonnances prises dans les pays n'ayant pas connu de rupture du fonctionnement régulier de leurs institutions, et qui remplissent une fonction bien connue en droit constitutionnel classique, l'auteur en identifie en effet d'autres, d'un type nouveau, assujetties à un régime juridique en marge des canons traditionnels. Le contexte politique instable des pays concernés a ainsi donné naissance à des ordonnances ayant eu des effets inconcevables dans un monde idéal comme la suspension de la Constitution, la dissolution des institutions constitutionnelles notamment le Gouvernement et l'Assemblée nationale et, en définitive, la mise en place de nouveaux organes. Ces ordonnances prennent d'ailleurs des appellations différentes en fonction des pays et des circonstances. Elles gardent cependant quelques caractéristiques communes mises en lumière par l'auteur : d'une part, elles sont généralement prises par des autorités de fait ou des régimes d'exception et, d'autre part, elles perturbent la hiérarchie des normes établie par l'ordre dit ancien. Comme pour compliquer la situation, la lutte contre la pandémie du nouveau coronavirus a donné lieu à un autre type d'ordonnances requises par les circonstances exceptionnelles, ou particulières, à caractère sanitaire.

Pour oser entreprendre l'étude de ces instruments de nouvelle génération, promouvant un autre ordre prétendument constitutionnel, mais en réalité a-juridique, inconnu jusqu'à la multiplication des coups d'État dans l'espace objet de l'étude, il fallait un changement de représentation du droit qui repose sur un courant de pensée classique dominant. Dans une approche privilégiant le droit en contexte, l'auteur ressuscite les ordonnances en leur redonnant une seconde vie, mais sans en approuver la pratique, par une analyse tenant compte du réalisme juridique. Il fallait, pour ce faire, bénéficier d'une solide culture juridique et d'une grande expérience. Les ordonnances sont, en effet, malheureusement devenues aujourd'hui, sous nos cieux, l'antipode du constitutionnalisme. D'instrument d'action du pouvoir exécutif pour faire face à l'urgence ou aux situations exceptionnelles en vue de remplir sa mission de satisfaction de l'intérêt général, les ordonnances sont en passe de devenir des voies de contournement du principe de constitutionnalité. Par leur usage inapproprié, des autorités en quête de légitimité et de légalité, dévoient cet outil de sa fonction originelle et produisent ainsi des règles dont, aussi bien la nature que la valeur juridique, interpellent les juristes orthodoxes.

Il se crée alors aujourd'hui, sous nos yeux en Afrique, un droit censé accompagner ce qu'il est convenu d'appeler malencontreusement d'ailleurs les transitions, qui correspondent à des situations découlant de coups d'État ou de crises politiques. Ce droit de la transition, appelé ailleurs droit transitoire, soulève de redoutables questions politico-juridiques dont on n'a pas fini de prendre conscience des difficultés. Il pose des problèmes d'une complexité infinie, qui curieusement, ne semblent pas beaucoup intéresser les chercheurs africains qui y sont pourtant confrontés au quotidien, sauf peut-être lorsqu'il s'agit d'analyser les révisions des dispositions constitutionnelles portant sur des articles relatifs au lancinant problème de la durée ou au nombre de mandats du président de la République. En réalité, ce droit de la transition, tel qu'il est conçu en Afrique francophone, revient à reconsidérer et à remettre en cause deux principes fondamentaux au moins : celui régissant l'application de la loi dans le temps et celui concernant la hiérarchie des normes.

Mais, en plus de l'audace de les aborder, le professeur Tall y est allé de très belle manière. L'analyse est séduisante et convaincante. On se demande d'ailleurs si l'auteur a voulu produire un manuel conforme à un programme d'enseignement, notamment de master, ou un ouvrage sous forme d'essai, une réflexion libre sur les ordonnances. La valeur pédagogique du livre est certainement la première qualité qui frappe le lecteur dès l'introduction. Le soin tout particulier que l'auteur met à définir constamment les notions et concepts méthodologiques qu'il utilise est même parfois surprenant. On y retrouve avec plaisir des incursions en droit administratif, alors que le sujet est censé porter sur le droit constitutionnel.

Il est vrai, il faut le lui concéder, que le régime des ordonnances est à la lisière du droit constitutionnel. Mais les développements consacrés à l'actualité, notamment à la crise sanitaire qui est devenue un nouvel enjeu juridique, révèlent la détermination de l'auteur à s'attaquer, avec succès d'ailleurs, à une situation qui n'a pas encore fini de produire ses effets.

La question à laquelle il lui était difficile d'échapper est de savoir de quoi ce nouveau coronavirus est-il le révélateur. On constate en effet que les ordonnances prises en la matière dans différents pays pour combattre la pandémie reflètent, selon leur degré de démocratisation, soit un effort de conciliation des nécessités de la lutte contre le virus avec le respect des droits et libertés des citoyens, sous le contrôle du juge ; soit une volonté de saisir cette occasion pour les restreindre davantage.

Les étudiants, comme les chercheurs, éprouveront sans aucun doute possible le même plaisir que moi à la lecture de ce livre. Le large spectre des pays étudiés, qui est exceptionnel, permet d'avoir une vue la plus globale et la plus actuelle, à ce jour, sur les ordonnances dans l'espace francophone africain.

L'auteur nous offre en effet un instrument de travail inestimable de plus de deux-cent-cinquante (250) pages de texte, avec plus de huit-cents (800) notes de bas de pages, le tout assorti, on s'en doute, d'une bibliographie d'une quantité et d'une qualité exceptionnelles. Rien que la valeur documentaire de l'ouvrage, qui repose sur un appareil d'une épaisseur scientifique rare, inspire le respect et la considération.

L'auteur s'intéresse en effet à des pays lointains qui ne suscitent pas souvent notre curiosité intellectuelle. Sa production rafraîchit ainsi un peu les perspectives de recherche en droit comparé, en nous sortant des oppositions entre deux ou trois pays. Mais il fallait arriver à un degré élevé de maturité qui fait les grands juristes.

Babacar Kanté
Doyen honoraire de l'UFR des Sciences juridiques et politiques de l'Université Gaston Berger de Saint-Louis
Ancien Vice-président du Conseil constitutionnel du Sénégal

Préface du Professeur André Cabanis

Il est peu d'institutions constitutionnelles aussi évidemment nécessaires et aussi vivement critiquées que les ordonnances promulguées par l'exécutif en dérogation des prérogatives du législatif. Il faut donc savoir gré au professeur Saidou Nourou Tall d'avoir osé se colleter à une telle question à travers l'étude des lois fondamentales successivement appliquées, depuis plus d'un demi-siècle, dans vingt pays de l'Afrique subsaharienne francophone. Les noms de cette institution sont variables et l'ouvrage donne un petit florilège des termes utilisés : ordonnance bien sûr et le plus souvent, mais aussi ordonnance-loi comme au Zaïre et au Mali, décret-loi comme en Tunisie et au Congo, décret-législatif ailleurs, ou même ordonnance impériale comme dans la Centrafrique de Bokassa. Le nom peut varier ; l'inspiration est la même. Partout, elle répond aux mêmes exigences. Et encourt les mêmes reproches.

Institution souvent nécessaire : l'ouvrage montre bien dans quelles circonstances, nécessité fait loi ; qu'il s'agisse de périodes transitoires marquées par l'absence d'autorités régulières, ou d'épisodes de tensions où le Parlement n'est pas en mesure de voter les textes nécessaires, il est de multiples circonstances dans la vie politique d'un pays où il faut adopter les solutions juridiques urgentes que les circonstances rendent indispensables. Le livre le montre bien et il faut rendre hommage à l'imagination des constitutionnalistes africains qui savent trouver les solutions permettant d'encadrer l'action de l'exécutif sans imposer un blocage de toute façon insupportable. Ceux-là mêmes qui contestent la méthode ne comprendraient pas que les textes exigés par les circonstances ne soient pas promulgués. Les causes de ce blocage peuvent être diverses et cet ouvrage en donne maints exemples : absence d'une instance collégiale délibérative à laquelle s'adresser pour obtenir le vote d'une mesure essentielle, incapacité des assemblées à rassembler une majorité déterminée à prendre les décisions qui s'imposent, inadaptation des procédures habituelles lorsqu'il faut réagir à des problèmes imprévisibles et urgents... Les constituants ont prévu de tels problèmes et c'est pour cela qu'ils ont introduit des mécanismes permettant d'y répliquer tout en s'efforçant de rester dans les limites de l'État de droit. Rude défi.

Institution toujours critiquée : le professeur Tall ne dissimule pas que les ordonnances ont parfois pu évoluer en un véritable système de gouvernement, surtout sous les régimes prétoriens des années 1970 et 1980. Pour les officiers alors au pouvoir, il y a là une manière de donner des ordres qui leur paraît conforme à ce dont ils ont l'habitude dans le cadre d'une institution militaire placée sous le signe de l'obéissance et de la discipline. Il ne s'agit plus de contourner le Parlement, mais de remplacer les assemblées délibérantes pour gouverner en toute liberté. Cela peut durer des années et devenir pour les ministres et le chef de l'État une routine. Dans une conjoncture politique moins autoritaire, le système des ordonnances n'en encourt pas moins une certaine contestation dans la mesure où, sous couleur de rapidité et d'efficacité, l'exécutif se dispense du contrôle des représentants du peuple. Il est vrai que, dans certains cas, cette facilité constitue la réponse expéditive aux retards des organes délibérants, par exemple en matière budgétaire. C'est un des domaines où l'opinion publique comprend d'emblée l'utilité des ordonnances, pour éviter les douzièmes provisoires, pour échapper au retard dans le paiement des salaires dans la fonction publique ou dans le règlement des factures. Les membres de l'exécutif utilisent l'argument des insuffisances de l'institution parlementaire pour se justifier. Parfois aussi, l'on a le sentiment que les parlementaires se résignent à être dépossédés de leurs prérogatives dans la mesure où il y a des mesures impopulaires à adopter. Au mieux, c'est simplement une façon d'alléger un ordre du jour trop chargé. D'une façon générale, les ordonnances font figure de constat des insuffisances structurelles de l'institution parlementaire.

Le professeur Tall se meut avec aisance dans le monde compliqué des procédures destinées à encadrer la pratique de ces ordonnances, qu'il s'agisse de la délimitation plus ou moins précise de la délégation législative ou des modalités plus ou moins contraignantes de la ratification parlementaire. Théoriquement, la loi d'habilitation fixe de façon claire et limitative à la fois le domaine où l'exécutif peut appliquer son programme ainsi que la période où cette prérogative lui est reconnue. Une vision réaliste du rapport de forces conduit à constater que les formules utilisées ne constituent pas un obstacle absolu à une application extensive de la délégalisation de certaines dispositions de niveau législatif. L'engagement du gouvernement de mettre en œuvre son plan peut prendre des formes plus ou moins ambitieuses. De même la durée prévue par le législateur peut être plus ou moins longue : quelques semaines, parfois plusieurs mois, voire une année entière. Cet espace chronologique est utilisé de façon inégalement intensive, selon les intentions de l'exécutif, avec une tendance à accélérer le rythme au fur et à mesure que l'on se rapproche de la date butoir. De toute façon, une prolongation n'est pas exclue.

Pour ce qui est de la procédure de ratification, elle est inégalement contraignante. À peu près partout, le gouvernement est tenu de transmettre au Parlement les textes qu'il a promulgués. Ils s'appliquent en général sauf vote contraire des députés. Il n'est pas toujours obligatoire que ces derniers se prononcent… L'absence d'opposition de la part d'une majorité qui se montre souvent docile ne résout pas tous les problèmes. Les dispositions figurant dans les ordonnances peuvent se situer, pour une partie d'entre elles, sur le terrain réglementaire. En ce qui les concerne, les ministres sont autorisés à les modifier de leur propre autorité. En revanche, les prescriptions à caractère législatif relèvent désormais du contrôle de constitutionnalité. L'ouvrage propose une analyse fine des réactions de Cours constitutionnelles de plus en plus actives en Afrique. Une série d'arrêts sont présentés dans le livre. Ils confirment l'impression du rôle important occupé par les instances chargées de vérifier la constitutionnalité des lois.

C'est un véritable travail de droit comparé auquel s'est livré le professeur Tall. On a évoqué plus haut le nombre de pays scrutés : ce sont vingt nations dont les lois fondamentales sont analysées, dans leur contenu, dans les révisions dont elles ont fait l'objet et dans leur mise en application parfois chaotique. La liste des États concernés montre que, si ces peuples ont la langue française en partage comme on dit dans le monde de la francophonie, tous ne sont pas de succession coloniale française : le Bénin, le Burkina Faso, le Burundi, le Cameroun, les Comores, le Congo, la Côte d'Ivoire, Djibouti, le Gabon, la Guinée, Madagascar, le Mali, la Mauritanie, le Niger, la République centrafricaine, la République démocratique du Congo, le Rwanda, le Sénégal, le Tchad et le Togo. Il y a donc là un ensemble impressionnant d'États qui appartiennent, à un titre ou à un autre, à la même famille juridique, même si leurs destins politiques ont été, au cours du dernier demi-siècle, très différents, parfois dans un rapport de coopération avec l'ancienne métropole, parfois dans un rejet complet et ostentatoire des souvenirs de la colonisation. Si l'on prend en compte les documents provisoires, les chartes de la transition, les versions profondément modifiées, ce sont sans doute une bonne centaine de textes qui sont ainsi étudiés et confrontés. De ce point de vue, le livre du professeur Tall ne succombe pas à un double défaut trop souvent constaté dans les ouvrages de droit comparé. En premier lieu, certains travaux se réclamant de cette discipline annoncent de longues listes de pays censés permettre des rapprochements fructueux : à la lecture, il apparaît souvent que l'étude ne prend en compte que deux ou trois territoires, les autres étant vaguement évoqués sans travail approfondi. En second lieu, la soi-disant comparaison se résout parfois en une juxtaposition de descriptions successives, chaque Constitution étant présentée isolément, laissant au lecteur le soin de déterminer les ressemblances et les différences. Rien de tel ici. L'ensemble des expériences annoncées sont utilisées dans ce livre avec le souci de remonter aux indépendances et de reconstituer l'ensemble de l'itinéraire politique de chaque peuple, malgré l'ampleur d'un tel travail. Sur toutes les questions (ordonnances des périodes de transition, ordonnances budgétaires ou de niveau législatif, problèmes de l'habilitation et de la ratification...), des dizaines de textes sont convoqués pour reconstituer la variété des solutions, leur efficacité, leurs succès et leurs échecs.

C'est un authentique travail scientifique qui est proposé dans les pages qui suivent cette préface. Le professeur Tall ne se borne pas à présenter quelques hypothèses et à en évaluer la logique interne en fonction de considérations abstraites. Il domine une masse de documents extrêmement importante. Il appuie chaque affirmation sur d'abondantes citations ce qui permet de confronter les rédactions différentes adoptées dans chaque pays pour encadrer des procédures voisines et des mécanismes comparables. Le lecteur ne peut manquer d'être impressionné par l'ampleur des notes selon une présentation habituellement réservée aux travaux académiques lourdement érudits publiés dans la tradition universitaire germanique où chaque ligne s'appuie sur de surabondantes références avec une disproportion entre le texte proprement dit et l'appareil scientifique. Pour autant, rien de pesant dans les démonstrations du professeur Tall. Il donne ainsi les moyens de vérifier chacune de ses analyses en consultant, si le cœur nous en dit ou si nous sommes dubitatifs, les textes sur lesquels il s'appuie. La comparaison des lois fondamentales est source de fructueuses réflexions et chacun peut s'y livrer, confirmer ses affirmations et, parfois, les nuancer. Il y a là une méthode d'exposition d'une grande honnêteté et très féconde. Le lecteur peut se contenter de lire le texte seul, en toute sécurité, en sachant que tout est vérifié et prouvé. Il peut aussi se concentrer sur les notes pour se faire sa propre opinion et approfondir une question qui l'intéresse plus particulièrement. L'on en saurait se livrer à une étude de droit constitutionnel comparé africain sans évoquer la question du mimétisme juridique et le professeur Tall n'esquive pas la question. On sait que de nombreux universitaires, des membres du personnel politique, parfois des magistrats, déplorent que les lois fondamentales des pays de l'Afrique francophone s'inspirent de la Constitution française de 1958 et ne soient pas mieux adaptées aux caractéristiques du continent en matière de gouvernance, avec la culture de la palabre, la recherche du consensus, l'appel à la sagesse des anciens, des procédures spécifiques de gestion des différends... Évidemment, ce sont des pratiques qu'il est difficile d'institutionnaliser malgré quelques tendances récentes consistant à reconnaître aux chefs traditionnels une place qui leur était jusqu'alors refusée, jusqu'au sein des chambres hautes, aux côtés des élus locaux et, parfois, des représentants de la société civile moderne, ecclésiastiques, chefs d'entreprises, présidents d'associations caritatives ou professionnelles. Il est vrai aussi que certaines dispositions du texte de la Ve République français se retrouvent dans leurs homologues africains. Encore des formules ont-elles été empruntées par les juristes de l'ancienne métropole à des traditions anglo-saxonnes, britannique comme certains mécanismes du parlementarisme, ou américaine comme quelques équilibres du présidentialisme. Il n'est jusqu'à la référence, présente à peu près partout, au « gouvernement du peuple, par le peuple et pour le peuple » que les Français ont recopié à partir d'un discours de Lincoln. Quant aux influences, elles suivent parfois un cours inattendu. J'ai souvent répété que nombre de révisions constitutionnelles adoptées depuis une trentaine d'années par le congrès réuni à Versailles, ont introduit en France des normes constitutionnelles présentes depuis longtemps en Afrique, telle l'affirmation de l'autonomie des collectivités locales, telle la reconnaissance d'une place aux langues vernaculaires, telle l'affirmation des contraintes liées aux valeurs de l'écologie, telle la possibilité pour les citoyens de saisir la juridiction constitutionnelle...

Si l'on admet la règle Post hoc ergo propter hoc, l'on conviendra que l'influence peut n'être pas à sens unique.

Le professeur Tall traite la question du mimétisme de façon nuancée et élégante. Son introduction est un modèle du genre avec un certain nombre de précisions sur les concepts et les méthodes, ces développements étant précédés par le rappel de « l'héritage juridique français » et sur son appropriation par les constitutionnalistes africains, et c'est bien le terme qui convient. Au-delà du legs de l'ancienne métropole, le rappel de l'histoire politique française depuis le Moyen-Âge et depuis les ordonnances royales, est intéressant par les leçons que l'on peut tirer de ces siècles d'expériences, d'hésitations, de revirements en fonction des circonstances et des exigences du moment. Pour ne prendre qu'un exemple qui est bien mis en valeur dans ce livre : toutes les tentatives conduites par les défenseurs des prérogatives du Parlement pour exclure la possibilité que ce dernier abdique ses compétences et s'en remette à l'exécutif, ont échoué. Même lorsque la Constitution ne prévoit pas l'appel à cette procédure comme sous la IIIe République, voire lorsqu'elle l'interdit explicitement comme sous la IVe République, nécessité fait loi et il faut y recourir. C'est par ce biais que l'histoire constitutionnelle française peut être utile, comme un réservoir d'expériences, de tentatives parfois réussies, parfois ayant échoué, certainement pas comme un modèle à imiter. À partir de là, ce livre n'oublie pas les textes français mais simplement dans une perspective comparative, dans une logique de confrontation des dispositifs adoptés dans les pays africains et hors de ce continent.

Finalement, il y a là l'un des grands mérites de cet ouvrage : à travers une procédure d'application exceptionnelle correspondant à une période de crise, c'est la riche expérience constitutionnelle africaine qui est évoquée sous divers aspects. Ce continent a connu, au lendemain des indépendances, une histoire politique compliquée, marquée par plusieurs mises en cause du pouvoir en place et par une succession de lois fondamentales qui reflètent les préoccupations des maîtres de l'heure, leurs priorités, parfois aussi leurs craintes contre lesquelles ils cherchent à instaurer des barrières juridiques. On peut déplorer cette instabilité qui a affecté les pays de l'Afrique francophone ayant accédé à la pleine souveraineté comme on regrette la succession des régimes en France, entre 1792 et 1875, avec des institutions monarchiques, impériales, républicaines qui ne durent guère, chaque fois, plus de dix ans. Peut-être ces longues périodes de désordres ont-elles été le prix à payer pour trouver un nouvel équilibre après un événement aussi considérable que la libération du pouvoir monarchique ou que la domination coloniale, dans les deux cas au terme d'un rude combat. Pour les constitutionnalistes, l'expérience des régimes qu'ont expérimentés les pays africains est une source de réflexion. Le nombre des propositions en ce domaine, la véhémence des débats au sein des classes dirigeantes, l'intérêt que manifeste l'opinion publique contrastent avec la relative indifférence que l'on constate en Europe sur ces questions, avec des réactions relevant plutôt de la résignation que de l'enthousiasme. La plus récente révision intervenue en France en 2008, avec modification de plus de la moitié des articles de la loi fondamentale, n'a guère suscité d'intérêt sauf pour savoir si Jack Lang voterait pour le projet présenté par Nicolas Sarkozy. L'apathie du débat constitutionnel en Europe contraste avec la richesse que l'on constate en ce domaine en Afrique. Il faut souhaiter qu'il en résulte un néo-constitionnalisme authentique, adapté au continent et rassemblant un large consensus. Ce livre y contribuera.

André Cabanis
Professeur émérite de l'Université Toulouse Capitole

SIGLES ET ABRÉVIATIONS

AA : Annales Africaines
ACCF : Association des Cours et Conseils constitutionnels francophones
ACDI : Agence canadienne de Développement international
AEF : Afrique-Équatoriale française
AFDC : Association française de Droit constitutionnel
AFDI : Annuaire français de Droit international
Aff. : Affaire (s)
AID : Association internationale pour le développement
AIJC : Annuaire international de Justice constitutionnelle
A.J/AJDA : Actualité juridique Droit administratif
Al : Alinéa
Al /*Alii* : autres
ALCD : Agence Luxembourgeoise de Coopération pour le Développement
ALS : Assemblée législative du Sénégal (avant 1960)
AN : Assemblée nationale
ANDC : Association nigérienne de Droit constitutionnel
AOF : Afrique-Occidentale française
APF : Assemblée parlementaire de la Francophonie
Art. : Article
Art. prec. : Article précité
ASDC : Association sénégalaise de Droit constitutionnel.
Ass. (CE) : Assemblée du Conseil d'État (France)
AU ou UA : *African union (Union africaine)*
AUF : Agence universitaire de la Francophonie

AZAPO. : *Azanian People Organization*
BAD : Banque africaine de développement.
BAM : Bibliothèque africaine et malgache
BCEAO : Banque centrale des États de l'Afrique Occidentale
BF : Burkina Faso
CADEG : Charte africaine de la Démocratie et des Élections.
CADHP : Cour africaine des Droits de l'Homme et des Peuples
CAI : Conflits armés internationaux
CANI : Conflits armés non internationaux.
CAMES : Conseil africain et Malgache de l'Enseignement supérieur
Cass. : Cour de cassation
Cass. Crim. : Cour de cassation, chambre criminelle
Cass. Com : Cour de cassation, chambre commerciale
CC : Conseil constitutionnel français
CCB : Cour constitutionnelle du Bénin
CCS : Conseil constitutionnel du Sénégal
CE. (le) : Conseil d'État (France)
CE. (les) : Communautés européennes
CEDEAO : Communauté économique des États de l'Afrique de l'Ouest
CEDH : Cour européenne des Droits de l'Homme
CEE : Communauté économique européenne
CEEAC : Communauté économique des États de l'Afrique Centrale
CEG : Conférence des Chefs d'État et de Gouvernement
CEMAC : Communauté économique et Monétaire de l'Afrique Centrale
CERDIP : Centre d'Études et de Recherches en Droit et Institutions politiques
Cf. : confer
CHEAM : Centre des Hautes Études sur l'Afrique et l'Asie modernes
Chr. : Chronique
CIADH : Cour interaméricaine des Droits de l'Homme
CJ : Cour de Justice
C.J/CEDEAO : Cour de Justice de la CEDEAO

CJCE : Cour de Justice des Communautés européennes (UE)
CMT : Conseil Militaire de Transition (Tchad)
CODESRIA : Conseil pour le Développement des Sciences sociales et de la Recherche en Afrique
Coll. : Collection
Concl. : Conclusions
CREDHO : Centre de recherches sur les droits de l'Homme
CREDILA. : Centre de Recherches et de Documentation sur les Institutions et les Législations africaines
CREPOS : Centre de Recherche sur les Politiques sociales
CS : Conseil de Sécurité (ONU)
CS : Cour suprême (Sénégal)
CSCA : Cour Suprême, Chambre administrative
CVDT : Convention de Vienne sur le Droit des Traités de 1969
CVR : Commission Vérité et Réconciliation (Afrique du Sud)
CVJRR : Commission Vérité, Justice, Réparation et Réconciliation (Burundi)
D. : Dalloz (recueil)
DDHC : Déclaration des Droits de l'Homme et du Citoyen
DDR : Désarmement Démobilisation et Réinsertion
DIH : Droit international humanitaire
DIP : Droit international public
Dir. : Sous la direction de
DOM : Départements d'Outre-mer
DPG : Déclaration de politique générale
DUDH : Déclaration universelle des Droits de l'Homme
Éd. : Édition
EDJA : Éditions juridiques africaines
ERSUMA : École régionale supérieure de Formation des Magistrats et des Auxiliaires de Justice
FAD : Fonds africain de Développement
FAO : *Food and Agricultural Organization*
FPR : Front Patriotique rwandais
FSJP : Faculté des Sciences juridiques et politiques (UCAD)

GAJA : Grands Arrêts de la Jurisprudence administrative
Gaz. Pal. : Gazette du Palais
GDCA : Grandes Décisions du Contentieux administratif
GDCC : Grandes Décisions de la Cour constitutionnelle (Bénin)
GDJAS : Grandes Décisions de la Juridiction administrative sénégalaise
GRIP : Groupe de Recherches et d'Informations sur la Paix et la Sécurité
HCC : Haute Cour constitutionnelle (Madagascar)
HV : Haute-Volta
Ibid. : Ici même
Idem : Même(s)/chose(s) ou référence (s)
JCP : Jurisclasseur périodique (Semaine Juridique)
JO : Journal officiel
JOBF : Journal officiel du Burkina Faso
JORB : Journal officiel de la République du Bénin
JORCA : Journal officiel de la République Centrafricaine
JORCI : Journal officiel de la République de Côte d'Ivoire
JORDC : Journal officiel de la République démocratique du Congo
JORF : Journal officiel de la République française
JORG : Journal officiel de la République du Gabon ou de la République de Guinée (selon les cas)
JORHV : Journal officiel de la République de Haute-Volta
JORM : Journal officiel de la République du Mali
JORN : Journal officiel de la République du Niger
JORS : Journal officiel de la République du Sénégal
JORT : Journal officiel de la République Togolaise
LGDJ : Librairie générale de Droit et de Jurisprudence
LO : Loi organique
LOLF : Loi organique relative aux lois de finances
LPA : Les Petites Affiches
NÉA : Nouvelles Éditions Africaines
NÔAS : Nouvelles Éditions africaines du Sénégal
OIT : Organisation internationale du Travail

OMS : Organisation mondiale de la Santé
Op.cit. : *Opere citatum*
P. : Page (s)
PAN : Président de l'Assemblée nationale
Parag. /*§* : Paragraphe
PGD : Principes généraux de droit
PR : Président de la République
PRAO : Programme régional des Pêches en Afrique de l'Ouest
PUAM : Presses universitaires d'Aix-Marseille
PUF : Presses universitaires de France
QPC : Question Prioritaire de constitutionnalité
RA : Revue administrative
RADIC : Revue africaine de Droit international et comparé
RAMRES : Revue africaine et malgache de Recherche de l'Enseignement supérieur
RAP : Règlement d'administration publique
RBD : Revue burkinabè de Droit
RBSJA : Revue béninoise des Sciences juridiques et administratives
RBSP : Revue béninoise des Sciences politiques
RCA : République centrafricaine
RCADI : Recueil des Cours de l'Académie de Droit international
RCI : République de Côte d'Ivoire
RDC : République démocratique du Congo
RDP : Revue de Droit public
Rec. : Recueil
REP : Recours pour excès de pouvoir
RFDA : Revue française de Droit administratif
RFDC : Revue française de Droit constitutionnel
RFEPA : Revue française d'Études politiques africaines
RFFP : Revue française des Finances publiques
RFSP : Revue française de Science politique
RIVE : Recours en Inconstitutionnalité par Voie d'Exception
RJPIC : Revue juridique et politique Indépendance et Coopération

(RJE)
RJE : Revue juridique et politique des États d'Afrique francophone
RID : Revue ivoirienne de Droit
RIDC : Revue internationale de Droit comparé
RIM : République islamique de Mauritanie
RIPAS : Revue des Institutions politiques et administratives du Sénégal
RRJ : Revue de la Recherche juridique/Droit prospectif
RSD : Revue sénégalaise de Droit
s. suivant(e)
S. : Sirey (recueil)
SBDC : Société burkinabè de Droit constitutionnel
Sect. : Section du Conseil d'État (France)
SJP : Sciences juridiques et politiques
T. : Tome (s)
TC : Tribunal des Conflits (France)
TOM : Territoires d'Outre-mer
UCAD : Université Cheikh Anta Diop de Dakar
UEMOA : Union économique et monétaire Ouest africaine
Vol. : Volume

SOMMAIRE

INTRODUCTION GÉNÉRALE

Les États francophones d'Afrique subsaharienne[1], dès le début de leurs indépendances dans les années 1950-1960, ont entrepris de forger un important arsenal normatif dans lequel les ordonnances[2] occupent une place non négligeable.

Aujourd'hui encore, l'actualité la plus récente porte témoignage du nombre impressionnant de ces textes dans l'ordonnancement juridique de ces États.

Une des raisons invoquées pour expliquer cet engouement est que l'héritage juridique français a pu irriguer le droit africain postcolonial au point que l'importation de ces mécanismes consacre un certain mimétisme constitutionnel[3].

---

[1] Cet ouvrage met particulièrement en lumière le(s) Droit(s) constitutionnel(s) des États suivants : Bénin, Burkina Faso, Burundi, Cameroun, Comores, Congo, Côte d'Ivoire, Djibouti, Gabon, Guinée, Madagascar, Mali, Mauritanie, Niger, République centrafricaine, République Démocratique du Congo, Rwanda, Sénégal, Tchad et Togo.

[2] Le terme « ordonnance » peut revêtir les sens suivants : 1) celui de l'ordonnance, acte de procédure pris par une cour de justice ou un tribunal arbitral dans sa formation plénière ou par son Président lorsque le tribunal ne siège pas (ordonnance de non-lieu, ordonnance de référé,...) ; 2) celui de l'ordonnance, notice délivrée par le médecin au patient et que le pharmacien exécute par la fourniture d'un médicament en contrepartie d'un paiement (ordonnance médicale) ; 3) celui de l'ordonnance, dans le jargon des armées, signifiant la personne (soldat ou officier subalterne), domestique ou aide de camp attaché au service d'un officier supérieur (ordonnance militaire) ; 4) celui de l'ordonnance, texte pris sur habilitation parlementaire ou constitutionnelle ;5) celui de l'ordonnance, appellation donnée à certains actes pris, en matière de finances publiques, par les ordonnateurs principaux.
Le lecteur ne sera pas abusé en considérant que le présent ouvrage ne porte que sur les ordonnances au sens quatrième.

[3] Sur le phénomène du mimétisme en général, voir Jean DU BOIS DE GAUDUSSON, « Le mimétisme postcolonial, et après ? », *Revue Pouvoirs* 2009/2, n°129, pp.45-55 ; Yves MENY (dir.), *Les politiques du mimétisme juridique. La greffe et le rejet*, Paris, L'Harmattan, 1993 ; Jean RIVERO, « Les phénomènes d'imitation des modèles

En se proposant de tracer le périmètre des ordonnances par l'entrelacement de leurs aspects formels et matériels, par le bornage de leurs cadres institutionnels et normatifs, ce présent ouvrage invite à une plongée abyssale dans la complexité de ces normes, cette entreprise étant à la fois facilitée par l'ancrage à la pratique des États africains de l'espace francophone et par l'arrimage à leurs textes constitutionnels.

Aussi, pour asseoir, plus confortablement, la relation projetée entre le droit constitutionnel et les ordonnances, il convient, dès l'entame, de rappeler, dans ses grandes lignes, ce riche legs juridique français (§I), de mettre ensuite l'accent sur la réappropriation africaine des ordonnances (§II) avant de fixer, enfin, la trame de l'ouvrage (§III).

Paragraphe I. Un héritage juridique français

À leur accession à la souveraineté internationale, les États d'Afrique noire francophone ont hérité d'une longue tradition juridique française. Ce legs colonial charriait déjà les sédiments favorables à l'édiction des ordonnances. Ainsi, est-il nécessaire pour en révéler toute la teneur et la profondeur, de remonter d'abord, aux sources identifiées en France, bien avant l'Ancien Régime[4] (A), pour, ensuite, esquisser, à grands traits, l'évolution ultérieure à partir de 1789 (B).

A) Les ordonnances avant 1789

Bien avant l'établissement de la société de l'Ancien Régime[5], qui constitue une période importante dans l'histoire de la France, les

étrangers en droit administratif », Mélanges W-J. Ganshof Van Der Meersch, Bruxelles, Bruylant, 1972, Tome 3 ; Vabigné DONZO, *Le mimétisme juridique en Afrique francophone*, Paris, Les Editions du Net, 2020 ; André CABANIS, « Constitutions africaines et française : mimétisme inversé ou dialogue des constitutionnalistes francophones ? », *in* Mamadou Badji et Saidou Nourou Tall, *Les transformations de l'État*, Mélanges en l'honneur de Babacar Guèye, FSJP/UCAD et Presses de l'Université de Toulouse Capitole I, novembre 2019, pp.121-142.

[4] Au sens strict, l'Ancien Régime correspond, dans l'histoire de la France, à la période allant de la fin du 16e siècle jusqu'à la fin du 18e siècle.

[5] Cette période est marquée par un mode d'organisation politique et sociale monarchique et dynastique et qui est fondé sur l'autorité royale, la puissante influence morale et spirituelle de l'Église, sur toile de fond de la présence des ordres hiérarchisés, à savoir le Clergé, l'aristocratie (Noblesse), et le Tiers État. La Révolution française de 1789, en mettant fin au système politique et social de l'Ancien Régime, a marqué une césure entre l'avant et l'après 1789, par l'affirmation des idées des philosophes des Lumières et leur consécration progressive dans le constitutionnalisme moderne ; voir, Alexis DE TOCQUEVILLE, *L'Ancien Régime et la Révolution* (1856), réédition, Paris, Gallimard, 1952, 376 p.

ordonnances étaient fréquemment édictées par les Souverains pour régir des matières relatives à l'organisation et au fonctionnement du Royaume.

Très tôt, aux 12e et 13e siècles[6], on pouvait constater que le Roi exerçait le pouvoir législatif par voie d'ordonnances. Celles-ci contenaient, sauf exceptions, des dispositions de portée générale et impersonnelle, ce qui permettait de les distinguer, au moins, jusqu'au XVIIe siècle, des édits royaux qui régissaient des matières plus spécifiques. Plus tard, le départ sera fait, parmi les ordonnances, entre celles destinées à l'exécution des lois et les ordonnances autonomes.

Toutefois, vers la moitié du XVIIe siècle, l'habitude s'instaura de régler chaque problème par une ordonnance distincte. Les ordonnances, revêtues du sceau royal et dont certaines portaient, à partir de François 1er, la mention « *car tel est notre bon plaisir* », étaient enregistrées par la juridiction qui avait le droit d'adresser des remontrances. L'histoire des ordonnances royales connaîtra une évolution au fur et à mesure que le Souverain affermissait son pouvoir et qu'il légiférait, selon la formule d'Aristote, pour le « commun profit ».

Ainsi, de 1155 à 1223, ses « lois » devaient être consenties par le Conseil des Barons et le Clergé, comme condition de leur applicabilité. Il en fut ainsi, par exemple, de l'ordonnance de Louis VII (1155) édictant une paix de dix (10) ans. La consolidation progressive du pouvoir royal lui octroie une compétence législative qui lui permet de faire appliquer l'ordonnance de 1223 sur les Juifs et l'ordonnance de 1230 sur l'usure, c'est-à-dire, « *autant aux barons qui ont juré l'établissement qu'à ceux qui ne l'ont pas juré* »[7]. Mais le pouvoir royal va progressivement surmonter la résistance des Seigneurs.

Le Roi détenait également le pouvoir exécutif et administratif. Les tribunaux appelés *parlements*, rendaient la justice au nom du Roi qui disposait à tout moment d'un pouvoir d'évocation devant son conseil. Il en résultera, au fil des ans et au gré des successions royales ou constitutionnelles, une grande variété d'ordonnances dont un aperçu panoramique figure dans les lignes qui suivent.

---

[6] On se trouve, ici, dans la période antérieure à l'Ancien Régime, appelée Moyen Âge qui s'étend entre la fin de l'Antiquité et la Renaissance, plus précisément entre la chute de l'Empire romain d'Occident, et 1450.

[7] Martine GRINBERG, « La rédaction des coutumes et les droits seigneuriaux : nommer, classer, exclure. », *Annales. Histoire, Sciences sociales*, vol. 52, n° 5, 1997, p. 1017 et s.

Sous ce rapport, on peut signaler des ordonnances relatives à des domaines comme la justice, les finances, la monnaie, la religion, l'enseignement, notamment avec la Grande Ordonnance de 1357, tentative, menée par le chef du Tiers-État, Étienne Marcel, d'imposer un contrôle, en particulier en matière fiscale, monétaire et dans le but de réformer le gouvernement et l'administration du royaume[8].

De même, en 1413, l'Ordonnance cabochienne, promulguée par Charles VI, tendait à limiter le pouvoir royal, en reprenant les principes de l'ordonnance précédente pour établir une monarchie contrôlée[9].

En 1454, l'Ordonnance de Montils-lès-Tours porte réformation de la justice[10].

En 1539, sera adoptée l'Ordonnance de Villers-Cotterêts portant obligation de la tenue de registres des baptêmes en français[11].

L'histoire retient également que c'est à l'occasion de son grand tour de France (1564-1566), que Charles IX signe, en février 1566, l'Ordonnance de Moulins dite Ordonnance sur la réforme de la justice[12].

En 1579, l'Ordonnance de Blois est promulguée par Henri III, et porte sur plusieurs matières, notamment la police générale du royaume,

---

[8]Sur les péripéties de cette adoption par les états généraux de 1355 et sa promulgation, Raymond CAZELLES, *Étienne Marcel : La révolte de Paris*, Paris, Jules Tallandier, 19 octobre 2006, 375 p.

[9] Cette ordonnance sera abrogée le 5 septembre 1413, consulter *Ordonnances des anciens Roys de France, de la troisième race*, recueillies par ordre chronologique, Paris, 1790, vol. XIV ; Guillaume BLANCHARD, *Compilation chronologique, contenant un recueil en abrégé des ordonnances, édits, déclarations et lettres patentes des Rois de France...*, Paris, Chez la Veuve Moreau, 1715, tome I.

[10] L'Ordonnance de Montils-lès-Tours (Ordonnance pour la réformation de la coutume) a été promulguée par Charles VII en avril 1453. C'est une sorte de codification des coutumes en matière de procédure et qui délimite l'étendue du domaine royal, consulter *Ordonnances des anciens Roys de France, de la troisième race... op.cit.*

[11] L'Ordonnance d'août 1539 sur le fait de la justice, dite Ordonnance de Villers-Cotterêts, aussi appelée « ordonnance Guillemine », a été signée par François Ier, et enregistrée au Parlement de Paris le 6 septembre 1539.Voir, Claude HAGEGE, Le français, histoire d'un combat, Éditions Michel Hagège, 1996, 175 p ; Agnès BLANC, La langue du roi est le français, Paris, L'Harmattan, 2010 ; François SEIGNALET-MAUHOURAT, « La valeur juridique des préambules des ordonnances royales », Revue historique de droit français et étranger, vol.84, n°2, avril-juin 2006,pp.229-258.

[12] Elle a été une des sources d'inspiration du Code civil français ; voir Guillaume BLANCHARD, *Compilation chronologique, contenant un recueil en abrégé des ordonnances ..., op. cit.*

la tenue d'un registre de mariage, la justice, l'Université, les hôpitaux, etc.[13].

En 1629, l'Ordonnance dite Code Michau est publiée, en vieux français. Elle est nommée « *Ordonnance du roy Louis XIII sur les plaintes et doléances faittes par les députés des Estats de son royaume convoqués et assemblés en la ville de Paris en 1614, publiée au Parlement le 15 janvier 1629...* »[14].

Quant à Louis XIV, il promulguera de nombreux textes dont l'Ordonnance de 1667 sur la réforme de la justice, l'Ordonnance de 1669 sur les eaux et forêts ou encore l'Ordonnance de 1670 sur la procédure criminelle.

En 1766, Louis XV, à l'occasion d'un lit de justice, en réponse aux remontrances du Parlement de Paris sur les ordonnances et édits royaux, faisait la déclaration suivante : « *C'est en ma personne que réside l'autorité souveraine dont le caractère propre est l'esprit de conseil, de justice et de raison. C'est à moi seul qu'appartient le pouvoir législatif sans dépendance et sans partage. L'ordre public tout entier émane de moi.* »[15]

Au regard de cette brève recension des ordonnances royales, une double constatation peut en être déduite : d'abord, celle plus spécifique, de la fréquence des ordonnances de reformation des coutumes, de codification dans les matières de la justice, du droit civil, du droit pénal ; ensuite, celle plus générale, de la récurrence des textes portant sur l'organisation et le fonctionnement des pouvoirs publics sous la férule autoritaire des Souverains. Cette dernière impression sera tellement prégnante parce que marquée du sceau de l'absolutisme royal, que la

---

[13] Guillaume BLANCHARD, *op. cit.*

[14] Signée par Louis XIII, cette ordonnance tendait à réformer un nombre important de dispositifs légaux et sociaux de l'Ancien Régime. Le refus d'enregistrement par les Parlements du Midi, va amener, le Roi, le 15 janvier 1629, par un lit de justice, à la faire enregistrer de force ; voir sur toutes ces ordonnances royales, le site www.archives-nationales.culture.gouv.fr/commission-des-ordonnances-des-rois-de-france, (consulté en mai 2020).

[15] Cf., Jean GICQUEL, *Droit constitutionnel et Institutions politiques*, Paris, Montchrestien, 17e édition 2001, p. 379 ; Marcel MORABITO et Daniel Bourmaud, *Histoire constitutionnelle et politique de la France (1789-1958)*, Paris, Montchrestien, 4e édition 1996 ; Pierre BODINEAU et Michel VERPEAUX, *Histoire constitutionnelle de la France*, Paris, PUF, Que sais-je ?, n° 3547, 2000, p. 9 ; sur les grandes ordonnances de l'Ancien Régime, voir également Denis ALLAND et Stéphane RIALS, *Dictionnaire de la culture juridique*, Paris, Quadridge/PUF, Lamy, 2003, 1640 p.

défiance à leur encontre se manifestera par le fait que les ordonnances ne seront pas reprises par les révolutionnaires de 1789.

B) Les ordonnances de 1789 à 1958

Les révolutionnaires français ne feront appel aux ordonnances dans aucune des Constitutions successives : Constitution du 3 septembre de 1791, Constitution (montagnarde) du 24 juin 1793 ; Constitutions du 5 fructidor An III (22 août 1795), du 22 frimaire An VIII (25 décembre 1799). Elles ne seront guère présentes, sous le Consulat, ignorées par le Sénatus-consulte organique de la Constitution du 16 fructidor An X (4 août 1802), ou encore par le Sénatus-consulte organique de la Constitution du 28 floréal An XII (18 mai 1804)[16].

Il faut attendre les deux périodes de la Restauration (1814-1815 et 1815-1830) entrecoupées par le retour au pouvoir de Napoléon Bonaparte, puis la Monarchie de juillet (1830-1848) pour voir un retour en grâce des ordonnances.

Dans ce contexte, la Charte constitutionnelle du 4 juin 1814 les prévoyait, ainsi, en son article 14 : « *Le roi est le chef suprême de l'État, il commande les forces de terre et de mer, déclare la guerre, fait les traités de paix, d'alliance et de commerce, nomme à tous les emplois d'administration publique, et fait les règlements et ordonnances nécessaires pour l'exécution des lois et la sûreté de l'État* ». Sur cette base, Charles X prendra à Saint-Cloud, le 20 juillet 1830, quatre ordonnances pour dissoudre la Chambre des Députés, modifier la loi électorale, suspendre la liberté de la presse et fixer la date de nouvelles élections[17].

Quant à la Charte constitutionnelle du 14 août 1830, elle admettait l'édiction conditionnelle de règlements et ordonnances, en des termes quasi identiques : « *Le roi est le chef suprême de l'État, il commande les forces de terre et de mer, déclare la guerre, fait les traités de paix, d'alliance et de commerce, nomme à tous les emplois d'administration publique, et fait les règlements et ordonnances nécessaires pour l'exécution des lois sans pouvoir jamais ni suspendre les lois elles-mêmes, ni dispenser de leur exécution. Toutefois, aucune troupe*

---

[16] Cf., Jacques GODECHOT (présentation par), *Les Constitutions de la France depuis 1789*, Paris, Garnier- Flammarion, 1970, 510 p.

[17] Cette débauche d'ordonnances, jugées arbitraires, va conduire, avec les « Trois Glorieuses » (27, 28 et 29 juillet), à la Révolte de Paris sanctionnant d'un sort funeste la monarchie.

étrangère ne pourra être admise au service de l'État qu'en vertu d'une loi » (article 13).

Après l'effondrement du Second Empire[18] et à la suite d'une période transitoire ouverte après 1870, la technique des ordonnances disparaît, sous la IIIe République (1875-1940) [19] et sous la IVe République (1946-1958) [20] au profit d'une nouvelle catégorie normative, appelée « décret-loi » et qui constitue une sorte d'extension exceptionnelle du pouvoir réglementaire par une loi d'habilitation votée par le Parlement[21].

C'est durant la Première Guerre mondiale que cette pratique verra le jour à la suite du vote de la loi du 24 mars 1924 donnant autorisation au gouvernement de Raymond Poincaré à prendre des décrets-lois afin de réaliser des économies. Par la suite, les différents gouvernements feront des recours fréquents à ces décrets-lois[22].

Néanmoins, on constatera le retour en grâce des ordonnances, pendant la Seconde Guerre mondiale avec le Gouvernement Provisoire de la République française [23] mais aussi dans la période entre la Libération et l'adoption de la Constitution de 1946[24].

---

[18] Le Second Empire a été mis sur les fonts baptismaux par la Constitution du 14 janvier 1852.

[19] La Constitution de la IIIe République est composée de trois lois constitutionnelles : la loi du 24 février 1875 sur l'organisation du Sénat ; la loi du 25 février 1875 sur l'organisation des pouvoirs publics et la loi du 16 juillet 1875 sur les rapports des pouvoirs publics. Voir, Maurice Hauriou, *Précis de droit constitutionnel*, 2e éd, Paris, Sirey, 1929, réédition CNRS, 1965.

[20] Constitution du 27 octobre 1946.Voir, Georges VedeL, *Manuel élémentaire de Droit constitutionnel*, Paris, Sirey, 1949.

[21] Yvon GOUET, *La question constitutionnelle des prétendus décrets-lois*, Paris, Dalloz, 1932, 1re éd., 264 p ; Jean GICQUEL et Jean-Éric GICQUEL, *Droit constitutionnel et institutions politiques*, Paris, LGDJ, coll. « Précis Domat / Droit public », septembre 2017, 31e éd., 926 p.

[22] Voir, Léon DUGUIT, « Des règlements faits en vertu d'une compétence donnée au gouvernement par le législateur », *Revue du Droit public et de la science politique en France et à l'étranger*, 31e année, t. XLI, 1924, pp. 313-349.

[23] À titre illustratif, Ordonnance du Général de Gaulle du 16 novembre 1940 créant l'ordre de la Libération ; Ordonnance du Général de Gaulle du 27 octobre 1940 portant organisation des pouvoirs publics pendant la guerre (signée à Brazzaville) ; voir, Olivier BEAUD, « La France Libre, Vichy, l'empire colonial », *Jus Politicum* n°14, www.juspoliticum.org.

[24] Ordonnance du 9 août 1944 relative au rétablissement de l'ordre républicain ; ordonnance du 26 août 1944 sur l'indignité nationale ; Ordonnance du 02 novembre 1945 relative à l'entrée et au séjour des étrangers en France et portant création de l'Office National d'Immigration ; Ordonnance du 4 octobre 1945 portant organisation de la sécurité sociale ; voir le site www.legifrance.fr (consulté en mai 2020).

Après la Seconde Guerre mondiale, malgré les dispositions péremptoires de l'article 13 de la Constitution de 1946, à savoir, « *L'Assemblée nationale vote seule la loi. Elle ne peut déléguer ce droit* », la pratique des décrets-lois va reprendre son libre cours[25].

Cette pratique des décrets-lois sera codifiée par la Constitution de 1958.

Cette Constitution de la Ve République, en dehors de l'art.38, permet aussi l'adoption d'ordonnances sur divers fondements : art.47[26], art. 47-1[27], art.74-1[28], ancien art.92[29], voire art.11[30].

La première ordonnance prise sur le fondement de l'article 38, découle de la loi du 4 février 1960, habilitant le Gouvernement du Général de Gaulle à prendre des mesures de maintien de l'ordre en Algérie. Depuis lors, c'est un des articles les plus utilisés par les

---

[25] Voir, René CHAPUS, « La loi d'habilitation du 11 juillet 1953 et la question des décrets-lois », *Revue du Droit public et de la science politique en France et à l'étranger*, 4e trimestre 1953, p. 654 et s.

[26] Sur l'art.47 de la Constitution de la Ve République, voir Chapitre II de la Première Partie de cet ouvrage.

[27] L'article 47-1 de la Constitution de la Ve République, tel que modifié par l'article 22 de la Loi constitutionnelle n°2008-724 du 23 juillet 2008, est ainsi rédigé : « Le Parlement vote les projets de loi de financement de la sécurité sociale dans les conditions prévues par une loi organique.
Si l'Assemblée nationale ne s'est pas prononcée en première lecture dans le délai de vingt jours après le dépôt d'un projet, le Gouvernement saisit le Sénat qui doit statuer dans un délai de quinze jours. Il est ensuite procédé dans les conditions prévues à l'article 45.
Si le Parlement ne s'est pas prononcé dans un délai de cinquante jours, les dispositions du projet peuvent être mises en œuvre par ordonnance.
Les délais prévus au présent article sont suspendus lorsque le Parlement n'est pas en session et, pour chaque assemblée, au cours des semaines où elle a décidé de ne pas tenir séance, conformément au deuxième alinéa de l'article 28. »

[28] L'article 74-1 se lit ainsi : « Dans les collectivités d'outre-mer visées à l'article 74 et en Nouvelle-Calédonie, le Gouvernement peut, dans les matières qui demeurent de la compétence de l'État, étendre par ordonnances, avec les adaptations nécessaires, les dispositions de nature législative en vigueur en métropole, sous réserve que la loi n'ait pas expressément exclu, pour les dispositions en cause, le recours à cette procédure.
Les ordonnances sont prises en Conseil des ministres après avis des assemblées délibérantes intéressées et du Conseil d'État. Elles entrent en vigueur dès leur publication. Elles deviennent caduques en l'absence de ratification par le Parlement dans le délai de dix-huit mois suivant cette publication. »

[29] Sur l'art.92, voir Chapitre I de la Première Partie de cet ouvrage.

[30] Voir *infra*.

gouvernements français en temps de cohabitation[31], comme en temps normal.

De ces précédents normatifs, il se dégage un usage récurrent des ordonnances, pratique qui se sera également internalisée après les indépendances, par les États d'Afrique francophone.

Paragraphe II. Une réappropriation par les États d'Afrique francophone

La longue relation de l'histoire politique et constitutionnelle française ne doit pas faire perdre de vue, que durant la colonisation[32], les ordonnances étaient également utilisées[33], même si c'est dans une

[31] Sur le problème, en cas de cohabitation, voir Première Partie de l'ouvrage.

[32] Voir, *Les lois organiques des colonies*. Documents officiels précédés de notices historiques, Institut colonial international, Bruxelles 1906, t. 2 ; UNESCO, *Histoire générale de l'Afrique*, VII : *l'Afrique sous domination coloniale*, 1880-1935, Paris,1987, 937p ; Albert SARRAULT, *La mise en valeur des colonies françaises*, Paris, Payot, 1923 ; Catherine AKPO-VACHE, *L'AOF et la Seconde Guerre mondiale : la vie politique, septembre 1939-octobre 1945*, Paris, Karthala, 1996, 330p ; Olivier LE COUR GRANDMAISON, « L'exception et la règle : sur le droit colonial français », *Diogène*, 2005/4, n°212, pp.42-64.

[33] Pour la colonie du Sénégal, on peut rapporter ces propos de Mamadou Badji qui cite « l'ordonnance organique du 7 septembre 1840, qui confère, entre autres, à l'autorité de la colonie le pouvoir d'expulser tout individu dont la présence est réputée dangereuse pour l'ordre public, la sécurité et la tranquillité de la colonie. Déjà, les directives d'Arago du 7 mai 1848 y faisaient référence, et leur application devrait s'étendre aux « difficultés politiques » qui pourraient surgir avec des chefs à la suite d'évasion de captifs », Mamadou BADJI, « L'abolition de l'esclavage au Sénégal : entre plasticité du droit colonial et respect de l'État de droit », *Droit et cultures*, n°52,2006-2, en ligne: http://journals.openedition.org/droitcultures/729 (consulté le 02 mai 2020).Voir également, l'Ordonnance du 4 mars 1943, réprimant la fraude en matière de divorce ou de séparation de corps. Son article premier dispose, « Quiconque aura, par des manœuvres dolosives ou de fausses allégations, tenu ou tente de tenir son conjoint dans l'ignorance d'une procédure de divorce ou de séparation de corps dirigée contre lui sera puni d'un emprisonnement de six mois à deux ans et d'une amende de (1 500 à 300 000) francs ou de l'une de ces deux peines seulement. En cas de récidive, la peine d'emprisonnement sera toujours prononcée » (*JOAOF* du 10 avril 1943, p. 302).

moindre mesure que les lois[34] et les décrets[35], par l'Empire colonial[36], le libéralisme en métropole ayant peu de répondant, dans les colonies[37].

La fin de la Seconde Guerre mondiale sera une occasion propice aux revendications d'émancipation dans les pays coloniaux. Celles-ci, accentuées par l'émergence des mouvements panafricanistes depuis le début du siècle[38], seront d'abord canalisées par le biais de l'« Union française » puis de la « Communauté Française », tentatives d'octroi de l'autonomie territoriale, à défaut d'une prompte concession de l'indépendance. Dans ce bouillonnant contexte politique de décolonisations (A) puis des débuts euphoriques des indépendances (B), sera relevé en filigrane, un accompagnement normatif qui emprunte aussi le canal des ordonnances.

---

[34] Loi n°46-645 du 11 avril 1946 tendant à la suppression du travail forcé dans les territoires d'Outre-mer, (*JORF*, avril 1946, p. 3063) ; Loi n° 46-940 du 7 mai 1946 tendant à proclamer citoyens tous les ressortissants des territoires d'Outre-mer, (*JORF*, mai 1946, p. 3888).

[35] Décret du 10 novembre 1903 portant réorganisation de l'organisation judiciaire de l'AOF. Rec. Penant 1904.3.16, Archives Nationales du Sénégal, M79, pièce 50 ; Décret relatif à la répression de la traite des Noirs en AOF et au Congo français (*JO* de l'AOF, 6 janvier 1906, p. 17 et 18) ; Décret n°46-277 du 20 février 1946 portant suppression des peines de l'indigénat en AEF, en AOF, au Togo et au Cameroun, JORF 1946, p. 1581 (rectificatifs : p. 1848 et 2757) ; Décret n°46-877 du 30 avril 1946 portant suppression de la justice indigène en matière pénale en AEF, en AOF, au Togo et au Cameroun,(*JORF*, avril 1946, p.3680) et décret n°46-2252 du 16 octobre 1946 complétant le décret du 30 avril 1946 portant suppression de la justice indigène en matière pénale dans les territoires relevant du ministère de la France d'Outre-mer; cités par Mamadou Badji, *op. cit.*; Bernard MOLEUR, « L'indigène aux urnes. Le droit de suffrage et la citoyenneté dans la colonie du Sénégal », *Annales africaines*, 1989-1990-1991, p. 43.

[36] Voir la création de l'AOF par le décret du 16 juin 1895. Celle-ci sera dissoute officiellement en 1959. Cf., aussi, l'extension par les décrets du 27 septembre et du 21 novembre 1946 de l'ordonnance du 13 septembre 1945 qui avait rétabli la loi du 29 juillet 1881 sur la liberté de la presse ; voir surtout, Olivier BEAUD, « La France Libre, Vichy, l'empire colonial », *op. cit.*

[37] Selon Joseph BARTHÉLEMY et Paul DUEZ, *Traité de Droit constitutionnel*, (1933), Paris, réédition, Economica 1985 : « La métropole est organisée sur le mode libéral ; les dépendances sur le mode autoritaire. Notre droit pose le principe de l'égalité native des hommes [...] or, notre système impérial présuppose l'inégalité des races », p. 289.

[38] Sur le panafricanisme, voir Saidou Nourou TALL, *Droit des Organisations internationales africaines*, Paris, L'Harmattan, 2015, p. 40 et s.

A) Les ordonnances dans le contexte de la décolonisation

La fin de la Seconde Guerre mondiale va accélérer les revendications d'émancipation des colonies. Une des réponses à ce besoin d'indépendance s'est traduite par le Titre VIII (art.60 à 82) de la Constitution française de 1946 intitulé « *De l'Union française* », sorte d'association entre la métropole, les DOM, les TOM, les territoires et États associés (art.60). Dans le prolongement de cette Constitution, la « loi Gaston Deferre » va consacrer une plus grande autonomie d'organisation et de fonctionnement des colonies, en disposant notamment, en son article 1er « *Sans préjuger la réforme attendue du titre VIII de la Constitution, afin d'associer plus étroitement les populations d'outre-mer à la gestion de leurs intérêts propres, des mesures de décentralisation et de déconcentration administratives interviendront dans le cadre des territoires, groupes de territoires et des services centraux relevant du ministère de la France d'outre-mer.*

À cet effet, des décrets pris dans les formes prévues par l'article 6 de la loi n° 48-1268 du 17 août 1948 sur le rapport du ministre de la France d'outre-mer et, éventuellement, des ministres intéressés, pourront :

1 ° modifier le rôle et les pouvoirs d'administration et de gestion des gouvernements généraux en vue de les transformer en organismes de coordination ainsi que modifier la composition et les attributions des grands conseils et de l'assemblée représentative de Madagascar ;

2 ° instituer dans tous les territoires des conseils de gouvernement et, en sus, à Madagascar, des conseils provinciaux chargés notamment de l'administration des services territoriaux... »[39].

En 1958, l'Union Française, avatar assoupli du système colonial, va se muer, avec la Constitution de la Ve République, en « *Communauté* ».

Deux dispositions du texte de 1958 méritent d'être soulignées. C'est d'abord l'article 76 de la Constitution de la Ve République : « *Les territoires d'Outre-Mer peuvent garder leur statut au sein de la République. S'ils en manifestent la volonté par délibération de leur assemblée territoriale prise dans le délai prévu au premier alinéa de l'article 91, ils deviennent soit départements d'Outre-Mer de la*

[39] Loi-cadre du 23 juin 1956 ou Loi n° 56-619 autorisant le gouvernement à mettre en œuvre les réformes et à prendre les mesures propres à assurer l'évolution des territoires relevant du ministère de la France d'outre-mer, Texte complet *in Journal Officiel* de la Polynésie Française du 15 août 1957, p. 434.

République, soit, groupés ou non entre eux, États membres de la Communauté. »

C'est ensuite l'art.77 de la Constitution de 1958 prévoyant : « *Dans la Communauté instituée par la présente Constitution, les États jouissent de l'autonomie ; ils s'administrent eux-mêmes et gèrent démocratiquement et librement leurs propres affaires. Il n'existe qu'une citoyenneté de la Communauté. Tous les citoyens sont égaux en droit, quelles que soient leur origine, leur race et leur religion. Ils ont les mêmes devoirs.* »

Ces concessions aux revendications des élites africaines feront l'objet de réceptions diverses, dans les pays colonisés, à l'instar de l'autonomie constitutionnelle proclamée au Sénégal. Comme le rappelait fort opportunément le paragraphe 2 du Préambule de la Constitution sénégalaise de 1959 « *Conformément à l'article 76, et dans les perspectives ouvertes par les articles 86 et 88 de la Constitution de la Communauté, la République du Sénégal, par une libre décision des représentants élus de son peuple, se propose de tout mettre en œuvre pour aboutir à l'Unité africaine, dans le cadre d'une Fédération démocratique. Elle entend assumer l'évolution de son peuple, en l'amenant à construire son indépendance dans l'amitié et l'association avec le peuple de France. Celle-ci répondra aux exigences d'une civilisation nouvelle fondée sur le développement complet et harmonieux de ses richesses économiques, sociales, culturelles, mises au service de l'homme* »[40].

Néanmoins, ce savant habillage colonial, de l'Union Française à la Communauté Française, permettra, avec le référendum de 1958, l'avènement de pouvoirs publics africains dotés d'une autonomie fonctionnelle [41] et organique [42] tout en restant membres de la Communauté, jusqu'à 1960, année des indépendances[43].

---

[40] Cf, Ismaila Madior FALL, *Textes constitutionnels du Sénégal du 24 janvier 1959 au 15 mai 2007*, Dakar, Editions du CREDILA, 2007.

[41] Voir, la Constitution du Sénégal du 24 janvier 1959 *in* Ismaila Madior FALL, *Évolution constitutionnelle du Sénégal. De la veille de l'indépendance aux élections de 2007*, CREDILA-Karthala-CREPOS, 2009,191p ; El Hadj Ibrahima NDAO, *Sénégal. Histoire des conquêtes démocratiques*, Dakar, NEAS, 2003.

[42] Les pays d'AEF et d'AOF, dans leur majorité, vont choisir de rester membres de la Communauté jusqu'à 1960, voir Ismaila Madior FALL, *Évolution constitutionnelle du Sénégal..., op. cit.*

[43] Sur la décolonisation, Gérard Conac rappelait que « Les Etats d'Afrique noire francophone sont issus d'un processus de décolonisation. L'accession a l'indépendance

La Constitution française du 4 octobre 1958 est donc restée une source d'inspiration pour les constituants africains[44]. On se souvient qu'elle a délimité le domaine de la loi aux matières énumérées à l'article 34 [45] reléguant celles n'y figurant pas au domaine

---

n'a été qu'une étape dans la genèse de leurs structures politiques et administratives. Elle a été une rupture puisqu'elle a mis juridiquement un terme à la domination coloniale qui s'exerçait, soit au nom d'un titre de souveraineté propre dans le cas des territoires annexes a une métropole européenne, soit sur la base d'un mandat international dans le cas des territoires sous tutelle (...).Le phénomène de continuité est particulièrement net dans les États où la décolonisation a été progressive et acquise pacifiquement en collaboration entre les puissances colonisatrices et les élus du territoire. Il en fut ainsi dans tous les territoires qui ont accédé à la souveraineté sous le contrôle de l'État français, à l'exception de la Guinée et des Comores que, pour des raisons particulières à chacun de ces pays, l'indépendance a coupés brutalement de leur ancienne métropole. Sur le plan juridique, cette continuité s'est manifestée par la succession à un certain nombre de traités conclus par les métropoles au bénéfice de leurs territoires », Gérard CONAC, « L'évolution constitutionnelle des États francophones d'Afrique Noire et de la République Démocratique Malgache » *in* Gérard Conac, *Les institutions constitutionnelles dans les États d'Afrique francophone et de la République Malgache*, Paris, Economica, 1979, 355 p., (pp. 1-68).

[44] Voir, la reprise de l'article 38 de la Constitution de 1958 par l'art.37 de la Constitution sénégalaise de 1959, « Le Gouvernement peut, pour l'exécution de son programme, demander à l'Assemblée Législative, l'autorisation de prendre par ordonnance, pendant un délai limité, des mesures qui sont normalement du domaine de la loi.
Les ordonnances entrent en vigueur dès leur publication, mais deviennent caduques si le projet de loi de ratification n'est pas déposé devant l'Assemblée législative avant la date fixée par la loi d'habilitation.
À l'expiration du délai mentionné au premier alinéa du présent article, les ordonnances ne peuvent plus être modifiées que par la loi dans les matières qui sont du domaine législatif », texte reproduit *in* Ismaila Madior FALL, Textes constitutionnels… *op. cit.*

[45] Si, avant 1958, le domaine de la loi était pratiquement illimité (l'article 13 de la Constitution française de 1946 disposant que : « L'Assemblée nationale vote seule la loi, elle ne peut déléguer ce droit »), la rationalisation sous-jacente à la Constitution de la Ve République opère une délimitation restrictive des compétences du Parlement, l'article 34 visant les matières dans lesquelles la loi « fixe les règles… », ou « détermine les principes fondamentaux… ». Cependant, la « révolution n'a pas eu lieu » (*dixit*, Rivero) puisque le cantonnement annoncé a engendré d'autres effets : les matières législatives dépassent l'énumération de l'art. 34 car le Conseil constitutionnel peut étendre la liste. De même, une loi peut comporter des normes de caractère non législatif. Il est entendu que si le gouvernement dispose des moyens des articles 37 al. 2 et 41 pour s'y opposer, il reste que la « Constitution n'a pas entendu frapper d'inconstitutionnalité une disposition de nature règlementaire contenue dans une loi » (*CC 82-143 DC du 30 juillet 1982, Rec.* p. 57). Il en appert que l'article 34 représente un minimum que le Parlement peut encore réduire par le biais de la législation

règlementaire[46]. Il s'y ajoute la possibilité de délégation législative à l'Exécutif[47], de recourir à des ordonnances en cas d'habilitation référendaire[48] ou aux ordonnances de l'article 47[49] et à celles pour la mise en place d'institutions nouvelles pendant la période transitoire (ancien article 92)[50]. Cette répartition des attributions a été pour l'essentiel reprise par la plupart des Constitutions africaines[51] même si

déléguée ; cf., Louis FAVOREU, Patrick GAIA, Richard GHEVONTIAN, Jean Louis MESTRE, Otto PFERSMANN, André ROUX et Guy SCOFFONI, *Droit constitutionnel*, Paris, Dalloz, 5e éd., 2002, p 681 et s. ; Pierre PACTET, *Institutions politiques, Droit constitutionnel*, Paris, Masson, 10e éd., 1991, p. 518 et s. ; Louis FAVOREU, « la loi », *in* Association Française de Droit constitutionnel, La continuité constitutionnelle en France de 1789 à 1989, Paris, Economica, 1990, pp. 79-102.

46 La rédaction laconique de l'article 37 al.1 est connue : « Les matières autres que celles qui sont du domaine de la loi, ont un caractère règlementaire » ;cf. Marcel WALINE, « Les rapports entre la loi et le règlement avant et après 1958 », *Revue de Droit public* (RDP) 1959, p.699 ; Jean-Louis PEZANT, « Les dispositions instituant un système de délimitation des compétences législatives et règlementaires », *in L'écriture de la Constitution de 1958*, PUAM, Economica, 1992, p. 510 ; Ferdinand MELIN-SOUCRAMANIEN (Texte intégral présenté par), *La Constitution de la République française*, Paris, A. Colin Ed. Dalloz 2003, 104 p.

47 Pierre EBRARD, « L'article 38 de la Constitution du 4 octobre 1958 et la Ve République », RDP 1969, p.259 ; André-Hubert MESNARD, « Ordonnances, lois d'orientation ou lois cadres ? », *RDP* 1964, p. 261.

48 Des ordonnances peuvent être prises sur le fondement de l'article 11 de la Constitution. Il en est ainsi du référendum du 8 avril 1962, dont l'issue est que « Le Président de la République peut arrêter par voie d'ordonnance, ou selon le cas, de décrets pris en Conseil des ministres, toutes mesures législatives ou règlementaires relatives à l'application de la déclaration gouvernementale du 19 mars 1962 », cité par François FERAL, « La nouvelle hiérarchie des normes juridiques sous la Ve République. La recomposition de la fonction et du pouvoir législatifs », i*n* Gérard CAMILLERI, (sous la direction de), *Le régime politique de la Ve République*, Publication du Centre d'Analyse Politique, Coll. Études, Presses universitaires de Perpignan, 1997, (361 p.), p. 171.

49 Des ordonnances peuvent aussi être édictées dans le cadre de l'article 47 al. 3 relatif à l'adoption de la loi de finances et de l'alinéa 6 de l'article 39 de l'ordonnance n°59-2 du 2 janvier 1959 relative aux lois de finances, pour sanctionner « l'inertie législative » après un délai de soixante-dix (70) jours après le dépôt du projet de loi de finances. Dans ce cas, la mise en vigueur du projet sera effectuée par ordonnance.

50 Cf. Anne Marie LE BOS LE POURHIET, *L'article 92 de la Constitution de 1958*, Paris, Economica, 1981, Coll. Recherches Panthéon Sorbonne, 91p.

51 Pour les domaines respectifs de la loi et du règlement, voir Constitution de la République du Bénin (Loi n°90-32 du 11 décembre 1990), art. 98 et 100 ; Constitution du Burkina Faso du 2 juin 1991; révisée, art. 82 et 101 (loi), art. 108 (règlement) ; Constitution de la République du Burundi du 7 juin 2018 portant révision de la Constitution du 18 mars 2005 (art.164 et 165); Constitution de la République du Cameroun (révisée par la loi 96-06 du 18 janvier 1996), art. 26 et 27 ; Constitution de

une certaine dose d'originalité amène ces États à s'écarter du modèle français.

B) La floraison des ordonnances dans l'Afrique indépendante

En se réappropriant la notion d'ordonnance, les États africains en ont remodelé la fonction et le sens à partir de leur contexte socioculturel et des difficultés rencontrées dans le long cheminement vers la démocratie pluraliste.

---

la République du Congo du 20 janvier 2002, art.111 (loi) et art.113 (règlement), Constitution de la République du Congo du 6 novembre 2015, art.110 et 125 (loi) et art.126 (règlement) ; Constitution de la République de Côte d'Ivoire (loi n°2000-513 du 1er août 2000), art. 71 et 72 et Constitution du 8 novembre 2016, modifiée en 2020 (art.101 et 103) ; Constitution de la République centrafricaine du 28 décembre 1994, (art. 58 et 60) et Constitution de la R.C.A du 30 mars 2016 (*J0RCA*, édition spéciale, n°3), art.80 et 81; Constitution de la RDC du 18 février 2006, art.122 et 123(loi) et art.128 (règlement) ;Constitution de la République de Djibouti du 4 septembre 1992, révisée par la loi constitutionnelle du 21 avril 2010 (art.57 et 58) ;Constitution de la République du Gabon (loi n°003/91 du 26 mars 1991, révisée par la loi n°047/2010 du 12 janvier 2011, et par la loi n°001-2018 du 12 janvier 2018), art. 47 et 51 ; Constitution de la République de Guinée promulguée par décret D/068/PRG/CNDD/ SGPRG/2010 du Conseil National de Transition le 19 avril 2010, art.72 (loi) et art.74 (règlement) et Constitution Guinéenne de la IVe République du 06 avril 2020 (*JORG*, numéro spécial du 14 avril 2020), art.80 et 81 ; Constitution de la République de Madagascar du 11 décembre 2010 (IVe République), art.95 et 97 ; Constitution de la République du Mali adoptée par référendum du 12 janvier 1992 et promulguée par décret n°92-073/P-CTSP du 27 février 1992, art.70 et 73 ; Constitution de la République du Niger du 25 novembre 2010 (VIIe République), art.99 et 100 (loi) et art.103(règlement) ; Constitution de la République du Sénégal du 26 août 1960 (art. 39 et 42), du 7 mars 1963 (art. 56 et 65), du 22 janvier 2001 (art. 67 et 76) ; Constitution de la République du Tchad du 14 avril 1996, art. 125 et 126 et Constitution de la République du Tchad du 4 mai 2018 révisée le 14 décembre 2020, art.127 (loi) et 128 (règlement); Constitution de la République Togolaise du 14 octobre 1992 modifiée par la loi n°2019-003 du 14 mai 2019, art. 84 et 85 ; Constitution de l'Union des Comores du 23 décembre 2001 révisée par la loi référendaire du 23 novembre 2009 et promulguée par décret n°09-066/PR du 23 mai 2009, art.31(loi) et art.32 (règlement) ; cf., aussi, Jean DU BOIS de GAUDUSSON, Gérard CONAC et Christine DESOUCHES (Textes rassemblés et présentés par), *Les Constitutions africaines publiées en langue française*, 2 vol., Paris, La Documentation française, Bruxelles, Bruylant, 1998 ; Hubert OULAYE, « La délimitation de la loi et du règlement en Côte d'Ivoire », *in Études et Document du Centre Ivoirien de Recherches et d'Études Juridiques* (EDCIREJ), 1986, pp. 35-70 ; Jacques Mariel NZOUANKEU, « Les domaines respectifs de la loi et du règlement en Droit sénégalais », RIPAS n° 11, Dakar, octobre-décembre 1984 ; Eloi DIARRA, « Constitution et État de droit au Mali », RJPIC n° 4, octobre-décembre 1995, pp. 252-285 ; consulter les sites internet des gouvernements des États cités.

Ce phénomène est d'autant plus remarquable que ces actes juridiques ont été très tôt usités dans la vie de ces jeunes nations. Par ailleurs, l'actualité la plus récente conduit à observer que ces ordonnances continuent de rythmer la vie politique et constitutionnelle des États africains[52].

Si, en principe, les usages les plus connus des ordonnances sont considérés comme l'expression d'une législation déléguée par le parlement ou par le peuple à l'Exécutif, cet appareillage normatif peut également s'émanciper de cette habilitation pour dériver d'un fondement constitutionnel démocratique ou non démocratique.

À cet égard, la pratique des ordonnances analogues à celles prévues à l'article 38 de la Constitution française traduit l'absence d'étanchéité entre les domaines de la loi et du règlement du fait que la séparation des pouvoirs [53] subit des tempéraments [54] relatifs à la non-exclusivité parlementaire dans l'exercice de la fonction législative : maîtrise gouvernementale de la fixation de l'ordre du jour, initiative législative partagée entre membres du Parlement, Chef d'État ou gouvernement, prérogatives de l'Exécutif lui permettant soit d'accélérer ou de ralentir la procédure législative par des amendements, le vote bloqué, la saisine

---

[52] L'actualité, depuis 2019, médiatise l'adoption d'ordonnances en France et en Afrique pour l'édiction de mesures visant à faire face à l'épidémie à coronavirus dite COVID-19, voir Chapitre II, Section II de la 2e Partie de cet ouvrage.

[53] Sur la séparation des pouvoirs, théorie prêtée à Montesquieu et sur ses avatars, une abondante littérature peut être consultée, Charles EISENMANN, « L'esprit des lois et la séparation des pouvoirs », *in Mélanges Carré de Malberg*, Sirey, Paris, 1933, pp. 165-192 ; Louis ALTHUSSER, Montesquieu, *la Politique et l'Histoire*, Paris, PUF,1974 ; Jean-Louis SEURIN, « Les origines historiques de la séparation des pouvoirs », *in Mélanges Auby*, Paris, 1992 ; Michel TROPER, *La séparation des pouvoirs et l'histoire constitutionnelle française*, Paris, LGDJ,1980 ; pour une approche nouvelle de cette séparation, consulter Abdoulaye SOMA, « La séparation des pouvoirs comme droit fondamental dans le constitutionnalisme contemporain », *Revue électronique Afrilex*, janvier 2018.

[54] À ce propos, voir le raisonnement du juge malgache qui considère que « La Constitution de la quatrième République instaure un régime semi- présidentiel, un régime de séparation souple des pouvoirs et de collaboration des pouvoirs ;que l'autonomie des organes n'est pas la conséquence de l'isolement des organes mais, au contraire, celle de leur rapprochement et des actions qu'ils peuvent exercer à l'égard des autres organes ;que dans la pratique de ce type de régime, le Président de la République peut rencontrer aussi bien les députés de sa majorité que ceux de l'opposition… » (Haute cour constitutionnelle, *Décision n°24-HCC/D3 du 12 juin 2015 relative à la résolution de mise en accusation du Président de la République Héry Rajaonarimampianina)*.

des juridictions constitutionnelles, les motions de procédure[55], etc.

Cette prééminence de l'Exécutif[56] partout remarquée dans les régimes politiques modernes, est encore accentuée dès lors que le gouvernement s'appuie sur une majorité parlementaire lui facilitant l'autorisation à légiférer par ordonnances.

Aussi, en dépassant la simple convocation des textes antérieurs aux indépendances africaines et pour mieux cerner les différents usages des ordonnances et profiler davantage les concepts, la méthodologie et le plan adoptés, des précisions liminaires sont nécessaires.

Paragraphe III. Clarifications conceptuelles, méthodologie et plan

Le présent ouvrage entreprend de cerner avec minutie la relation fusionnelle entre le droit constitutionnel et les ordonnances. Ces liens doivent être fixés dans leurs contours (A), avant la mise en surbrillance de la méthodologie et du plan retenus (B).

A) Clarifications conceptuelles

L'ossature du présent ouvrage s'adosse au « droit constitutionnel ». Sur le plan matériel (*ratione materiae)*, les ordonnances seront étudiées principalement sous l'angle du droit constitutionnel. Toutefois, quelques incursions en droit administratif seront indispensables pour mettre en exergue la nature réglementaire des ordonnances non ratifiées, ce qui sera également l'occasion, pour renforcer davantage l'argumentation, de convoquer le contentieux administratif de juridictions francophones.

Deux conceptions, (classique et moderne), du droit constitutionnel, sont souvent proposées par la doctrine.

La conception classique désigne le droit constitutionnel comme « l'étude de la manière dont le pouvoir s'acquiert, s'exerce et se transmet »[57]. Quant à la conception moderne, au de-là de l'étude des institutions politiques, elle met en lumière l'étude des droits et libertés

[55] Cf., Louis FAVOREU, Patrick GAIA, Richard GHEVONTIAN, Jean Louis MESTRE, Otto PFERSMANN, André ROUX et Guy SCOFFONI, *Droit constitutionnel*, Paris, Dalloz, 5e éd., 2002, p. 701 et s.

[56] Cf., Ahmed Tidjani BA « L'exécutif dans les démocraties pluralistes africaines. L'exemple des Etats francophones de l'Afrique de l'Ouest », *Revue burkinabé de Droit*, n°35,1er semestre 1999, pp.18-74.

[57] Georges Burdeau cité *in* préface à l'ouvrage de Louis FAVOREU *et al. Droit constitutionnel*, Paris, Dalloz, 16e Éd., 2014.

fondamentaux, mais surtout, elle insiste sur la « juridicisation » [58] progressive des phénomènes politiques à travers notamment, l'importance de la jurisprudence constitutionnelle, phénomène d'attrait du droit du contentieux sur la théorie constitutionnelle[59].

Dans la logique sous-jacente à l'idée selon laquelle, toute société humaine, est tiraillée entre le besoin d'autorité et la nécessité de la liberté, le droit constitutionnel se retrouve de plus en plus satellisé autour du triptyque « normes, institutions, libertés ».

Ce droit constitutionnel se veut normatif et institutionnel pour régir et ordonner l'organisation et le fonctionnement ainsi que les rapports entre les pouvoirs publics, au plus haut niveau, que l'on soit dans des régimes de confusion ou de séparation des pouvoirs[60].

La discipline enserre alors un compendium des droits et libertés, marqués, peu ou prou, du sceau de la sacralité et de la fondamentalité, en ce sens que la violation des principes et règles de valeur constitutionnelle est susceptible de sanctions en cas de saisine du juge constitutionnel[61]. La matière a, par ailleurs, pour objet « de rationaliser les phénomènes politiques, de les encadrer »[62], pour éviter que « le pouvoir privilégie la force aveugle et l'arbitraire » [63]. Le droit constitutionnel se conçoit encore, comme le droit de la Constitution,

---

[58] S'agissant de la Ve République française, Dominique Chagnollaud estime que « la juridicisation de ce droit est un phénomène patent, qui oblige l'analyste à se référer souvent à la jurisprudence du Conseil Constitutionnel, même si celle-ci est encore loin, et heureusement, d'enserrer dans un étau juridique la liberté d'action politique des acteurs constitutionnels », Dominique CHAGNOLLAUD, *Droit constitutionnel contemporain. Le régime politique de la France*, Paris, Dalloz, 6e Éd., 2013, p. X.

[59] Voir, Marie AKPOTROSSOU, *Droit constitutionnel et Opposition en Afrique de l'Ouest.* Cas du Bénin, de la Côte d'Ivoire et du Sénégal, Thèse de doctorat, UCAD, Dakar, 2018, 500 p.

[60] L'affirmation sans concession de l'article 16 de la Déclaration des Droits de l'Homme et du Citoyen de 1789 mérite d'être rappelée : « toute société dans laquelle la garantie des droits n'est pas assurée ni la séparation des pouvoirs déterminée n'a pas de Constitution. » Cette déclaration fait partie du bloc de constitutionnalité dans beaucoup de pays francophones, notamment au Sénégal, avec la Constitution de 2001.

[61] En effet, le droit constitutionnel est aussi « un droit politique dont la violation fait l'objet de sanction spécifique », selon El Hadj MBODJ, *Cours de Droit constitutionnel*, http://www.elhadjmbodj.org/public/pdf/Cours_de_droit_const_Prof_Mbodj.pdf (consulté en mai 2020).

[62] Francisco MÉLÈDJE DJEDJRO, *Droit constitutionnel*, Abidjan, les Éditions ABC, 7e Éd., 2007, p. 5-9.

[63] Francisco MÉLÈDJE DJEDJRO, *Droit constitutionnel... op. cit.*

laquelle s'entend comme « la condition absolue et la base même de l'État »[64].

Il est donc établi que la Constitution est « la loi suprême, au-dessus de toutes les autres lois, le référent-type, par excellence »[65]. Cette Loi fondamentale est perçue ainsi : « au sens matériel, la Constitution est l'ensemble des règles établies selon une procédure particulière, spéciale, définissant les principes et les conditions d'exercice du pouvoir et fixant les modalités de modification ou de révision de ces règles. »[66]

Quant à la définition formelle de la Constitution, « elle s'attache à la forme et aux procédures d'édiction et elle met l'accent sur le contenant ou l'enveloppe, et non sur le contenu, et la procédure. Ce dernier terme désigne l'ensemble des phases permettant d'arriver à la publication d'un texte, de forme constitutionnelle, c'est-à-dire à l'existence d'un texte baptisé Constitution et adopté selon des formes et procédures particulières, par rapport à la loi ordinaire »[67]. Mais l'on ne saurait traiter de Constitution ni de Droit constitutionnel sans l'arrimage nécessaire à la science politique[68] et au constitutionnalisme.

Le constitutionnalisme est, à la fois, une théorie, une idée et un mouvement. En tant que théorie du droit, il met en exergue l'importance de la Constitution dans la hiérarchie des normes par rapport à la loi, ainsi que le rôle et la fonction du contrôle de constitutionnalité des lois. Il est donc fondé sur la volonté d'organiser l'accès, l'exercice et la transmission du pouvoir politique de l'État par la référence à une Constitution, ou à des principes et règles de valeur constitutionnelle.

En tant que porteur d'une idée, le constitutionnalisme est souvent opposé, par la doctrine, à ce qu'on appelle le « légicentrisme », qui

---

[64] Raymond CARRE DE MALBERG, *Contribution à la théorie générale de l'État* (Réimpression des éditions de 1920 et 1922), Paris, Dalloz, 2003, p. 65 et s.

[65] Maurice AHANHANZO GLÈLÈ, « La Constitution ou Loi Fondamentale », *in Encyclopédie Juridique de l'Afrique*, Abidjan Dakar Lomé, N.E.A., 1982, p. 22.

[65] Maurice AHANHANZO GLÈLÈ, *ibid.*

[66] Maurice AHANHANZO GLÈLÈ, *op. cit.* ; consulter aussi Ibrahim David SALAMI et Diane O. M. GANDONOU, *Droit constitutionnel et institutions du Bénin*, Cotonou, Éd. CEDAT, 2014, p. 75.

[67] Michel VERPEAUX, *La Constitution*, Paris, Dalloz, 2008, p. 104.

[68] En tant que discipline, la Science politique étudie les phénomènes politiques les plus divers, notamment la vie politique, les rapports entre gouvernants et gouvernés, les institutions, les rapports de pouvoir entre individus, groupes sociaux et au sein de l'État, Philippe BRAUD, *La science politique*, Paris, PUF, 2007 ; Philippe RAYNAUD, « Le droit et la Science politique », *Jus Politicum*, n° 2.

défend la suprématie de la loi. En ce sens, le constitutionnalisme reflète un mouvement d'idées dont l'origine est centrée autour du rationalisme et du libéralisme juridique du 18e siècle[69]. Il se manifeste par la mise en valeur de quelques principes fondamentaux conciliant l'autorité et la liberté[70], promouvant la séparation des pouvoirs, et consacrant la garantie des droits et libertés des citoyens[71].

En effet, abondant dans le même sens, Oumarou Narey considère que « Selon la doctrine du droit constitutionnel, la suprématie de la Constitution signifie tout d'abord qu'elle est la norme supérieure, celle qui prime sur toutes les autres règles de par leurs statuts. La Constitution est le dernier rempart, l'ultime barrière à l'abus du pouvoir. La Constitution est ensuite la meilleure garantie contre l'arbitraire du pouvoir politique. C'est le premier niveau de protection contre les risques d'arbitraire de la loi, au profit des citoyens. Elle est enfin la véritable norme juridique qui impose aux pouvoirs publics, autorités administratives, civiles, militaires et juridictionnelles ainsi qu'à tous les citoyens, les limites à ne pas franchir »[72].

---

[69] Sur ces différentes questions, voir Raymond CARRE DE MALBERG, *Contribution à la théorie générale de l'État*, Paris, 1922, réédition 1962 ; Charles EISENMANN, *Écrits de théorie du droit, de droit constitutionnel et d'idées politiques*, Paris, 2002 ; Charles Louis de *Secondat*, Baron de MONTESQUIEU, *De l'esprit des lois* (1748), Paris, 1979 ; Michel TROPER et Dominique CHAGNOLLAUD, (dir.), *Traité international de droit constitutionnel. Théorie de la Constitution*, Dalloz, Paris, 2012.

[70] Il faut ici s'en rapporter à l'éclairage suivant, à savoir : « le constitutionnalisme, lato sensu, est l'idée très répandue au XVIIIe siècle, que, dans tout État, il faut une constitution, de manière à empêcher le despotisme. Le constitutionnalisme, stricto sensu, est l'idée qu'une constitution doit être fondée sur quelques règles propres à produire certains effets (…). Les principes dont elle préconise l'application peuvent être la séparation des pouvoirs, la distinction du pouvoir constituant et des pouvoirs constitués, le gouvernement représentatif, l'institution d'un contrôle juridictionnel de la constitutionnalité des lois ou seulement certains d'entre eux… », Michel TROPER, « Le concept de constitutionnalisme et la théorie moderne du droit », *in* Terrence MARSHALL (dir.), *Théorie et pratique du gouvernement constitutionnel : La France et les Etats-Unis, La Garenne-colombes*, Édition de l'Espace Européen, Collection Droit et sciences sociales, 1992, pp. 35-36.

[71] Dans ce sens, on peut dire que « le constitutionnalisme traduit l'acceptation à la fois juridique et politique de la supériorité de la Constitution sur toute autre norme. Politiquement, le constitutionnalisme signifie que la Loi fondamentale est la traduction du pacte social conclu entre toutes les composantes du pays … », Olivier DUHAMEL et Yves MENY, *Dictionnaire constitutionnel*, Paris, PUF, 1992, pp. 212-213.

[72] Oumarou NAREY « La suprématie de la Constitution en période de crise (Niger) », 23 p., 7e Congrès de l'Association des Cours Constitutionnelles ayant en Partage

C'est dans cette riche veine qu'on peut aussi replacer, à l'instar d'Adama Kpodar, le constitutionnalisme moderne et africain [73], lorsqu'il affirme : « À l'évidence, dans son essence profonde et conformément à ses initiateurs du siècle des Lumières (John Locke, Jean Jacques Rousseau, Montesquieu), le constitutionnalisme répond à une idéologie libérale fondée sur la croyance au droit comme promoteur de l'ordre légitime universel, et de la constitution comme limite à l'arbitraire du pouvoir. Ainsi, à l'idée de constitution, de constitutionnalisme et de droit constitutionnel correspond une philosophie, ou une idéologie juridique par laquelle le bonheur devait arriver c'est-à-dire la liberté et la paix. C'est en cette idée que les États d'Afrique noire d'expression française se sont reconnus, en s'attachant aux principes traditionnels qui caractérisent le constitutionnalisme en Occident : la séparation des pouvoirs, la protection des droits fondamentaux reconnus aux individus, la consécration de l'État de droit. »[74]

---

l'Usage du français (ACCPUF) – La suprématie de la constitution, 3e session de travail : les situations de conflits ou de concurrence entre la Constitution et les normes internationales. L'ACCPUF est devenue, en 2019, l'ACCF, voir www.accf-francophonie.org (consulté en juin 2020).

[73] Léon Kassabo résume les débats sur le constitutionnalisme africain en ces termes : « Que ne dit-on du constitutionnalisme et de la démocratie en Afrique ? En effet, on écrit jusqu'à décréter une incompatibilité de principe de l'Afrique et de la démocratie constitutionnelle, à réduire le constitutionnalisme à un exercice de « copier-coller » dans le sens Nord-Sud et enfin à condamner le droit constitutionnel à jouer l'éternel rôle de figurant d'une vie politique tumultueuse et désordonnée. Ces propos, malgré de profondes mutations, sont encore tenus, et l'on se demande parfois s'ils ne connaissent pas un regain d'actualité. Il est vrai que la diversité de l'Afrique permet de soutenir bien des opinions contraires, voire contradictoires », Léon Dié KASSABO, « Contribution à l'analyse de la réappropriation de certaines catégories constitutionnelles en droit constitutionnel africain » .www.afrilex.u-Bordeaux4.fr ; voir, aussi, Stéphane BOLLE, « Des Constitutions « made in Africa » » *in AFDC*, Actes du VIe Colloque de droit constitutionnel (Montpellier,9-11 juin 2005), disponible sur http :www.la -constitution-en-afrique-over-blog.com ; Simon-Pierre ZOGO NKADA: cas du Cameroun et du Sénégal », *Revue française de droit constitutionnel*, 2012/4, n°92, p.23.

[73] Lire, Adama KPODAR, « Cinquante ans de théorie constitutionnelle, « Le nouveau constitutionnalisme africain et la garantie des droits socioculturels des citoyens : cas du Cameroun et du Sénégal », *Revue française de droit constitutionnel*, 2012/4, n° 92, p. 23.

[74]Lire, Adama KPODAR, « Cinquante ans de théorie constitutionnelle en Afrique noire francophone », communication lors du colloque international de Cotonou, 8,9 et 10 août 2012, *in La Constitution béninoise du 11 décembre 1990 : un modèle pour*

Les idées véhiculées par ce constitutionnalisme peuvent s'enrouler autour de cycles constitutionnels qui, pour certains États africains, ont été identifiés dans une triple périodisation : de l'indépendance à 1965 (ère des Constitutions libérales modelées sur celles des ex-métropoles coloniales), de 1965 à 1990 (ère des autoritarismes durs ou modérés qualifiés par d'aucuns de présidentialismes [75] négro-africains et marqués *inter alia* par l'obsession de l'unité nationale au prix du parti unique) et depuis 1990 (ère du renouveau démocratique)[76].

Que l'on envisage le droit constitutionnel sous le prisme de la « politique saisie par le droit »[77], ou sous l'angle du « droit saisi par la politique »[78], cette discipline et branche du Droit public, difficile à distraire de la science politique, met l'accent sur les ordonnances par le truchement de l'habilitation législative ou constitutionnelle ou, *mutatis mutandis*, par le biais de règles *sui generis* de régimes militaires.

À mi-chemin entre la loi et le règlement, les ordonnances, (du latin, « *ordinare* », mettre en ordre, ranger, disposer), constituent des traits d'union entre les pouvoirs exécutif et législatif. Popularisées par les

---

l'Afrique ? Mélanges en l'honneur de Maurice Ahanhanzo-Glélé, Paris, L'Harmattan, 2014, pp. 89- 126.

[75] Proposée par Maurice Duverger, cette expression s'entend de régimes « qui se sont inspirés du système des Etats-Unis mais qui n'ont pas respecté ce qui en fait le mérite essentiel, le partage équilibré des pouvoirs et ont laissé le chef de l'État accaparer toute l'influence politique », Benoit JEANNEAU, *Droit constitutionnel et institutions politiques*, Paris, Dalloz, 1991, p. 120.

[76] Théodore HOLO, « Démocratie revitalisée ou démocratie émasculée ? Les constitutions du renouveau démocratique dans les États de l'espace francophone : régimes juridiques et systèmes politiques », *RBSJA*, n° 16, 2006, pp. 17-41 ; Koffi AHADZI NONOU, « Les nouvelles tendances du constitutionnalisme africain : le cas des États d'Afrique noire francophone », *Afrique juridique et politique (La revue du CERDIP)*, Libreville, vol.1, n°1, janvier-juin 2002,pp.35-38 ; Nadjombé Gmagnido GBEOU-KPAYILE, « L'idée de Constitution en Afrique noire francophone » www.afrilex.u-bordeaux4.fr ; Pierre –François GONIDEC, « Constitutionnalismes africains », *RJPIC*, 1996, n°1, pp. 23-33 ; André CABANIS et Michel Louis MARTIN, *Le constitutionnalisme de la troisième vague en Afrique francophone*, Bruylant-Academia, 2010, 227 p.

[77] Louis FAVOREU, *La politique saisie par le droit. Alternances, cohabitation et Conseil constitutionnel*, Paris, Economica, 1988, 153 p.

[78] Consulter, Dimitri Georges LAVROFF, « Le droit saisi par la politique : l'instabilité de la norme constitutionnelle sous la Ve république », *Politeia*, n°25, 2014, pp. 23-46 ; Pierre AVRIL, « Penser le droit politique », *Jus Politicum*, « Actualités », http://www.juspoliticum.com/article/Penser-le-droit-politique-1264.html, (consulté en juin 2020).

régimes monarchiques, elles sont utilisées abondamment [79] et indistinctement par les régimes de confusion ou de séparation des pouvoirs, les régimes parlementaires[80], les régimes présidentiels[81], les

[79] À titre illustratif, au Gabon, entre 1986 et 1996, cent trente-trois ordonnances de l'Exécutif ont été ratifiées par les députés. Cf. Fidèle MENGUE, « Le nouveau parlement gabonais », *Afrique juridique et politique (La revue du CERDIP)*, Libreville, vol. 1, n° 1, janvier-juin 2002, pp. 5-28.

[80] La pratique des ordonnances n'est pas inconnue dans les régimes parlementaires. En effet, la souplesse de la séparation des pouvoirs permet, notamment en Grande-Bretagne, l'adoption des *statutory instruments* (équivalent des décrets-lois), car « Le Cabinet peut en outre se voir déléguer par le parlement une partie de son pouvoir législatif. Une loi d'habilitation autorise le Cabinet à exercer la législation déléguée. Cette délégation législative est fréquente. Elle s'explique par la concentration des pouvoirs exécutif et législatif entre les mains d'un même parti : quand cela paraît préférable, on choisit la voie des décrets-lois ». Cf. Philippe ARDANT, *Institutions politiques et Droit constitutionnel*, Paris, LGDJ, 11e édition, 1999, p.270 ; cf., aussi, Bernard CHANTEBOUT, *Droit constitutionnel et Science politique*, Paris, A. Colin, coll. U, 1982, p. 308 ; Marguerite A. SIEGHART, *Government by decree : A comparative study of the ordinances in English and French law*, 1950 ; Julien LAFERRIERE, « La législation déléguée en Angleterre et le contrôle de son exercice par le parlement », *in Mélanges Mestre*, 1956, p.331 ; John BELL, « Les ordonnances (au Royaume Uni) », *RFDA*, 1987, p.750 ;Jean-Pierre DUPRAT, « Les ordonnances de l'article 38 et la législation secondaire en Grande Bretagne » *in Le droit administratif : permanences et convergences*, Mélanges en l'honneur de Jean – François Lachaume, Paris, Dalloz, 2007, pp.467-487.

[81] Bien que le régime politique américain constitue la référence en matière de séparation rigide des pouvoirs, les délégations législatives du Congrès au Président, non prévues par la Constitution de 1787, ont été justifiées par l'exigence d'efficacité administrative. En contrepartie, le Congrès exige de l'Exécutif, un compte rendu exhaustif tout en lui fixant des objectifs. Mais cette pratique avait débouché sur l'instauration d'un veto législatif, dans le contrôle de l'habilitation, condamné par la Cour suprême dans l'affaire *Immigration and Naturalization Service vs Chadha (462 US 919, 1983)*. Il reste que cette législation déléguée n'est pas invalidée si elle traduit un élargissement subtil des compétences présidentielles non suivi d'un abandon par le Congrès de ses prérogatives. Dans les faits, de nombreux textes ont conféré certains pouvoirs au Président en matière économique, militaire, de transport et de commerce extérieur ; cf., Philippe ARDANT, *Institutions politiques et Droit constitutionnel*, *op. cit.*, p. 322 ; Samy BENZINA, « Les *executive orders* du président des États-Unis comme outil alternatif de législation », *Jus Politicum,* n°20-2001, pp.485-516, www.juspoliticum.com.

régimes civils ou militaires, les États unitaires[82] et les États fédéraux[83], en temps normal comme en cas de changement de régime constitutionnel[84].

Sous le bénéfice de cet éclairage, ces mesures empruntent, en Afrique, un vocabulaire aussi varié que des noms de baptême d'ordonnance, ordonnance-loi [85], décret-loi [86], décret législatif, ordonnance impériale[87], etc.

Leur contenu épouse des contours aussi complexes que les matières réservées à la loi ordinaire ou touchant l'organisation et le

---

[82] Article 76 de la Constitution italienne de 1947 et article 82 de la Constitution espagnole de 1976, cf. Pierre PACTET, *Textes de Droit constitutionnel*, Paris, LGDJ., 3e édition 1994.

[83] Outre la pratique américaine, consulter l'article 80 de la loi fondamentale de la République Fédérale d'Allemagne de 1949, révisée par le Traité d'Union de 1990, Pierre PACTET, Textes de Droit constitutionnel, *op. cit.*

[84] Voir, pour la Haute-Volta (actuel Burkina Faso), l'ordonnance n°1-PRES., du 5 janvier 1966, portant suspension de la Constitution du 30 novembre 1960 et dissolution de l'Assemblée nationale (*JO* de la République de Haute-Volta du 6 janvier 1966).

[85] Ordonnance-loi du 22 mars 1966 accordant le pouvoir législatif au Président de la République Zaïroise et Ordonnance-loi du 6 avril 1966 sur la réorganisation territoriale, citées par Jean DU BOIS DE GAUDUSSON, Gérard CONAC et Christine DESOUCHES, *op. cit.*, vol.2, p.209 ; Ordonnance-loi n° 82-017 du 31 mars 1982 relative à la procédure devant la Cour suprême de justice (*JO* du Zaïre n°7, du 1er avril 1982) ; Ordonnance-loi n°88-056 du 29 septembre 1988 sur le statut des magistrats (*JO* du Zaïre, numéro spécial, septembre 1988, pp. 15-19). Pour la Fédération du Mali, Ordonnance-loi n°5 du 22 décembre 1959 fixant le mode de rémunération des représentants fédéraux et décret de promulgation n°59-325 du 31 décembre 1959, *Journal Officiel* de la République du Mali n°43 du 16 janvier 1960.

[86] En République de Tunisie, décret-loi n° 2011-14 du 23 mars 2011, portant organisation provisoire des pouvoirs publics (signé par le Président de la République par intérim, Fouad Mebazaâ), *Journal Officiel* de la République Tunisienne, n° 20, du 25 mars 2011, pp. 363-365. En République démocratique du Congo (RDC), après la prise du pouvoir par Laurent Désiré Kabila, le décret-loi constitutionnel n°3 du 28 mai 1997 (article 5) disposait : « Le Président de la République exerce le pouvoir législatif par décrets-lois délibérés en Conseil des ministres », cité par Jean DU BOIS DE GAUDUSSON, Gérard CONAC et Christine DESOUCHES, *op. cit.*, vol.2, pp. 220-221 ; décret-loi n°081 du 2 juillet 1998 portant organisation territoriale et administrative de la République démocratique du Congo, *in* Agence Congolaise de Presse, Bulletin quotidien du 11 juillet 1998, p. 1-50.

[87] Sous Jean Bedel Bokassa, l'article 63 de la Constitution de l'Empire centrafricain du 4 décembre 1976 disposait : « *Jusqu'à l'installation de l'Assemblée nationale, le pouvoir législatif est exercé par ordonnances impériales.* » Texte reproduit *in Afrique contemporaine*, Paris, La Documentation française n°89, janvier- février 1977, pp. 21-25.

fonctionnement des pouvoirs publics, la suspension des Constitutions, la gestion des affaires publiques durant la phase de transition, l'adoption d'urgence des projets de loi de finances, voire de mesures à l'origine ou à l'issue de référendum[88].

En toute hypothèse, l'adoption par l'Exécutif de mesures devant normalement ressortir de la compétence parlementaire suscite maintes interrogations sur la commodité de tels procédés, sur l'originalité et la place de ces règles dans l'ordonnancement juridique des États africains, sur la complexité procédurale concomitante à la genèse de celles-ci.

Aussi, pour obvier aux reproches d'une approche jugée soit trop éclectique, soit trop simpliste, une méthodologie et un plan sont nécessaires.

B) Méthodologie et plan

Dans un souci de cohérence et de clarté, l'examen des ordonnances dans cet ouvrage emprunte une démarche méthodologique alliant à la fois la description normative et institutionnelle, la critique sous l'angle du droit comparé, et de l'évolution constitutionnelle des États de l'espace considéré.

Il s'y ajoute une délimitation temporelle centrée sur l'observation empirique des ordonnances édictées par des États africains francophones, dans la période allant du début des années 1960 jusqu'à la première moitié de l'année 2021, les références historiques antérieures ne servant qu'à en conforter davantage l'argumentation.

Enfin, pour la délimitation géographique, si l'Afrique noire (au sud du Sahara) en général est l'objet de l'étude avec une emphase prononcée sur l'Afrique francophone, quelques exemples impliquant des États des autres régions africaines seront, à l'occasion, mis en exergue.

Au-delà de ces clarifications prudentielles, la méthodologie choisie fait usage de la méthode synthétique qui consiste à mettre en exergue l'idée, à l'analyser, à la critiquer et à apporter quelques pistes de réflexion.

En somme, la présente étude, en se proposant d'analyser la pratique des ordonnances, couvre d'abord, un champ spatio-temporel depuis le

[88] Cf., l'Ordonnance du Président Alpha Condé pour le referendum constitutionnel de 2020 : Ordonnance 2020/001/PRG/SGG du 29 janvier 2020 portant dispositions relatives au référendum, JORG, numero spécial, janvier 2020, p.34 et s.

début des indépendances intégrant ainsi les États d'Afrique subsaharienne d'expression francophone (identifiée ici à l'Afrique noire) ; privilégie, ensuite, la trame des différentes Constitutions sénégalaises ; et sans perdre de vue l'éclairage de la pratique française, s'inscrit, enfin, dans une perspective comparatiste africaine.

Il s'ensuit, qu'il s'agira de démêler l'écheveau des ordonnances à l'aune des pratiques constitutionnelles et législatives des États d'Afrique noire francophone, en circonscrivant d'une part, la diversité de nature de ces textes (**Première Partie**) et en insistant, d'autre part, sur la complexité de leur encadrement juridique (**Deuxième Partie**).

PREMIÈRE PARTIE

LA DIVERSITÉ DE NATURE DES ORDONNANCES EN AFRIQUE NOIRE FRANCOPHONE

Les États d'Afrique noire francophone sont confrontés, depuis leur accession à la souveraineté internationale, à une grande instabilité politique marquée, épisodiquement, par une succession de régimes civils et militaires, de conflits armés internationaux ou non internationaux avec la présence remarquée de terroristes, de mercenaires ou de rebelles.

Sur ce point, El Hadji MBODJ dressait le tableau suivant : « Les crises récurrentes de légitimité sont une des tares majeures de l'État africain postcolonial qui cherche toujours à se stabiliser après des indépendances, souvent, mal négociées. Le contexte politique africain est ainsi essentiellement caractérisé par une sorte de pathologie manifeste à travers l'apparition d'un ensemble de phénomènes négatifs comme l'irruption des militaires dans la dévolution et l'exercice du pouvoir, les dictatures, les guerres civiles, autant d'éléments contre-productifs qui vont jalonner toute l'histoire politique contemporaine de ces anciennes colonies européennes. »[89]

Ce constat reste encore valable, en dépit des changements opérés dans ces pays depuis une trentaine d'années avec l'adhésion progressive aux vertus incommensurables de la démocratie. Ces nombreuses mutations, générées ou suivies par des crises et conflits, ne s'accompagnent pas moins d'une thérapeutique sociale et d'un bouillonnement normatif sans précédent, avec un usage fréquent des ordonnances.

---

[89] El Hadji MBODJ, « La constitution de transition et la résolution des conflits en Afrique. L'exemple de la République démocratique du Congo », *RDP*, 2010, n° 2, p. 441 ; voir aussi, Ibrahim David SALAMI, « Le chef de l'État de transition », *Revue Béninoise de Sciences Politiques*, vol.01, n°01, mai 2017, pp.1-47.

La nature protéiforme de ces textes, qui sont susceptibles de revêtir la contexture d'ordonnances référendaires, budgétaires, organiques ou ordinaires, connaît en Afrique noire francophone, une originalité sous l'effet conjugué de deux phénomènes majeurs, extraordinaire ou ordinaire.

Le premier phénomène est révélateur de l'usage des ordonnances qui peuvent viser, dans différents cas de figure, à ordonner la vie juridique des États à des périodes extraordinaires de leur histoire :

- périodes de mise en place progressive d'institutions prévues par une nouvelle Constitution ;
- périodes régies par des actes constitutionnels provisoires ou transitoires de sortie de crise, ou encore ;
- périodes de rupture brutale de la normativité constitutionnelle à la suite de putschs ou de coups d'État militaires (**Chapitre I**).

Le second phénomène atteste, dans le cadre du fonctionnement normal des institutions de l'État, d'une autre utilisation des ordonnances qui peuvent alors trouver leur fondement dans une législation, (*de jure* ou *de facto)*, déléguée, à tout le moins, dans les rapports entre Exécutif et Législatif (**Chapitre II**).

CHAPITRE I
LES ORDONNANCES DES PÉRIODES DE TRANSITION

Si, au sens étymologique, le terme de transition vient du vocable latin « transitio » qui signifie étape intermédiaire, passage d'un état de choses à un autre[90], il faut se résoudre au constat de la volonté déclarée des constituants, des auteurs des Actes constitutionnels de sortie de crise ou des initiateurs des coups d'État militaires, d'inscrire leurs normes, institutions et pratiques dans la gestion d'une phase provisoire dans l'attente d'un retour à une situation constitutionnelle « normale », à un état de fonctionnement régulier et démocratique des institutions.

À cet égard, la notion de transition revêt un caractère polysémique, variable, en fonction de l'usage du sens de transition politique[91], démocratique ou non démocratique, de transition civile ou militaire. Dans ce sillage, la transition ne signifie pas forcément une alternance[92] même si cette dernière renferme quelques virtualités de la première notion.

Il en appert que la transition peut être envisagée sous l'aspect militaire ou l'aspect civil. Vue sous l'angle des régimes militaires, la transition caractérise la situation, entre deux périodes de régimes civils, intervalle dans lequel un régime militaire structure la vie politique et institutionnelle d'un État, l'anormalité du régime militaire s'inscrivant dans une temporalité réduite, puisqu'étant provisoire (Section I).

---

[90] *Petit Larousse Illustré*, Paris, Librairie Larousse, 1997, p. 1025.

[91] Augustin LOADA et Jonathan WHEATLEY (dir.), *Transitions démocratiques en Afrique de l'Ouest*, Paris, L'Harmattan, 2014, 278p.

[92] Cf., Saidou Nourou TALL, « Alternances politiques et Organisations Internationales : entre alternatives, aléas et altérations » *in* Abdoulaye Soma (dir.), *Alternances politiques en Afrique : défis démocratiques et enjeux constitutionnels*. Actes du colloque international de la SBDC, Ouagadougou, Ed. Ronier-Tikanson, 2017, 414 p.

À l'inverse, appréhendée sous l'angle démocratique, la transition civile est perçue tant dans le passage d'une phase démocratique à une autre phase démocratique (alternance démocratique), que dans la transmutation d'un régime constitutionnel en crise vers une situation de sortie de cette impasse institutionnelle.

Dans ces hypothèses intérimaires, le souci de réglementation, par le biais des ordonnances, est non seulement présent, dans l'application de « petites Constitutions » ou actes constitutionnels transitoires ou provisoires, mais est également perceptible dans la mise en pratique des dispositions transitoires destinées à régir la période s'écoulant entre la promulgation de la Constitution et l'installation des nouvelles institutions (Section II).

SECTION I. LES ORDONNANCES DES RÉGIMES MILITAIRES

Considéré comme une rupture de la normativité constitutionnelle[93], le coup d'État militaire est une expression qui connaît plusieurs acceptions. Tantôt, le coup d'État est défini comme « une violation du droit interne et une atteinte brusque et réfléchie aux règles juridiques qui ont pour objet l'organisation et le fonctionnement des autorités constituées dans un pays, la police des libertés publiques et le maintien de l'ordre sur le territoire »[94] ; tantôt, il peut être perçu comme un état des choses « hors des procédures constitutionnelles en vigueur, par une action entreprise au sein même de l'État au niveau de ses dirigeants ou de ses agents »[95].

Cependant, il est unanimement admis que la qualification, attachée au régime issu de cette action, reste inchangée car il s'agit invariablement d'une situation « aux antipodes du système démocratique revendiqué de nos jours par tous les pays du monde ; en démocratie, il n'existe qu'une

---

[93] Dans ce sens, Carré de Malberg rejetait tout lien entre le coup d'État et le Droit, considérant qu' « … il n'y a point de place dans la science du Droit public pour un chapitre consacré à une théorie juridique des coups d'État ou des révolutions et de leurs effets… il convient de s'attacher uniquement à un second cas, qui est celui d'une réformation paisible, régulière, juridique en un mot de la constitution en vigueur », Raymond CARRE DE MALBERG, Contribution… *op. cit.*, p. 497.

[94] Théodore HOLO, *L'étude d'un Régime militaire. Le cas du Dahomey (Bénin)*, Thèse de doctorat en Droit public, Paris I, 1979, pp. 17-18.

[95] Olivier DUHAMEL et Yves MENY (dir.), *Dictionnaire constitutionnel*, Paris, PUF, 1992, p. 240.

seule voie légale d'accession au pouvoir : l'élection par le peuple »[96].

Cette situation de rupture de la légalité balise la voie aux ordonnances dont le principal lieu de jaillissement réside dans un cadre normatif *sui generis* (§I).

Il s'ensuit une grande sécrétion des ordonnances par les régimes militaires, cette production normative se modulant au fur et à mesure que les putschistes renforcent leur maîtrise sur les différents secteurs de la vie politique, économique et sociale du pays (§II).

Paragraphe I. La matrice originelle des ordonnances des régimes militaires

L'avènement des régimes militaires en Afrique s'accompagne invariablement de la mise en place d'un ordre juridique nouveau répudiant l'ancien droit positif.

Dans cette optique, les régimes militaires s'attèlent fréquemment à l'énonciation d'arguments qui ressortent de deux logiques normées essentiellement par des ordonnances : une logique de substitution entraînant la déconstruction de l'ancien ordre juridique (A) et une logique de justification servant de légitimation au nouvel édifice normatif (B).

---

[96] Voir Yao VIGNON, « Le Coup d'État en Afrique noire francophone », *in Les voyages du droit*, Mélanges Dominique Breillat, 2011, p. 613.

A) Des ordonnances fondées sur une logique de substitution

L'observateur le moins attentif de la vie politique africaine reconnaît sans effort qu'un grand nombre d'États d'Afrique noire francophone ont connu, quelquefois à plusieurs reprises, des régimes militaires. Ce sont notamment le : Bénin[97],

---

[97]Anciennement République du Dahomey (à l'indépendance obtenue le 1er août 1960), devenue République Populaire du Bénin en 1975, puis République du Bénin, ce pays a connu, par le passé, des instabilités d'abord avec les coups d'État successifs (en 1963 du Colonel Christophe Soglo, en 1965 du même Soglo devenu Général, en 1967 du Commandant Maurice Kouandété qui confie le pouvoir au Lieutenant-colonel Alphonse Alley, en décembre 1969 du même Kouandété qui confie le pouvoir au Lieutenant-colonel Paul Emile de Souza).Le pays connaîtra,en 1970, les difficultés du triumvirat électif et successif de Sourou Migan Apithy, Justin Ahomadegbé et Emile Derlin Zinsou, avant la prise de pouvoir en 1972 par le Capitaine Matthieu Kérékou. Depuis le renouveau démocratique en 1990, se sont succédé comme Chefs d'État, Christophe Dieudonné Soglo, Matthieu Kérékou, Thomas Boni Yayi et Patrice Talon. Au gré des changements politico institutionnels, les textes fondamentaux de cet État se présentent comme suit : Constitution du 28 février 1959 ; Loi n°1960-36 du 26 novembre 1960 portant Constitution de la République du Dahomey (www.sgg.gouv.bj); Constitution du 11 janvier 1964 ; Charte du 1er septembre 1966 ; Constitution du 11 avril 1968 ; Ordonnance du 26 décembre 1969 ; Ordonnance du 7 mai 1970 ; Ordonnance n°77-42 du 9 septembre 1977 portant promulgation de la Loi Fondamentale de la République Populaire du Bénin adoptée le 26 août 1977 ; Loi n°90-32 du 11 décembre 1990 portant Constitution de la République du Bénin (se référer à Fréderic Joël AÏVO, « La fracture constitutionnelle. Critique pure du procès en mimétisme », *in Mélanges* Maurice Ahanhanzo-Glélé, La Constitution béninoise du 11 décembre 1990 : un modèle pour l'Afrique ?, Paris, L'Harmattan, 2014, p. 38 ; Robert CORNEVIN, « Coups d'État en chaine au Dahomey », *RFEPA* n° 99, mars 1974, pp. 52-65 ; Richard BANEGAS, « Mobilisations sociales et oppositions sous Kérékou », *Politique africaine*, n° 59, octobre 1995 ; Mamoudou GAZIBO, *La problématique de la consolidation démocratique : les trajectoires comparées du Bénin et du Niger*, Université Montesquieu-Bordeaux IV, 1998).
On soulignera que la Constitution du 11 décembre 1990 a fait l'objet d'une révision avec la loi n°2019-40 du 7 novembre 2019 à la suite de son adoption parlementaire et de la décision de la CCB qui la déclare conforme à la Constitution (*Décision DCC n° 19-504 du 06 novembre 2019*).Toutefois la Cour Africaine des Droits de l'Homme et des Peuples, saisie, a décidé que le Bénin doit procéder à son abrogation et que l'État est tenu, dans les trois mois qui suivent le prononcé de l'arrêt, de lui faire rapport des mesures nationales prises à cet effet. En effet, la Cour d'Arusha « xiii. Ordonne à l'État défendeur de prendre toutes les mesures législatives et réglementaires afin de garantir l'indépendance de la Cour constitutionnelle, notamment en ce qui concerne le processus de renouvellement de leur mandat ;
xiv. Ordonne à l'État défendeur de prendre toutes les mesures afin d'abroger la loi n°2019-40 du 1er novembre 2019 portant modification de la loi n°90-032 du 11 décembre 1990 portant constitution de la république du Bénin et toutes les lois

le Burkina Faso (ex-Haute-Volta)[98], le Burundi[99],

---

subséquentes, notamment la loi 2019-43 du 15 novembre 2019 portant code électoral, et de se conformer au principe du consensus national édicté par l'article 10(2) de la CADEG pour toutes autres révisions constitutionnelles ;
xv. Ordonne que ces mesures soient prises avant toute élection...» (*Affaire XYZ c/République du Bénin, Requête n°010/2020, arrêt du 27 novembre 2020*). Au demeurant, il convient d'être particulièrement attentif au problème récurrent de l'exécution nationale des décisions rendues par les juridictions internationales.

[98] Anciennement République de Haute-Volta à l'indépendance, devenue Burkina Faso en 1984, le « Pays des Hommes Intègres » a connu des régimes militaires, dans les périodes suivantes : 1966-1970 avec le Général Sangoulé Lamizana ; 1974-1977 : régime militaire avec le Général Sangoulé Lamizana ;1980-1982 : régime du Colonel Saye Zerbo ; 1982-1983 : régime du Commandant Jean Baptiste Ouédraogo ;1983-1987 : Régime du Capitaine Thomas Sankara ; 1987 avec la prise du pouvoir par le Capitaine Blaise Compaoré qui va initier de 1988 à 1990, la période dite de la « rectification », avant l'adoption de la Constitution du 2 juin 1991. À la suite de l'insurrection populaire d'octobre 2014, le Président Compaoré démissionne et après l'intermède du putsch du Général Honoré Traoré, l'armée choisit plutôt Yacoubou Isaac Zida (communiqué du 1er novembre 2014) ; puis s'ouvre jusqu'au 29 décembre 2015, une période de transition avec un Président, Michel Kafando (désigné le 17 novembre 2014), un Premier ministre (Isaac Zida) et un CNT. Ce processus sera interrompu, le 17 août 2015, par le coup d'État du Général Gilbert Djendéré, ex-chef du Régiment de Sécurité Présidentielle (RSP) de Compaoré. Le coup d'État prend fin le 23 septembre 2015. Les organes de la Transition seront rétablis et à la suite du scrutin présidentiel, Roch Marc Christian Kaboré est élu Président du Faso, le 30 novembre 2015. Il sera réélu en novembre 2020. Cet État a connu les textes fondamentaux suivants : Constitution de la République de Haute-Volta du 19 mars 1959 ; Constitution du 30 novembre 1960 ; Constitution du 29 juin 1970 ; Constitution du 13 décembre 1977 ; Constitution du Burkina Faso du 2 juin 1991, révisée par la Loi n°002/97/ADP du 27 janvier 1997, modifiée ; Charte de la transition signée à Ouagadougou le 13 novembre 2014, avant le retour en vigueur de la Constitution de 1991.

[99] Indépendant de la Belgique le 1er juillet 1962, le Burundi d'abord monarchie constitutionnelle avec le Roi Mwambutsa IV, devient République en 1966. Un coup d'État porte au pouvoir Michel Micombero le 28 novembre 1966. Il sera renversé le 1er novembre 1976 par Jean Baptiste Bagaza. Le 3 septembre 1987, le Major Pierre Buyoya prend le pouvoir. Après les différents mandats de Pierre Nkurunziza (2005-2020), le Général Evariste Ndayishimiyé est élu Président de la République en début 2020. Parmi ces Lois fondamentales, on peut citer : la Constitution du 18 mars 2005 et la Constitution du 7 juin 2018 portant révision de la Constitution de 2005.

la Centrafrique[100], l'Union des Comores[101],

[100] La RCA, indépendante le 13 août 1960, a connu bien des bouleversements depuis le renversement de David Dacko par son cousin, Jean-Bedel Bokassa en 1965.Ce dernier se proclame Empereur Bokassa 1er le 4 décembre 1976. Il est renversé par David Dacko en septembre 1979. Puis, le Général André Kolingba prend le pouvoir le 1er septembre 1991. Après un retour au régime civil (avec l'élection de Félix Ange Patassé), le Général François Bozizé prend le pouvoir en mars 2003. Dix ans plus tard, à la suite de la guerre civile, le chef des rebelles « séléka », Michel Djotodja s'autoproclame chef de l'État avec la prise de Bangui le 24 mars 2013. Après bien des péripéties, Mme Catherine Samba-Panza sera choisie le 24 janvier 2014 par le CNT comme Chef de l'État de Transition. En janvier 2016, le Professeur Faustin-Archange Touadéra est élu Président de la République. Il sera réélu en décembre 2020. En somme, la RCA a connu divers textes fondamentaux : Constitution de la République Centrafricaine du 18 février 1959 ; Constitution du 26 novembre 1964 (Ière République) ; Acte constitutionnel n° 2 du 8 janvier 1966 ; Constitution de l'Empire Centrafricain du 4 décembre 1976 ; Acte constitutionnel n° 2 du 21 septembre 1979 (IIe République) ; Constitution du 5 février 1981 : Acte constitutionnel du 1er septembre 1981 ; Actes Constitutionnels n° 1 et 2, du 1er et du 22 septembre 1981 ; Acte constitutionnel n° 1 de 1985 ; Constitution du 28 novembre 1986 (IIIe République) ; Constitution approuvée par référendum le 28 décembre 1994 et promulguée le 14 janvier 1995 (IVe République) ; Constitution de la Transition du 6 mars 2003 ; Acte fondamental n° 1 du 15 mars 2003 et Acte constitutionnel n° 2 du 15 mars 2003 ; Constitution du 27 décembre 2004 (Ve République) ; Actes Constitutionnels n° 1 et n° 2 du 26 mars 2013 portant organisation provisoire des pouvoirs de l'État ; Loi n° 13.001 portant Charte constitutionnelle de transition adoptée par le Conseil national de transition le 18 juillet 2013 ; Constitution du 30 mars 2016 (JORCA, édition spéciale, n° 3).

[101] L'Union des Comores, indépendante le 6 juillet 1975, est une République Fédérale qui a beaucoup souffert des coups d'État et des mercenaires. Le dernier coup d'État date du putsch de 1999 par le Colonel Azali Assoumani. Les Comores ont été régis par la Constitution du 23 décembre 2001 révisée par la loi référendaire du 23 novembre 2009 et promulguée par décret n°09-066/PR du 23 mai 2009, puis par la Constitution adoptée par référendum du 30 juillet 2018.

le Congo[102], la Côte d'Ivoire[103], la Guinée[104], le Madagascar[105],

---

[102] Souvent appelée Congo-Brazzaville, la République du Congo, indépendante le 15 août 1960, a connu un passé mouvementé. Son premier Chef d'État, Fulbert Youlou, est évincé du pouvoir sous la pression des syndicats et de l'armée en août 1963. Il sera remplacé par Alphonse Massamba-Débat. Ce dernier sera renversé en août 1968 par le Capitaine Alfred Raoul. Le 30 décembre 1968, le Commandant Marien Ngouabi prend le pouvoir ; puis vont se succéder les régimes du Colonel Joachim Yombi-Opango en 1977 ; du Colonel Dénis Sassou Nguesso en 1979. Après l'intermède de la présidence de Pascal Lissouba, à la suite de la guerre civile de 1997, Dénis Sassou Nguesso reprend le pouvoir. Divers textes fondamentaux y ont été adoptés : Constitution de la République du Congo du 02 mars 1961 ; Constitution du 08 décembre 1963 ; Constitution du 24 juin 1973 ; Constitution du 15 mars 1992 ; Acte fondamental du 24 octobre 1997 ; Constitution du 20 janvier 2002 ; Constitution du 6 novembre 2015.

[103] Indépendante en 1960, la RCI a connu un coup d'État en 1999 avec le Général Robert Guéi avant le retour à un régime civil. Le pays éburnéen a connu les textes fondamentaux suivants : Loi n° 60-356 du 3 novembre 1960 portant Constitution de la République de Côte d'Ivoire ; Acte constitutionnel du 27 décembre 1999 ; Ordonnance n°01/99 PR du 27 décembre 1999 portant suspension de la Constitution et organisation provisoire des pouvoirs publics, (*Journal officiel* de la République de Côte d'Ivoire, n°1 spécial du jeudi 13 janvier 2000); Loi n°2000-513 du 1er août 2000 portant Constitution de la République de Côte d'Ivoire ; Loi n° 2016-886 du 8 novembre 2016 portant Constitution de la République de Côte d'Ivoire, (*JORCI*, 58e année, n°16, numéro spécial du mercredi 9 novembre 2016, pp.129-142) ; Loi constitutionnelle n°2020-348 du 19 mars 2020 modifiant la Loi n°2016-886 du 8 novembre 2016 portant Constitution de la République de Côte d'Ivoire, (*JORCI*, 62e année, n°23, numéro spécial du jeudi 19 mars 2020, pp.329-333).

[104] Indépendante en 1958, la Guinée-Conakry, officiellement dénommée République de Guinée, a expérimenté les régimes militaires à la mort de Sékou Touré en 1984 avec le Général Lansana Conté. À la mort de ce dernier en 2008, le Capitaine Moussa Dadis Camara prend le pouvoir. Après la tentative d'assassinat perpétré contre lui, s'ouvre une période d'intérim en 2009 avec le Général Sékouba Konaté. En novembre 2010, le Professeur Alpha Condé est élu. Il sera réélu, sous l'empire d'une nouvelle Constitution, en 2020.Les textes fondamentaux de la Guinée sont les suivants : Constitution de la République de Guinée du 10 novembre 1958 (www.univ-perp.fr/constit/gn1958.htm);Constitution du 23 décembre 1990, révisée ; Constitution promulguée par décret D/068/PRG/CNDD/SGPRG/2010 du Conseil National de Transition le 19 avril 2010 et Constitution de la IVe République du 06 avril 2020 (JORG, numéro spécial du 14 avril 2020).

[105] Indépendante le 26 juin 1960, la République de Madagascar a connu des coups d'État militaires en février 1975 avec le Général Andriamahazo, en juin 1975 avec le Capitaine de Vaisseau Didier Ratsiraka et des crises institutionnelles répétitives dont le dernier dénouement a été l'élection d'Andry Rajoelina en décembre 2018.Le pays des malgaches a connu les textes fondamentaux suivants : Constitution du 29 avril 1959 ;Constitution du 31 décembre 1975 ;Convention du 31 octobre 1991 ; Constitution adoptée par referendum du 19 aout 1992 et promulguée 18 septembre 1992 et

le Mali[106], la Mauritanie[107], le Niger[108],

Constitution du 11 décembre 2010 (IVe République), (Textes disponibles sur www.mjp.univ-perp.fr/constit/mg.htm).

[106] Membre, avec le Sénégal, de la Fédération du Mali en 1959, l'ex-Soudan français devenu République du Mali en 1960, a connu une succession de régimes militaires : en 1968 avec le Lieutenant Moussa Traoré, en 1992 avec le Général Amadou Toumani Touré, le 22 mars 2012 avec le Capitaine Amadou Haya Sanogo et le 18 août 2020 avec le Colonel Assimi Goita. Ce dernier sera à l'origine d'un second coup d'Éat contre le Président et le Gouvernement de transition qui seront forcés de démission. A la suite de l'*arrêt n°2021-02/CC/VACANCE du 28 mai 2021* de la Cour constitutionnelle, il est désigné comme Président de la Transition et fait sa prestation de serment le 7 juin 2021.Au total, Le Mali a connu les textes fondamentaux suivants : Constitution du 22 septembre 1960 ;Constitution du 2 juin 1974 ;Constitution adoptée par référendum du 12 janvier 1992 et promulguée par décret n°92-073/P-CTSP du 27 février 1992 ;Acte Fondamental n°001/CNSP du 24 août 2020 pour l'organisation provisoire des pouvoirs publics (*JORM*, spécial n°15 du 27 août 2020) ;Charte de la Transition adoptée par les Forces vives de la Nation le 12 septembre 2020 et promulguée par décret n°2020-072 du 1er octobre 2020 (JORM, 61e année, spécial n°17,1er octobre 2020,p.1).

[107] La R.I .M a connu des coups d'État en 1978 avec le Colonel Moustapha Ould Mohamed Saleck, en 1979 avec Mohamed Mahmoud Ould Ahmed Louly, en 1980 avec Mouhamed Khouna Ould Haidallah, en 1984 avec le Colonel Maouiya Ould Sid 'Ahmed Taya, en 2005 avec le Colonel Ely Ould Ahmed Vall et en 2008 avec le Général Mohamed Ould Abdel Aziz. La Mauritanie a connu les textes fondamentaux suivants : Constitution de la République Islamique de Mauritanie du 22 mars 1959 ;Constitution de la République Islamique de Mauritanie de 1959 modifiée le 26 novembre 1960 ;Constitution du 20 mai 1961 ;Charte constitutionnelle du 9 février 1985 (Comité Militaire de Salut National) ;Constitution du 20 juillet 1991 ; Ordonnance n° 001.2005 du 6 août 2005, portant promulgation de la Charte constitutionnelle définissant l'organisation et le fonctionnement des pouvoirs publics constitutionnels pendant la période transitoire ; Constitution de 1991 révisée le 15 août 2017.Voir, Riccardo CIAVOLELLA et Marion FRESIA, « Entre démocratisation et coups d'État. Hégémonie et subalternité en Mauritanie », Politique africaine,2009/2, n° 114 pp. 5 -23.

[108] La République du Niger, indépendante le 3 août 1960, a vécu des alternances de régimes civils et militaires avec les coups d'État du Lieutenant-Colonel Seyni Kountché en 1974, puis à sa mort, la venue au pouvoir du Colonel Ali Saibou en 1987. En 1996, c'est le régime militaire du Colonel Ibrahima Mainassara Baré. Ce dernier sera assassiné le 9 avril 1999, et un coup d'État portera au pouvoir le Commandant Daouda Mallam Wanké. Après des régimes civils, le Chef d'escadron Salou Djibo renverse, le 18 février 2010, le Président Mamadou Tandja. Le Niger a connu les textes fondamentaux suivants : Constitution de la République du Niger du 8 novembre 1960 ;Constitution du 24 septembre 1989 ; Acte fondamental n° 1/CN du 30 juillet 1990, portant statut de la Conférence nationale ;Acte n° III/CN du 9 août 1991, proclamant les attributs de la souveraineté de la Conférence nationale au Niger ;Constitution du 26 décembre 1992 ;Constitution du 12 mai 1996; Ordonnance n°99-001 du 11 avril 1999 portant organisation des pouvoirs publics pendant la

la République démocratique du Congo[109], le Rwanda[110], le Tchad[111],

---

période de transition (JO du 13 avril 1999, p. 140) ; ;Constitution du 18 juillet 1999, promulguée par le décret n°99-320/PCRN du 9 août 1999(Constitution à jour au 22 septembre 2004 avec intégration de la révision opérée par Loi n°2004-15 du 13 mai 2004, JORN, spécial n°7 du 14 mai 2004) ; Constitution approuvée par referendum du 4 août 2009 ;Ordonnance n° 2010-001 du 22 février 2010 portant organisation des pouvoirs publics pendant la période de transition, modifiée par l'ordonnance n° 2010-005 du 30 mars 2010 ;Constitution approuvée par referendum du 31 octobre 2010 et promulguée le 25 novembre 2010 (VIIe République).Voir Mama-Sani ABOUDOU SALAMI, « Démocratie et coups d'État en Afrique », Revue nigérienne de droit, n° 05, avril 2003.

[109] La République démocratique du Congo (RDC), ex- République du Zaïre entre 1971 et 1997, indépendante de la Belgique le 30 juin 1960, a vu se succéder des régimes d'exception avec le coup d'État militaire de Mobutu Sese Seko en 1965, et après la victoire de la rébellion, la venue au pouvoir de Laurent Désiré Kabila le 17 mai 1997. La RDC a expérimenté les textes fondamentaux suivants : Constitution de la République du Congo du 1er août 1964 dite « Constitution de Luluabourg » ; Constitution de la République démocratique du Congo du 24 juin 1967, dite « Constitution révolutionnaire » ; Loi n°74/020 du 15 août 1974 de la République du Zaïre portant révision de la Constitution du 24 juin 1967 ; Acte constitutionnel de la Transition de la République du Zaïre du 9 avril 1994 ; Décret-loi constitutionnel n°3 du 28 mai 1997 ; Constitution de transition du 4 avril 2003 adoptée sur la base du Projet de Constitution souscrit à Pretoria le 6 mars 2003 ; Constitution du 18 février 2006 ; Loi n° 11/002 du 20 janvier 2011 portant révision de la Constitution de la République démocratique du Congo du 18 février 2006.

[110] Ancien territoire allemand entre 1890 et 1916, puis placé sous mandat de la Belgique par la Société des Nations sous le nom de Ruanda –Urundi, la République du Rwanda accède à l'indépendance en 1962. Son premier Président Grégoire Kayibanda sera renversé par Juvénal Habyarimana en juillet 1973. L'assissinat de ce dernier, le 6 avril 1994, est le point de départ du génocide qui fera entre cinq cent mille et huit cent mille morts. La rébellion du FPR renverse le gouvernement intérimaire de Jean Kambanda et prend Kigali. Pasteur Bizimungu devient Président de la République. Il démissionne en 2000 et Paul Kagamé est élu Chef de l'État. Le pays des « Mille collines » a connu les Constitutions suivantes : Constitution de la République du Rwanda du 24 novembre 1962 ; Constitution adoptée par référendum le 17 décembre 1978 et promulguée le 20 décembre 1978 ; Constitution du 10 juin 1991 ; Loi Fondamentale de la République Rwandaise du 17 juillet 1994 (*JO*, 1995, n° 11 du 1er juin 1995, p. 3) ; Constitution du 26 mai 2003 et Constitution de 2003 révisée le 24 décembre 2015.

[111] La République du Tchad, indépendante le 11 août 1960, voit après l'assassinat de son premier Président François (Ngarta) Tombalbaye, l'arrivée au pouvoir du Général Félix Malloum en 1975 ; puis c'est le tour de Goukouni Oueddéi en 1979. Hissene Habré prend le pouvoir en 1982 avant d'être renversé par Idriss Déby Itno en 1990. Le Tchad a connu les textes fondamentaux suivants : Constitution de la République du Tchad du 28 novembre 1960 ; Charte nationale provisoire adoptée le 28 février 1991 par le Conseil National du Salut ; Charte de la Transition de janvier 1993 adoptée par la Conférence nationale souveraine et promulguée le 5 avril 1993 ; Constitution

le Togo[112], etc. [113]. En revanche, d'autres États comme le Cameroun[114],

adoptée par référendum le 31 mars 1996 et promulguée le 14 avril 1996 ;Constitution du 18 mai 2018; Constitution de 2018 révisée par la Loi constitutionnelle n° 017/PR/2020 du 14 décembre 2020. À la suite du décès, le 20 avril 2021, sur le champ de bataille, du Maréchal du Tchad, Président de la République Idriss Déby Itno, son fils le Général Mahamat Idriss Déby Itno prend le pouvoir, en se portant à la tête du Conseil Militaire de Transition. La Constitution en vigueur est suspendue et une Charte de Transition est proclamée le 21 avril 2021.

[112] La République Togolaise, successivement protectorat allemand entre 1884 et la Première Guerre Mondiale, territoire sous mandat du temps de la Société des Nations, territoire sous tutelle de l'ONU en 1946, devient indépendante en 1960. Le Président Sylvanus Olympio meurt assassiné le 13 janvier 1963. Nicolas Grunitzky prend le pouvoir avant d'être renversé par le Colonel Kléber Dadjo le 14 janvier 1967. Ce dernier sera à son tour évincé par le Sergent Etienne (Gnassingbé) Eyadéma le 14 avril 1967.Le pays a connu les Constitutions suivantes : Constitution du 15 avril 1961 (www.jo.gouv.tg);Constitution du 5 mai 1963 ; Constitution adoptée par referendum du 30 décembre 1979 et promulguée le 9 janvier 1980 ;Constitution du 14 octobre 1992 ; Loi constitutionnelle n° 2019-003 du 14 mai 2019, portant révision de la Constitution du 14 octobre 1992 (*JO*,64e année, n° 11 ter, du 15 mai 2019, pp. 2-6).Voir, Adolphe DANSOU ALIDJINOU, « Droit constitutionnel et changement politique ...», *op. cit.*

[113] Conformément à notre option méthodologique, nous excluons du champ de cette étude les pays africains anglophones et ceux du Maghreb, même si, de manière incidente, quelques exemples tirés de leur évolution politique et institutionnelle sont exposés.
De même, l'attention du lecteur est sollicitée par le fait que cette étude inclut, malgré leurs spécificités géographiques ou sociohistoriques, des États comme Djibouti, la RIM, la RDC le Rwanda et le Burundi.

[114] Ancien protectorat allemand (1884-1918), puis placé sous mandats français et britannique le 20 janvier 1922 par la SDN, le *Kamerun* ou Cameroun a un statut d'autonomie en 1957. L'indépendance de la partie sous domination française est acquise en 1960. En 1961, à la faveur de la réunification avec la partie sous domination britannique, la République devient État fédéral puis République unie en 1972 et République du Cameroun depuis 1984.Son premier Président Amadou Ahidjo est remplacé par Paul Biya en novembre 1982. Le pays a connu avant les indépendances la rébellion conduite par Ruben Um Nyobe et connaît des velléités sécessionnistes et la présence de mouvements terroristes d'obédience djihadiste. Rétrospectivement, le Cameroun a eu les Constitutions suivantes : Constitution de la République du Cameroun du 4 mars 1960 révisée par la Constitution de la République Fédérale du Cameroun (loi n°61-24 du 1er septembre 1961) ; Constitution de la République unie du Cameroun du 02 juin 1972, révisée le 4 février 1984 et par la loi n° 96-06 du 18 janvier 1996.

le Gabon[115] ou le Sénégal[116], sans avoir connu de régimes militaires n'en ont pas moins été menacés par des rébellions ou des tentatives infructueuses de putsch.

La vitesse à laquelle les régimes en place se sont effondrés, la passivité des populations et l'apologie de la force armée ont induit des comportements autoritaires bouleversant durablement le paysage politique.

Dès les premières années de l'indépendance, l'instabilité des régimes civils a servi de prétexte pour présenter l'armée comme « une force politique, une alternative au pouvoir civil »[117] dont la crédibilité avait fini par être minée par les partis uniques.

Aujourd'hui encore, l'actualité révèle l'acuité du phénomène des putschs en dépit de la tendance à la démocratisation amorcée ou ravivée par les Conférences nationales de transition des années 90[118].

---

[115] La République Gabonaise est proclamée le 17 août 1960. Son premier Président Léon Mba est confronté à un coup d'État entre le 17 et le 20 février 1964. Réinstallé, il sera remplacé par Oumar (Albert-Bernard) Bongo Ondimba en 1967. À la mort de ce dernier, son fils Ali (Alain-Bernard) Bongo Ondimba est élu en 2009. Le Gabon a eu les Constitutions suivantes : Constitution de la République Gabonaise du 19 février 1959 ; Constitution du 14 novembre 1960 ; Constitution du 21 février 1961 ; Constitution de 1961 révisée le 31 mai 1963 (www.legigabon.com); Loi n° 003/91 du 26 mars 1991 portant Constitution de la République du Gabon, modifiée par la loi n° 047/2010 du 12 janvier 2011, révisée par la loi n°001-2018 du 12 janvier 2018 (*JORG* du 24 au 31 janvier 2018, n° 382, p. 3711).

[116] Membre, avec l'ex-Soudan français, de la Fédération du Mali en 1959, la République du Sénégal (dont la date d'indépendance retenue officiellement est le 4 avril 1960 alors qu'elle l'était *de facto* en 1959) a connu les Constitutions suivantes : Constitution du 24 janvier 1959 ; Constitution du 26 août 1960 ; Constitution du 7 mars 1963 et Constitution du 22 janvier 2001 ; voir Ismaila Madior FALL ; *Textes constitutionnels ...op. cit.* ; Abdou Aziz Dabah KEBE, Sidy Alpha NDIAYE et Boubacar BA (dir.), *Textes fondamentaux de la République du Sénégal*, Dakar, L'Harmattan, CREDILA, 2021, 499 p.

[117] Maurice AHANHANZO-GLELE, « La Constitution ou loi fondamentale » *in Encyclopédie juridique de l'Afrique*, Tome 1, *l'État et le droit*, NEA, Abidjan-Dakar-Lomé, 1982, p. 34 ; voir également, Daniel BOURMAUD, *La politique en Afrique*, Paris, Montchrestien, Clefs, 160 p.

[118] Pour une vue d'ensemble, cf. Gérard CONAC (sous la direction de), *L'Afrique en transition vers le pluralisme politique*, Paris, Economica, Coll. La vie du Droit en Afrique, 1993 ; Jean-Pierre DALOZ et Patrick QUANTIN (sous la direction de), *Transitions démocratiques en Afrique : dynamiques et contraintes (1990-1994)*, Paris, Karthala, 1997, 313p ; Babacar KANTE, « Le constitutionnalisme à l'épreuve de la transition démocratique en Afrique » *in*, *Constitutionnalism in Africa. A quest for autochtonous principles*, Sanders Institut, Gouda Quint, Deventer 1996, pp.17-32.

Dès les premiers instants de la prise du pouvoir, les auteurs du coup d'État s'empressent de médiatiser leurs actions en faisant une proclamation[119], un message[120] ou un communiqué[121] relayés par la radio ou la télévision dont les stations d'émission et de diffusion sont très tôt investies par l'armée.

Les auteurs du coup d'État s'obligent à former, ensuite, un organe collégial duquel se dégage assez rapidement une personnalité qui en assurera la présidence et la fonction de Chef d'État[122]. En effet, selon le

[119] « Proclamation du Lieutenant Moussa Traoré », *in Le Mali, Notes et Études Documentaires* n° 4081-4083, Paris, La Documentation française, 22 avril 1974 ; « proclamation du Lieutenant-colonel Seyni Kountché du 15 avril 1974 » *in* Jean Jacques RAYNAL, *Les institutions politiques du Niger*, Saint Maur, Sepia, 1993, p. 126.

[120] Dans un message à la nation, le Général Christophe Soglo, se prononçant sur la durée du régime militaire au Dahomey, déclarait : « pour dissiper tout malentendu, nous tenons à proclamer solennellement que notre principal objectif est la réalisation intégrale du plan. Notre tâche durera tout le temps qu'exigera la réussite de ce plan de cinq ans et si l'intérêt supérieur du Dahomey nous le commande, nous irons au-delà des cinq ans », cité par Pierre –François GONIDEC, *L'État africain*, Paris, LGDJ, BAM, Tome VIII, 1985, pp. 239-240.

[121] Communiqué n°1 du 3 avril 1984 du Général Lassana Conté annonçant la prise du pouvoir par l'armée et créant le Comité Militaire de Redressement National (CMRN), voir Salifou SYLLA, « Le régime militaire guinéen… », *op. cit.*, p. 393 ; voir aussi en Guinée, le Communiqué n° 001/CNDD/2008 du 23 décembre 2008, portant prise effective du pouvoir par le Conseil National pour la Démocratie et le Développement (CNDD), suspension de la Constitution et dissolution du Gouvernement.

[122] Ce schéma général peut s'appliquer pour le cas du Mali. Ainsi, le 19 novembre 1968, les capitaines Yoro Diakité et Mamadou Cissoko et les lieutenants Youssouf Traoré, Kissima Doukara et Moussa Traoré renversent le régime de Modibo Keïta. Ils instaurent alors, le Comité militaire de libération nationale (CMLN). Le 23 novembre 1968, un gouvernement placé sous l'autorité du CMLN est constitué avec le capitaine Yoro Diakité comme Premier ministre.

Le même scenario va pratiquement se répéter avec le coup d'État du 18 août 2020 contre le régime du Président démocratiquement réélu Ibrahim Boubacar Keita. Dans un contexte marqué à la fois par de très fortes contestations populaires, de lutte contre les mouvements rebelles touaregs et les terroristes djihadistes, de prise d'otage d'un membre éminent de l'opposition, de contestations des élections législatives suivies de la démission suscitée de membres de la Cour constitutionnelle, le coup d'État militaire conduira à l'arrestation et à la démission du Président de la République, à la dissolution simultanée du Gouvernement et de l'Assemblée nationale. Une junte sera formée le 19 août 2020 sous le nom de Comité National de Salut du Peuple (CNSP) avec comme chef et Président autoproclamé, le Colonel Assimi Goita. Le CNSP établit, tout en maintenant la Constitution de 1992, l'Acte Fondamental n°001/CNSP du 24 août 2020 pour l'organisation provisoire des pouvoirs publics (*JORM,* spécial n° 15 du 27 août 2020). Sous la pression internationale, notamment de la CEDEAO,

Pr. CONAC, « dans les régimes militaires, l'État autoritaire était démuni de son masque institutionnel. Mais dans un premier temps, la personnalisation du pouvoir était atténuée ou voilée par une certaine collégialité. Puis, généralement, le passage de la phase du régime militaire au régime civil se faisait au bénéfice de l'officier devenu Chef d'État »[123].

Sans tendre à la complétude, on peut souligner que cet organe collégial peut recevoir des appellations variées : en Guinée, Comité Militaire de Redressement National (1984), Comité National pour la Démocratie et le Développement (2008) ; au Burkina Faso (ex-Haute-Volta), Comité Militaire de Redressement pour le Progrès National (1980), Conseil National de la Révolution (1984), Conseil National de la Démocratie (2015) ; en Mauritanie, Comité Militaire de Redressement National (1978), Comité Militaire de Salut National (1979), Comité Militaire pour la Justice et la Démocratie (2005), Haut Conseil d'État (2008) ; au Mali, Comité Militaire de Libération Nationale, (1968), Comité National de Réconciliation puis Comité de Transition pour le Salut du Peuple (1991), Comité National de Salut du Peuple (2020) ; au Niger, Conseil Militaire (1974), Conseil Supérieur d'Orientation Nationale (1989), Conseil de Salut National (1996), Conseil de Réconciliation Nationale (1999) ; au Tchad, Conseil supérieur Militaire (1975), Conseil d'État Provisoire (1982), Conseil d'État (1990), Conseil Militaire de Transition (2021), etc.

---

une Charte de la Transition sera adoptée par les Forces vives de la Nation le 12 septembre 2020, puis promulguée par le Président de la Transition Bah N'daw par décret n° 2020-072 du 1er octobre 2020 (*JORM*, 61e année, spécial n°17,1er octobre 2020, p. 1). Sur le Mali, voir aussi, Abdoulaye DIARRA, *Démocratie et droit constitutionnel dans les pays francophones d'Afrique noire : le cas du Mali depuis 1960*, Paris, Karthala, 2010, 371 p.

123 Gérard CONAC, « Les processus de démocratisation en Afrique », *in* Gérard Conac, *L'Afrique en transition*, *op. cit.*, p. 16. De même au Togo, après le coup d'État de 1967, le Comité de Réconciliation Nationale (CRN) constitué selon l'Ordonnance n° 1 du 14 janvier (*Journal officiel* de la République togolaise, numéro spécial du 30 janvier 1967, p.1) et l'ordonnance n° 2 du même jour portant composition du CRN attribuent sa présidence au Colonel Kleber Dadjo ; l'Ordonnance n° 15 du 14 avril 1967 nomme le Lieutenant-colonel Étienne Eyadema, Président de la République togolaise (article premier) et l'Ordonnance n° 16 de la même date dissout, en son article premier, le CRN (*JO*, numéro spécial du 15 avril 1967, p. 9.

Les linéaments du régime militaire une fois fixés, celui-ci se donne pour mission d'organiser et de consolider les assises des nouveaux pouvoirs publics par le canal de divers instruments juridiques offrant une place privilégiée aux ordonnances.

Celles-ci semblent suivre une chronologie particulière, modulée en deux ou trois temps rythmant la naissance du régime, puis la période de sa consolidation et enfin sa conversion en régime civil soit par l'élection du chef de la junte comme Président de la République, soit par le transfert, volontaire ou sous la pression populaire, des organisations internationales et des bailleurs de fonds, à un régime civil à la suite d'élections sous haute surveillance de la communauté internationale.

Dans cette logique, l'accoutumance des militaires à une discipline corporative et leur penchant pour la soumission à une hiérarchie prétorienne commandent de résorber tout vide juridique, par le canal des ordonnances.

À supposer même que les ordonnances des régimes militaires cadrent avec une législation d'exception, le rejet d'un contrôle parlementaire ou populaire participe de la défiance à leur encontre que ne permettent pas d'écarter les appellations d'ordonnances ayant « valeur ou force » de loi.

Aussi, dans le vain dessein d'exorciser les préjugés tenaces d'autoritarisme attachés à leurs actions, les régimes militaires instrumentalisent, ensuite, les ordonnances dans une logique de justification.

B) Des ordonnances fondées sur une logique de justification

Quel que soit le qualificatif de « bons » ou de « mauvais »[124], accolé aux coups d'État, la plupart des régimes militaires développent toute une stratégie de prise à témoin de l'opinion nationale ou internationale[125]

---

[124] Cf., Palouki MASSINA, « Le coup d'État, déshonneur et bienveillance », www.afrilex.u-bordeaux4.fr

[125] Voir Oumarou Narey qui rappelle, à cet effet : « Suite au coup d'État militaire du 18 février 2010 renversant le régime de la cinquième République du Niger, le Conseil suprême pour la restauration de la démocratie (CSRD) a fait la Proclamation du 18 février et a pris une ordonnance n° 2010-001 du 22 février 2010 portant organisation des pouvoirs publics pendant la période de transition, modifiée par l'ordonnance n° 2010-005 du 30 mars 2010 et ses textes modificatifs subséquents tenant lieu de corpus constitutionnel de la période de transition », Oumarou NAREY, « La suprématie … », *op. cit.*

empruntant un langage[126]. Cette rhétorique ou cette parole[127] contient des spécificités bien marquées, qui sont dans l'ensemble structurées sur une base minimale bien que différant légèrement d'une junte militaire à l'autre[128].

En souscrivant à une logique de justification, la junte a invoqué de nombreuses raisons : nécessité de mettre un terme au désordre politique ambiant [129], nécessité d'apaiser le front social alimenté par les

---

[126] Adolphe DANSOU ALIDJINOU, *Le discours politique béninois (1972-1990)*, Thèse de doctorat, Université de Montpellier I, 1992, 345 p.

[127] La volonté de divorcer avec tout ce qui rappelle le régime déchu peut emprunter un vocabulaire de substitution propre au nouveau régime. On en veut pour preuve la substitution aux expressions classiques de loi, décret, arrêté et circulaire, d'appellations locales de « Zatu », « Raabo », « Kiti », sous le régime de Thomas Sankara.

[128] Terme venant du mot espagnol « juntos » qui signifie, groupe ou assemblée de militaires, généralement de haut rang, qui s'est emparé du pouvoir politique.

[129] Cf., Adresse à la Nation du CNSP lors de sa prise du pouvoir le 18 août 2020 dont voici quelques extraits : « (…) Maliennes et maliens. Le Clientélisme politique, la gestion familiale des affaires de l'État ont fini par tuer toute opportunité de développement dans le peu qui reste encore de ce beau pays. L'heure est grave et ce d'autant plus que des mouvements sociopolitiques ont paralysé et même menacent l'existence de ce qui nous reste encore comme État. La gabegie, le vol et l'arbitraire sont devenus des vertus. La justice est en déphasage avec le citoyen et n'a pas les moyens d'assurer son indépendance et son efficacité. L'éducation nationale piétine et même patauge, la santé est au plus offrant. La décentralisation prônée comme moyen de rapprocher le pouvoir des populations a complètement détruit le tissu social dans les communautés territoriales. Elle a fait naître d'autres pouvoirs plus budgétivores, plus corrompus, néfastes à la cohésion sociale par l'exacerbation des rancœurs nés de faits coloniaux.
Maliennes et maliens. Des villages entiers sont brûlés, de paisibles citoyens massacrés et nous pleurons tous les jours la perte de nos Compagnons d'armes. L'horreur est notre quotidien et ne nous émeut plus. Nous sommes devenus des réfugiés dans notre propre pays, en proie à toutes les difficultés existentielles. Le banditisme de grand chemin (braquages et vol à mains armées très osés) sont légions. Le terrorisme international nous tue, le terrorisme national nous détruit et ce n'est pour autant pas une fatalité, mais uniquement le manque de vision et l'amateurisme politique. La mauvaise gouvernance avec son lot de frustrations a fait perdre aux Maliens, l'espoir d'un lendemain meilleur. Des élections calamiteuses et dont les résultats sont au faciès, une épidémie de COVID-19 dont la gestion fait douter de son existence, une population qui ne fait plus foi en ces gouvernants, des élèves et étudiants désemparés, des militaires déboussolés, des parents inquiets pour leur progéniture, un bout de tunnel qui fuit tel un mirage(…)La société civile et les mouvements sociopolitiques notamment le M5-RFP sont invités à nous rejoindre pour ensemble créer les meilleures conditions d'une transition politique conduisant à des élections générales crédibles pour l'exercice démocratique. L'heure est au-delà des clivages politiques et

revendications syndicales intempestives[130], l'urgence de mettre fin aux épreuves de force entre le Président et l'armée[131], ou entre le chef de l'État et le Chef du Gouvernement[132].

Une recension non exhaustive, sur un mode de lecture aléatoire, aide à repérer d'autres arguments utilisés : décès de l'ex-Président[133] et difficultés de succession sur fond de contestation de candidatures[134],

idéologiques semant les graines de l'affrontement et de l'intolérance et conduisant à la haine qui est maléfique.
Nous demandons aux organisations sous-régionales et internationales de nous accompagner pour le bien-être du Mali. La MINUSMA, la FORCE BARKHANE, le G5 SAHEL, la FORCE TAKUBA demeurent nos partenaires pour la stabilité et la restauration de la Sécurité.
Maliennes et Maliens. Avec vous, débout comme un seul homme, nous pouvons redonner à ce pays sa grandeur d'antan et son rayonnement sous régional et international. Il ne paraît pas aisé, mais en arrêtant la saignée des comptes publics, beaucoup de revendications catégorielles seront gérées… ».

[130] Voir au Mali, la Déclaration du 19 août 2020 portant création du Comité national pour le Salut du Peuple, après le coup d'État ayant suscité la démission forcée du Président Ibrahim Boubacar Keita et les dissolutions du Gouvernement et de l'Assemblée nationale.

[131] Selon Ayissi et Maia, « Dans un mémo rédigé deux mois après le coup d'État et rendu public le 17 décembre 2008, le Président renversé donne un éclairage inédit sur la crise de partage de pouvoir et le bras de fer consécutif l'ayant opposé à un groupe de généraux qu'il qualifie de « sans scrupule et politiquement ambitieux ». L'ex-chef d'État fustige les officiers putschistes et souligne que le but poursuivi par ces militaires a été de « donner du Président de la République l'image d'un antidémocrate », qui n'a pas su ou voulu respecter « la séparation des pouvoirs [et] qui a bloqué le fonctionnement des institutions », Mémo de l'ex-Président de la RIM, Sidi Ould Cheikh Abdallahi, intitulé « Quelques informations et commentaires à propos du coup d'État du 6 août 2008 », cité par Anatole AYISSI et Catherine MAIA, « La gestion des crises institutionnelles en Afrique : Mandat et défis de la médiation internationale », *Annuaire Français des Relations Internationales*, vol. XIII, 2012, pp. 173-198.

[132] Les difficultés de cohabitation, au Niger entre le Président Mahamane Ousmane et le Premier ministre Hama Amadou, ont eu comme conséquences, entre autres, le coup d'État du 27 janvier 1996, voir Idrissa KIMBA, « Les régimes militaires entre 1974 et 1999 au Niger », *in* Idrissa Kimba (dir.), *Armée et politique au Niger*, Dakar, CODESRIA, 2008, p. 182 et s.

[133] Pour le coup d'État de Moussa Dadis Camara, après l'annonce du décès du Général Lansana Conté, voir Anatole AYISSI, *Parole d'officier : coup d'État ou transition démocratique en Guinée*, Paris, Panafrika, 2009.

[134] Cf., en Côte d'Ivoire, la succession de Félix Houphouët Boigny et le renversement d'Henri Konan Bédié par le Général Robert Guéi à la suite du coup d'État du 24 décembre 1999.

contestations de réformes constitutionnelles[135], corruption, détournements de deniers publics et incapacité des civils ou des régimes militaires précédents à promouvoir le développement économique, à lutter contre la corruption ou à assurer l'unité nationale[136], etc.

Quelques illustrations permettent d'en entrevoir la teneur. Ainsi, on peut citer cet extrait du Message du Général André Kolingba, lors de sa prise de pouvoir en République centrafricaine, le 1er septembre 1981 : « *il s'était instauré depuis 6 mois (...) un champ de polémique stérile, violent, durant lequel notre patriotisme a été mis à rude épreuve par des multiples et grossières violations de la démocratie, par les insupportables défis à la raison, à l'honneur et au droit.* »[137]

D'autres raisons ont été avancées pour justifier le putsch, comme celles contenues dans la Proclamation suivante des Forces Armées Nigériennes : « *Ce jour, 11 avril 1999, les Forces Armées Nigériennes, conscientes des responsabilités qui sont les leurs, ont décidé de mettre un terme au vide institutionnel occasionné par la disparition subite, le vendredi 9 avril dernier, du Président de la République, le Général Ibrahim Mainassara Baré. Cet événement tragique intervient dans un contexte politique, économique et social particulièrement difficile ; le régime mis en place depuis trois ans s'étant malheureusement révélé*

[135] Comme le résume le *Journal officiel*, concernant le Niger « La Constitution de la Ve République (1999), modifiée en 2004, interdisait au président Tandja de solliciter un troisième mandat. Le président propose une révision constitutionnelle de grande ampleur afin de se maintenir à la présidence. La nouvelle Constitution est approuvée par référendum le 4 août 2009. Mais cette Constitution de la VIe République n'est restée en vigueur que quelques mois. Un coup d'État militaire, le 18 février 2010, crée un Conseil suprême pour la restauration de la démocratie, sous la présidence du chef d'escadron Salou Djibo, qui va tenir ses promesses et rendre effectivement le pouvoir aux civils. Le 31 octobre une nouvelle Constitution est adoptée par référendum et promulguée le 25 novembre 2010 (*Journal officiel* de la République du Niger, 29 novembre 2010, p. 246 et s.).

[136] Le cas de la Monarchie au Burundi est illustratif d'un dépassement des institutions royales qui n'arrivaient plus à contenir les ambitions politiques ni à s'opposer à l'exacerbation des clivages ethniques, ce qui aboutira, après l'adoption d'une Constitution, à la proclamation d'une République en 1962 et l'avènement d'un régime militaire en 1966. Voir Gérard CONAC, « L'évolution constitutionnelle.. », *op. cit.*

[137] Cité par Maurice KAMTO, *Pouvoir et Droit en Afrique noire. Essai sur les fondements du constitutionnalisme dans les États d'Afrique noire francophone*, Paris, LGDJ, 1987, BAM, Tome XLIII, p. 367.

incapable de résoudre les problèmes épineux auxquels notre pays est confronté. »[138]

L'inclination récurrente à la justification de la prise du pouvoir[139] par les armes ressort d'une volonté de persuader du bien-fondé du coup d'État, à la fois l'opinion publique nationale ou internationale, en jetant l'opprobre sur le régime précédent. À titre exemplatif, on peut se référer à la proclamation du groupe de militaires dirigé par le Général Gilbert Djendéré qui égrène un chapelet de griefs à l'endroit des autorités de la Transition burkinabè pour légitimer leur prise de pouvoir : « *Aujourd'hui 17 septembre 2015, les forces patriotiques et démocratiques alliant toutes les composantes de la nation et réunies au sein du Conseil National pour la Démocratie (CND), ont décidé de mettre un terme au régime déviant de la transition. Instauré à la suite de l'insurrection victorieuse du peuple des 30 et 31 octobre 2014, le régime de transition s'est progressivement écarté des objectifs de refondation d'une démocratie consensuelle. La loi électorale taillée sur mesure pour des individus et décriée par les instances et les hommes de droit, se dresse alors, comme un outil de négation des valeurs de notre peuple fondées sur l'esprit de justice, d'équité et de tolérance. Cette loi a créé une division et une grave frustration au sein du peuple, érigeant deux catégories de citoyens.*

Malgré les recommandations fortes des chefs d'État de la CEDEAO, malgré une condamnation ferme de la Cour de justice de la CEDEAO, enjoignant au Burkina Faso de lever tous les obstacles à la libre participation des candidats aux élections, le Conseil Constitutionnel va être instrumentalisé pour violer cette décision internationale. La

---

[138] Publiée dans le *Journal officiel* de la République du Niger, Spécial numéro 6, du 13 avril 1999, p. 139 et s.

[139] Par exemple en Mauritanie, la Déclaration du Conseil Militaire pour la Justice et la Démocratie, du 3 août 2005 « Les Forces Armées et de Sécurité ont unanimement décidé de mettre fin aux pratiques totalitaires du régime déchu dont notre peuple a tant souffert ces dernières années. Ces pratiques ont engendré une dérive dangereuse pour l'avenir du pays.
À cet effet, les Forces Armées et de Sécurité ont décidé de la mise en place d'un Conseil Militaire pour la Justice et la Démocratie. Ce Conseil s'engage devant le peuple mauritanien à créer les conditions favorables d'un jeu démocratique ouvert et transparent sur lequel la société civile et les acteurs politiques auront à se prononcer librement. Les Forces Armées et de Sécurité n'entendent pas exercer le pouvoir au-delà d'une période de deux ans, jugée indispensable pour la préparation et la mise en place de véritables institutions démocratiques. Le Conseil Militaire pour la Justice et la Démocratie s'engage enfin à respecter tous les traités et conventions internationaux ratifiés par la Mauritanie ».

démocratie, c'est le droit de tout citoyen d'être électeur et d'être éligible ! La loi portant statut général des personnels des Forces Armées nationales et celle portant code de l'information ont été promulguées à des fins personnelles et pour museler la presse.

Cette transition s'est également illustrée par des arrestations arbitraires en négation des règles de droit faisant le lit d'une justice sélective au service des vainqueurs. (...). Peuple du Burkina, patriotes et démocrates amis du Burkina, l'intervention du CND a pour but principal d'enclencher un processus cohérent, juste et équilibré devant conduire à la mise en place d'un système institutionnel robuste.

Ancré sur les principes cardinaux de la démocratie comme l'égalité politique devant la loi, la libre expression politique et l'alternance, ce système institutionnel sera le socle du développement socioéconomique partagé du Burkina Faso. Pour faire place à cette exigence, les mesures immédiates suivantes sont prises : 1. Le Président de la Transition est démis de ses fonctions ; 2. Le gouvernement de transition est dissout ; 3. Le Conseil national de transition est dissout ; 4. Une large concertation est engagée pour former un gouvernement qui se dévouera à la remise en ordre politique du pays et à la restauration de la cohésion nationale pour aboutir à des élections inclusives et apaisées.

Le CND voudrait également rassurer la communauté régionale et internationale, les partenaires au développement de sa détermination à respecter les accords qui engagent le Burkina Faso.

Peuple du Burkina, le Conseil National pour la Démocratie appelle tous les Burkinabè à soutenir activement et massivement dans un esprit de tolérance et de solidarité, le processus de reconstruction politique engagé dans le calme, la discipline et le travail. Que Dieu protège le Burkina Faso. »

Toutefois, les logiques duales de substitution et de justification restent les principaux socles des ordonnances dont la conformation emprunte un particularisme certain.

Paragraphe II. L'agencement des ordonnances des régimes militaires

De l'observation de l'appareillage normatif des régimes militaires, se dégage une taxinomie des ordonnances les configurant, sur un mode en trois temps : à la naissance du régime, pour consolider le régime et pour préparer le retour au régime civil ou pour transmuter le régime militaire en régime civil.

En opérant une recomposition du rythme des ordonnances, on note, au moins deux grandes séquences temporelles, qui sont liées à la genèse (A) et à la consolidation du régime militaire (B).

A) Les ordonnances des débuts des régimes militaires

Relativement aux premières ordonnances, marquant l'avènement du régime militaire[140], leur fondement s'arrime à l'acte de proclamation[141]. Généralement, par ces textes, les régimes militaires fixent la composition de l'équipe dirigeante[142], édictent les premières mesures

---

[140] Comme le rappelle, à juste titre, Jean Meynaud, la linéarité du mode de prise de pouvoir semble épouser, à bien des égards, le déroulé suivant « Les chars investissent les principaux palais du gouvernement et de l'administration cependant que les plus hauts dignitaires du régime, Président de la République en tête, sont arrêtés. La radio lance une proclamation qui annonce la révolution nationale et diffuse en permanence des marches militaires. Un Comité d'Union nationale composé d'officiers décide d'assumer la totalité du pouvoir. En se saisissant du pouvoir, les chefs militaires se réclament généralement d'une mission : c'est le mode de compensation traditionnel à l'exercice d'une puissance dont l'ampleur et la rigueur risqueraient, sans cela, de créer chez les sujets l'effroi et la frustration. Un type intéressant est celui où l'ambition déclarée consiste dans la création ou la restauration des facteurs nécessaires au fonctionnement d'une démocratie représentative », Jean MEYNAUD, « Les militaires et le pouvoir ». *Revue française de Sociologie*, 1961, 2-2, Guerre - Armée – Société, pp. 75-87.

[141] Cf. La Proclamation du Conseil National de la Révolution et l'Ordonnance n°83-1 CNR du 4 août 1983 portant prise du pouvoir par le Conseil National de la Révolution, (*JORHV* du 11 août 1983, p. 861). Au Mali, à la suite de la Déclaration de prise du pouvoir du CNSP, sera adopté l'Acte Fondamental n°001/CNSP du 24 août 2020 qui, dans le cadre de l'organisation provisoire des pouvoirs publics, dispose « Le Comité national pour le Salut du Peuple dénommé CNSP est composé ainsi qu'il suit :- un Président ;- des Vice-Présidents ;- des Membres. Un règlement intérieur fixe l'organisation et les modalités de fonctionnement du Comité. » *(art. 29)* ; voir les ordonnances du CNSP, notamment l'Ordonnance n°2020-02/P-CNSP du 11 septembre 2020 portant modification de la loi n°2018-007 du 16 janvier 2018 portant statut du personnel enseignant de l'enseignement secondaire, de l'enseignement fondamental et de l'éducation préscolaire et spéciale, (*JORM*, 61e année, spécial n° 16,11 septembre 2020, p.7).

[142] Au Bénin (ex-Dahomey), Ordonnance n° 74-68 du 18 novembre 1974 portant création, attributions, composition, organisation et fonctionnement du Conseil National de la Révolution, du Bureau Politique dudit Conseil, des Conseils Provinciaux, de District, Communaux et locaux de la Révolution et l'ordonnance n° 75-56 du 14 août 1975 qui l'a modifiée ; Ordonnance n°77-42 du 9 septembre 1977 portant promulgation de la Loi Fondamentale de la République Populaire du Bénin ; Ordonnance n° 80-1 du 6 février 1980 portant formule de prestation de serment du Président de la République. Voir, Théodore HOLO, *L'étude d'un Régime militaire. Le cas du Dahomey (Bénin), Thèse de doctorat en Droit public, Paris I, 1979; voir*

de suspension de la Constitution, de subjugation des institutions nationales, déclarent l'état d'urgence et/ou instituent le couvre-feu[143].

Après la prise de pouvoir, une proclamation, un communiqué ou un message relayé par les médias, fournira les raisons de l'intervention[144]. En évinçant les gouvernants en place, les auteurs du coup d'État répudient en même temps l'ancienne organisation constitutionnelle des pouvoirs publics pour fonder ces derniers sur un nouvel agencement normatif. Celui-ci, basé sur un texte baptisé Acte constitutionnel ou toute autre appellation [145] constitue la matrice originelle des ordonnances [146]. Sur le plan juridique, la propension à

---

aussi, Koffi AHADZI-NONOU, Essai de réflexion sur les régimes de fait : le cas du Togo, op. cit.

[143] Voir sous Moussa Dadis Camara et Sékouba Konaté, les ordonnances suivantes : Ordonnance n°006/PRG/CNDD/2008 du 29 décembre 2008, portant création d'un poste de Premier ministre ; Ordonnance n°001/PRG/CNDD/SGPRG/2010 du 09 février 2010, portant création du Conseil National de la Transition (CNT); Ordonnance n°006/PRG/CNDD/SGPRG/2010 du 05 mai 2010, portant attributions et composition du Conseil National de la Transition (CNT).

[144] Pour un condensé des arguments et des premières actions de la Junte, consulter la Proclamation du CMRPN dont voici quelques extraits : « *Peuple Voltaïque, Nous membres du Comité Militaire de Redressement pour le Progrès National, (...) Considérant nos populations rurales et urbaines affamées, assoiffées par le fléau de la sécheresse et atteintes par les effets négatifs des prix anachroniques et incontrôlés des produits manufacturés,alors que s'effrite l'autorité de l'État, mettant dangereusement en péril la sécurité nationale (...) proclamons ; 1°La Constitution du 13 décembre 1977 est suspendue ;2°L'Assemblée nationale est dissout ;.3°Les structures de progrès social et pour l'instauration d'une démocratie véritable ; associant toutes les forces vives de la Nation seront mises en place ;4°En attendant la mise en place du gouvernement, le Comité Militaire de Redressement pour le Progrès National assumera les responsabilités du pouvoir exécutif et légiférera par voie d'ordonnances et décrets réglementaires ;5°Les libertés individuelles et collectives, autres que politiques, sont garanties ; 6°Les accords internationaux seront respectés ...* »,voir le texte entier, *in JORHV* du 4 décembre 1980, p. 974.

[145] En Côte d'Ivoire, Acte constitutionnel du 27 décembre 1999 ; au Mali, Acte fondamental n°1/CTSP du 31 mars 1991 ; en République Centrafricaine, Acte constitutionnel n° 2 du 8 janvier 1966. Cf. Félix Sohuily ACKA, « La promulgation de la loi en Afrique noire francophone », *Revue EDJA*, n° 49, avril-mai-juin 2001, pp. 30-76.

[146] Actes constitutionnels n° 1 du 4 janvier 1966 et n° 2 du 8 janvier 1966 du Colonel Bokassa, portant organisation provisoire des pouvoirs de la République. L'article 4 de l'Acte constitutionnel n°2 dispose : « Le Président de la République légifère par ordonnances. Ces ordonnances ont pouvoir de modifier les lois » ; l'article 2 de l'Acte constitutionnel de 1999 du Général Robert Guéi, dispose : « Le Président de la République légifère par ordonnances. Ces ordonnances ont pouvoir de modifier les lois antérieures ». Au Mali, l'Acte fondamental de 2020 précité dispose en son article

l'instrumentalisation des ordonnances est affichée dès les premières mesures. Invariablement, l'organe collégial ou son président, suspend[147] ou abroge la Constitution[148], institue un couvre-feu, supprime les droits et libertés ou diffère leur respect[149], suspend ou interdit les activités des partis politiques[150]. Le Conseil restreint, auto-

---

35, s'agissant du Président du Comité que « Le Président signe les ordonnances et les décrets adoptés par le Comité national pour le Salut du Peuple ».

[147] La Proclamation des Forces Armées Nigériennes de 1999, instaure entre autres mesures « 1° La suspension de la Constitution du 12 mai 1996 ; 2° La dissolution de l'Assemblée nationale ; 3° La dissolution du gouvernement… ; 4° La dissolution de la Cour suprême… ; 5° La dissolution du Conseil supérieur de la communication » ; l'ordonnance n°1/PRES. Du 5 janvier 1966 portant suspension de la Constitution voltaïque du 30 novembre 1960, dispose en son article 2 « jusqu'à ce que les circonstances permettent le retour au jeu normal des institutions républicaines, les pouvoirs législatif et exécutif sont exercés par le Chef de l'État qui prend des ordonnances législatives et décrets réglementaires », *Journal officiel* de la République de Haute-Volta du 6 janvier 1966.

[148] Cf., au Burkina Faso, Ordonnance n°82-1CPSP du 7 novembre 1982 portant prise de pouvoir par le Conseil Provisoire pour le Salut du Peuple, (*JORHV*, 24e année, n° 47 du 29 novembre 1982, p.1015). Au Togo, Ordonnance n° 1 du 14 janvier 1967 dont l'article 4 dispose : « sont abrogées : a) la loi du 5 mai 1963 portant Constitution de la République togolaise ; b) la loi n° 63-14 du 27 mars 1963 fixant les règles relatives à l'élection des députés à l'Assemblée nationale… ». Se référer aussi, en RCI, Ordonnance n° 01/99 PR du 27 décembre 1999 portant suspension de la Constitution et organisation provisoire des pouvoirs publics, (*Journal officiel* de la République de Côte d'Ivoire, n° 1 spécial du jeudi 13 janvier 2000); au Bénin, Ordonnance n° 90-001 du 1er mars 1990 abrogeant la loi fondamentale de la République Populaire du Bénin, cf. André CABANIS et Michel Louis MARTIN, « Note sur la Constitution béninoise du 2 décembre 1990 », *RJPIC* n°1, janvier-mars 1992, pp. 28-37.

[149] Les différentes ordonnances subséquentes à l'avènement des régimes militaires ont suspendu ou restreint les droits et libertés : voir ordonnance n°69-33 du 1er juillet 1969 modifiant l'article 22 de la loi n°20 AL du 31 août 1959 relative à la presse et aux délits de presse (*JO* de la Haute-Volta du 3 juillet 1969, p. 336). Voir également la suspension de la Constitution, la démission du gouvernement, la dissolution de l'Assemblée nationale, la suspension des partis politiques et l'interdiction de toute activité politique par l'Ordonnance n° 80-1CMPRN du 25 novembre 1980 portant prise du pouvoir par le Comité Militaire de Redressement pour le Progrès National, (*JORHV* du 4 décembre 1980, p. 974).

[150] Voir la proclamation ayant valeur de loi du Comité Militaire présidé par le Colonel Saye Zerbo qui suspend les partis politiques, assume jusqu'à la mise en place du gouvernement « les responsabilités du pouvoir exécutif » et légifère par « voie d'ordonnances et de décrets parlementaires », (*JO* de la République de Haute-Volta du 4 décembre 1980). Il en est de même de la Proclamation du 15 octobre 1987 de Blaise Compaoré, Président du Front Populaire et qui dissout le Conseil National de la Révolution, le Gouvernement, l'Organisation Militaire Révolutionnaire, et qui

investi, s'attache à inscrire ses actions, a priori, dans une durée provisoire[151], nécessaire au rétablissement de l'ordre public[152].

L'embrigadement des libertés, la banalisation du Parlement[153], la mise au pas des magistrats[154] confirment la tendance au durcissement

révoque le Secrétaire Général National des Comités de Défense de la Révolution, (*JOBF*, 29e année, n° 44, du 29 octobre 1987).
On peut aussi évoquer le cas de la Guinée où, après sa prise du pouvoir le 3 avril 1984, Lassana Conté a supprimé le Parti Démocratique Guinéen, Arnaud de RAULIN, « La Constitution guinéenne du 23 décembre 1990 », *RJPIC* n° 2, avril-juin 1992, pp. 182-190.

[151]Comme le faisait remarquer Niandou Soulcy, « À l'inverse de ce qui se produit généralement, les militaires nigériens, depuis la prise du pouvoir en avril 1974, n'ont jamais déclaré solennellement qu'ils le remettraient aux civils. Et comme pour confirmer leur intention de rester définitivement sur la scène politique, dès 1976, suite à la formation d'un nouveau gouvernement (21 février), ils font disparaître le terme « militaire » de l'appellation officielle du gouvernement. Ainsi, le « gouvernement militaire provisoire » devient-il tout simplement « gouvernement provisoire », quoique comprenant encore 7 militaires sur 16 membres. Plus tard, le 24 janvier 1983, suite également à la formation d'une nouvelle équipe, le terme « provisoire » disparaît de l'appellation du gouvernement », Abdoulaye NIANDOU SOULEY, « L'armée et le pouvoir », *Politique Africaine* n° 38, 1990, pp. 40-50.

[152] Selon le Pr. AHANHANZO-GLELE, « l'intervention militaire présentée comme nécessaire et salutaire pour la Nation, est considérée comme provisoire », *in* Maurice AHANHANZO GLELE, « La Constitution ou Loi fondamentale… », *op. cit.*, p. 33.
À titre illustratif, la Proclamation du Chef d'Escadron Daouda Malam Wanké en son paragraphe 7 mentionne « *la mise en place du Conseil de Réconciliation Nationale pour l'exercice des pouvoirs législatif et exécutif au cours d'une période de transition de neuf (9) mois* » ; cf., sa Proclamation précitée et l'ordonnance n° 99-001 du 11 avril 1999 portant organisation des pouvoirs publics pendant la période de transition dont l'article 18 al.3 précise :« *un calendrier des différentes échéances politiques sera rendu public par le Conseil de Réconciliation Nationale* » (*JORN* du 13 avril 1999, p. 140).
Au Mali, l'Acte fondamental de 2020 maintient la Constitution de 1992 en tout ce qui n'est pas contraire aux dispositions de l'Acte. Il prévoit en outre l'adoption d'une Charte de la Transition en son art.40 « Avant l'adoption d'une Charte pour la transition, les dispositions du présent Acte qui s'appliquent comme dispositions constitutionnelles, complètent, modifient ou suppléent celles de la Constitution du 25 février 1992 ».

[153] Voir, Ordonnance n° 1-PGRM du 16 janvier 1968 du Lieutenant-colonel Moussa Traoré, qui dissout l'Assemblée nationale et la remplace par une délégation législative de 28 membres nommés par le Chef du gouvernement (*Journal officiel* de la République du Mali, n° 269 du 15 février 1968, p. 73).

[154] L'article 6 *in fine* du Décret-loi constitutionnel n° 3 de la République démocratique du Congo du 28 mai 1997 dispose que « Le Président de la République relève de leurs fonctions et le cas échéant, révoque sur proposition du Conseil Supérieur de la Magistrature, les magistrats du siège et du parquet ». L'article premier dudit décret-loi mentionne : « L'organisation et l'exercice du pouvoir relèvent du Chef de l'État »,

du régime. Les ordonnances contribuent à la domestication par l'exécutif militaire des autres segments de la vie nationale et des pouvoirs ayant échappé à la purge, tout en organisant les modes de pérennisation du nouveau régime. Ces ordonnances peuvent toucher différents domaines : finances publiques [155], banque, crédit [156], organisation administrative[157], diplomatie[158], organisation judiciaire[159], etc.[160]

cités par Jean DU BOIS DE GAUDUSSON et *alii*, Les Constitutions africaines..., *op. cit.*, pp. 220-221.

[155] Ordonnance n°1-CMLN du 18 janvier 1974 portant loi de finances pour l'année budgétaire 1974 (JORM du 1er février 1974, p.81) ; Ordonnance-loi n°86-028 du 5 avril 1986 sur les investissements (JO du Zaïre, n° Spécial, avril 1986, pp.5-27).

[156] Mauritanie, Ordonnance n° 020/2007 du 13 mars 2007 portant réglementation des établissements de crédit.

[157] À titre illustratif, Ordonnance n° 99-03 du 14 avril 1999 relative à la neutralité des membres du gouvernement, des Secrétaires généraux des ministères et de certains cadres de l'administration territoriale pendant la période de transition, *Journal officiel* de la République du Niger, 1er juin 1999, p. 376.

[158] Sur le plan diplomatique, on peut citer l'article 2 de l'Ordonnance n°99-001 du 11 avril 1999 du Président du Comité de Réconciliation Nationale : « L'État du Niger est et demeure lié par les Traités et Accords internationaux antérieurement souscrits et régulièrement ratifiés », (*JORN* du 13 avril 1999, p. 140).Voir aussi sous le régime du Maréchal Bokassa, (Président à vie de la République, Président du Gouvernement), Ordonnance n°76/034 modifiant les dispositions de l'article premier de la Loi n°63/449 du 3-1-64 rendant libre la circulation des Ressortissants des États membres de la Communauté économique européenne (République Fédérale d'Allemagne, France, Italie, Luxembourg et Pays-Bas),des États membres de l'Union douanière et économique d'Afrique Centrale (République Populaire du Congo, République du Gabon, République du Tchad, République unie du Cameroun), République du Zaïre et État d'Israël ; Ordonnance n° 76/030 du 24-3-76 portant ratification de l'Accord de Prêt conclu le 20 octobre 1975 entre le Gouvernement de la République Centrafricaine et le Fonds africain de développement ; Ordonnance n° 76/038 du 27 avril 1976 autorisant le Président à vie de la République à ratifier l'Accord International de 1968 sur le café, renouvelé le 30-9-75, (*JORCA*,18e année, n° 5, mai 1976, p. 265 et s).

[159] Cf. Amadou TANKOANO, « La Constitution de la République du Niger du 12 mai 1996 », *RADIC*, décembre 1997, Tome 9, n°4, pp. 878-893, qui cite l'ordonnance n°96-21 du 19 mai 1996 portant composition de la Chambre constitutionnelle de la Cour suprême pendant la période de transition.

[160] Voir par exemple diverses ordonnances, sous divers régimes militaires de la HV au BF. *Dans le domaine du Droit public, en général*, on peut citer quelques ordonnances : Ordonnance 69-47 du 18 septembre 1969 portant loi organique relative aux lois de finances modifiée par l'ordonnance 84-26 du 12 juin 1984 ; Ordonnance 69-63 du 15 novembre 1969 portant détermination de l'âge du militaire lors du recrutement ; Ordonnance 69-68 du 12 décembre 1969 relative à la nomination et à l'attribution de l'agent judiciaire du Trésor ; Ordonnance 75-23 du 6 mai 1975 fixant les règles d'application des lois, ordonnances, décrets et arrêtés ministériels ainsi que des actes administratifs à caractère individuel ; Ordonnance 84-14 du 30 mars 1984

Ces différentes ordonnances balisent la voie à d'autres normes édictées dans la phase de consolidation des régimes militaires.

B) Les ordonnances de consolidation des régimes militaires

L'adoption des ordonnances de cette seconde catégorie est guidée par le souci de stabiliser le régime militaire, de renforcer la personnalisation du pouvoir autour du Chef de la junte, Président autoproclamé à la recherche de soutiens financier, matériel, diplomatique des grandes puissances mondiales et des États du voisinage. Ce régime cherche surtout, dès ses débuts, à s'attirer les faveurs des institutions financières internationales en les assurant du respect des engagements internationaux souscrits par le régime déchu.

Une fois que le coup d'État est consommé, se pose alors l'impératif de l'organisation et du fonctionnement provisoires de l'État pour

---

portant réglementation des indemnités servies aux dirigeants, au personnel d'encadrement supérieur dans les établissements publics de l'État, les sociétés d'État et les sociétés d'économie mixte ; Ordonnance 84-22 du 22 mai 1984 instituant les opérations sociales de lotissement des villes et localités de la Haute-Volta ; Ordonnance 84-55 du 15 août 1984 portant découpage du territoire national en trente provinces et deux cent cinquante départements ; Zatu an V 28 du 3 août 1988 portant statut des réfugiés ; Zatu an VI 43 du 28 juillet 1989 portant affectation des résultats des entreprises publiques ; Zatu an VI 31 du 6 avril 1990 portant statut général des élèves officiers d'active des forces armées ; Zatu an VIII 18 du 12 février 1991 relative à la reconnaissance des organisations et partis politiques au Burkina Faso.
Dans le domaine du droit privé en général, droit pénal, de la procédure pénale et de la justice, on peut énumérer quelques ordonnances : Ordonnance 68-7 du 21 février 1968 portant institution d'un code de procédure pénale ; Ordonnance 69-25 du 12 mai 1969 portant code de l'aéronautique civile modifiée par l'ordonnance 75-46 du 29 septembre 1975 ; Ordonnance 85-47 du 29 août 1985 portant règlementation des feux de brousse, de l'exploitation du bois de chauffe et du charbon de bois; Zatu 85- 14 du 31 décembre 1985 fixant les conditions et les tarifs de délivrance des carnets de voyage des pays membres de la CEDEAO ;Ordonnance 92-53 du 21 octobre 1992 portant statut des huissiers de justice.
Dans les cas spécifiques du droit civil et du droit commercial, on peut citer quelques ordonnances : Ordonnance du 27 février 1943 prohibant la conclusion de pactes sur le règlement des indemnités dues aux victimes d'accidents ; Ordonnance du 27 juillet 1944 portant règlementation des sociétés coopératives d'information ; Ordonnance 74-56 du 26 août 1974 portant organisation du contrôle des activités des personnes morales ou physiques bénéficiant des concours financiers de la puissance publique ; Zatu An V 11 du 20 avril 1988 portant institution de la catégorie des groupements d'intérêt économique au Burkina Faso ; Zatu an VII 48 du 25 juillet 1990 portant règlementation de la profession d'artisan, etc. Textes disponibles sur le site du Secrétariat Général du Gouvernement et du Conseil des ministres : www.sggcm.gov.bf (consulté en juin 2020).

redresser ou remettre en marche les institutions[161].

Dès lors, le régime militaire va s'évertuer à consolider son pouvoir, quelquefois sur la base d'Actes constitutionnels, mais principalement par le canal des ordonnances. Au fur et à mesure que s'affermit le pouvoir des militaires et face aux pressions des bailleurs de fonds ou de la communauté internationale, s'opère un changement qualitatif avec la libéralisation du régime et la recherche d'une légitimité plus confortable.

La métamorphose de l'organe collégial en gouvernement, son ouverture progressive à des personnalités civiles accommodantes[162], l'encadrement prudent de la résurrection des partis politiques[163], la surveillance pointilleuse des premières mesures de libéralisation[164], voire l'organisation de référendums constitutionnels à l'issue programmée[165], contribueront à maquiller l'autoritarisme, à titre de

---

[161] Cf., en RCA, les ordonnances du Président du Comité Militaire de Redressement National, Chef de l'État André Kolingba, prises sur le fondement des Actes Constitutionnels n°1 et 2 des 1er et 22 septembre 1981, notamment l'Ordonnance n° 79/016 du 6 février 1979, portant modification du Code Minier Centrafricain ; l'Ordonnance n° 83.016 du 10 février 1983, portant création d'un Haut-commissariat aux Mines et à la Géologie et l'Ordonnance n° 83.024 du 25 mars 1983 fixant les conditions de possession et de détention et réglementant l'exploitation et le commerce de l'or et des diamants bruts, disponibles sur le site : www.droit-afrique.com ou sur le site : www.ecolex.org (consultés en juin 2020).

[162] Voir Abdoulaye NIANDOU SOULEY, *op. cit.*, concernant le régime d'Ali Saibou, il relève « L'ordonnance du 22 avril 1974 fixant les attributions du CMS fait de cet organe l'instance supérieure de conception et d'orientation de la politique générale de la nation. Théoriquement donc, le gouvernement est tenu d'appliquer la politique conçue par l'organe militaire. A priori, cela relègue les technocrates civils appelés au gouvernement au rang de simples exécutants d'une politique dont la conception leur échapperait. En pratique cependant, la complexité de l'exercice du pouvoir a donné un poids important à certains civils ».

[163] Cf., sous le régime de Salou Djibo, Président du Conseil Suprême pour la Restauration de la Démocratie, Ordonnance n° 2010-84 du 16 décembre 2010 portant charte des partis politiques ; sous le régime du Général Bozizé, Ordonnance n° 05-007 du 02 juin 2005 relative aux partis politiques et au statut de l'opposition en République Centrafricaine.

[164] Voir l'ordonnance du Président du Conseil Suprême de la Révolution, Didier Ratsiraka : Ordonnance n° 88-015 du 1er septembre 1988 relative à la Politique d'exportation de la République démocratique de Madagascar, disponible sur www.ambassade-madagascar.ch (consulté en juin 2020).

[165] À titre d'exemple, pour le cas d'un des régimes militaires nigériens, Boubacar Issa Abdourhamane révèle que « Arrivés au pouvoir le 27 janvier 1996 par le renversement du régime du Président démocratiquement élu, Mahamane Ousmane, le Général Ibrahim Baré Maïnassara et ses compagnons d'armes réunis au sein du Conseil de

pierre d'attente[166].

Si les ordonnances des débuts du régime dénotaient d'une inclination à consolider le pouvoir de fait des putschistes et à asseoir une légitimité factice, les ordonnances subséquentes dans la phase de transition vers un régime civil tendent à revaloriser l'image du régime devant la communauté internationale[167].

Toutefois, les différentes situations encadrées par les ordonnances n'arrivent pas à dissiper l'autoritarisme fréquemment corrélé à ces textes. Il en découle l'impression que les ordonnances travestissent une situation de fait en une parodie du droit.

Il s'y ajoute, que le peu de crédit attaché à un contrôle juridictionnel,

---

salut national (CSN) avaient annoncé qu'ils s'en iraient après les élections. Quelques mois plus tard, contre sa promesse initiale de remettre le pouvoir aux civils, l'homme fort de Niamey était pourtant candidat à l'élection présidentielle ; il sortait « victorieux » du scrutin, après avoir dissous la Commission électorale nationale indépendante (CENI). Ainsi s'ouvrait une grave crise avec les partis d'opposition regroupés au sein du Front pour la restauration et la défense de la démocratie (FRDD), qui n'eurent de cesse de contester sa légitimité. Durant tout son règne, le général a eu deux préoccupations majeures : d'une part, s'imposer à une opposition qui s'est révélée tenace aussi bien face aux sollicitations qu'à la répression, et d'autre part, conforter ses soutiens au sein de l'armée, l'institution à laquelle il devait son pouvoir », Boubacar ISSA ABDOURHAMANE, « Alternances militaires au Niger », *Politique Africaine* n° 74, 1999, pp.85-94 (ici, page 85).

[166] Cf., en Mauritanie, Ordonnance n° 2006-029 du 22 août 2006, portant loi organique relative à la promotion de l'accès des femmes aux mandats électoraux et aux fonctions électives modifiée par la loi organique n° 2012-032 du 12 avril 2012 ; Ordonnance n° 90.02 du 30 janvier 1990 portant Organisation de l'Administration Territoriale ; Ordonnance n° 90-09 du 4 avril 1990 portant Statut des Établissements Publics et des Sociétés à capitaux publics, et régissant les relations de ces Entités avec l'État, *in* République Islamique de Mauritanie, Recueil des textes applicables aux Collectivités Territoriales, ministère de l'Intérieur et de la Décentralisation, juillet 2019, 970 p.

[167] Voir, Ordonnance n°91/075/PCTSP du 8 avril 1991 du Général Amadou Toumani Touré autorisant la création des partis politiques, citée par Jean DU BOIS DE GAUDUSSON et *alii*, *Les Constitutions africaines*..., Vol.2, p. 27 ; Ordonnances 99-59, 99-60, 99-67 du 20 décembre 1999 portant respectivement Charte des partis, statut de l'opposition, régime de liberté de la presse (*Journal officiel* de la République du Niger, Spécial n°1 du 27 janvier 2000) ; décret-loi n°01/2001 du 17 mai 2001 portant organisation et fonctionnement des partis et regroupements en RDC, *in* Vincent KANGULUMBA MBAMBI, « Légistique et cohérence des textes de loi en RDC », *Revue de Droit africain* n° 17/2001, Bruxelles, pp. 251-264.

par hypothèse, peu admis dans ces périodes d'exception[168], ne fait que renforcer l'incertitude de respect dû aux règles et principes prévalant dans un État de droit.

Enfin, dans un troisième temps, (qui n'est pas toujours constaté si le régime militaire écarte toute perspective de transférer le pouvoir aux civils), sont adoptés aussi bien des mesures de libéralisation croissante de l'espace public, de surveillance prudente des droits et libertés, des organes de presse, des partis politiques, des syndicats, que des textes de compromis avec les acteurs politiques et sociaux.

Dans ces circonstances, il est fait recours à l'organisation d'élections présidentielles dont est rarement exclue la candidature du Chef de la Junte, avec ce fort sentiment que l'issue des élections est déjà programmée pour octroyer le label démocratique au pays, qui retrouve, alors, les parures et les dorures de régime fréquentable[169].

Ce descriptif d'ensemble, nuancé en fonction des particularités de certains régimes militaires, conduit, quel que soit le caractère spécieux ou avéré des arguments aboutissant à une substitution des militaires aux civils, à admettre que les régimes militaires n'ont pas davantage satisfait les espoirs que faisait miroiter leur avènement car leur « gestion des affaires publiques n'est pas meilleure que celle des civils »[170].

En somme, la question des régimes militaires, qui est une résultante des changements anticonstitutionnels de gouvernements, ne saurait persister davantage avec l'avènement progressif d'armées républicaines[171].

En laissant subsister dans les nouveaux textes la possibilité de légiférer par ordonnances, on passe d'un fondement incertain d'une transition militaire à une assise constitutionnelle d'une transition civile.

---

[168] Voir cependant la possibilité de ce contrôle dans la phase de libéralisation du régime militaire, sur le fondement des Actes constitutionnels provisoires et des Chartes transitoires, *infra*.

[169] Voir, en Madagascar, l'Ordonnance n° 2001-002 du 31 août 2001 portant loi organique relative à l'élection du Président de la République, www.elsa.org.za (consulté en juin 2020).

[170] Maurice AHANHANZO- GLELE, « La Constitution loi fondamentale », *op. cit.*, p. 34.

[171] Voir, Chapitre I de la Deuxième Partie.

SECTION II

LES ORDONNANCES DES CONSTITUTIONS PROVISOIRES ET DES DISPOSITIONS TRANSITOIRES DES CONSTITUTIONS

Le continent africain a connu les plus grands drames de l'humanité : l'esclavage et la colonisation. La survivance de certains conflits dont la genèse remonte à la colonisation européenne ne saurait être prise pour une donnée générale. Cependant, l'éclairage colonial laisse place à des supputations sur l'impact des aspects néocolonialistes des conflits, agitant le continent, qui seraient des prolongements des anciennes tensions Est-Ouest[172].

Les conflits territoriaux ainsi générés épargnent peu de pays. Rares sont les États africains qui n'ont pas connu de troubles ou de tensions, armés ou non armés, entre les groupes ethniques ou religieux qu'ils renferment. Il s'y ajoute des conflits nouveaux nés des élections démocratiques : guerre entre opposants avec intervention des militaires, factions ou milices privées entrant ouvertement en conflit armé, revanches d'opposants battus aux élections par des tentatives de coups de force, surenchères politiques mettant directement en cause l'unité nationale, rébellions et mutineries de soldats, stratégies à moyen et à long termes de « purification ethnique », déplacements forcés de populations, etc.

C'est dans ce contexte marqué *mutatis mutandis* par la régression démocratique dans certains États et la progression démocratique dans d'autres États qu'il faut replacer d'une part, les situations de crise évoluant vers des situations de sortie de crises, nécessitant l'adoption de constitutions intérimaires ou autres actes provisoires (§I) et, d'autre part, les fréquents changements constitutionnels survenus même dans des États africains réputés stables et justifiant la prise de dispositions transitoires pour l'application des nouvelles Constitutions (§ II).

---

[172] Saidou Nourou TALL, *Théories et réalités du Droit international humanitaire. Contribution à l'étude du droit des conflits armés en Afrique noire contemporaine*, Saarbrücken, Editions Universitaires Européennes, mai 2012, 560p.

Paragraphe I. Les ordonnances issues des Actes transitoires de sortie de crise

« Petites Constitutions » [173], Constitutions provisoires [174], « pré constitutions »[175], Constitutions intérimaires[176], chartes constitutionnelles de transition [177], dispositions transitoires, Actes constitutionnels

---

173 Avant sa systématisation par Marcel Prélot, cette expression de « petite Constitution » a servi à qualifier la Constitution de la Pologne de 1919. Sur son contenu, Marcel PRELOT, *Précis de droit constitutionnel*, Paris, Dalloz, 1949, p. 307 ; Georges VEDEL, *Droit constitutionnel*, Paris, Sirey, 1949, pp. 273-275 ; Laurent PECH, « Les dispositions transitoires en droit constitutionnel », *RRJ*, 1999, p. 1412.

Selon Moussa ZAKI, « Les petites constitutions sont de deux ordres : elles sont formelles ou matérielles. Formalisées, elles sont en règle générale des constitutions de sortie de crise élaborées dans la perspective d'une constitution définitive qui respecte certains principes de base adoptés par une assemblée constituante. Elles se distinguent des Constitutions « normales » par leur domaine de validité temporel, c'est-à-dire qu'elles sont édictées pour une durée par principe limitée. Elles sont également spécifiques par le fait qu'elles ne sont pas le plus souvent édictées en la forme constitutionnelle mais relèvent de plusieurs actes de formes différentes, allant des ordonnances et des lois aux simples proclamations. Leur mise en place résulte soit d'une volonté délibérée, soit imposée par des circonstances politiques particulières », Moussa ZAKI, « Petites constitutions et droit transitoire en Afrique », *RDP*, n° 6, 2012, pp. 1667-1696.

174 La paternité de l'expression de « Constitution provisoire » est attribuée à Georges Vedel, qui qualifiait ainsi la situation juridique régie par la loi du 2 novembre 1945 portant organisation provisoire des pouvoirs publics ; Georges VEDEL, *Droit constitutionnel*, Paris, Sirey, 1949, *op. cit.*

175 Willy ZIMMER, « La loi du 3 juin 1958 : contribution à l'étude des actes préconstituants », *RDP*, 1995, p. 385.

176 Voir la Constitution Intérimaire de la République d'Afrique du Sud de 1993, (www.gov.za); Séverin ANDZOKA ATSIMOU, *L'ingénierie constitutionnelle, solution de sortie de crise en Afrique : les exemples de l'Afrique du Sud, de la République démocratique du Congo, du Burundi et du Congo*, Thèse Université Cheikh Anta Diop de Dakar, 2013, 712 p ; Fabrice HOURQUEBIE, « La diffusion du constitutionnalisme en Afrique du Sud : une analyse à travers la décision de la Cour constitutionnelle du 06 juin 1995 portant inconstitutionnalité de la peine de mort », www.droitconstitutionnel.org/congresmtp/textes7/ et *Politeia,* n° 7, 2005, pp. 649-675 ; Noëlle LENOIR, « Le nouvel ordre constitutionnel en Afrique du Sud », *Cahiers du Conseil constitutionnel* n° 1, décembre 1996.

177 Voir divers textes, notamment Charte de transition de 2020 aù Mali, *op. cit.* ; Charte de transition de la République du Tchad du 21 avril 2021 ; Charte de la transition signée à Ouagadougou le 13 novembre 2014 et la loi n° 13.001 portant Charte constitutionnelle de transition de la République centrafricaine adoptée par le Conseil national de transition le 18 juillet 2013 ; l'Acte fondamental n° 1/CN du 30 juillet 1990, portant statut de la Conférence nationale et l'Acte n° III/CN du 9 août

provisoires [178] ou ordonnances pour l'organisation provisoire des pouvoirs publics[179], les expressions ne manquent pas pour tenter de canaliser le vocabulaire instable de qualification des normes dans les périodes de crise[180] à la faveur desquelles on a observé l'émergence d'un « droit constitutionnel transitoire » [181] , fruit d'une volonté

1991, proclamant les attributs de la souveraineté de la Conférence nationale au Niger, etc. Lire, à ce propos, Charles TUEKAM TATCHUM, « Les chartes de transition dans l'ordre constitutionnel des États d'Afrique noire francophone : étude à partir des exemples du Burkina Faso et de la République centrafricaine », Revue CAMES/SJP, n° 001/2016, pp. 25-50.

[178] L'effet temporel de ces textes est mis en valeur par leur triple sens. Selon Cartier, « Les petites Constitutions s'inscrivent dans une triple dimension temporelle. Par rapport au passé d'abord, issues d'une rupture avec l'ordre juridique précédent, elles participent à la réception d'une partie de ses composantes dans un ordre nouveau. Par rapport au présent ensuite, elles organisent à titre provisoire les rapports entre les pouvoirs publics, sur la base d'un texte non nécessairement de forme constitutionnelle, et contribuent ainsi à la définition d'un ordre juridique de transition, relais plus ou moins formalisé. Par rapport au futur enfin, les petites Constitutions participent à la détermination du titulaire du pouvoir constituant dit « originaire » en définissant les modalités de production de la Constitution définitive. Ce faisant, les petites Constitutions contribuent à la définition d'un droit transitoire matériellement constitutionnel », Emmanuel CARTIER, « Les petites Constitutions : contribution à l'analyse du droit constitutionnel transitoire », *RFDC 2007/3*, n° 71, p. 517.

[179] En plus des ordonnances citées dans la Section précédente, voir, en Mauritanie, Ordonnance n° 001.2005 du 6 août 2005, portant promulgation de la Charte constitutionnelle définissant l'organisation et le fonctionnement des pouvoirs publics constitutionnels pendant la période transitoire ; Ordonnance n° 2010-85 du 16 décembre 2010 portant statut de l'Opposition au Niger ; Ordonnance n° 05/007 du 2 juin 2005 relative aux partis politiques et au statut de l'opposition en République centrafricaine, (prise après avis du Conseil National de Transition par le Général d'armée François Bozizé).

[180] On peut se référer à cette définition de la période de crise fournie par Oumarou Narey, « elle est entendue, (…), comme les circonstances ou les situations de conflits, parfois violents, pendant lesquelles le fait politique prime sur le droit et la hiérarchie des normes juridiques est soit mise sur orbite, soit dévalorisée ou ne présente aucune importance », Oumarou NAREY « La suprématie de la Constitution… », *op. cit*, p. 2 ; cf., aussi, Sébastien LATH YEDOH, « La production constitutionnelle en période de crise dans les États d'Afrique : crise du constitutionnalisme ou constitutionnalisme de crise ? », *in* Francisco MÉLÈDJE DJEDJRO, Martin BLÉOU (dir.), *Mélanges offerts à Francis Vangah WODIÉ*, Toulouse, Presses de l'Université Toulouse 1 Capitole, 2016, 568 p, (pp. 337-359).

[181] Emmanuel CARTIER « Les petites Constitutions : contribution à l'analyse du droit constitutionnel transitoire », *op. cit.*

unilatérale octroyée ou produit de compromis politiques[182] et autres « arrangements » [183] a-constitutionnels.

Le dynamisme ainsi constaté du droit transitoire (A) se manifeste par la complexité de ses implications (B).

A) Le dynamisme du droit transitoire

Dans les sciences juridiques, la notion de droit transitoire connaît plusieurs acceptions. Pris dans un sens générique, le droit transitoire est un ensemble de principes et de règles dont la fonction est de résoudre les problèmes de conflits de lois (ou toute autre norme) dans le temps pour éviter un chevauchement de deux textes (général ou spécial, antérieur ou postérieur) ou une superposition de contrariétés d'obligations d'ordre juridique, également valables, à la charge des pouvoirs publics ou des citoyens[184].

---

[182] Adama Kpodar offre un excellent raccourci de ces accords : « Les accords de paix dans plusieurs pays, parce qu'ils constituent le statut de l'État en crise ou en reconstruction, s'appliquent en définitive comme des constitutions matérielles. Certains accords créent des Constitutions de transition, parfois reconstituent les pouvoirs classiques de l'État. Cf. l'Accord global et inclusif de Sun City du 17 décembre 2002 pour la RDC ; Accord de paix et de réconciliation d'Arusha du 28 août 2000 pour le Burundi. D'autres érigent carrément de nouveaux principes fondamentaux, modifient la forme de l'État en créant désormais comme au Soudan un État fédéral par l'autonomisation d'une région. Cf. L'accord global du 9 janvier 2005 », Adama KPODAR, « Politique et ordre juridique… », *op. cit.*
Dans ce sillage, on peut relever avec Trimua, que « ces compromis politiques, à contenu juridique et constitutionnel, ont pour objet, le plus souvent de réadapter le fonctionnement des institutions aux intérêts des forces en présence », Christian Eninam TRIMUA, « L'idée républicaine de la constitution en Afrique noire francophone », *Afrilex, Revue électronique des droits et des institutions d'Afrique*, Bordeaux, mai 2015.

[183] On peut dissocier alors, selon le Pr. Meledje : « d'une part, les arrangements politiques conventionnels et les arrangements politiques autoritaires, et d'autre part, les accords issus des crises postélectorales et les accords issus des crises dues à la contestation de la gestion des affaires publiques », Francisco MELEDJE-DJEDJRO, « Les arrangements politiques et la constitution : le droit constitutionnel de crise », *Droit constitutionnel*, 9e édition, ABC, Abidjan, 2012, p. 237 et s.

[184] Cf., Paul ROUBIER, *Le droit transitoire : conflits des lois dans le temps*, 1929, 2e éd., Paris, Dalloz et Sirey, 1960, p. 5 ; Jacques HERON, *Principes du droit transitoire*, Paris, Dalloz, coll. Philosophie et théorie générale du droit, 1996, 168 p. ; Patrice LEVEL, *Essai de systématisation du conflit des lois dans le temps*, thèse Paris, LGDJ, 1959, 344 p.

De manière plus singulière, lorsqu'il est accolé au droit constitutionnel, il renvoie aussi bien aux dispositions transitoires des Constitutions, qu'aux Actes constitutionnels provisoires, chartes de transition, petites Constitutions, qu'ils aient été adoptés par voie d'accords politiques ou imposés par des situations de troubles intérieurs, de tensions internes (y compris les crises institutionnelles, les coups d'État ou les révolutions)[185], de conflits armés internes ou internationaux[186]. Il serait alors considéré comme « une perception dynamique ou un dépassement du schéma normatif classique et sa substitution par un autre schéma plus souple. Il sert d'exutoire pour les changements circonstanciels d'institutions substantielles de la Constitution, sans recours aux précautions formelles. Cette branche s'accommode des contours formels d'un acte qui donne naissance à un nouvel ordre, contours par lesquels le juriste ordonnance les faits politiques »[187].

Ces périodes de crise ont donné la nette impression d'une présence duale, d'un droit constitutionnel prévisible et saisissable et d'un droit constitutionnel circonstanciel et de crise. Sans doute, on ne saurait perdre de vue que le droit constitutionnel contient déjà bien des dispositions pour la gestion des pouvoirs de crise à l'instar de l'article 16 de la Constitution française de 1958 dont on peut retrouver la trace dans beaucoup de Constitutions africaines francophones[188],

---

[185] Il faut distinguer la crise de la révolution laquelle s'entend plutôt d'une « action non limitée à l'appareil de l'État, mais d'un mouvement populaire puissant, spontané ou encadré, dont la force balaie l'ordre établi », Olivier DUHAMEL et Yves MENY, *Dictionnaire constitutionnel*, *op. cit.*, p. 240.Certaines incidences juridiques découlent forcément de ces révolutions. Comme le faisait noter le Maître de Strasbourg, « après une révolution, entre la Constitution ancienne et la nouvelle, n'existe pas de lien juridique ; mais seulement un intervalle de crise, un interrègne constitutionnel durant lequel la puissance constituante est constituée par des personnages qui, avec la force, se sont emparés du pouvoir, et par certains dispositifs mis en place pour la gestion de ces périodes» Raymond CARRE DE MALBERG, *Contribution à la théorie générale de l'État*, Paris, Sirey, 1922, p. 497.

[186] Cf., Saidou Nourou TALL, *Droit du contentieux international africain*, Paris, L'Harmattan, 2018, 550 p.

[187] Yawo Kakaty LOGO, « Les mésententes politiques et le droit constitutionnel en Afrique noire francophone », *Afrilex*, novembre 2018, www.http://afrilex.u-bordeaux4.fr (consulté en juin 2020) ; Steve Thiéry BILOUNGA, « La crise de la loi en Droit public camerounais », *Les Annales de droit,* n° 11 /2017, pp. 21-56, disponible en ligne : http://www.journals.openedition.org/add/496 (consulté en juillet 2020).

[188] Voir, Chapitre II de la deuxième Partie de cet ouvrage/

mais cette légalité de crise constitutionnalisée ne fait que tirer les conséquences normales du duo paix-conflit qui est présent dans toute société humaine.

En revanche, le droit transitoire, dont il a été largement fait étalage dans les lignes précédentes, va au-delà de cette simple légalité de crise pour, dans une tentative de résorption des antagonismes[189], offrir une solution de sortie en dehors des mécanismes constitutionnels avec ou sans la garantie et la médiation d'acteurs internationaux[190]. En cela, il est annihilateur ou anesthésiste de l'ordre juridique préexistant et constructeur ou prothésiste d'un ordre normatif juvénile[191].

Ce dynamisme normatif se manifeste par un certain nombre d'incidences.

B) Les incidences du droit transitoire

Sur le plan théorique, les partisans et adversaires de ce droit transitoire s'arcboutent sur des arguments pour accepter ou repousser cet agencement juridique circonstanciel.

Au regard de la théorie de Kelsen, le fétichisme constitutionnel qui en découle est mis à rude épreuve par les égratignures subies par le principe de la hiérarchie des normes bâti sur le Maître de Vienne, à savoir qu'« une norme ne fait partie d'un ordre juridique que parce qu'elle a été posée conformément aux dispositions d'une autre norme de cet ordre »[192]. Il en résulte, selon le chef de l'école du normativisme, qu'« en accord avec le caractère dynamique de l'unité des ordres

---

[189] Voir en Côte d'Ivoire, des textes faisant référence dans leurs visas, à la fois à la Constitution de 2000, à l'Accord Politique de Ouagadougou et ses accords complémentaires ainsi qu'à la Décision n°2008-15/PR du 14 avril 2008 portant modalités spéciales d'ajustements du Code Électoral et à la Décision n°001/PR du 03 octobre 2011 relative aux ordonnances du Président de la République, notamment l'Ordonnance n°2011-382 du 10 novembre 2011 modifiant les articles 80, 82 et 100 de l'Ordonnance n°2008-133 du 14 avril 2008 portant ajustements du Code électoral pour les Élections législatives de sortie de crise, tels que modifiés par l'Ordonnance n°2011-352 du 24 octobre 2011 et l'article 98 de la loi n°2000-514 du 1er août 2000 portant Code Électoral (www.droit-afrique.com).

[190] Martin BLEOU, « Les acteurs de la transition constitutionnelle », *in* Xavier Philippe, Natasa Danelciuc-Colodrovoschi, *op. cit.*, pp. 81-82.

[191] Sur ces différentes questions, lire Augustin LOADA et Jonathan WHEATLEY (dir.), *Transitions démocratiques en Afrique de l'Ouest : Processus constitutionnels, société civile et institutions démocratiques*, *op. cit.*

[192] Hans KELSEN, *Théorie générale du droit et de l'État*, Bruxelles-Paris, Bruylant, LGDJ, 1997.

juridiques, une norme est valable si et parce qu'elle a été créée d'une certaine façon, celle que détermine une autre norme ; cette dernière constitue ainsi le fondement immédiat de la validité de la première. Pour exprimer la relation en question, on peut utiliser l'image spatiale de la hiérarchie, du rapport de supériorité-subordination : la norme qui règle la création est la norme supérieure, la norme créée conformément à ses dispositions est la norme inférieure. L'ordre juridique n'est pas un système de normes juridiques placées toutes au même rang, mais un édifice à plusieurs étages superposés, une pyramide ou hiérarchie formée [...] d'un certain nombre d'étages ou couches de normes juridiques »[193].

Les partisans de ce droit constitutionnel de crise ne manquent pas, à l'instar de Nicoletta Perlo, de relever que « l'ordre juridique n'est pas auto-fondé, mais il est issu d'un équilibre politique concret, qui exprime des règles non formalisées, régissant une société déterminée, à un moment historique donné. La Constitution provisoire est la première expression formalisée de cet équilibre. En organisant les pouvoirs et en structurant les rapports de production et de validité entre les normes, elle est la norme fondamentale de l'ordre juridique transitionnel »[194].

On a, également, fait valoir une quasi similitude entre ces actes transitoires et la coutume constitutionnelle[195], ou encore, avec ce qu'on a appelé les Conventions de la Constitution[196]. Il s'agirait là d'une fausse évidence pour deux raisons majeures, d'abord parce que la coutume constitutionnelle doit reposer sur la règle des trois « c » (constance-continuité-consensus), alors que le droit transitoire n'est pas

---

[193] Hans KELSEN, *La théorie pure du droit*, Paris, Dalloz, 1962, p. 315.

[194] Nicoletta PERLO, « Les constitutions provisoires, une catégorie normative au cœur des transitions constitutionnelles », *AFDC*, 2014, Atelier F « Transitions constitutionnelles », 33 pages, p.7.

[195]Georges VEDEL, « Le droit, le fait et la coutume », *Le Monde* du 27 juillet 1968, p. 7 ; Stéphane RIALS, « Réflexion sur la notion de coutume constitutionnelle », *Revue Administrative*, 1979, p. 265 et s ; Julien LAFERRIERE, « La coutume constitutionnel, son rôle et sa valeur en France », *RDP* 1944, p. 44 et s.

[196] Qualifiée ainsi par Albert Venn DICEY en 1885, dans son ouvrage, *Introduction à l'étude du droit constitutionnel*, Trad. André Batut /Gaston Jeze, Paris, éd. Giard et Brière, 1902 ; voir aussi, Pierre AVRIL, « Application de la notion de convention de la constitution à quelques problèmes constitutionnels », *in Présence du Droit public et des droits de l'homme*, Mélanges offerts à Jacques Velu, Bruxelles, Bruylant, 1992, p. 292 ; Yves MENY, « Les conventions de la constitution », Pouvoirs, 1989, n° 50, pp. 53-68 ; Félicien LEMAIRE, « Les conventions de la constitution dans le système français », *RFDC*, 1998, pp. 451-515.

prolongé dans le temps et ne s'inscrit pas toujours dans un consensus immuable entre les acteurs ; ensuite, parce que les Conventions de la Constitution s'identifient plutôt à « une révision politique de la constitution ou à tout le moins une interprétation plus ou moins laxiste qui s'impose grâce à l'accord des acteurs politiques comme une norme obligatoire tant que le consensus persiste ou qu'une révision juridique expresse ne s'y est pas substituée »[197].

Dans la pratique, la nature ayant horreur du vide, en prenant appui sur la maxime latine « *ubi societas ibi jus* » ou en s'adossant au principe général, rendu ainsi par le philosophe allemand Nietzsche, « *not kennt kein gebot* » (nécessité n'a point de loi), ce droit circonstanciel est conforté par un pragmatisme normatif découlant à la fois des urgences sociales et des nécessités logiques.

Ce droit transitoire, exsudation d'une normativité ordinaire surmontée ou d'une crise de normativité [198], invite à plusieurs interrogations relatives à sa nature, à son degré de validité et d'opposabilité, à la possibilité de son contrôle juridictionnel[199] et à sa

---

[197] Olivier DUHAMEL et Yves MENY (dir.), *Dictionnaire constitutionnel*, Paris, PUF, 1992, p. 232.

[198] Fréderic Joël AIVO, « La crise de normativité de la Constitution en Afrique », *RDP* 2012-1-006, pp.141-172.

[199] Si la possibilité du contrôle de constitutionnalité de ce droit est écartée dans de nombreuses situations de transition, cette éventualité n'est pas toujours exclue, voir pour Madagascar, *Décision de la Haute Cour constitutionnelle n° 15-HCC/D3 du 26 décembre 2011* concernant la loi n° 2011-014 portant insertion dans l'ordonnancement juridique interne de la feuille de route ; *Décision n° 04-HCC/D3 du 17 juillet 2013* concernant la loi n° 2013-004 régissant la vacance de la présidence de la Transition.

Pour la République du Tchad, l'art. 90 de la Charte de Transition de 2021 prévoit que « Peuvent saisir la Cour suprême aux fins de vérifier la constitutionnalité des lois, ou la compatibilité de tout accord international avec la Charte de Transition, le Président du Conseil Militaire de Transition, le Président du Conseil National de Transition ou un quart des membres du Conseil National de Transition ».

Pour le Burkina Faso, voir la *Décision n° 2015-010/CC/transition du 30 janvier 2015 du* Conseil constitutionnel, sur la conformité à la Constitution et à la Charte de la transition, de la loi organique n° 003-2015/CNT du 23 janvier 2015 portant attributions, composition, organisation et fonctionnement de la commission de la réconciliation nationale et des réformes (*Conseil constitutionnel*, *Décision n° 2016-05/CC du 25 mars 2016* sur la conformité à la Constitution de la loi organique n° 073-2015/CNT du 6 novembre 2015 relative aux lois de finances, *in* Recueil des Décisions du Conseil constitutionnel de 2015 et de 2016).

Pour la République centrafricaine, *Décision n° 004/16/CCT du 25 janvier 2016 de la Cour Constitutionnelle de transition,* relative à la proclamation définitive des résultats

place dans la hiérarchie des normes, chaîne des valeurs fondant, en droit interne, la suprématie de la Constitution[200].

Ces questionnements traduisent, en réalité, une inquiétude des partisans d'un droit constitutionnel connu et ordinaire devant les souffrances et les déchirures occasionnées par un nouvel ordonnancement normatif ébranlant profondément les certitudes constitutionnelles de séparation des pouvoirs, de consécration et de protection des droits et libertés, de démocratie représentative et de légitimités découlant d'élections libres, ouvertes et transparentes.

Les incertitudes supposées ou avérées sont d'autant plus prégnantes que ces actes transitoires ont dans certains pays prolongé, complété et subjugué la Constitution en vigueur. Ainsi, en RDC, l'article premier de la Constitution de transition du 4 avril 2003 adoptée en vertu du Projet de Constitution souscrit à Pretoria le 6 mars 2003, disposait que « *la Constitution de transition de la RDC est élaborée sur la base de l'accord global et inclusif sur la Transition en République démocratique du Congo. L'accord global et inclusif et la Constitution constituent la seule source du pouvoir pendant la transition en République démocratique du Congo. Durant la période de Transition, tous les pouvoirs sont établis et exercés de la manière déterminée par l'Accord global et inclusif ainsi que par la présente Constitution* ».

Au Burkina Faso, l'article 25 de la Charte de la transition du 13 novembre 2014, dispose qu'« *en cas de contrariété entre la Charte de la transition et la Constitution, les dispositions de la présente charte prévalent* » [201]. À cet égard, pour le Pr. Soma, « *la Charte de la transition est réputée compléter la Constitution pendant la durée de la transition. Elle est supposée supprimer les dispositions constitutionnelles non pertinentes et les suppléer par ses propres dispositions, notamment*

des élections législatives du 30 décembre 2015 ; *Décision n° 005/15/CCT du 15 avril 2015, sur la séquence des opérations référendaires et électorales prévues à l'article 44 tiret 5 de la Charte Constitutionnelle de Transition et sur l'interprétation des dispositions de l'article 104 de la Charte Constitutionnelle de Transition,* voir aussi Babacar KANTE, « La justice constitutionnelle face à l'épreuve de la transition démocratique en Afrique », *in* Oumarou NAREY(dir.), *La justice constitutionnelle*, Paris, L'Harmattan, 2016, pp. 21-40.

[200] Nicoletta PERLO, « Les constitutions provisoires, une catégorie normative au cœur des transitions constitutionnelles », *op. cit.*

[201]Voir, Séni Mahamadou OUEDRAOGO et Djibrihina OUEDRAOGO, « Libres propos sur la transition politique au Burkina Faso : du contexte au texte de la Charte de la transition », disponible sur le site de la Revue électronique Afrilex (www.http://afrilex.u-bordeaux4.fr, consulté en juin 2020).

concernant le gouvernement, le parlement, la désignation du Chef de l'État intérimaire »[202].

Dans d'autres pays, ces actes transitoires ont supplanté, suspendu ou abrogé la Constitution.

C'est l'effet recherché par l'article 107 de la Charte constitutionnelle de la Transition (Loi n° 13.001 portant Charte constitutionnelle de transition), qui dispose : *« la présente Charte Constitutionnelle abroge la Constitution du 27 décembre 2004, l'Arrêté n° 005 du 13 avril 2013 portant création du Conseil National de Transition, modifié et complété par l'Arrêté n° 007 du 30 avril 2013, ainsi que toute disposition constitutionnelle, législative et réglementaire antérieure contraire. L'acte Constitutionnel n° 1 du 26 mars 2013 et l'acte Constitutionnel n° 2 du 26 mars 2013 portant organisation provisoire des pouvoirs de l'État, sont abrogés. Sauf abrogation expresse ou tacite, les lois et règlements en vigueur à la date d'entrée en vigueur de la présente Charte Constitutionnelle de Transition demeurent entièrement applicables. Il en va de même pour les Accords et Traités dûment ratifiés au moment de l'adoption de la présente Charte Constitutionnelle de Transition. »*

Ainsi, le Mali offre un autre cas illustratif du clair-obscur de ces normes. En effet, il faut souligner les dispositions sibyllines de l'art.25 de la Charte de Transition de 2020 qui, tout en cohabitant avec la Constitution de 1992, fait prévaloir la Charte en cas de contrariété avec la Constitution. Sollicitée par une demande d'avis sur la préséance dans les visas des textes législatifs et réglementaires, entre la Charte et la Constitution, la Cour suprême du Mali, dans des formations distinctes, a donné deux réponses diamétralement opposées, en l'espace de deux semaines.

Dans un premier temps, elle a privilégié, (en Assemblée consultative, formation restreinte), une interprétation littérale du premier alinéa de l'art.25 de la Charte, dans son *Avis n° 12-2020/CS-AC.FR de consultation juridique du 25 septembre 2020,* en estimant : *« Considérant que depuis le 12 septembre 2020 date d'adoption de la Charte de la transition par les forces vives de la Nation, réunies en concertations nationales et qui est entrée en vigueur le même jour conformément aux dispositions de son article 24 "la présente Charte entre en vigueur dès son adoption par les forces vives de la Nation",*

---

[202] Abdoulaye SOMA, « Réflexion sur le changement insurrectionnel au Burkina Faso », *Revue CAMES, Sciences Juridiques et Politiques*, n° 001, 2015, p.8.

l'Acte Fondamental n° 001/CNSP du 24 août 2020 demeure sans effet ;

Considérant qu'avec la prestation de serment du Président de la Transition et du Vice-Président comme une exigence du Droit interne, la prééminence, s'agissant des visas de textes, revient à la Charte de la transition dans le sens de son article 25 "en cas de contrariété entre la Charte de la transition et la Constitution du 25 février 1992, les dispositions de la présente Charte s'appliquent" (...) Dit : Qu'il sied de retenir dans les visas, la prééminence de la Charte de la Transition suivie de la Constitution du 25 février 1992. »

Une quinzaine de jours plus tard, après installation du Président de la Transition, la même Cour, cette fois-ci en Assemblée plénière, dans son *Avis n° 13-2020/CS-AC.FP de consultation juridique du 7 octobre 2020, rejette* cette conclusion pour retenir : « *Dit de viser la Constitution d'abord et la Charte de Transition après.* »[203]

Le dernier exemple de situation de transition est celle du Tchad. Si, dans son premier communiqué, le Conseil Militaire de Transition décide de dissoudre l'Assemblée nationale, le gouvernement et de suspendre la Constitution, on ne saurait manquer de relever la précipitation dans l'édiction de la Charte en notant surtout l'ambivalence des prescriptions de l'article 102 de la Charte consacrant l'applicabilité de la Constitution tant qu'elle n'est pas contraire à ce texte de transition[204], tandis que l'article 104 de la Charte dispose « *La présente Charte de Transition sera promulguée, publiée au Journal officiel de la République et exécutée comme Loi fondamentale de la République* »[205].

En toute hypothèse, les périodes de transition sont propices en déploiement d'intelligence créatrice par l'adoubement de normes et d'institutions[206], renouvelant ou bouleversant, selon les cas, la science constitutionnelle mais s'accommodant aisément d'ordonnances [207]ou

---

[203] Ces actes, chartes et avis peuvent être consultés sur le site : www.sgg-mali.ml.

[204] L'art.102 de la Charte de Transition de la République du Tchad dispose : « Sauf abrogation expresse, les dispositions de la Constitution, les institutions ainsi que toute la législation et la réglementation en vigueur non contraire à la présente Charte demeurent entièrement applicables. »

[205] Voir, le texte de la Charte sur le site de la présidence de la République du Tchad : www.presidence.td (consulté en avril 2021).

[206]Consulter, Ibrahim David SALAMI, « Le Chef de l'État de transition », *RBSP*, Vol.1, n° 01, mai 2017, *op. cit.*

[207] Pour le Niger, Ordonnance n° 2010-001 du 22 février 2010 portant organisation des pouvoirs publics pendant la période de transition, modifiée par l'Ordonnance n°

d'accords politiques[208].

Ces accords politiques sont surtout des accords de paix qu'on peut appréhender diversement. Mme Métou les envisage comme « toute rencontre de volonté des parties à un conflit (interne ou international), qu'il soit consigné dans un ou plusieurs documents connexes destinés à régir les rapports entre ces parties pendant la crise en vue de faciliter le rétablissement de la paix dans l'État ou la région concernée »[209]. Selon Atangana Amougou, on peut les définir ainsi qu'il suit : « les accords politiques peuvent s'entendre de tout accord conclu entre les protagonistes d'une crise politique interne ayant pour but de la résorber, quelle que soit sa dénomination. » Il s'agit là d'un conventionnalisme

2010-005 du 30 mars 2010. Pour la RCA, l'Acte fondamental n° 1 du 15 mars 2003 donnait le pouvoir au Chef de l'État de légiférer par ordonnances prises en Conseil des ministres jusqu'à la mise en place des nouvelles institutions (art.5). Pour le Tchad, la Charte de Transition de 2021 précise en son art.37 *in fine*, que le Président du CMT « légifère par voie d'ordonnance dans les cas prévus par la loi ».

[208]Sans être exhaustif, on peut citer une série impressionnante d'accords : Accord de paix de Ouagadougou du 04 mars 2007 sur la crise ivoirienne ; Accord de partage de pouvoir signé le 6 août 2004 à Pretoria sur la crise au Burundi ; Accord d'Accra III du 30 juillet 2004 sur la Côte d'Ivoire ; Accord d'Accra II du 07 mars 2003 sur la crise ivoirienne ; Accord de Linas Marcoussis du 24 janvier 2003 par les différentes formations politiques représentatives et les mouvements rebelles (Mouvement Populaire de Côte d'Ivoire (MPCI), Mouvement Populaire Ivoirien du Grand Ouest (MPIGO), Mouvement pour la Justice et la Paix (MJP) en Côte d'Ivoire ; Accord global et inclusif de Pretoria signé le 16 décembre 2002 entre le gouvernement de la RDC, les différentes factions rebelles, l'Opinion politique et les Forces vives ; Accord de paix d'Arusha de 2002 conclu entre le gouvernement burundais et le FDD ; Accord du 06 septembre 2002 entre les gouvernements de la République démocratique du Congo et de la République de l'Ouganda sur le retrait des troupes ougandaises du territoire congolais, sur la coopération et la normalisation des relations bilatérales entre les deux pays ; Protocole II intitulé « Démocratie et bonne gouvernance » de l'Accord d'Arusha du 28 août 2000 pour la paix et la réconciliation au Burundi ; Protocole sur le partage du pouvoir conclu entre le Gouvernement de la République rwandaise et le Front patriotique Rwandais (FPR) ; Protocole relatif à l'État de droit conclu entre le Gouvernement de la République rwandaise et le Front Patriotique Rwandais (FPR) ;Pacte national du 11 avril 1992 conclu entre le gouvernement du Mali et le MFUA; Accords d'Arusha du 15 août 1993, pour la République démocratique du Congo, l'Accord global et inclusif de Sun City du 17 décembre 2002, etc. Voir, Innocent EHUENI MANZAN, *Les accords politiques dans la résolution des conflits armés internes en Afrique*, Thèse pour le Doctorat en Droit public, Université La Rochelle et Université de Cocody-Abidjan, 2011, 718 p.

[209] Miranda Brusil METOU, « La validité des accords de paix » *in De la Paix en Afrique au XXIe siècle : Journées scientifiques du Centre d'études et de recherches en droit international et communautaire*, Yaoundé, Presses de l'Université Catholique d'Afrique Centrale, juillet 2006, p. 75, cité par Tuekam Tatchum.

constitutionnel [210] qui est la traduction de véritables compromis politiques de sortie de crise [211]. Leurs négociations avec l'aide, quelquefois, de partenaires techniques financiers et sociaux, nationaux ou étrangers, ont conduit à l'adoption de textes à la portée et au contenu hétéroclites.

En effet, comme le souligne Fréderic AIVO : « La portée de ces accords conclus entre acteurs politiques, en dehors du pouvoir constituant, contraste fort bien avec la valeur constitutionnelle qui leur est conférée dans la pratique. Dans bien des cas, comme celui en Côte d'Ivoire des accords de Linas-Marcoussis, d'Accra, de Pretoria et de Ouagadougou, l'application de ces instruments prime sur la Constitution. Il apparaît donc évident que le recours à ce droit spécifique de sortie de crise, nonobstant son efficacité, n'est pas sans entraîner des conséquences sur le droit de la Constitution lui-même. Avec ces accords, l'on se trouve en présence de textes neutralisant des dispositions constitutionnelles prévoyant des révisions de fond alors même qu'ils n'ont ni force de loi ni valeur constitutionnelle. »[212]

Ces « arrangements » a – constitutionnels, pour reprendre l'expression de Meledje-Djedjro, sont potentiellement attentatoires à la stabilité politique et constitutionnelle car « Quels qu'en soient le motif et la finalité, la prolifération d'arrangements obtenus en marge des mécanismes constitutionnels appropriés porte, en vérité, une nouvelle forme de menace à la Constitution »[213]. Cette virtualité attentatoire s'est

---

[210] Jean Louis ATANGANA AMOUGOU, « Les accords de paix dans l'ordre juridique interne en Afrique », *Revue de la Recherche Juridique-Droit Prospectif*, 2008, n° 3, pp. 1723-1745 ; voir aussi, Jean DU BOIS DE GAUDUSSON, « Le recours au contrat, une chance pour le constitutionnalisme contemporain, en Afrique et ailleurs ?», *in Mélanges en l'honneur du professeur Jean Hauser*, Lexis Nexis, 2012, p. 803.

[211] Jean DU BOIS DE GAUDUSSON, « Les solutions constitutionnelles des conflits politiques », *Afrique contemporaine*, numéro spécial, 4e trimestre 1996, pp. 250-256 ; Luc SINDJOUN, « Le gouvernement de transition : éléments pour une théorie politico-constitutionnelle de l'État en crise ou en reconstruction », *in Démocratie et liberté : tension, dialogue et confrontation*, Mélanges Slobodan Milacic, Bruxelles, Bruylant, 2008, p. 977, (pp. 968-1011) ; Célestin KEUTCHA TCHAPNGA, « Droit constitutionnel et conflits politiques dans les États francophones d'Afrique noire », *RFDC*, juillet 2005/3, n° 63, pp. 451-491.

[212] Fréderic Joël AIVO, *op. cit.*, p.143 ; voir aussi Francisco MELEDJE DJEDJRO. « Faire, défaire et refaire la constitution en Côte d'Ivoire : un exemple d'instabilité chronique », *in* Charles Fombad, Christina Murray, (eds), *Fostering constitutionalism in Africa*, Pretoria *University Law Press*, 2010, pp. 309-339.

[213] Fréderic Joël AIVO, *op. cit.*, p. 151.

révélée à travers les accords de paix en Côte d'Ivoire après le coup d'État manqué du 18 septembre 2002, crise qui va se muer en rébellion et partition du pays éburnéen entre Abidjan et Bouaké avant la signature de divers accords de paix dont celui, très controversé de Linas-Marcoussis[214].

En effet, il faut reconnaître que l'application de ce dernier Accord a entraîné des mutations avec l'insertion d'une part, de dispositions qualifiées par Jean Du Bois de Gaudusson « d'application immédiate » concernant la répartition des pouvoirs au sein de l'Exécutif entre le Président (Laurent Gbagbo) et le Premier ministre (Guillaume Soro, ex-chef de la rébellion) et d'autre part, de dispositions « programmatiques » pour la mise en œuvre de certaines réformes[215]. Ces aménagements de conventionnalisme politique altèrent fortement la prééminence supposée jusque-là de la Constitution du 1er août 2000 et ce, d'autant plus que « l'accord de Marcoussis suspend certaines dispositions de la Constitution et en modifie d'autres. Les éléments de contrariété majeurs qui n'échappent pas aux observateurs, concernent le ravinement des attributions du président de la République au profit du Premier ministre. En effet, l'article 41 de la Constitution du 1er août 2000 sort de la confrontation avec le point 3 de l'accord complètement mutilé. Cet article fait du chef de l'État « le détenteur exclusif du pouvoir exécutif »[216].

---

[214] Francis Vangah WODIE, *Le conflit ivoirien : solution juridique ou solution politique ?*, Les éditions du CERAP, Abidjan, 2007, pp. 1-27 ; Francisco MELEDJE DJEDJRO, « Les arrangements politiques et la constitution : le droit constitutionnel de crise », *in Droit constitutionnel*, 9e édition, ABC, Abidjan, 2012, p. 237 et s.; Francisco MELEDJE DJEDJRO, « Constitution et urgence ou le lien entre les contestations violentes de l'ordre constitutionnel et la régulation constitutionnelle des crises », *Revue ivoirienne de droit*, n° 42, 2011 ; Jean DU BOIS DE GAUDUSSON, « L'accord de Linas-Marcoussis, entre droit et politique », *Afrique contemporaine*, n° 206, 2003/2, pp. 41-55 ; Adama KPODAR, « Politique et ordre juridique : les problèmes constitutionnels posés par l'accord de Linas-Marcoussis du 23 janvier 2003 », *RRJ-Droit prospectif*, 2005, n° 4-II, pp. 2503-2526 ; Paterne MAMBO,« Les rapports entre la Constitution et les accords politiques dans les États africains : réflexion sur la légalité constitutionnelle en période de crise », *Revue de droit de McGill*, 2012, n° 57, pp. 921-949.

[215] Jean DU BOIS DE GAUDUSSON, « Les solutions constitutionnelles.. », *op. cit.*

[216] Fréderic-Joël AIVO, *op. cit.* Consulter aussi, Babacar GUEYE et Martin Pascal TINE, « La légitimité et la légitimation de la transition constitutionnelle par les élections en Afrique », *in* Xavier Philippe, Natasa Danelciuc-Colodrovoschi (dir.), *Transitions constitutionnelles et constitutions transitionnelles*, Institut Universitaire Varenne, Collection transition et justice, 2014, p.197.

De tels réaménagements pour compléter, suspendre, abroger ou réajuster les dispositions constitutionnelles ont été aussi opérés sous d'autres cieux. Quelques illustrations peuvent en convaincre.

Ainsi, au Burundi, l'Accord de Partage de pouvoir signé à Pretoria le 6 août 2004 prévoit en son article 3, que les deux parties « *sont d'accord que parmi les principes constitutionnels et légaux qui garantiront ce résultat, desquels les modalités d'application, seront élaborés en cas de besoin, il y a :*

- *l'établissement et l'implantation d'un système de gouvernance démocratique ;*
- *l'inclusion des partis politiques minoritaires dans le système général de gouvernance ;*
- *la protection et l'inclusion des groupes ethniques, culturels et religieux dans le système général de gouvernance ; et*
- *la structuration du système national de sécurité et de justice afin de garantir la sécurité de tous les Burundais, y compris les minorités ethniques.* »

Un autre scenario de compromis politique entre la majorité et l'opposition armée a été observé au Rwanda avec la signature des Accords de paix d'Arusha[217], dont les incidences modificatives sur la Constitution du 10 juin 1991 sont certaines en ce que ces accords consacrent la mise en veilleuse de la majesté de l'écrit constitutionnel pour favoriser désormais son prolongement par l'Accord. Ce dernier postule l'installation d'institutions transitoires dont un gouvernement à base élargie, ainsi que l'adoption de nouveaux principes fondamentaux pour assurer le respect des droits de la personne humaine dans une

[217] L'Accord de paix d'Arusha entre le Gouvernement de la République rwandaise et le Front Patriotique Rwandais du 4 août 1993, prévoit en son article 3 « Les deux parties acceptent que la Constitution du 10 juin 1991 et l'Accord de Paix d'Arusha constituent indissolublement la loi fondamentale qui régit le pays durant la période de transition en tenant compte des dispositions suivantes : Les articles ci-après de la Constitution sont remplacés par les dispositions de l'Accord de Paix relatives aux mêmes matières. Il s'agit des articles : 34, 35, 38, 39, 40, 41, 42,43, 44, 45, 46, 47, 48, 49, 50, 51, 52, 54, 55, 56, 57, 58, 59, 60, 63, 65, 66, 67, 68, 70,71, 73, 74, 75, alinéa 2, 77 alinéa 3 et 4, 81, 82, 83, 84, 85, 86, 87, 88 alinéa 1, 90 96,99, 101.En cas de conflit entre les autres dispositions de la Constitution et celles de l'Accord de Paix, ces dernières prévalent. La Cour constitutionnelle vérifie la conformité des lois et des décrets-lois à la Loi Fondamentale ainsi définie.
En attendant la mise en place de la loi sur la Cour Suprême, la Cour Constitutionnelle reste composée de la Cour de Cassation et du Conseil d'État réunis. Le Président de la Cour de Cassation en assure la présidence ».

société démocratique[218].

À Madagascar, les protagonistes de la crise vont signer la Convention du 31 octobre 1991, entraînant ainsi la modification de la Constitution du 31 décembre 1975. L'article premier de la Convention du 31 octobre 1991 dispose « *Il est créé une Haute Autorité pour la transition vers la Troisième République. Elle est garante du fonctionnement régulier des institutions et de la démocratie durant la période transitoire qui ne peut excéder dix-huit mois. En conséquence, les activités des institutions suivantes sont suspendues à la date de l'adoption de la présente Convention :*

- le Conseil suprême de la Révolution ;

- l'Assemblée nationale populaire. Les attributions de ces institutions sont exercées par la Haute Autorité, le Comité pour le redressement économique et social ou le Gouvernement dans les conditions fixées par la présente convention »[219].

Un des changements majeurs est le choix porté sur le chef de l'opposition (Albert Zafy) pour présider la « Haute Autorité pour la Transition de la IIIe République », et dont l'une des prérogatives nouvelles est de ratifier, pour leur validité, les ordonnances prises par le Gouvernement[220].

Dans ce registre, quelques années plus tard, les événements malgaches vont conduire les protagonistes à adopter des dispositions pour le moins curieuses, comme le relate le Pr. Mambo : « Plus récemment, l'actualité politique et juridique malgache a révélé que la crise née du renversement de Marc Ravalomanana par Andry Rajoelina, président de la Haute autorité de la transition depuis le 17 mars 2009, suite à des manifestations populaires violentes, a été le germe d'un conventionnalisme politique dont certaines normes s'opposent à la

---

[218] Cf., texte de l'Accord de paix d'Arusha du 4 août 1993 entre le Gouvernement de la République rwandaise et le Front Patriotique Rwandais.

[219] Texte disponible sur www.mjp.univ-perp.fr/constit/mg1991.htm (consulté le 03 juillet 2020).

[220] Selon l'art.3 de la Convention de 1991 précitée, « La nomination du Premier ministre, Guy Willy Razanamasy, est entérinée et le professeur Albert Zafy est nommé président de la Haute-Autorité de l'État. La Haute-Autorité de l'État, émanation de toutes les composantes de la Nation, comprend trente-et-un membres désignés respectivement par les Forces vives et le MMSM. Elle élit parmi les membres un ou des vice-présidents ; le bureau, formé par le président et les vice-présidents, est assisté par un secrétariat général confié au FFKM.
La Haute-Autorité ratifie les ordonnances adoptées par le gouvernement ».

Constitution de la République de Madagascar du 11 décembre 2010, pourtant adoptée par voie référendaire le 17 novembre 2010. L'échec des accords de Maputo et d'Addis-Abeba a fait place à la signature, le 17 septembre 2011, d'un autre accord politique, appelé feuille de route pour la sortie de crise. Certaines dispositions de la feuille de route s'avèrent en effet contraires à la Constitution malgache de la Quatrième République. Cet accord politique prévoit par exemple une Cour électorale spéciale, destinée à remplacer la Haute Cour constitutionnelle malgache consacrée par la Constitution malgache. Cette situation est d'autant plus délicate que, conformément au texte constitutionnel, tous les textes législatifs doivent, avant leur promulgation, être soumis au contrôle de constitutionnalité de la Haute Cour constitutionnelle, celle-là même que la feuille de route entend supprimer. »[221]

En République Centrafricaine, sans toutefois prescrire l'abrogation ou la suspension de la Constitution transitoire en vigueur, l'Accord politique pour la paix et la réconciliation[222], prévoit l'établissement d'un gouvernement inclusif (mis en place le 22 mars 2019) et des mécanismes de mise en œuvre aux niveaux national et local, une Commission pour la Vérité, la Justice, la Réparation et la Réconciliation (CVJRR) et un programme de DDR. La charte constitutionnelle de transition dissocie nettement les compétences du Chef de l'État, de celles du Premier ministre, comme le montre l'art.36 qui se lit comme suit : « *Les compétences autres que celles expressément dévolues au Chef de l'État de la transition et au Conseil national de transition relèvent du Premier ministre.*

Il ne peut être révoqué ni par le Chef de l'État de transition ni par le Conseil national de transition pendant la durée de la transition.

En cas de décès, de démission ou d'incapacité définitive médicalement constatée du Premier ministre, le Chef de l'État de la transition nomme sans délai un nouveau Premier ministre après de larges consultations et conformément à l'accord politique de Libreville du 11 janvier 2013.

Le Gouvernement de Transition de nature inclusive, est nommé sur

---

[221] Paterne MAMBO, *op. cit.*, p.930.Voir aussi, Jaona RABENIRAMY, « Les forces armées et les crises politiques (1972-2002) », *Politique africaine 2002/2*, n° 86, pp. 86-102.

[222] Accord signé le 6 février 2019 à Bangui par le Gouvernement et 14 groupes armés, suite à des pourparlers menés à Khartoum du 24 janvier au 5 février 2019 sous les auspices de l'Union africaine avec l'appui des Nations unies.

la base de l'esprit de l'accord politique de Libreville et de la Déclaration de Ndjamena du 18 avril 2013. »[223]

Au Mali, l'Accord d'Alger ou Accord pour la paix et la réconciliation, signé les 15 mai et 20 juin 2015, dispose en son article 3, que « Les Institutions de l'État malien prendront les dispositions requises pour l'adoption des mesures règlementaires, législatives, voire constitutionnelles nécessaires à la mise en œuvre des dispositions du présent Accord, en consultation étroite avec les Parties et avec le soutien du Comité de suivi prévu par le présent Accord ». Cet accord prévoit aussi au niveau national de « ... réactiver et diligenter le processus de mise en place de la deuxième chambre du Parlement sous la dénomination de Sénat, de Conseil de la Nation ou de toute autre appellation valorisante de sa nature et de son rôle, et en faire une institution dont les missions et la composition favorisent la promotion des objectifs du présent Accord... ». Il va de soi que l'application de telles dispositions suppose la révision de la Constitution de 1992, ce qui est, jusqu'à l'heure actuelle, loin d'être le cas[224].

C'est également dans un contexte de sortie de crise qu'ont souvent été adoptées les Chartes de transition. Comme le fait remarquer Tuekam Tatchum « En effet, les Chartes de transition sont adoptées en Afrique dans le cadre de la résolution des crises politiques nées d'un coup d'État ou d'une révolution populaire et ayant rendues inapplicables les dispositions constitutionnelles en vigueur. Les exemples de la Tunisie avec le Décret-loi n° 14 -2011 du 23 mars 2011 portant organisation provisoire des pouvoirs publics, le Burkina avec la Charte de la transition du 13 novembre 2014 et la Centrafrique avec la loi n° 13/001 portant Charte constitutionnelle de transition sont assez illustratifs à cet égard. Ce qu'il est convenu désormais d'appeler Chartes de transition constitue de ce fait, un terrain privilégié pour observer les mutations significatives que connaît le nouveau droit constitutionnel en Afrique francophone »[225].

---

223 Texte de la Charte disponible sur le site : http://www.mjp.univ-perp.fr/constit/cf2013.htm (consulté en juin 2020).

224 Voir, Harouna DIALLO, « Révision constitutionnelle suite à l'Accord issu du processus d'Alger, incidences de l'exception d'inconstitutionnalité sur le droit positif malien » *in* Bakary Camara et Olivier Devaux (dir.), *L'Accord pour la paix au Mali issu du processus d'Alger et varia*, numéro spécial de la *Revue Malienne des Sciences juridiques et politiques*, n° 4, 2017, pp. 47-67.

225 Charles TUEKAM TATCHUM, « Les chartes de transition dans l'ordre constitutionnel... », *op. cit.*, p. 27.

Ainsi, la Charte de Transition de 2020, au Mali, précise en son art.25 qu'« *En cas de contrariété entre la Charte de la Transition et la Constitution du 25 février 1992, les dispositions de la présente Charte s'appliquent. La Cour constitutionnelle statue en cas de litige ». La transition, prévue pour durer dix-huit mois (art.22 de la Charte)*[226]*, est conduite par les Président et Vice-président, le Gouvernement et le Conseil National de transition, dont les missions se déclinent ci-après : « le rétablissement et le renforcement de la sécurité sur l'ensemble du territoire national ; le redressement de l'État et la création des conditions de base pour sa refondation ; la promotion de la bonne gouvernance ; la refonte du système éducatif ; l'adoption d'un pacte de stabilité sociale ; le lancement du chantier des réformes politiques, institutionnelles, électorales et administratives ; l'organisation des élections générales ; la mise en œuvre de l'Accord pour la Paix et la Réconciliation au Mali, issu du processus d'Alger.* »[227]

En revanche, dans le cas de la Mauritanie, la Charte constitutionnelle de 2005 est assez explicite d'une volonté additive ou associative, en édictant en son art.1er « *Les dispositions de la Constitution du 20 juillet 1991, y compris le Préambule, relatives à l'islam, aux libertés individuelles et collectives et aux droits et prérogatives de l'État sont maintenues. Les autres dispositions de la Constitution du 20 juillet 1991 sont réaménagées et complétées par les dispositions de la présente Charte constitutionnelle »*[228]*. L'article 3 de cette Charte précise que « Le Conseil Militaire pour la Justice et la Démocratie exerce par voie d'ordonnance le pouvoir législatif dans les matières prévues à l'article 57 de la Constitution. Il est mis fin aux pouvoirs du Parlement élu en octobre 2001.* »[229]

Sur une toute autre question, certains États africains ont entrepris de suivre la voie de la démocratisation par le truchement des Conférences

---

[226] Dans la même veine, au Tchad, la Charte de Transition de 2021 retient cette durée transitionnelle de dix-huit mois, avec cette nuance qu'elle « peut être prorogée une seule fois par le Conseil National de Transition, à la majorité absolue de ses membres ». Il convient de noter que ce CNT sera composé de 93 membres, qui seront tous nommés par le Président du CMT (art.63 et 93) et qu'il a pour mission, *inter alia*, « d'examiner et d'adopter le projet de Constitution et les textes législatifs » (art.67).

[227] Art.2 de la Charte de Transition de 2020.

[228] Ordonnance n° 001.2005 du 6 août 2005, précitée et en annexe, la Charte constitutionnelle définissant l'organisation et le fonctionnement des pouvoirs publics constitutionnels pendant la période transitoire en Mauritanie.

[229] Dans la même suite logique, l'art.10 de la Charte dispose « La présente Charte sera modifiée ou complétée, en tant que de besoin, par ordonnances constitutionnelles ».

nationales dont certaines se sont qualifiées de souveraines[230]. Dans ce cadre également, on a pu relever un usage, certes parcimonieux mais avéré des ordonnances.

En définitive, durant ces périodes de crise, les solutions politiques ou qui résultent d'actes constitutionnels provisoires, prennent souvent la voie des ordonnances pour remédier au vide juridique engendré par la perte de vitalité de l'ordre juridique préexistant.

Il en est autrement des dispositions transitoires des Constitutions qui obéissent sans doute à des besoins d'encadrement provisoire d'une situation juridique donnée mais qui sont surtout gérées dans le cadre des constitutions en vigueur.

Paragraphe II. Les ordonnances relatives aux dispositions transitoires des Constitutions

L'influence de la Constitution française de 1958 se ressent également à travers l'aménagement de dispositions transitoires dans les Constitutions africaines faisant appel aux ordonnances, même si l'éclectisme de ces Constitutions se vérifie par le fait qu'elles n'appréhendent pas de façon semblable, les ordonnances (A).

Si les lois fondamentales africaines, dans leur majorité, instituent, soit des « dispositions transitoires », soit des « dispositions transitoires et finales »[231], certaines Constitutions mentionnent explicitement la possibilité, sous certaines conditions, de prendre des ordonnances pour leur mise en œuvre durant la phase transitoire (B).

A) Une filiation lointaine avec l'ancien article 92 de la Constitution française de 1958

De l'observation des Constitutions africaines, il se dégage plusieurs

---

[230] Maurice KAMTO, « Les Conférences nationales africaines ou la création révolutionnaire des Constitutions », *in* Dominique Darbon et Jean Du Bois De Gaudusson (dir.), *La création du droit en Afrique*, Paris, Karthala, 1997, p. 177 ; Palouki MASSINA, « De la souveraineté des Conférences nationales africaines », *Revue Congolaise de Droit*, n° 15 et 16, janvier-décembre 1994, pp. 7-36.

[231] Pour « les dispositions transitoires et finales », cf. Constitution du Niger de 1999 (Titre XIII). Constitution de la République centrafricaine de 1994 (Titre XII), Constitution du Tchad de 1996 (Titre XV), Constitution gabonaise de 1991 modifiée en 2000 (Titre XIII). Pour « les dispositions transitoires », Constitutions du Sénégal de 2001 (ancien Titre XIII), du Burkina Faso de 1991 (Titre XVII), du Mali de 1992 (Titre XVIII). Entre ces deux formulations usuelles, s'intercale la Constitution togolaise de 1992 traitant d'un Titre XVI intitulé simplement « dispositions finales ».

cas de figure :

- le cas de Constitutions qui ne prévoient pas de dispositions transitoires[232] ;
- le cas de Constitutions qui aménagent des dispositions transitoires mais sans se référer aux ordonnances pendant la transition, leur préférant soit des lois ou des décrets, soit le maintien du droit antérieur mais en le dégradant, c'est-à-dire que leur application est subordonnée à l'absence de contrariété avec les dispositions de la nouvelle Constitution[233] ;
- le cas de Constitutions qui envisagent des dispositions transitoires par le canal des ordonnances en même temps que le maintien de la législation en vigueur en tout ce qui n'est pas contraire aux dispositions de la nouvelle Constitution [234];
- le cas de Constitutions qui prévoient des dispositions transitoires par le canal des ordonnances[235].

---

[232] On peut citer, entre autres, la Constitution sénégalaise de 2001 qui ne prévoit plus de dispositions transitoires depuis sa révision par la loi constitutionnelle n° 2016-10 du 5 avril 2016 (*JORS*, numéro spécial 6926 du 7 avril 2016, p.505). La Constitution de la République Togolaise de 1992 révisée par la loi constitutionnelle du 15 mai 2019 ne contient pas des dispositions transitoires, mais plutôt des dispositions finales.

[233] Ce deuxième cas de figure est prévu par certaines lois fondamentales comme la Constitution du Bénin de 1990 (notamment les articles 157 et 158), la Constitution de la RDC du 18 février 2006 (art.221) ou la Constitution du Cameroun de 1996 (art.67) ; les Constitutions guinéennes de 2010 (art.161) et de 2020 (art.155) ; les Constitutions ivoiriennes de 2000 (art.130) et de 2016 (art.181) ; les Constitutions du Sénégal de 1959 (art.48) et de 1960 (art.70) ; Constitution de la République du Burundi du 7 juin 2018 (art.290) ; Constitution de la République du Rwanda du 4 juin 2003 (art.202).

[234] Voir Constitution de la République de Djibouti du 4 septembre 1992 (articles 90 et 91) ; Constitution du Niger de 2010 (VIIe République), dont l'art.182 dispose « La législation actuellement en vigueur reste applicable, en ce qu'elle n'a rien de contraire à la présente Constitution, sauf abrogation expresse » et l'art.181 qui prescrit « L'ordonnance n° 2010-001 du 22 février 2010 portant organisation des pouvoirs publics pendant la période de Transition et ses textes modificatifs restent en vigueur jusqu'à l'entrée en fonction des nouvelles autorités. L'ordonnance n° 2010-002 du 11 mars 2010 relative à la neutralité des membres du Gouvernement, des secrétaires généraux des ministères et de certains cadres de l'administration territoriale pendant la période de Transition reste en vigueur jusqu'à l'entrée en fonction des nouvelles autorités. L'ordonnance n° 2010-003 en date du 11 mars 2010 relative à l'inéligibilité des personnels des forces de défense et de sécurité et des membres du Gouvernement de Transition reste en vigueur jusqu'à l'entrée en fonction des nouvelles autorités ».

[235] Article 92 du texte initial de la Constitution sénégalaise de 1963, « Les mesures législatives nécessaires à la mise en place des institutions seront prises par le Président de la République, après avis de la Cour suprême, par ordonnances ayant force de loi » ;

Le dernier cas de figure mobilise davantage l'attention en ce qu'il révèle un fonds commun constitutionnel longtemps adopté par les constituants francophones.

En soi, le phénomène aurait étonné s'il ne reflétait une transposition de l'ancien article 92 de la Constitution française de 1958[236]. En effet, ces ordonnances tirent leur fondement d'une habilitation constitutionnelle dont l'origine remonte aux indépendances africaines coïncidant avec l'avènement de la Ve République.

Dans un premier temps, une subsistance de dispositions proches de celles de l'article 92 a été décuplée par le choix dans les années 1960 de régimes parlementaires reprenant l'architecture institutionnelle des débuts du régime instauré en 1958[237].

Par la suite, l'échec du parlementarisme, les premières révisions constitutionnelles et l'option d'un présidentialisme tout en consacrant

---

voir aussi, articles 128 à 130 de la Constitution de la IVe République (Niger) ; art.227 à 230 de la Constitution du Tchad de 1996 ; art.50 de la Constitution de la République Fédérale du Cameroun du 1er septembre 1961, modifiée par la Loi 70/LF/1 du 4 mai 1970.

236 L'article 92 de la Constitution française du 4 octobre 1958 disposait : « Les mesures législatives nécessaires à la mise en place des institutions et, jusqu'à cette mise en place, au fonctionnement des pouvoirs publics seront prises en Conseil des ministres, après avis du Conseil d'État, par ordonnances ayant force de loi. Pendant le délai prévu à l'alinéa 1er de l'article 91, le Gouvernement est autorisé à fixer par ordonnances ayant force de loi et prises en la même forme le régime électoral des assemblées prévues par la Constitution.
Pendant le même délai et dans les mêmes conditions, le Gouvernement pourra également prendre en toutes matières les mesures qu'il jugera nécessaires à la vie de la Nation, à la protection des citoyens ou à la sauvegarde des libertés. ». Cet article a été abrogé par l'art.14 de la Loi constitutionnelle n°95-880 du 4 août 1995, www.legifrance.gouv.fr (consulté le 03 juillet 2020).

237 Selon Maurice Kamto, « L'adoption du constitutionnalisme parlementaire par les États africains francophones au moment de leur accession à l'indépendance est la conséquence logique du processus d'émancipation qui s'enclenche en 1946 et qui se dénoue en 1960 », Maurice KAMTO, *Pouvoir et Droit... op. cit.*, p. 241 ; voir également Jean de Dieu MBOUENDEU, « La brève et malheureuse expérience du régime parlementaire par les États africains. Raisons de l'adoption et causes de l'échec », *RJPIC*, n°4, octobre-décembre 1979, pp. 451-465.

un maintien des ordonnances, ont fait transiter le pouvoir d'édiction, du Chef du gouvernement au Chef de l'État[238].

L'évolution ultérieure, à partir des années 1990, voit l'avènement de Constitutions dont certaines passent sous silence, dans leurs dispositions transitoires, les ordonnances [239] tandis que d'autres conservent, avec de légères retouches, cette filiation à l'article 92[240].

Une illustration en est offerte pour le Sénégal où des prescriptions identiques ont subi de nombreuses variations[241].

Par ailleurs, une analyse minutieuse des dispositions transitoires figurant dans les Constitutions africaines laisse entrevoir une diversification extrême de l'objet de ces dispositions qui peuvent couvrir des domaines et matières suivants :

- attributions de nouvelles juridictions (comme la Cour suprême, le Conseil constitutionnel) exercées provisoirement par un Conseil d'État (contentieux administratif) ou une Cour de cassation

---

[238] Les Constitutions du Sénégal du 24 mai 1959 (article 19) et du 26 août 1960 (article 26) conféraient au Président du Conseil l'exercice du pouvoir règlementaire. L'article 68 de la Constitution de 1960 confiait au gouvernement le soin de prendre les ordonnances relatives aux dispositions transitoires. Cette situation changera au profit du Président de la République à partir de la Constitution de 1963 ; voir, Ismaila Madior FALL, Textes, *op. cit.*

[239] Les Constitutions béninoise de 1990, burkinabé de 1991, gabonaise de 1991 et ivoirienne de 2000 se bornent à mentionner des mesures nécessaires sans faire appel aux ordonnances.

[240] Article 143 de la Constitution nigérienne du 18 juillet 1999 ; ancien article 106 de la Constitution sénégalaise de 2001 ; article 227 à 234 de la Constitution tchadienne de 1996.

[241] Au Sénégal, voir article 68 de la Constitution de 1960, article 92 de la Constitution de 1963 (Loi n°63-22 du 7 mars 1963) ; article 90 (Loi n°70-15 du 26 février 1970) abrogé par la loi constitutionnelle n°94-55 du 13 juin 1994 et ressuscité par l'article 106 de la Constitution de 2001. Sur ce point, on peut souligner l'abrogation des dispositions transitoires de la Constitution de 1963 (version originelle) par les dispositions suivantes de la Loi n° 83-55 du 1er mai 1983 portant révision de la Constitution, qui en donne les motifs : « **Articles 90 et 91.** - Les dispositions transitoires anciennes sont abrogées et remplacées, pour éviter un vide de numérotation, par les articles 92 et 93 actuels. **Article 92.** - Entre 1970 et 1983, de nombreuses dispositions législatives ou réglementaires ont conféré diverses compétences au Premier ministre. Il est donc nécessaire de prévoir, par une disposition transitoire, que ces compétences seront exercées par le Président de la république, en attendant que ces textes soient modifiés pour attribuer lesdites compétences, soit au Président de la République, soit à une autre autorité. Le Président de la République a décidé, conformément à l'article 89 de la Constitution, de soumettre à la seule Assemblée nationale ».

(contentieux judiciaire)[242], une Cour suprême de justice[243] ou une cour d'appel[244] ;

- délai de mise en place des nouvelles institutions ;
- dispositions afférentes au mandat en cours du Président de la République courant jusqu'à son terme[245] ;
- abrogation de l'ancienne Constitution[246] ou de la Constitution de transition[247] ;
- maintien des institutions actuelles jusqu'à la mise en place des institutions prévues par la nouvelle Constitution ainsi que le mandat des députés et l'organisation territoriale[248] ;
- maintien des traités et accords internationaux, ordonnances, lois et règlements en vigueur en tout ce qu'ils ne sont pas contraires aux dispositions de la nouvelle Constitution[249] ;
- fixation des conditions d'entrée en vigueur de la nouvelle Constitution[250] ;
- fin des institutions de la période de transition[251] et mise en place des assemblées élues[252] ;
- pouvoir, à titre exceptionnel du Président de la République de « légiférer par voie d'ordonnances » pour la mise en œuvre des Actes du Forum National inclusif[253] ;

---

242 Art.182 nouveau de la Loi constitutionnelle n°2020-348 modifiant la loi constitutionnelle n°2016-886 du 8 novembre 2016 portant Constitution de la République de Côte d'Ivoire.

243 Art.223 de la Constitution de la République démocratique du Congo du 18 février 2006.

244 Art.238 de la Constitution de la République du Tchad de 1996 révisée le 04 mai 2018.

245 Art.118 de la Constitution de la République Gabonaise de 1991 révisée par la loi n°001/2018 du 12 janvier 2018.

246 Art.119 de la Constitution de la République Gabonaise de 1991.Toutefois, au Congo, les organes établis peuvent survivre « sans pouvoir dépasser pour les institutions pourvues par voie élective l'expiration de leur mandat » (art.244 de la Constitution congolaise de 2015).

247 La Constitution de la RDC de 2006, en son art.228, abroge la Constitution de la transition du 04 avril 2003.

248 Constitution de la République du Cameroun 1996, art.67.

249 Constitution de la République du Cameroun de 1996, art.68 ; Constitution de la République du Congo du 6 novembre 2015, art.243 ; Constitution de la République de Djibouti du 04 septembre 1992, art.92 et 93.

250 Constitution de la République du Tchad de 1996 révisée en 2018, art.227.

251 Constitution de la République du Rwanda du 04 juin 2003 révisée en 2015, art.195.

252 Constitution de la République du Tchad de 1996, art.228 à 233.

253 Constitution de la République du Tchad de 1996, art.231.

- renouvellement d'institutions au terme de leur mandat en cours[254] ;
- continuation législative sauf adoption de textes nouveaux[255] ;
- dispositions relatives à la vacance du poste de Président de la République[256] ;
- non prise en compte des mandats déjà réalisés et ceux qui sont en cours dans le décompte du nombre de mandats[257] ;
- évaluation du système de quotas ethniques par le Sénat[258], etc.

Quant aux Constitutions sénégalaises de 1960 et 1963, elles empruntaient déjà la même logique en visant les institutions et le fonctionnement des pouvoirs, tandis que la Constitution de 2001 (version d'origine) réduit le champ des dispositions transitoires ainsi : « *Les mesures législatives nécessaires à la mise en place de la nouvelle Assemblée nationale et des nouvelles assemblées locales qui suivent l'adoption de la nouvelle Constitution, notamment celles concernant le régime électoral et la composition de ces assemblées, sont fixées par l'actuelle Assemblée nationale si elle n'est pas dissoute. Dans le cas contraire, elles sont fixées par le Président de la République après avis du Conseil d'État par ordonnance ayant force de loi. Les délais de convocation des élections et la durée de la campagne électorale peuvent être réduits.* »[259]

L'innovation prend un relief nouveau avec l'absence d'une prise collégiale des ordonnances. Au Tchad, l'attribution exclusive de ce pouvoir au Président de la République pendant la période de vacance du Conseil supérieur de Transition[260], si elle faisait craindre une dénaturation, a poussé le constituant tchadien à limiter les domaines dans lesquels ces ordonnances ne peuvent intervenir : « *le régime électoral ; la charte des partis politiques ; le régime des associations et de la presse ; les droits civiques et les garanties fondamentales accordées aux citoyens pour l'exercice des libertés publiques ; la*

[254] Constitution de la République Gabonaise de 1991 révisée en 2018, art.118 nouveau ; Constitution de la République Togolaise du 14 octobre 1992 révisée en 2019, art.156.
[255] Constitution de la République de Côte d'Ivoire de 2016, art.183.
[256] Constitution de la République de Côte d'Ivoire de 2016, art.180.
[257] Constitution de la République Togolaise de 1992 révisée en 2019, art.158.
[258] Article 289 de la Constitution de la République du Burundi du 7 juin 2018.
[259] Ancien article 106 de la Constitution du 22 janvier 2001 (*JORS*, numéro spécial du 22 janvier 2001, pp. 27-42).
[260] Article 230 de la Constitution du Tchad de 1996.

nationalité ; l'état et la capacité des personnes ; les régimes matrimoniaux, les successions et les libéralités et le Code de la famille. » [261] Mais, l'ambiguïté de la Constitution réside dans un étagement de normes fondant les dispositions précitées sur la condition de la vacance du Conseil supérieur de Transition alors que l'article 234 prescrit un délai de 36 mois pour l'adoption des mesures nécessaires, soit par la voie législative soit par décret en Conseil des ministres[262].

Ces autolimitations constitutionnelles peuvent-elles aboutir à éradiquer tout risque de dérive si l'on sait que ces périodes de transition sont caractérisées par l'absence de mécanismes de contrôle viables en raison de la dissolution ou l'inexistence d'organes juridictionnels ou parlementaires ?

Cette fortune diverse des textes inspirés de l'ancien article 92 trouve une explication double : d'une part, elle marque une préférence allouée aux lois et règlements au détriment des ordonnances[263], d'autre part, elle traduit une liberté octroyée à l'autorité exécutive devant l'alternative entre ces dernières et les décrets pris en Conseil des ministres[264].

De toute évidence, ces prescriptions variées des dispositions transitoires sont sujettes à des conditions.

B) Une application conditionnée des dispositions transitoires

L'énonciation et l'application des dispositions transitoires peuvent faire appel à des ordonnances, mais dans tous les cas, elles sont sujettes à l'accomplissement de conditions de fond et au suivi d'une procédure avec des incidences variables selon les États.

Il en appert qu'une exégèse des ordonnances basée sur la seule hypothèse de mimétisme risque d'encourir le reproche d'une analyse réductrice. La tendance à la décalcomanie est fortement diluée, même pour les dispositions semblables, par les différences sensibles que l'on

---

[261] Article 231 de la Constitution du Tchad de 1996.

[262] Article 234 de la Constitution du Tchad de 1996.

[263] Constitution tchadienne de 1996 (article 234) ; Constitution du Bénin de 1990 (article 159) ; Constitution de la République de Côte d'Ivoire de 2000 (article 130) ; Constitution gabonaise de 1991 (article 118).

[264] Constitution du Niger de 1999 (article 143) ; Constitution du Mali du 2 juin 1974 dont l'article 79 considère que les dispositions transitoires peuvent être prises soit par ordonnances ayant force de loi, soit par décret du gouvernement jusqu'à l'installation du Président de la République, de l'Assemblée nationale et du gouvernement, (*RJPIC* n° 2, avril-juin 1975, pp. 191-210).

peut noter tant au niveau de la procédure, des matières visées, qu'au niveau de la durée de la phase transitoire.

Relativement aux formalités prescrites pour l'édiction des mesures, la procédure implique que les projets d'ordonnance subissent la discussion et l'adoption par l'Exécutif[265]. Elle requiert, ensuite, l'avis d'organes consultatifs [266] dont le suivi des recommandations reste facultatif. Enfin, l'ordonnance doit revêtir une signature[267].

À ce niveau se pose la question de savoir si l'ordonnance induit une publication et/ou une promulgation. Au plan juridique, la promulgation est la formalité notariale dévolue à la loi. De surcroît, si tout acte de l'Exécutif doit faire l'objet d'une publicité (publication ou notification) pour être opposable, l'ordonnance n'échappe pas à cette contrainte. La signature de l'ordonnance est de la compétence de l'autorité règlementaire : Président de la République[268], Président du Conseil

---

[265] Les Constitutions envisagent l'intervention du Président de la République (Constitutions sénégalaises de 1963 et de 2001), du Président et du gouvernement (article 230 et 231 de la Constitution tchadienne de 1996), du gouvernement (article 68 de la Constitution sénégalaise de 1960), en Conseil des ministres (article 143 de la Constitution nigérienne de 1999, article 107 al.2 de la Constitution burkinabé).

[266] L'avis peut être donné par la Cour suprême (Constitutions sénégalaises de 1960 et 1963) ou par le Conseil d'État (article 106, version initiale de la Constitution sénégalaise de 2001). Voir au Niger, les avis suivants de la Cour constitutionnelle, *Avis n°28/CC du 17 septembre 2020 sur le projet d'ordonnance déterminant les règles statutaires applicables au personnel du Cadre de la Police Nationale ;Avis n°29/CC du 06 novembre 2020 sur le projet d'ordonnance portant prorogation de l'état d'urgence dans la région de Diffa ; Avis n° 30/CC du 30 décembre 2020 sur le projet d'ordonnance portant prorogation de l'état d'urgence sur toute l'étendue du territoire de la République du Niger ; Avis n° 31/CC du 30 décembre 2020 sur le projet d'ordonnance portant prorogation de l'état d'urgence dans la région de Diffa et dans certains départements des régions de Tahoua et de Tillabéry.*

[267] Cette signature peut être accompagnée du contreseing du Premier ministre ou du ministre responsable de l'Exécution. La question a fait l'objet d'un règlement délicat en cas de cohabitation. La querelle des signatures entre le Président Mitterrand et le Premier ministre Jacques Chirac a connu un dénouement subtil, *infra*.

[268] Voir, au Sénégal, Ordonnance n° 63-02 du 6 juin 1963 relative à l'élection des députés à l'Assemblée nationale (*JORS* du 15 juin 1963, p. 795), Ordonnance n° 63-07 du 26 juin 1963 portant modification de la loi organique sur la Cour suprême (*JORS* du 13 juillet 1963, p.915), Ordonnance n°2001-04 du 15 février 2001 relative au cautionnement, au dépôt des candidatures et à la distribution des cartes d'électeur pour l'élection des députés à l'Assemblée nationale (*JORS* du 15 février 2001, p. 83) ; au Mali, Ordonnance n°51 CMLN du 8 septembre 1974 abrogeant et remplaçant l'article 76 de la Constitution du 2 juin 1974 (*Journal officiel* de la République du Mali (*JORM*) du 1er octobre 1975, p. 1301), Ordonnance n° 53 CMLN du 25 septembre

ou Premier ministre[269].

Mais, le caractère sensible des dispositions transitoires postule souvent de s'en remettre à la plus haute personnalité de l'État pour sa signature. Quant à la publication, qui vise à porter l'acte à la connaissance de la population, elle concerne aussi bien les lois, les ordonnances que les règlements[270]. L'accomplissement de la formalité de la publication marque l'entrée en vigueur de l'ordonnance (texte en forme législative) par l'apposition de la formule exécutoire : *« La présente ordonnance sera publiée au Journal officiel... et exécutée comme loi »*[271].

De la distinction entre l'opération matérielle de publication et l'opération juridique de la promulgation, il découle que cette dernière, selon Carré de Malberg, « atteste successivement l'existence de la loi, son contenu et enfin la réunion des conditions qui sont exigées pour son entrée en fonction »[272] alors que la publication des lois et règlements

1975 portant application de l'article 76 de la Constitution (*JORM* du 15 octobre 1975, p. 1320).

[269] Voir Ordonnance n°60-15 PCG du 3 septembre 1960 relative aux nominations par décret du Président de la République en Conseil des ministres (*JORS* du 10 septembre 1960, p. 911), Ordonnance n°59-037 du 31 mars 1959 portant fixation des conditions et modalités d'exercice du pouvoir réglementaire et décret n°61-111 du 15 mars 1961 (*JORS* du 1er avril 1961, p. 461) ; au Mali, Ordonnance n°16-PC du 27 septembre 1960 portant création d'un service des douanes en République du Mali (*JO* de la République soudanaise n°67 du 15 octobre 1960).

[270] À titre illustratif, l'article 1er du Code civil ivoirien dispose : « Les lois, ordonnances, décrets, arrêtés et règlements sont exécutoires sur le territoire de la République de Côte d'Ivoire trois jours francs après leur publication au journal officiel... », cité par Félix Sohuily ACKA, « La promulgation de la loi en Afrique noire francophone », *Revue EDJA* n° 49, avril-mai-juin 2001, pp. 30-76.

[271] Il s'agit là d'une confusion entre loi et ordonnance qu'il faut dissiper. La formule utilisée consacre une analogie d'anticipation car l'ordonnance ne deviendra loi qu'à la suite de la ratification. Dès lors, l'énonciation vise seulement à conférer une force exécutoire semblable.

[272] Cité *in* la *Procédure législative en France*, Coll. Documents d'Études n°1, 12e édition 1997, La Documentation française, p. 45. Cette assertion est à rapprocher de celle de l'arrêt du *Conseil d'Etat, 8 février 1974, Commune de Montory*, RDP 1974, p. 1511 : « Considérant que la promulgation est l'acte par lequel le Chef de l'État atteste l'existence de la loi et donne l'ordre aux autorités politiques d'observer et de faire observer cette loi ; que cet acte n'a d'autre date que celle de sa signature, bien qu'il ne prenne effet, comme la loi elle-même, qu'après avoir été publié dans les conditions fixées par les lois et règlements... ».

informe l'administration et le public, rend les textes opposables par leur insertion au *Journal officiel*[273].

S'agissant en France de l'ancien article 92, il ne ressort nullement de sa lecture qu'il impose que les mesures prises pour son application doivent passer par la promulgation. En effet, de l'avis de Pascal Jan, « Les ordonnances en question sont simplement prises par le gouvernement et signées par le Président de la République. Elles ne constituent en aucune manière un élément de l'équilibre des pouvoirs entre le pouvoir exécutif et le pouvoir législatif »[274].

Pour ce qui est du contenu des ordonnances, la similitude avec la pratique française est assez marquée quoiqu'en ce domaine également, on puisse déceler des innovations. L'article français visait les matières suivantes : « la mise en place des institutions et le fonctionnement des pouvoirs publics » (alinéa 1), « le régime électoral des Assemblées » (alinéa 2), « La vie de la nation…, la protection des citoyens…, la sauvegarde des libertés » (alinéa 3).

À la vue de ces indications se dégage une impression d'élasticité frayant la voie à la possibilité d'une interprétation extensive de notions plurielles de libertés, de nation, d'institutions et de pouvoirs. Le gouvernement peut profiter de ce manque de précision pour édicter des ordonnances dans divers domaines. En atteste l'ampleur de la « législation transitoire » : trois cents (300) ordonnances ont été signées entre le 6 octobre 1958 et le 4 avril 1959[275].

On peut en déduire que l'extension du champ de l'article 92 aboutit à un élargissement motivé par l'urgence et la nécessité d'une mise en place rapide. En la matière, la pratique africaine n'est pas tout à fait uniforme.

---

[273] Cf., en France, la circulaire du 2 janvier 1993 relative aux règles d'élaboration, de signature et de publication des textes au *Journal officiel* et à la mise en œuvre de procédures particulières incombant au Premier ministre, qui en donne la définition qui suit : « La publication au journal officiel remplit deux conditions :
-elle porte à la connaissance de l'administration et du public ;
-elle rend ces textes opposables.
La publication des lois et des règlements au Journal officiel de la République française est donc nécessaire pour qu'une disposition législative ou règlementaire produise un effet juridique… », (*JORF* n° 0005 du 7 janvier 1993).

[274] Pascal JAN, *Le procès constitutionnel*, Paris, *LGDJ*, 2001, p. 79.

[275] Voir la liste des ordonnances en annexe de l'ouvrage d'Anne Marie LE BOS LE POURHIET, *L'article 92 de la Constitution de 1958*, Economica 1981, pp. 71-87.

En relation avec ce qui précède, les ordonnances régissent des matières variées. En effet, comme le fait remarquer Nzouankeu, au Sénégal, en application de l'article 92 de la Constitution de 1963, « le Président de la République a pris de nombreuses ordonnances relatives, entre autres, au Conseil Supérieur de la Magistrature, à la Cour suprême, aux lois de finances, aux incompatibilités avec les fonctions de ministres ou de Secrétaire d'État, au nombre des membres de l'Assemblée nationale, leurs indemnités, les conditions d'éligibilité, le régime des inéligibilités et des incompatibilités, aux conditions dans lesquelles les députés sont autorisés exceptionnellement à déléguer leur droit de vote, au Conseil économique et social et à l'élection du Président de la République »[276].

Dans leur catégorisation, les ordonnances peuvent épouser les contours d'une loi organique (ordonnance organique)[277] ou les formes d'une loi ordinaire (ordonnance ordinaire)[278].

De cette distinction, résultent des incidences qui seront examinées plus loin. Si l'urgence a commandé l'adoption d'un grand nombre d'ordonnances « transitoires » portant loi organique, ce biais a surtout facilité le contournement de la procédure normale de la loi organique dont l'élaboration nécessite des formalités complexes[279].

De même, en s'attachant à conférer à certaines ordonnances, le caractère de loi ordinaire, on aboutit à la distraction d'une prérogative parlementaire comme dans le cadre de la législation déléguée.

Par rapport à la période transitoire, les interrogations subsistent quant à la séquence temporelle dans laquelle elle se situe. En la matière, une absence de spécification rigoureuse des délais d'agencement et de

---

[276] Jacques Mariel NZOUANKEU, *Constitution sénégalaise commentée*, Dakar, mars 1980, vol. II, multig, pp. 165-166.

[277] Ordonnance n°60-16 du 3 septembre 1960 portant loi organique sur l'organisation et fonctionnement du Conseil supérieur de la Magistrature ; Ordonnance 63-08 du 4 juillet 1963 portant loi organique fixant la composition, l'organisation et les règles de fonctionnement du Conseil économique et social (*JORS* du 20 juillet 1963, p. 982), etc.

[278] Ordonnance n°28 CMLN du 31 juillet 1974 portant création de l'usine céramique du Mali (UCEMA), (*JORM* du 15 août 1974, p. 656) ; Ordonnance n°49 CMLN du 12 novembre 1974 portant création de la chambre de commerce et d'industrie du Mali (*JORM* du 1er décembre 1974, p. 902) ; Ordonnance n°60-18 MF du 21 septembre 1960 relative aux frais de représentation du Président de la République du Sénégal (*JORS* du 24 septembre 1960, p. 971), etc.

[279] Cf., Ismaila Madior FALL, « La loi organique dans les ordonnancements juridiques des États d'Afrique francophone : Réflexions sur une norme particulière », *afrilex*, mars 2014.

création des institutions et pouvoirs publics ne contribue qu'à leur élasticité[280]. Ce risque, entrevu par certains constituants, peut être amenuisé par la fixation des délais[281].

Les ordonnances des régimes militaires comme les ordonnances des dispositions transitoires partagent une communauté d'inspiration par l'instauration de période d'exception. En cela, elles diffèrent des ordonnances utilisées dans le cadre du fonctionnement normal des institutions prévoyant une substitution par l'Exécutif en cas d'inertie parlementaire ou une habilitation du Législatif pour une mise en vigueur par ordonnances du projet de loi de finances.

---

[280] Par exemple, au Sénégal, les constitutions ne fixent pas toujours des délais précis mais limitent la prise des ordonnances à l'échéance de l'élection du Président de la République (article 68 de la Constitution de 1960) ou après la mise en place d'institutions : Assemblée nationale ou assemblées locales (ex-article 106 de la Constitution de 2001).

[281] L'ancien article 91 de la Constitution française de 1958 prévoyait un délai de quatre mois après sa promulgation pour les institutions de la République et de six mois pour les institutions de la Communauté. La Constitution tchadienne de 1996 aménage « un délai maximum de 36 mois » à compter de l'installation de l'Assemblée nationale (article 234 al.2).

Quant à la Constitution de la République fédérale du Cameroun (loi n°61-24 du 1er septembre 1961 portant révision de la Constitution du 4 mars 1960), elle disposait en son article 50 : « À titre exceptionnel, pendant une durée de 6 mois à compter du 1er octobre 1961, les textes législatifs nécessaires à la mise en place des institutions et, jusqu'à cette mise en place, au fonctionnement des pouvoirs publics et à la vie de l'État fédéral seront pris par le Président de la République fédérale sous forme d'ordonnances ayant force de loi », texte *in* Dimitri-Georges LAVROFF et Gustave PEISER, *Les Constitutions africaines*, Paris, Pédone 1963, Coll. CREDILA, supplément, pp. 6-17.

CHAPITRE II

LES ORDONNANCES, ENTRE DOMAINE LÉGISLATIF ET DOMAINE RÉGLEMENTAIRE

Par leur fréquence et leur intensité, les rapports entre le pouvoir exécutif [282]et le pouvoir législatif sont marqués par l'ambivalence d'une collaboration tantôt heurtée, tantôt harmonieuse. En s'intercalant entre la loi et le règlement[283], les ordonnances en rendent la ligne de partage

[282] A cet effet, on ne peut nier le rôle, de plus en plus proéminent de l'Exécutif en Afrique, que met aussi régulièrement en lumière la doctrine dans les pays occidentaux, en ces termes : « Dans la plupart des démocraties occidentales aujourd'hui, le pouvoir exécutif n'est plus seulement un pouvoir d'exécution. Il apparaît désormais comme le véritable centre d'impulsion et de décision, en matière politique, économique ou sociale comme en matière diplomatique ou militaire. Fort, souvent, d'une majorité politique dont il est issu et qu'il dirige, l'organe exécutif s'impose ainsi face à un Parlement, fréquemment affaibli dans l'exercice de sa fonction de contrôle. Plusieurs facteurs peuvent expliquer le renforcement de l'exécutif dans les démocraties contemporaines. Ils tiennent successivement à un gain de légitimité des exécutifs, au phénomène de plus en plus marqué de personnalisation du pouvoir, à la disposition privilégiée des soutiens et moyens nécessaires à l'exercice du pouvoir et au changement enfin de la conception même de l'exercice du pouvoir. », Louis FAVOREU, Patrick GAIA *et alii*, *Droit constitutionnel*, Paris, Dalloz, 21e édition, 2019, p.718.

[283] Sur les rapports entre loi et règlement, voir *Décision DCC 08-066 du 26 mai 2008, Affaire Thierry Ifedola Mahugnon et alii, in* Nicaise MEDE, *Les Grandes Décisions de la Cour constitutionnelle du Bénin, op. cit.*, p.283.

évanescente, si bien que la porosité du tracé entre loi[284] et règlement[285] résulte d'un double effet contradictoire.

Négativement, les ordonnances sanctionnent la passivité du Parlement[286] dans son manque de diligence à adopter la loi de finances. Positivement, elles constituent la manifestation d'une autorisation législative à intervenir dans le domaine de la loi ordinaire[287].

Ces deux versants de l'activité parlementaire se matérialisent par les ordonnances budgétaires (Section I) et les ordonnances de la législation déléguée (Section II).

SECTION I

LES ORDONNANCES BUDGÉTAIRES

Elles découlent d'une habilitation constitutionnelle se concrétisant par la substitution de l'organe exécutif (ci-après, Exécutif) à l'organe législatif (ci-après, Législatif) dans l'adoption des projets de lois de finances [288]. Ce mouvement de bascule du pouvoir budgétaire,

---

[284] Selon une opinion confirmée « Les textes qualifiés de lois comprennent deux catégories très différentes de dispositions puisqu'à côté des lois normatives qui fixent ou déterminent des principes fondamentaux ou des règles dans les matières énumérées à l'article 34, il y'a des lois d'autorisation comme les lois de finances déjà citées, celles qui permettent la ratification d'un engagement international, l'approbation du plan (vote sur les options et,l'année suivante,approbation du document définitif) ou encore les lois de programme ou d'orientation qui combinent déclarations d'intention et énoncés normatifs », Pierre AVRIL, « Le Parlement législateur », Revue française de science politique, 31e année, n° 1, 1981. pp. 15-31.

[285] Cf., Anne –Marie LE BOS LE POURHIET, *Les ordonnances. La confusion des pouvoirs en Droit public français*, Paris, LGDJ, 2011 ; Demba SY, *Droit administratif*, 2e édition, Dakar, L'Harmattan-Sénégal/CREDILA, 2016, 420 p.

[286] Kossi SOMALI, *Le Parlement dans le nouveau constitutionnalisme en Afrique : Essai d'analyse comparée à partir des exemples du Bénin, du Burkina Faso et du Togo*, Thèse de doctorat de Droit public, Université du Droit et de la Santé, Lille II, 2008, 490 p.

[287] Sans méconnaître l'existence des ordonnances référendaires (*supra*, introduction), ou des ordonnances relatives aux lois de financement de la sécurité sociale, on soulignera à la fois la quasi-rareté de telles mesures en dépit de l'analogie de dispositions de certaines Constitutions africaines avec l'article 11 et l'inexistence d'une production normative comparable à l'application de l'article 47-1 al.3 de la Constitution française.

[288] L'expression « budget », c'est-à-dire la loi de finances de l'année, ne doit pas faire illusion. Elle est englobée dans les lois de finances au même titre que les lois de finances rectificatives ou les lois de règlement. De même, la Directive n°06/2009/CM/UEMOA du 26 juin 2009 portant loi de finances au sein de l'UEMOA, abrogeant et remplaçant la Directive n°05/97/CM/UEMOA du 16 décembre 1997

traditionnellement dévolu à l'organe législatif, en faveur de l'organe exécutif (§I), constitue une atteinte « contrôlée » à la séparation des pouvoirs justifiant l'établissement de conditions strictes de l'intervention de l'Exécutif puisqu'avec la mise en vigueur du projet de loi de finances par ordonnance, on constate le déplacement du curseur des rapports entre la loi et le règlement (§II).

Paragraphe I. Une conséquence du dépouillement du Parlement de son pouvoir financier

Dans les démocraties contemporaines, le rôle des parlements ou organes législatifs, n'est plus à démontrer[289].Toutefois, l'érosion du pouvoir parlementaire est de plus en plus prononcée avec le sort actuel des Législatifs concurrencés par la prédominance partout remarquée des Exécutifs dont les ordonnances constituent une manifestation supplémentaire (A). Ces Exécutifs se sont arrogés, un nombre croissant de prérogatives dont le pouvoir de se substituer au Législatif, pour une mise en vigueur, dans certaines conditions, du projet de loi de finances (B).

A) Une manifestation supplémentaire de la prédominance de l'Exécutif

Le dogme de la souveraineté nationale[290] a promu les parlements au

---

relative aux lois de finances, associe loi de règlement, loi de finance rectificative et loi de finances de l'année dans le terme générique de lois de finances (article 5) ; Mamadou KAMARA, « De quelques aspects de l'évolution récente des finances publiques, du droit budgétaire et de la comptabilité publique au Sénégal : l'élaboration de la loi des finances », *Revue EDJA* n° 59, octobre-novembre-décembre 2003, pp. 24-69.Voir aussi, en France, Ordonnance portant loi organique du 2 janvier 1959 modifiée par la loi organique n°2001-692 du 1er août 2001 relative aux lois de finances, Michel BOUVIER, « La loi organique du 1er août 2001 relative aux lois de finances », *AJDA*, 2001, p. 7876 et s.

[289] Cf., Saidou Nourou TALL, « Le statut des députés au Sénégal », *Revue EDJA*, n° 57, avril-mai-juin 2003, pp. 51-75.

[290] La plupart des Constitutions des États sous étude reprennent le fameux mélange de genres des théories de la souveraineté nationale (Abbé Emmanuel Sieyès) et de la souveraineté populaire (Jean-Jacques Rousseau), à l'image de l'article 3 de la Constitution française de 1958 « La souveraineté nationale appartient au peuple qui l'exerce par ses représentants et par la voie du référendum. Aucune section du peuple ni aucun individu ne peut s'en attribuer l'exercice…. ». Voir par exemple, art.3 de la Constitution sénégalaise de 2001, art. 32 de la Constitution du Burkina Faso de 1991, art.3 de la Constitution de la République Gabonaise de 1991, etc.

rang d'institutions représentatives de la volonté générale[291]. En Afrique francophone, l'héritage juridique colonial [292], en rejaillissant sur l'armature institutionnelle des systèmes politiques, a fait du Parlement une des pièces maîtresses dans l'arsenal juridique des États[293].

L'organe législatif, monocaméral[294] ou bicaméral[295] remplit des tâches variées : fonction représentative de la population[296], fonction d'élaboration, de discussion et de vote, fonction de contrôle, d'évaluation, de suivi de l'exécution des politiques publiques[297], etc.

Historiquement, les notions de budget et de parlement sont intimement liées, lors de la naissance du régime parlementaire

---

[291] Raymond CARRE DE MALBERG, *La loi, expression de la volonté générale*, Paris, Sirey, 1931(réédition, Economica, 1984) ; Pierre BRUNET, « Que reste-t-il de la volonté générale. Sur les nouvelles fictions du droit constitutionnel français », *Revue Pouvoirs* n° 114, pp. 5-19.

[292] Ainsi, peut-on évoquer, à titre illustratif, l'histoire législative de la colonie du Sénégal qui remonte au 31 octobre 1848 avec l'élection de Durand Valentin comme député au Palais Bourbon. Jusqu'en 1914, le Sénégal était représenté par des députés français de souche ou métis de Saint-Louis : Laffon de Fongauffier (16 mars 1871), Gasconi (8 juin 1879), Couchart (20 août 1893), Hector d'Agoult (1898), François Carpot (1902 et 1910). Le premier député noir, Blaise Diagne, sera élu le 10 mai 1914. Par ailleurs, le Sénégal disposera de sa propre Assemblée territoriale le 31 mars 1957 à la suite de l'adoption en France de la loi-cadre (Gaston Deferre) du 23 juin 1956.Voir Geerti HESSELING, *Histoire politique du Sénégal. Institutions, droit et société*, Paris, Karthala, 1985, 380 p ; Pierre-François GONIDEC, « La République du Sénégal » *in Encyclopédie politique et constitutionnelle, Série Afrique*, 1968, 62 p. ; Bernard MOLEUR, « L'indigène aux urnes… », *op. cit.*

[293] Union Interparlementaire, Les parlements dans le monde. Recueil de données comparatives, vol. II, Bruxelles, Bruylant, 1987 ; Philip LAUNDY, *Les parlements dans le monde contemporain (modes d'élection, fonctionnement et structures)*, Lausanne, Ed. Payot, 1989, 219p ; Pierre AVRIL et Jean GICQUEL, Droit parlementaire, Paris, Montchrestien, Précis Domat, 1986.

[294] Assemblée parlementaire composée d'une chambre législative dont les membres sont élus au suffrage universel, comme au Sénégal (avec l'Assemblée nationale depuis la suppression du Sénat en 1998), en République de Guinée, au Niger, au Bénin.

[295] Parlement de deux chambres dont l'une est composée de représentants élus au suffrage universel comme au Rwanda (art.62 constitution de 2015), au Togo (Constitution révisée en 2019), au Cameroun ; Caroline SAGESSER, « Législatif, Exécutif et Judiciaire : les relations entre les trois pouvoirs », *Dossiers du CRISP*, 2016/2, n° 8, pp. 9-71.

[296] Voir par exemple, art.59 de la Constitution sénégalaise de 2001 ; art.35 et 36 de la Constitution Gabonaise de 1991 ; art.78 à 80 de la Constitution du Burkina Faso de 1991 ; art.52 de la Constitution Togolaise de 1992.

[297] Voir, Hervé MESSAGE, « Peut-on mesurer le pouvoir budgétaire du Parlement ? », *Revue Française des Finances Publiques*, n° 41, 1993, pp. 14-29.

britannique, au principe du consentement à l'impôt[298]. Par la suite, l'importance grandissante du parlement, la nécessite pour l'Exécutif de demander chaque année l'autorisation de percevoir des recettes et d'effectuer des dépenses, le contrôle parlementaire concomitant seront consacrés par les grands textes comme la Magna Carta de 1215 [299], la Déclaration d'indépendance [300] et la Constitution des États-Unis

---

[298] Sur l'impôt, voir *Décision DCC 01-021 du 16 mai 2001*, *Association des Parents d'Elèves du CEG de Gbégamey*, *in* Nicaise MEDE, *Les Grandes Décisions de la Cour constitutionnelle du Bénin, op. cit.*, p.171 ; Gilbert ORSONI (dir.), *Finances Publiques. Dictionnaire encyclopédique*, 2e édition, Presses universitaires d'Aix-Marseille, Economica, 2017, 983 p, (voir p. 106 et s.).

[299] La *Magna Carta* ou Grande Charte ; du 16 juin 1215 dispose, en son art.12, « Aucun impôt ou aide ne sera imposé dans Notre Royaume sans le consentement du Conseil Commun de Notre Royaume, à moins que ce ne soit pour la rançon de Notre personne, ou pour faire notre fils aîné chevalier ou, pour une fois seulement, le mariage de notre fille aînée. Et, pour ceci, il ne sera levé qu'une aide raisonnable ». Le contexte, en Grande-Bretagne, était le suivant : les Barons révoltés contre les exactions de Jean Sans Terre, vont le contraindre au respect de la loi par l'adoption de cette Grande Charte des Libertés, qui deviendra par la suite, un solide référentiel en matière de Droits de l'Homme. Cette Charte énonce un certain nombre de droits comme le droit de propriété individuelle, le droit de ne pas être soumis à un impôt excessif, les principes d'égalité devant la loi, de jugement équitable. Cette Charte de 63 articles fixe les droits et obligations féodaux, le droit de propriété, le droit fiscal et la protection de la personne humaine. Jacques II Stuart, en violant cette charte, s'exposera à un renversement en 1688. Entretemps, une *Petition of Rights* (1628) et *l'Habeas Corpus* (1679) vont procéder à la consécration des droits des sujets britanniques et à l'indépendance du Parlement. Enfin, en 1689, le Parlement dénoncera ces abus et son intolérance au défaut de respect de ces droits. L'influence de la Grande-Bretagne dans la proclamation et la garantie des Droits de l'Homme s'affirmera avec l'adoption du *Bill of Rights* de 1689, Déclaration des Droits prévoyant l'élection des Membres du Parlement, la liberté d'expression, la non-ingérence du Roi dans les affaires parlementaires.

[300] Les nombreuses taxes décrétées par la monarchie britannique vont entraîner la résistance des colons, qui réclameront leur droit à consentir l'impôt, critiquant « cette prétendue législation (visant à) nous imposer des taxes sans notre consentement… », avant de mener la guerre d'indépendance. La Déclaration d'Indépendance des États-Unis d'Amérique est proclamée le 4 juillet 1776 par les représentants des Treize Colonies britanniques d'Amérique du Nord. Elle consacre la sécession de ces colonies avec la Grande-Bretagne, leur droit à former une Confédération. La Déclaration d'Indépendance proclame : « Nous tenons pour évidentes en elles-mêmes les vérités suivantes : tous les hommes sont créés égaux ; ils sont doués par le Créateur de certains droits inaliénables ; parmi ces droits, se trouvent la vie, la liberté et la recherche du bonheur. Les gouvernements sont établis parmi les hommes pour garantir leurs droits, et leur juste pouvoir émane du consentement des gouvernés. Toutes les fois qu'une forme de gouvernement devient destructive de ce but, le peuple a le droit de la changer ou de l'abolir et d'établir un nouveau gouvernement, en le

d'Amérique[301], la Déclaration des Droits de l'Homme et du Citoyen[302], avant d'être incontestablement considérés comme les piliers solides du constitutionnalisme actuel[303].

Dérivé de l'ancien mot français, « *bougette* » (petit sac, bourse) ou du mot anglais « *budget* », le budget de l'État est un acte pluridimensionnel de prévision et d'autorisation des dépenses et des recettes de l'ensemble des ministères et services de l'Administration publique, au cours d'un exercice, généralement d'une année. Il constitue donc un élément essentiel des finances publiques[304], un état général des ressources et des charges de l'État retraçant les moyens et méthodes d'utilisation de crédits pour faire face aux dépenses de fonctionnement et d'investissement, en temps normal comme en temps de crise. Il est un acte comptable par la description des recettes et des dépenses. Il est un acte politique car c'est un outil à la disposition du gouvernement pour élaborer et financer les différentes politiques publiques dans le cadre du programme politique, économique et social proposé à l'électorat pour l'amélioration de ses conditions de vie et la modernisation des institutions.

---

fondant sur les principes et sur l'organisation en la forme qui lui paraîtront les plus propres à lui donner la sûreté et le bonheur. »

301 Voir, Constitution des États-Unis d'Amérique du 17 septembre 1787, article 1er, sections 7 et 8 ; Ferdinand MELIN -SOUCRAMANIEN, *Les grandes démocraties. Constitutions des États-Unis, de l'Allemagne, de l'Espagne et de l'Italie*, Paris, Armand Colin, 2005, 233 p.

302 La Déclaration des Droits de l'Homme et du Citoyen du 26 août 1789 dispose, en son article 13 « Pour l'entretien de la force publique, et pour les dépenses d'administration, une contribution commune est indispensable : elle doit être également répartie entre tous les citoyens, en raison de leurs facultés », et en son article 14. « Tous les Citoyens ont le droit de constater, par eux-mêmes ou par leurs représentants, la nécessité de la contribution publique, de la consentir librement, d'en suivre l'emploi, et d'en déterminer la quotité, l'assiette, le recouvrement et la durée ». Cette Déclaration fait partie du « bloc de constitutionnalité » dans la plupart des pays du champ de l'étude, et notamment au Sénégal.

303 Marcel PRELOT, « La formation du droit des assemblées nationales », *RCADI*, La Haye, 1961, Tome III, p. 221 ; Christine DESOUCHES, « Les Assemblées » *in Encyclopédie Juridique de l'Afrique*, Tome I (L'État et le droit), Dakar-Abidjan-Lomé, NEA, 1985, pp. 57-96.

304 Ordonnance portant loi organique du 2 janvier 1959, (www.legifrance.org). Cette ordonnance a inspiré bien des LOLF en Afrique francophone, notamment, en Côte d'Ivoire, avec la loi organique n°59-249 du 31 décembre 1959(*JORCI*, numéro spécial du 1er janvier 1960, p. 35).

Il est englobé et assimilé à la loi de finances dans sa mise en forme législative et par le vote du parlement. Cette loi connaît plusieurs définitions en raison des mutations récentes des finances publiques. Avant les indépendances, l'article premier de l'ordonnance du 2 janvier 1959 en donnait la définition suivante : « *Les lois de finances déterminent la nature, le montant et l'affectation des ressources et des charges de l'État, compte tenu d'un équilibre économique et financier qu'elles définissent.* »[305]

Sous l'impulsion du droit communautaire, la définition a gagné en complexité, notamment au Sénégal où elle est ainsi conçue « *Les lois de finances déterminent la nature, le montant et l'affectation des ressources et des charges de l'État ainsi que l'équilibre budgétaire et financier qui en résulte, compte tenu de la situation et des objectifs macro-économiques de l'État et des obligations du Pacte de convergence, de stabilité, de croissance et de solidarité des États membres de l'UEMOA. Les dispositions relatives à l'assiette, au taux et aux modalités de recouvrement des impositions de toute nature, qu'elles soient perçues par l'État ou affectées à d'autres organismes publics, sont du domaine de la loi* »[306].

---

[305] Voir l'évolution de la définition en France, article 1er de la loi organique n°2001-692 du 1er août 2001 relative aux lois de finances, www.legifrance.org; Michel BOUVIER, Marie-Christine ESCLASSAN et Jean-Pierre LASSALE, *Finances publiques*, 18e édition, Paris, LGDJ, 2019-2020, 1016 p ; Chokri BEN MOUSSA, *Essai sur la normativité budgétaire*, Thèse de doctorat, Paris I Sorbonne, 2018, 474 p ; Maxime Bruno AKAKPO, *Démocratie financière en Afrique occidentale francophone*, Cotonou, Friedrich Ebert Stiftung, août 2015,167 p.

[306] Article 3 de la Loi organique n° 2020-07 du 26 février 2020 abrogeant et remplaçant la loi organique n° 2 011-15 du 08 juillet 2011 relative aux lois de finances, modifiée par la loi organique n° 2016-34 du 23 décembre 2016 www.droit-afrique.com ; se référer à l'examen de conformité de cette LO, par le *Conseil constitutionnel du Sénégal, Décision n°1/C/2020 du 24 février 2020,*qui vise le Traité de l'UEMOA de 1994 révisé en 2003 et la Directive de 2009 sur les lois de finances, (www.conseilconstitutionnel.sn).

Voir aussi Nicaise MEDE, « La nouvelle gestion budgétaire : l'expérience des budgets-programme au Bénin » ; Ibrahima DIALLO, « Pour une appréciation concrète des pouvoirs du parlement sénégalais en matière budgétaire », *Afrilex*, 2015, 32 p.

Dans le cadre de l'UEMOA[307], une définition synthétique, tenant compte des impératifs communautaires [308] est offerte par l'article 3 de la Directive de 2009 portant loi de finances *« Les lois de finances déterminent la nature, le montant et l'affectation des ressources et des charges de l'État ainsi que l'équilibre budgétaire et financier qui en résulte, compte tenu de la situation et des objectifs macro-économiques des États membres et des obligations du Pacte de convergence, de stabilité, de croissance et de solidarité. Les dispositions relatives à l'assiette, au taux et aux modalités de recouvrement des impositions de toute nature, qu'elles soient perçues par l'État ou affectées à d'autres organismes publics, sont du domaine de la loi »*[309].

Dans la foulée, l'article 5 de cette directive précise les catégories de lois de finances « *Ont le caractère de lois de finances : la loi de finances de l'année, les lois de finances rectificatives ; la loi de règlement.*

La loi de finances de l'année prévoit et autorise, pour chaque année civile, l'ensemble des ressources et des charges de l'État. Les lois de finances rectificatives modifient, en cours d'année, les dispositions de la loi de finances de l'année. La loi de règlement constate les résultats financiers de chaque année civile et rend compte de l'exécution du budget ainsi que de l'utilisation des crédits »[310].

Dans cette perspective, les lois de finances déterminent la nature, le montant et l'affectation des ressources et des charges de l'État. La plus importante, appelée loi de finances de l'année (communément

---

[307] L'Union économique et monétaire ouest-africaine est une organisation d'intégration créée en 1994 et réunissant huit Etats (Bénin, Burkina Faso, Côte d'Ivoire, Guinée-Bissau, Mali, Niger, Togo et Sénégal).

[308] Se référer à Moussa DIOP, *Le pouvoir financier de l'UEMOA sur les États membres*, Thèse de doctorat, 2014, UCAD, Dakar, 487 p ; Serge B. BATONON, *Les systèmes financiers publics des Etats membres de l'UEMOA à l'épreuve de la nouvelle gouvernance financière publique*, Thèse de doctorat de Droit public, Université de Paris I, Panthéon-Sorbonne, 2016, 514 p ; pour la zone Afrique centrale, lire Samuel-Théophile BATOUM-BA -NGOUE, « Démocratie et processus budgétaire dans les États de la Communauté Economique et Monétaire de l'Afrique Centrale : le cas du Cameroun », *Afrilex* n° 4, 20 p. ; pour la France, consulter Loïc LEVOYER, *L'influence du droit communautaire sur le pouvoir financier du parlement français*, Paris, LGDJ, 2002, 451 p.

[309] Voir, sur la LOLF au Bénin, *Décision DCC 13-121 du 10 septembre 2013*, *in* Nicaise MEDE, *Les Grandes Décisions de la Cour constitutionnelle du Bénin, op. cit.*, p. 185 ; Toni ERROL, « La loi organique béninoise relative aux lois de finances : 25 ans après », www.afrilex.u-bordeaux4.fr (consulté en août 2020).

[310] Voir le texte complet de la directive sur le site www.uemoa.int.

dénommée budget), autorise, chaque année, la perception des recettes et la réalisation des dépenses. Par ce moyen, l'État dispose des crédits nécessaires destinés au fonctionnement de ses services, au paiement de ses agents et à l'accomplissement de ses missions[311].

Ces différentes caractéristiques des lois de finances laissent entrevoir leur déploiement prescriptif en rapport avec des règles et principes budgétaires[312] comme l'unité, l'annualité, la spécialité, l'universalité[313] et surtout le principe de la sincérité budgétaire[314]. À ces principes qui encadrent la préparation et l'exécution du budget par l'Exécutif, sont

---

[311]Abdourahmane DIOUKHANE, *Finances publiques. Le budget du Sénégal*, Paris, L'Harmattan, 2015, 274 p. ; Nicaise MEDE, *Fiances publiques. Espace UEMOA/UMOA*, Paris, L'Harmattan, 2017, 548 p. ; Nicaise MEDE, *Constitutions et documents financiers*, Paris, L'Harmattan, 2 volumes (2018 et 2020),486 p. et 360 p. ; Nguyen CHANH TAM, *Finances publiques sénégalaises*, Paris, L'Harmattan, 1990 ; Cheickna TOURE, « Le système de contrôle des finances publiques au Mali », *Afrilex* n° 4, 21 p., (www.afrilex.u-bordeaux4.fr).

[312] Voir Cour constitutionnelle du Bénin, *Décision DCC 14-065 du 03 avril 2014, Affaire Serge Roberto Prince Agbodjan*, *in* Nicaise MEDE, *Les Grandes Décisions…*, *op. cit*, p. 197 et s.

[313] Sur ces quatre principes classiques des finances publiques, leurs significations et leurs atténuations, voir Michel BOUVIER, Marie-Christine ESCLASSAN et Jean-Pierre LASSALE, *Finances publiques, op. cit.* ; Marie-Christine STECKEL-ASSOUERE, *Les Finances publiques en schémas*, Paris, Ellipses, 2015, 141 p.

[314] Découlant d'une interprétation des art.14 et 15 de la Déclaration de 1789 par le Conseil constitutionnel français (*Décisions n° 93-320 DC du 21 juin 1993 et n°2001-448 DC du 25 juillet 2001*), ce principe, consacré en droit national et en droit communautaire, implique le respect d'exigences relatives à la transparence, à la fourniture de données fiables, vérifiables et non des informations fausses visant à tromper la vigilance des parlementaires. Selon l'article 30 de la Directive de l'UEMOA sur les lois de finances « Les prévisions de ressources et de charges de l'État doivent être sincères. Elles doivent être effectuées avec réalisme et prudence, compte tenu des informations disponibles au moment où le projet de loi de finances est établi ».

assorties, dans certains États, des exigences relatives à l'équilibre budgétaire[315] et au respect des objectifs d'urgence[316] et de performance.

Quant au budget, sa fabrication est le fruit d'un processus comportant plusieurs phases dont la préparation, l'élaboration, l'examen du projet de loi en Conseil des ministres, sa transmission au parlement, sa discussion et son vote en commission avant son adoption en séance plénière.

C'est pour répondre aux impératifs d'efficience et d'efficacité du travail législatif[317] que, très tôt, les parlements se sont dotés de divers organes et structures, notamment la Conférence des Présidents[318], le Bureau[319],

---

[315] Voir, art.110 de la Constitution du Bénin de 1990, art.114 §2 de la Constitution de la République du Niger de 2010 et art.83 de la Constitution Guinéenne de 2020. Le principe d'équilibre budgétaire fait correspondre le montant des recettes au total des dépenses. Autrement dit, les dépenses doivent être égales aux recettes, excluant de fait tout déficit budgétaire. Sur ce principe et son évolution, Gilbert ORSONI (dir.), *Finances Publiques. Dictionnaire encyclopédique, op. cit.* ; Agence Canadienne de Développement International, Centre Parlementaire, Le processus budgétaire en Afrique : une étude comparative dans sept pays, Canada/Ghana, 2013, 52 p., (www.parlcent.org) ; Agence Luxembourgeoise pour la Coopération au Développement, Les défis de la réforme des finances publiques en Afrique de l'Ouest, les innovations, les enjeux et les enseignements, 28 p., disponible à l'adresse www.luxdev.lu (consulté en juin 2020).

[316] Félix TANO, « La constitutionnalisation de l'urgence budgétaire à l'épreuve des crises politiques en Afrique : Côte d'Ivoire, Bénin », *RJPIC* 2011, vol. 65, n°2, pp. 131-151.

[317] Murielle MAUGUIN HELGESON, *L'élaboration parlementaire de la loi : étude comparative (Allemagne, France, Royaume-Uni)*, Paris, Dalloz, 2006, 528 p.

[318] La Conférence des Présidents comprend, en général, le Président de l'Assemblée et les vice-présidents, les Présidents de Commission et le Rapporteur général de la Commission des Finances, les présidents de Groupe parlementaire et le représentant des parlementaires non-inscrits ou indépendants.

[319] Le Bureau de chaque Assemblée est composé du Président, des Vice-présidents, et dans certains pays, des secrétaires élus et des questeurs. Selon l'art.14 du Règlement intérieur de l'Assemblée nationale du Bénin « 14.1 - L'Assemblée nationale est dirigée par un Président assisté d'un Bureau. 14.2 - Le Bureau de l'Assemblée nationale, outre le Président se compose de : • un premier Vice-Président • un deuxième Vice-Président • un premier Questeur • un deuxième Questeur • un premier Secrétaire parlementaire • un deuxième Secrétaire parlementaire » (www, assemblée -nationale.bj, consulté en juillet 2020). Voir aussi, art. 89 de la Constitution du Niger de 2010.

les Commissions permanentes[320] ou les Commissions *ad hoc*[321], tous appuyés par toute une administration parlementaire[322]. Le travail de fond est surtout l'œuvre des commissions, composées d'un nombre réduit de parlementaires et où l'efficacité et la technicité des membres sont mises à rude épreuve au contact des textes de loi au contenu hermétique qu'il faut disséquer, analyser, discuter, rapporter pour le bon entendement du reste des parlementaires[323]. De ce travail de débroussaillage, il découle un rapport porté à la connaissance de tous les parlementaires pour examen et adoption lors de la séance plénière[324].

---

[320] Les Commissions permanentes varient en fonction dès Assemblées et/ou législatures. Elles sont généralement constituées de manière à pouvoir prendre en charge, dans leurs attributions, l'examen et le contrôle des textes des départements ministériels correspondants.

[321] Les Commissions ad hoc sont temporaires Elles sont dissoutes dès que les objectifs pour lesquels elles sont constituées, sont atteints. Il en est ainsi, notamment, des commissions d'enquête parlementaire. Voir article 36 du Règlement intérieur de l'Assemblée nationale de la RDC de novembre 2006 « Les Commissions sont des groupes techniques de travail de l'Assemblée Nationale chargés d'examiner les questions soumises à leur délibération par la plénière ou par le Bureau. Elles peuvent être soit permanentes, soit spéciales et temporaires. Les commissions font rapport des conclusions de leurs délibérations à la plénière », (www.droitcongolais.info, consulté en juin 2020) ; Paul CAHOUA, « Les commissions, lieu du travail législatif », *Pouvoirs* n° 34, pp. 37-49 ; Fabrice HOURQUEBIE (dir.), *Les commissions parlementaires dans l'espace francophone*, Paris, Montchrestien, Lextenso, 2011, 282 p.

[322] L'Administration du Parlement dirigée par le Président s'occupe du fonctionnement quotidien de l'institution avec un personnel détaché de la fonction publique générale ou ressortissant de la fonction publique parlementaire. Voir, Loi n°020-2009/AN portant institution d'une fonction publique parlementaire au Burkina Faso (www.assembleenationale.bf) ; Pierre AVRIL et Jean GICQUEL, *Droit parlementaire*, 5e édition, Paris, LGDJ, 2014, 414 p.

[323] Une bonne synthèse du rôle de ces commissions est fournie, toutes proportions gardées, par l'article 31 du Règlement intérieur de l'Assemblée nationale du Burundi, « En plus de leur mission législative, ces Commissions sont appelées à assurer le contrôle de l'action gouvernementale. Elles suivent et évaluent la mise en œuvre de la politique gouvernementale dans tous les secteurs de la vie nationale ainsi que la gestion des administrations, des sociétés publiques et d'économie mixte. À ce titre, elles peuvent, en plus de leurs initiatives, être saisies par toute personne physique ou morale. Elles produisent des rapports d'information à l'Assemblée Nationale qui peuvent faire objet d'un débat en plénière en présence du ministre ou des ministres concerné(s). Le débat peut donner lieu à des résolutions et/ou recommandations », (www.assemblee.bi, consulté en juillet 2020).

[324] Voir, site www.droitcongolais.info (consulté en juillet 2020).

C'est aux stades terminaux de la discussion et de l'adoption[325], que se révèle une gamme variée de prérogatives gouvernementales.

D'abord, si les parlementaires disposent, en principe, du droit de faire des propositions de loi et des amendements[326], leur liberté de manœuvre est amoindrie par la possibilité pour le gouvernement de s'accaparer de l'ordre du jour[327], d'opposer des irrecevabilités[328], de soulever des motions de procédure, d'écarter les cavaliers budgétaires[329], voire même d'exercer un « forcing » en posant la

[325] En commission comme en séance plénière ; voir par exemple, au Cameroun, la Loi n°2016/011 du 27 octobre 2016 modifiant et complétant certaines dispositions de la Loi n°2013/006 portant Règlement intérieur du Sénat (www.camerlex.com, consulté en juillet 2020).

[326] Art.55 de la Constitution du Gabon de 1991 ; art.91 de la Constitution du Rwanda de 2015 ; art.107 de la Constitution de la RCI de 2016 et art.78 de sa Constitution de 2000 ; art.82 de la Constitution sénégalaise de 2001.

[327] Dans la plupart des Constitutions des États sous étude, l'inscription par priorité à l'ordre du jour du Parlement d'un projet de loi déposé par le gouvernement ou d'une proposition de loi acceptée par lui, est de droit, à la demande de l'Exécutif (art.84 de la Constitution du Sénégal de 2001 ; art.57 de la Constitution du Gabon de 1991 ; art.60 de la Constitution de Djibouti de 1992 ; art.117 de la Constitution de la RDC de 2006).Sur l'ordre du jour, consulter aussi *Cour constitutionnelle du Mali, Avis n° 2014-01/CCM du 25 août 2014*, concernant le lien entre ordre du jour et questions orales et la distinction entre session ordinaire et session extraordinaire, disponible sur www.cour-constitutionnelle.ml. ; Pierre LE MIRE « L'ordre du jour sous la Ve République », *RFDC*, 1991, p. 207 et s.

[328] Au moins deux sortes d'irrecevabilité peuvent être soulevées. D'abord, l'Exécutif peut se protéger de tout empiétement si une proposition de loi ou un amendement parlementaire ne porte pas sur le domaine de la loi. Ensuite, le droit de faire des propositions de lois ou d'amendement des parlementaires peut se voir opposé l'irrecevabilité si par son adoption, la proposition ou l'amendement tend à diminuer les ressources publiques, à créer ou à aggraver une charge, sauf en contrepartie de propositions de recettes compensatrices ou correspondantes (art.82 et 83 de la Constitution sénégalaise de 2001 ; art.55 et 56 de la Constitution du Gabon de 1991 ; art. 127 de la Constitution de la RDC de 2006 ; art.139 et 140 de la Constitution du Tchad du 18 mai 2018 ; art.90 de la Constitution Togolaise révisée le 15 mai 2019).

[329] Il s'agit de dispositions insérées dans les lois de finances et qui sont sans rapport avec les textes débattus, consulter Maurice Christian BERGERES, « La prohibition des cavaliers budgétaires : une règle constitutionnelle », *Les Petites Affiches*, 23 décembre 2011, n° 255, pp. 9-22.

question de confiance [330] ou en brandissant la menace de la dissolution[331], rappelant ainsi à l'ordre sa majorité parlementaire.

En contrepartie de ces privilèges de l'Exécutif, le recours aux ordonnances est assujetti à des conditions.

B) Les conditions de la substitution de l'Exécutif au Législatif

À cet égard, un double constat amène à distinguer d'une part, les États dont les Constitutions permettent l'usage des ordonnances budgétaires et d'autre part, les États qui ont fait l'économie d'un tel procédé[332].

S'agissant des États qui ont porté leur choix pour la mise en vigueur du projet de loi de finances par ordonnances[333], il sied d'emblée de noter qu'une telle préférence n'est pas laissée à l'entière discrétion de l'Exécutif puisque le recours y afférent est assujetti au respect de diverses conditions.

Relativement aux États qui ont opté pour une telle mise en vigueur, leurs Constitutions mettent l'accent sur des conditions tenant au délai dans lequel est enfermée l'adoption de la loi de finances.

---

[330] La question de confiance est un mode d'engagement de la responsabilité du Gouvernement sur un texte, un programme, une déclaration de politique générale. Il va de soi qu'en cas de vote de défiance, la démission du gouvernement en est la conséquence. En revanche, en cas de confiance, le projet de loi est réputé adopté ; voir art.86 de la Constitution sénégalaise de 2001 ; art.63 de la Constitution Gabonaise de 1991, art.116 de la Constitution du Burkina Faso de 1991 modifiée par la Loi n° 002/97/ADP du 27 janvier 1997, art.159 de la Constitution de la République du Congo de 2015.

[331] Le droit de dissolution, souvent considéré comme la contrepartie de la motion de censure qui est un apanage des membres du Législatif, permet à l'Exécutif d'abréger le mandat des parlementaires, ce qui ouvre la voie à de nouvelles élections législatives ; voir, Ismaila Madior FALL, « La construction des régimes politiques en Afrique : insuccès et succès », *Revue Afrilex*, 2007, 37 p.

[332] Les ordonnances budgétaires ne sont ni prévues par la Constitution sénégalaise de 2001, ni par les Constitutions du Mali de 1992, de Djibouti de 1992, du Rwanda de 2003 révisée en 2015, de la République de Guinée de 2020.

[333] Voir Constitutions de la République Gabonaise de 1991(article 48), de la République de Côte d'Ivoire de 2000 (article 80) et de 2016 (art.112), de la République du Niger de 2010 (article 96), de la République du Bénin de 1990 (article 110), de la République du Tchad de 2018 (art.136), de la République Togolaise de 1992 (article 91), du Burkina Faso de 1991 (article 103), de la République de Guinée de 2010 (art.75), de la République de Madagascar de 2010 (art.92).

Dès l'ouverture de la session budgétaire[334], le Parlement est saisi du projet. Deux situations peuvent se présenter. Si du fait du Parlement, le projet n'est pas voté dans un délai précis[335], sa mise en vigueur empruntera la voie de l'ordonnance. Si le retard est imputable au gouvernement par défaut de dépôt en temps utile, une session extraordinaire est convoquée, à l'issue de laquelle l'absence d'adoption implique une mise en vigueur par ordonnance. Derrière ce schéma général, se dégagent des différences sensibles.

Dans la plupart des Constitutions adoptant ces mesures, obligation est faite d'adopter la loi de finances dans les conditions d'une loi organique. Au Gabon, le défaut de vote en équilibre de la loi de finances au terme de la session budgétaire aboutit à une reconduction par ordonnance du budget précédent, avec cette précision que « *cette ordonnance peut, néanmoins prévoir en cas de nécessité, toute réduction de dépenses ou augmentation de recettes* ». Le Premier ministre peut convoquer le Parlement pour une nouvelle délibération dans les 15 jours. En session extraordinaire[336], si l'équilibre budgétaire n'est pas

---

[334] Certaines Constitutions prévoient au moins deux sessions ordinaires par an et en cas de besoin des sessions extraordinaires. Elles spécifient alors laquelle des sessions ordinaires est la session budgétaire (art.133 de la Constitution du Tchad de 1996, art.51 (ancien art.52) de la Constitution de Djibouti du 4 septembre 1992 révisée par la Loi Constitutionnelle n° 92/AN/10/6e L du 21 avril 2010 (voir www.presidence.dj). On soulignera qu'à l'instar de certains États, le Sénégal a opté pour la session ordinaire unique (art.63 de la Constitution de 2001). À l'opposé, au Rwanda, la Constitution du 4 juin 2003 prévoyait trois sessions ordinaires, en ces termes : « Les Chambres du Parlement se réunissent de plein droit en trois sessions ordinaires de deux mois chacune. 1° la première session s'ouvre le 5 février ; 2° la deuxième session s'ouvre le 5 juin ; 3° la troisième session s'ouvre le 5 octobre. Au cas où le jour de l'ouverture de la session est férié, l'ouverture est reportée au lendemain ou, le cas échéant, au premier jour ouvrable qui suit » (art.71).

[335] Le délai est variable : par exemple, 80 jours (Tchad), 70 jours (RCI), 45 jours (Togo), avant la fin de l'exercice en cours (République centrafricaine), 60 jours (Burkina Faso), à la date du 31 décembre (Bénin), avant le 1er janvier (Djibouti), avant le début de l'exercice budgétaire (Togo) et en équilibre (Rwanda).

[336] La session extraordinaire est aussi une des solutions empruntées au Congo où la Constitution énonce « Si le Parlement n'a pas voté le budget à la fin de la session d'octobre, le Premier ministre demande une session extraordinaire dont la durée ne peut excéder quinze (15) jours. Passé ce délai, le budget est établi, définitivement, par ordonnance après avis de la Cour constitutionnelle. Si le Parlement n'a pas été saisi du projet de loi de finances dans les délais prévus à l'article 152 et que le budget n'a pas été voté à l'issue de cette première session extraordinaire, une deuxième session extraordinaire est convoquée à la demande du Premier ministre ». (art.153 de la

respecté, le budget est établi définitivement par ordonnance prise en Conseil des ministres et signée par le Président de la République[337].

Au Togo, à l'expiration du délai et de l'année budgétaire, les dispositions du projet de loi sont mises en vigueur par ordonnance. Une session extraordinaire est convoquée par le gouvernement pour la ratification. Si le retard est du fait du gouvernement et que le budget n'est pas voté à la fin de la session extraordinaire, l'Assemblée autorise le gouvernement à reprendre le budget précédent par douzièmes provisoires[338]. Cette solution est identique à celle préconisée dans un cadre bicaméral en Côte d'Ivoire, puisque la Constitution dispose en ce cas « *Le Parlement est saisi du projet de loi de finances avant la fin de la session ordinaire. Le projet de loi de finances doit prévoir les recettes nécessaires à la couverture intégrale des dépenses. Le Parlement vote le budget en équilibre. Si l'Assemblée nationale ne s'est pas prononcée en première lecture dans le délai de quarante jours après le dépôt du projet, le Président de la République saisit le Sénat, qui doit statuer dans un délai de quinze jours. Il est ensuite procédé dans les conditions prévues à l'article 110. Si le Parlement ne s'est pas prononcé dans un délai de soixante-dix jours, le projet de loi peut être mis en vigueur par ordonnance. Le Président de la République saisit, pour ratification, le Parlement convoqué en session extraordinaire, dans un délai de quinze jours. Si le Parlement n'a pas voté le budget à la fin de cette session extraordinaire, le budget est établi définitivement par ordonnance. Si le projet de loi de finances n'a pu être déposé en temps utile pour être promulgué avant le début de l'exercice, le Président de la République demande d'urgence au Parlement l'autorisation de reprendre le budget de l'année précédente par douzième provisoire* »[339].

Constitution congolaise de 2015) ;voir aussi art. 133 de la Constitution du Tchad de 2018.
Toutefois, la marge de manœuvre des parlementaires, dans le cadre de la session extraordinaire est assez réduite par l'ordre du jour déjà précisé, ce qui limite les possibilités de questions orales, voir *Cour constitutionnelle du Mali, Avis n°2014-01/CCM du 25 août 2014 sur la possibilité de questions orales lors d'une session parlementaire extraordinaire*, *Recueil*, vol.5, p. 44.

[337] Article 48 de la Constitution gabonaise de 1991.

[338] Article 91 de la Constitution togolaise de 1992 révisée en 2019. Pour rappel, on entend par douzièmes provisoires, les fractions mensuelles du budget de l'année précédente qui sont reconduites provisoirement en attendant l'adoption du budget pour l'exercice à venir.

[339] Art.112 de la Constitution de la République de Côte d'Ivoire du 8 novembre 2016 ; voir aussi l'art.114 de la Constitution du Niger de 2010.

En ce qui concerne la Constitution de 1994 de la République centrafricaine, l'ordonnance du Président de la République n'intervient que si le retard est imputable au Parlement à la fin de la seconde session ordinaire (ouverte au plus tard le 15 octobre). Cette ordonnance est « *non susceptible d'homologation* »[340].

Au Burkina Faso, en sus de dispositions semblables à la Constitution togolaise, une procédure d'urgence (déclarée par le gouvernement) permet d'écourter le délai initial de 60 jours à 40 jours. À l'expiration du délai, si « *aucun vote n'est intervenu, le projet de loi est promulgué en l'état sur proposition du Premier ministre, par le Président du Faso, sous forme d'ordonnance* »[341].

Au Rwanda, sans évoquer les ordonnances budgétaires mais sans exclure non plus cette éventualité, la Constitution de 2003 envisage, en cas d'impossibilité de réunir les parlementaires des deux chambres, que « *..., le Président de la République prend des décrets-lois adoptés en Conseil des ministres et ayant valeur de lois ordinaires. À défaut de confirmation par le Parlement à sa plus prochaine session, les décrets-lois perdent toute force obligatoire* »[342]

Au Bénin, les dispositions du projet de loi sont mises en vigueur par ordonnance en cas d'absence de prononciation parlementaire à la date du 31 décembre. Une session extraordinaire est convoquée dans un délai de quinze jours par le gouvernement pour ratification et *« si l'Assemblée nationale n'a pas voté le budget à la fin de cette session extraordinaire, le budget est établi définitivement par ordonnance* »[343]. En revanche, si le retard est imputable au gouvernement, recours est fait aux douzièmes provisoires[344].

Le passage en revue de ces Constitutions francophones reflète en surimpression le caractère fondamental de la loi de finances de l'année

---

[340] Article 59 de la Constitution de la République centrafricaine approuvée par référendum le 28 décembre 1994 et promulguée le 14 janvier 1995 (IVe République).

[341] Article 119 de la Constitution burkinabé, révisée par la loi n°002/97/ADP du 27 janvier 1997 ; lire Luc Marius IBRIGA et Amidou GARANE, *Constitutions Burkinabé. Textes et commentaires*, Namur, Amitié Belgo-Burkinabé, 2001, 174 p.

[342] Article 63 de la Constitution de la République rwandaise du 4 juin 2003.

[343] Voir article 110 al.4 de la Constitution béninoise de 1990.

[344] Selon l'art.111 de la Constitution béninoise « Si le projet de loi de finances n'a pu être déposé en temps utile pour être promulgué avant le début de l'exercice, le président de la République demande d'urgence à l'Assemblée nationale l'autorisation d'exécuter les recettes et les dépenses de l'État par douzièmes provisoires ».

(qui comprend le budget et ses annexes[345]) et fait de l'Exécutif le débiteur d'exigences en termes de reddition des comptes[346], de transparence et de performance socioéconomique. Ces exigences ont pour contrepartie l'octroi de maints privilèges gouvernementaux dans la procédure législative, dont une des extractions est la mise en vigueur du projet de loi y afférent, par ordonnances.

Paragraphe II. La mise en vigueur par ordonnance

En dépit de la rareté de son application, le choix de la mise en vigueur du projet de loi de finances par ordonnance, se justifie bien dans son principe (A). Toutefois, l'existence de divers mécanismes de substitution se présente non seulement comme un éventail d'atouts supplémentaires pour les Exécutifs mais surtout comme un assortiment de mécanismes concurrentiels et, donc, alternatifs (B).

A) Un principe peu appliqué

En confiant au gouvernement la mise en vigueur par ordonnance du projet de loi de finances[347], les constituants laissent percevoir l'importance du budget dans la vie de la nation. En effet, la mise en place du budget ne peut souffrir de délais anormalement longs que le zèle de parlementaires pourrait encore retarder par la multiplication de motions de procédure pour gêner le gouvernement dans l'application de ses différents programmes.

La mise à disposition de cette ressource juridique constitue incontestablement un moyen pour le Gouvernement de surmonter bien des pièges lors de l'examen du projet de loi de finances. Les avantages du procédé sont incommensurables pour un Exécutif, et ceci dans trois *scenarii* possibles :

- s'il doute de la solidité de la discipline partisane de sa majorité parlementaire ;
- s'il est soucieux de déjouer les calculs d'une Opposition farouche et trop souvent encline à interpeller l'opinion publique nationale et internationale, sur les libéralités ou les austérités budgétaires ;

---

[345] Voir, à titre illustratif, la nouvelle LOLF sénégalaise, *supra*.

[346] Ce principe est ainsi affirmé à l'art.15 de la Déclaration des Droits de l'Homme et du Citoyen, « La société a le droit de demander compte à tout agent public de son administration ».

[347] Sur ce point, il faut noter que la Cour du Bénin a précisé que le projet de loi de finances à mettre en vigueur par ordonnance est celui déposé à l'Assemblée nationale, *Cour constitutionnelle, Décision DCC 00-072 du 17 novembre 2000*.

- si, en cas de discordance entre majorité présidentielle et majorité parlementaire (cohabitation), il veut se donner les moyens de ne pas voir son travail entravé par des adversaires politiques surtout à des moments importants où l'activité parlementaire est largement retransmise par les médias.

Cependant, le fait que les prescriptions constitutionnelles favorisent l'édiction d'ordonnances budgétaires n'a pas toujours emporté comme conséquence le recours à ces dernières.

Peu d'exemples concluants attestent d'un tel usage. En 2000, le Bénin va faire le choix d'une ordonnance pour la mise en vigueur de la loi de finances. L'article premier de cette ordonnance dispose « *Sous réserve des dispositions de la présente Ordonnance, continueront d'être opérées, pendant l'année 2000, conformément aux dispositions législatives et réglementaires en vigueur :*

1 – la perception des impôts, taxes, rémunérations des services rendus par l'État, produits et revenus affectés à I « État ;

2 – la perception des impôts, taxes, produits et revenus affectés aux collectivités territoriales, aux établissements publics et organismes divers dûment habilités.

En ce qui concerne les impôts sur revenus, sauf précision contraire dans le texte des mesures fiscales énoncées, les dispositions de la présente Ordonnance s'appliquent aux revenus de l'« exercice clos au 31 décembre 1999... »[348].

Cette situation a fait l'objet d'un recours concernant deux projets d'ordonnances portant l'une, Loi de finances et l'autre, Loi du Programme d'Investissements Publics pour la gestion 2000, soumis par le Président de la République du Bénin, pour avis à la Cour constitutionnelle. Toutefois, la requête ayant été introduite sur le fondement de l'art.102 (valable pour les habilitations législatives pour l'exécution d'un programme), sera rejetée, au motif « *que les deux projets d'ordonnance sous examen ne sont pas élaborés sur le fondement d'une loi d'habilitation par l'Assemblée Nationale, qu'ils portent non sur l'exécution du programme du Gouvernement mais sur la Loi de finances et la Loi du Programme d'Investissements Publics pour la gestion 2000 ; qu'en l'espèce, l'article 102 de la Constitution*

[348] République du Bénin, Ordonnance n° 2000-001 du 2 janvier 2000. Pour d'autres exemples, Stéphane BOLLE, « Le Bénin sous ordonnances », disponible en ligne sur le blog : http://www.la–constitution-en-afrique.over-blog.com (consulté en juin 2020).

ne saurait recevoir application… »[349].

Une telle situation s'était déjà produite en 1994 sous la présidence de Nicéphore Soglo, lequel, devant les difficultés rencontrées pour le vote du Projet de loi de finances, avait fait recours aux pouvoirs exceptionnels de crise de l'art.68 de la Constitution. En retour, le Président de l'Assemblée nationale saisira la Cour Constitutionnelle. Ces démêlés politiques ont conduit le PR à adresser une lettre à la Cour constitutionnelle, correspondance faisant le rappel de la doctrine et de la jurisprudence francophones sur les actes de gouvernement, pour contester le bien-fondé de la requête du Président de l'Assemblée nationale[350].

On peut citer encore le cas du Bénin sous la présidence de Thomas Yayi BONI, lorsque l'Assemblée nationale avait rejeté le projet de loi de finances gestion 2014. À la suite d'un recours, la Cour constitutionnelle, par *décision DCC 13-171 du 30 décembre 2013*, va en plus de déclarer contraire à la Constitution, nul et de nul effet le vote secret du 19 décembre 2013 sur la loi de finances portant budget général de l'État, exercice 2014, ordonner le vote impératif de ladite loi le 31 décembre 2013. Malgré cette injonction[351], la représentation nationale n'ayant pas voté le budget à la date indiquée, le Président de la République va prendre l'ordonnance n° 2014–01 du 2 janvier 2014 portant loi de finances pour la gestion 2014 dont l'article 1er reprend en termes presque identiques l'article premier de l'ordonnance précitée de 2000 : « *Sous réserve des dispositions de la présente ordonnance, continueront d'être opérées, pendant l'année 2014, conformément aux dispositions législatives et réglementaires en vigueur : 1 – la perception des impôts, taxes, rémunérations des services rendus par l'État, produits et revenus affectés à l'État ; 2 – la perception des impôts, taxes, produits et revenus affectés aux collectivités locales, aux établissements publics et organismes divers dûment habilités. En ce qui*

---

349 Voir le commentaire sous *Cour constitutionnelle, Avis CC 00-01 du 7 janvier 2000, in* Nicaise MEDE, *Les Grandes Décisions de la Cour constitutionnelle du Bénin*, Dakar, L'Harmattan-Sénégal, 2018, pp. 151-155.

350 *Lettre du Président de la République à Mme la Présidente de la Cour constitutionnelle au sujet du recours en inconstitutionnalité contre les ordonnances n° 94-001 et 94-002 du 1er août 1994 portant respectivement Loi de finances pour la Gestion 1994 et Loi de Programme d'Investissements Publics pour la Gestion 1994*, ministère des Finances de la République du Bénin, Octobre 1994.

351 Pour une récapitulation sur cette question, consulter Gérard AIVO, « Le pouvoir d'injonction du juge constitutionnel », *RBSJA*, n° 42, 2021, pp. 5-38.

concerne les impôts sur le revenu, sauf précision contraire contenue dans le texte des mesures fiscales énoncées, les dispositions de la présente loi s'appliquent aux revenus de l'exercice clos au 31 décembre 2013...»[352].

En dehors des régimes militaires dont est connue la tendance à user et abuser des ordonnances en toutes matières, y compris dans le domaine budgétaire[353], on relève la présence de ce type de normes à Madagascar dont la fragilité résiduelle trouve un heureux exutoire par le truchement des ordonnances[354].

Dans la réalité, l'usage des ordonnances budgétaires n'est pas aussi répandu qu'on pourrait le croire. Trois raisons peuvent l'expliquer. La raison principale réside dans la domination de l'Exécutif sur le législatif et l'imbrication des intérêts partisans[355], qui favorisent un vote du

---

[352] Voir aussi les ordonnances budgétaires suivantes sous divers régimes politiques au Bénin : Ordonnance n° 1965-03 du 31 décembre 1965 relatif à l'exécution du budget national, exercice 1965 ; Ordonnance n° 1978-12 du 24 mars 1978 portant loi de finances pour la gestion 1978 ; Ordonnance n°1994-01 du 16 septembre 1994 portant loi de finances pour la gestion 1994 ; Ordonnance n° 1996-02 du 31 janvier 1996 portant loi de finances pour la gestion 1996 ; voir le site du Secrétariat Général du Gouvernement de la République du Bénin, www.sgg.bj (consulté en juin 2020).

[353] Il faut rappeler le cas des régimes issus de putsch qui, en s'installant dans la durée après l'adoption de nouvelles Constitutions, ont continué provisoirement à utiliser ces mesures. Voir Ordonnance n° 99-65 du 20 décembre 1999 portant loi de finances pour l'année budgétaire 2000 (JO du Niger, Spécial n° 19, p. 463) et loi n° 2000-009 du 21 juin 2000 portant première rectification à l'ordonnance n° 99-65 (*JO* du Niger, Spécial n° 6 du 23 juin 2000, p. 44) ; Ordonnance n° 1 CMLN du 2 janvier 1975 portant loi de finances pour l'année budgétaire 1975 (*JO* du Mali du 15 mars 1975, p. 1028) ; Ordonnance n° 95-01 du 11 janvier 1995 portant adoption d'un douzième provisoire pour janvier 1995, au titre du budget de l'année 1995 (*JO* du Niger 1er février 1995, p. 96) ; Ordonnance n° 2009-16 du 6 novembre 2009 portant loi de finances pour l'année budgétaire 2010 (*JORN*,n° 21,édition spéciale, 24 décembre 2009, p. 312).

[354] République de Madagascar, Ordonnance n° 2018-001 du 26 décembre 2018 portant loi de finances pour 2019 signée par le Président du Sénat Rakotovao Rivo, Président de la République par intérim ; Ordonnance n° 2010-006 du 6 septembre 2010 portant loi de finances rectificative pour 2010, signée par le Président de la Haute Autorité de la Transition, à l'époque, Andry Norina Rajoelina.

[355] Voir, entre autres, Loi n° 2017/007 du 12 juillet 2017 portant ratification de l'Ordonnance n° 2017/001 du 17 mai 2017 modifiant et complétant certaines dispositions de la loi n° 2016/018 du 14 janvier 2016 portant loi de finances de la République du Cameroun pour l'exercice 2017.

Sur les effets des majorités parlementaires, voir Pierre BIRNBAUM, Francis HAMON et Michel TROPER, *Réinventer le Parlement*, Paris, Flammarion, (La Rose au poing), 1978 ; Jean-Pierre DUPRAT, « La crise des assemblées parlementaires françaises », *Études offertes à Jean-Marie Auby*, Dalloz, 1992, pp. 493-512.

budget dans les délais prescrits. De même, la possibilité de déposer des projets de loi de finances rectificative[356] facilite les réorientations et réajustements souhaités par soustraction ou combinaison. Une troisième raison est la tendance de plus en plus affirmée à recourir à des alternatives.

B) L'existence d'alternatives

Malgré la survivance des ordonnances budgétaires dans certaines Constitutions[357], recension peut être faite d'une tendance récente à l'édiction de diverses règles budgétaires, fiscales ou comptables pour suppléer de manière plus opportune à la voie des ordonnances.

En fait, une observation discursive permet de relever deux situations.

La première situation caractérise les Constitutions des États qui mettent en concurrence, dans les mêmes articles, le recours aux ordonnances budgétaires et l'emploi de textes de rang législatif ou réglementaire[358].

---

[356] Sur ces textes rectificatifs, voir les raisonnements de la Cour constitutionnelle du Togo, *Avis n° AV-007/20 du 25 août 2020, Demande d'avis du Premier ministre relative au projet d'ordonnance portant loi de finances rectificative, gestion 2020* et Cour constitutionnelle du Togo, *Avis n° AV-008/20 du 17 décembre 2020, Demande d'avis du Premier ministre relative au projet d'ordonnance portant seconde loi de finances rectificative, gestion 2020 ;* Cf., aussi, Mohamed FALL, « Les lois de finances rectificatives », *Afrilex* n° 4, http ://www.afrilex.u-bordeaux4.fr (consulté en juillet 2020).

[357] Voir, aux Comores, Ordonnance n°20-001/PR du 02 janvier 2020 portant budget de l'État au titre de l'année 2020 et art.88 de la Constitution de l'Union des Comores adoptée par référendum du 30 juillet 2018 (www.droit- afrique.com).

[358]On peut citer la Constitution de Madagascar du 11 décembre 2010 qui dispose en son art.92 : « Le Parlement examine le projet de loi de finances au cours de sa seconde session ordinaire. Sous l'autorité du Premier ministre, chef du Gouvernement, les ministres chargés des Finances et du Budget préparent le projet de loi de finances.
Le Parlement dispose d'un délai maximum de soixante jours pour l'examiner.
L'Assemblée nationale dispose d'un délai maximum de trente jours à compter du dépôt du projet pour l'examiner en première lecture. Faute de s'être prononcée dans ce délai, elle est censée l'avoir adopté et le projet est transmis au Sénat.
Dans les mêmes conditions, celui-ci dispose pour la première lecture d'un délai de quinze jours à compter de la transmission du projet, et chaque Assemblée dispose d'un délai de cinq jours pour chacune des lectures suivantes.
Faute par une Assemblée de s'être prononcée dans le délai imparti, elle est censée avoir émis un vote favorable sur le texte dont elle a été saisie.
Si le Parlement n'a pas adopté le projet de loi de finances avant la clôture de la seconde session, les dispositions du projet peuvent être mises en vigueur par voie d'ordonnance en y incluant un ou plusieurs des amendements adoptés par les deux Assemblées.

Quant à la seconde situation, elle caractérise les Constitutions d'États qui écartent tout recours aux ordonnances budgétaires, leur préférant soit des décrets, soit le recours aux services votés[359], aux mesures nouvelles ou aux douzièmes provisoires[360]. Il s'y greffe un recours assidu aux sessions extraordinaires et aux lois de finances rectificatives[361]. Dans cet ordre d'idées, on ne manquera de souligner l'originalité de la Constitution de la RDC qui aménage une succession de cas de figure combinant diverses alternatives : « *Les Lois de finances*

Tout amendement au projet du budget entraînant un accroissement des dépenses ou une diminution des ressources publiques doit être accompagné d'une proposition d'augmentation de recette ou d'économie équivalente. Si le projet de loi de finances d'un exercice n'a pas été déposé en temps utile pour être adopté avant le début de cet exercice, le Premier ministre est autorisé à percevoir les impôts et ouvre par décret les crédits se rapportant aux services votés.
Les conditions d'adoption du projet de loi de finances sont prévues par une loi organique. »

[359] Voir, art.68 de la Constitution sénégalaise de 2001. Voir aussi les précisions suivantes de l'article 84 de la Constitution Guinéenne de 2020 : « L'Assemblée Nationale dispose de soixante (60) jours, au plus, pour voter la Loi de Finances. La Loi de Finances est votée au plus tard le 31 décembre.
Si, pour une raison quelconque, à la date du 31 décembre, le budget n'est pas voté, le Gouvernement demande d'urgence à l'Assemblée Nationale l'autorisation de percevoir les impôts. Celle-ci se prononce dans les deux (2) jours qui suivent la demande du Gouvernement qui doit, elle-même, intervenir avant le 31 décembre.
Dans ce cas, l'Assemblée Nationale poursuit l'examen de la Loi de Finances après avoir autorisé le Président de la République à reconduire par décret le budget de fonctionnement de l'année précédente.
Toutefois, quelles que soient les raisons pouvant être invoquées, l'examen de la Loi de Finances à l'Assemblée Nationale doit être clos, au plus tard, le 31 janvier. »

[360] Art.91 al.3 de la Constitution Togolaise révisée en 2019, art.80 de la Constitution rwandaise de 2003 révisée en 2015, art.70 al.4 de la Constitution de Djibouti de 1992. Les douzièmes provisoires peuvent être en concurrence avec les ordonnances, comme au Tchad où la Constitution du 4 mai 2018 dispose en son art.136 alinéas 5 et 6 : « Si, par suite d'un cas de force majeure, le Gouvernement n'a pu déposer le projet de loi de finances de l'année en temps utile pour que l'Assemblée Nationale dispose, avant la fin de la session ordinaire du délai prévu à l'alinéa précédent, celle- ci est, immédiatement et de plein droit, suivie d'une session extraordinaire dont la durée est au plus égale au temps nécessaire pour parfaire ledit délai. Si compte tenu de la procédure ci-dessus, la loi n'a pu être mise en vigueur avant le début de l'année budgétaire, le Gouvernement est autorisé à continuer à percevoir les recettes et exécuter à titre provisoire mois par mois, les dépenses sur la base des crédits ouverts par la dernière loi des finances afférente à l'exercice précédent… ».

[361]Cf., Moussa ZAKI, *Le contrôle des finances publiques dans les États d'Afrique noire francophone : l'exemple du Niger et du Sénégal*, Thèse de doctorat en Droit public, 1999, Toulouse I.

déterminent les ressources et les charges de l'État. L'Assemblée nationale et le Sénat votent les projets de lois de finances dans les conditions prévues pour la loi organique visée à l'article 124 de la Constitution.

Le projet de loi de finances de l'année, qui comprend notamment le budget, est déposé par le Gouvernement sur le Bureau de l'Assemblée Nationale au plus tard le quinze septembre de chaque année.

Les créations et transformations d'emplois publics ne peuvent être opérées hors les prévisions des lois de finances.

Si le projet de loi de finances, déposé dans les délais constitutionnels, n'est pas voté avant l'ouverture du nouvel exercice, il est mis en vigueur par le Président de la République, sur proposition du Gouvernement délibérée en Conseil des ministres, compte tenu des amendements votés par chacune des deux Chambres. Si le projet de loi de finances n'a pas été déposé en temps utile pour être promulgué avant le début de l'exercice, le Gouvernement demande à l'Assemblée nationale et au Sénat l'ouverture de crédits provisoires.

Si, quinze jours avant la fin de la session budgétaire, le Gouvernement n'a pas déposé son projet de budget, il est réputé démissionnaire.

Dans le cas où l'Assemblée nationale et le Sénat ne se prononcent pas dans les quinze jours sur l'ouverture des crédits provisoires, les dispositions du projet prévoyant ces crédits sont mises en vigueur par le Président de la République sur proposition du Gouvernement délibérée en Conseil des ministres.

Si, compte tenu de la procédure ci-dessus prévue, la loi de finances de l'année n'a pu être mise en vigueur au premier jour du mois de février de l'exercice budgétaire, le Président de la République, sur proposition du Gouvernement délibérée en Conseil des ministres, met en exécution le projet de loi de finances, compte tenu des amendements votés par chacune des deux Chambres. »[362]

Tout compte fait, la pratique persistante des ordonnances budgétaires constitue un révélateur de l'importance de la disponibilité, à date échue, du budget pour permettre à l'Exécutif d'entamer et de poursuivre les politiques publiques qu'il a initiées, en dépit de l'existence de techniques concurrentielles, additives ou alternatives, de mise en vigueur du projet de loi de finances.

---

[362] Article 126 de la Constitution de la RDC de 2006.

Par ailleurs et comparativement aux ordonnances budgétaires dont la finalité est d'éviter un retard dans le vote du budget, les ordonnances de législation déléguée sont des instruments d'exécution de la politique gouvernementale qui, à l'image d'une poupée russe, embrasserait diverses matières relevant du domaine de la loi.

SECTION II
LES ORDONNANCES DE LÉGISLATION DÉLÉGUÉE

Les ordonnances, dont il s'agit, sont les plus nombreuses et bénéficient d'une plus grande publicité. Intervenant dans les relations entre l'Exécutif et le Législatif [363], elles expriment un rapport inégalitaire en faveur des autorités exécutives.

En faisant la jonction entre loi et règlement, ces mesures en prennent la teinture si bien qu'elles sont considérées comme des actes matériellement législatifs et organiquement réglementaires.

Fruits d'une habilitation ou délégation législative obtenue à la demande de l'Exécutif, ces ordonnances ont un lointain fondement constitutionnel médiatisé par la loi d'habilitation qui en constitue l'assise immédiate (§I). La délégation législative donne titre de compétence à agir pour l'Exécutif qui peut alors édicter ces mesures dans le domaine de la loi (§II).

Paragraphe I. À l'origine, une habilitation législative sur demande de l'Exécutif

En réaction à une demande de l'Exécutif [364] contenue dans un projet

---

[363] Selon Carré de Malberg, « c'est la souveraineté même de la volonté dont il est le représentant qui fait que le Parlement doit pouvoir… charger l'exécutif de statuer par décret dans la mesure déterminée par la loi d'habilitation », cité par André BARILARI et Marie -José GUEDON, *Institutions politiques*, 4e édition, Paris, Dalloz Sirey,1998, *op. cit.*, p. 149. La loi fondamentale de 1958 constitutionnalise la pratique des décrets-lois, par l'article 38. Les « décrets-lois » (appelés aujourd'hui ordonnances), se sont développés durant les IIIe et IVe Républiques. En 1926 Raymond Poincaré obtint une délégation pour appliquer son programme de stabilisation du franc. Entre 1934 et 1940, des lois de « pleins pouvoirs », puis des « lois cadres » entre 1946 et 1958 consacrèrent un essor de la pratique malgré l'interdiction de l'article 13 de la Constitution de 1946. Cf. Guy BRAIBANT, « Qui fait la loi ? », *Revue Pouvoirs* n° 54,1993, pp. 43-46 ; Pierre AVRIL, « Le parlementarisme rationnalisé », *RDP*, 1998, pp. 1507-1515.

[364] À l'instar des ordonnances étudiées précédemment, la signature émane principalement du Président de la République. Voir, article 43 de la Constitution

de loi, le parlement consent à l'immixtion de celui-ci dans son domaine en l'autorisant à légiférer par des ordonnances[365]. La procédure est donc connue. Elle requiert une demande émanant de l'Exécutif et dont l'objet est contenu dans un projet de loi (A). Elle implique subséquemment la prévision d'un délai d'action pour la prise des ordonnances (B).

A) L'objet de l'habilitation

L'héritage de la Constitution du 4 octobre 1958 a été largement capitalisé et disséminé dans la plupart des Constitutions des États d'Afrique noire francophone.

L'article 38 de cette Constitution française se lit ainsi : « *Le Gouvernement peut, pour l'exécution de son programme, demander au Parlement l'autorisation de prendre par ordonnances, pendant un délai limité, des mesures qui sont normalement du domaine de la loi. Les ordonnances sont prises en Conseil des ministres après avis du Conseil d'État. Elles entrent en vigueur dès leur publication mais deviennent caduques si le projet de loi de ratification n'est pas déposé devant le Parlement avant la date fixée par la loi d'habilitation. À l'expiration du délai mentionné au premier alinéa du présent article, les ordonnances ne peuvent plus être modifiées que par la loi dans les matières qui sont du domaine législatif...* »[366].

Il s'ensuit qu'en application des prescriptions constitutionnelles y relatives, l'Exécutif entame le circuit de fabrication de la loi. Après une

---

sénégalaise de 2001 ; article 69 de la Constitution togolaise de 1992 ; article 52 de la Constitution gabonaise de 1991 ; article 46 de la Constitution du Mali de 1992.
Le recours au seul Premier ministre est exceptionnel : article 37 de la Constitution sénégalaise du 24 janvier 1959 (*JORS* 30 janvier 1959), articles 26 et 43 de la Constitution sénégalaise du 26 août 1960 (*JORS* du 31 août 1960, p.381) ; article 78 de la Constitution voltaïque du 30 novembre 1960.

[365] Pierre BON, « Les substituts de la loi : les actes législatifs de l'exécutif », *Annuaire International de Justice Constitutionnelle*, Année 2004, n° 19-2003, pp. 472-503 ; Jean TOUSCOZ, « La notion d'ordonnance » *in*, *Etudes de Droit public*, Paris, Cujas, 1964, pp. 219-248.

[366] Ce texte est, pratiquement, repris, avec quelques légères retouches, par un grand nombre de constitutions des Etats d'Afrique francophone, voir par exemple, art.52 de la Constitution du Gabon de 1991, art.107 de la Constitution du Burkina Faso de 1991, art.106 de la Constitution de la 7e République du Niger, art.77 de la Constitution du Sénégal de 2001, art.102 de la Constitution du Bénin de 1990, art.75 et 106 respectivement des Constitutions ivoiriennes de 2000 et de 2016. Lire aussi, Abdoulaye DIÈYE, « Les lois d'habilitation en droit comparé. La situation dans quelques États d'Afrique noire francophone et en France », *Annales de l'Université des Sciences sociales de Toulouse*, Tome LV, 2014, pp. 133-167.

phase de préparation et rédaction par les services de la haute administration de l'exposé des motifs et du *corpus juris* (dispositif) du texte, éventuellement après consultation de certaines institutions[367], le projet de loi est délibéré en Conseil des ministres[368] puis transmis par les services compétents au Parlement où il est exposé et soutenu dans la discussion par un ou plusieurs membres du Gouvernement. C'est dans le projet de loi que l'Exécutif sollicite de la représentation nationale l'autorisation de « légiférer par ordonnances » dans le domaine de la loi.

Après le vote et la promulgation de la loi, celle-ci doit faire l'objet d'une publication dont la date est le point de départ de l'application des ordonnances.

Faut-il le rappeler ? Le parcours du projet de loi, depuis sa gestation à sa mouture homologuée par le Parlement et promulguée par l'Exécutif, est complexe. La loi d'habilitation, comme toute autre loi non référendaire, est l'œuvre du législateur. C'est une loi issue d'une délibération parlementaire qui peut subir les épreuves de l'inscription à l'ordre du jour, d'un examen en commission (généralement la Commission des Lois) et en séance plénière, faire l'objet

---

[367] Les institutions dont les avis sont sollicités peuvent être des juridictions constitutionnelles ou simplement des autorités relevant des trois pouvoirs exécutif, législatif ou judiciaire. Ainsi, la Constitution du Gabon de 1991 prévoit la consultation de certaines autorités. Ici, la prise d'ordonnance est strictement encadrée surtout en cas de circonstances exceptionnelles par l'obligation de consultation du Premier ministre, du président de l'Assemblée nationale et de la Cour constitutionnelle, pendant les intersessions (article 26) tandis que durant les sessions, ces mesures relèvent du domaine de la loi sans nécessiter le contreseing ministériel (article 26 §3). En général, seule une autorité constitutionnellement désignée pour cette consultation peut y recourir et la juridiction rejettera toute demande émanant d'une autre autorité, voir *Cour constitutionnelle du Mali, Avis n° 001/CM du 20 mai 2011 sur la demande d'avis présentée par le ministre des Relations avec les Institutions, in* Recueil des arrêts, avis et autres décisions de la Cour constitutionnelle du Mali, vol.5 (2008-2013), Bamako, 2018, 526 p. Par ailleurs, cette absence de consultation lorsqu'elle est obligatoire est un moyen sur lequel peut être consacrée par voie d'exception ou d'action, l'inconstitutionnalité d'un acte administratif faisant grief ou d'une loi, voir Cour constitutionnelle du Mali, *arrêt n° 09-01/CC du 02 février 2009 relatif à la requête du Président du Conseil économique, social et culturel aux motifs que son institution n'a pas été consultée* sur « les projets de loi relatifs au Code de la famille et à l'abolition de la peine de mort », *in* Recueil, *op. cit.*

[368] Le Conseil des ministres est, en général, l'instance où sont discutés et adoptés les projets de lois, de décrets règlementaires ou d'ordonnances (art.30 de la Constitution du Gabon de 1991, art.57 et 70 de la Constitution du Niger de 2010, art.42 et 44 de la Constitution du Sénégal de 2001, art.97 de la Constitution du Burkina de 1991).

d'amendements[369] ou autres articles additionnels[370]. Elle peut être confrontée à des irrecevabilités, à de nouvelles lectures[371], à la procédure d'urgence[372], à la navette parlementaire[373], au vote bloqué[374],

---

[369]Comme cela a été indiqué précédemment, les différentes Constitutions des pays du champ de l'étude reconnaissent à la fois le droit d'amendement du gouvernement et des membres des parlements. Toutefois en matière de projet de loi d'habilitation, l'Exécutif peut opposer des irrecevabilités, soit pour des raisons financières (voir Section précédente) ; soit si l'amendement parlementaire n'a aucun lien avec le texte en discussion (art.55 de la Constitution du Gabon), soit si les amendements ne sont pas du domaine de la loi (art.83 de la Constitution sénégalaise de 2001), soit si les propositions, projets ou amendements sont contraires aux bonnes mœurs (art.110 de la Constitution de la 7e République du Niger) ou s'opposer à l'examen de tout amendement en plénière qui n'a pas été préalablement soumis à la Commission à laquelle le Parlement a confié le projet de loi (art.122 de la Constitution du Burkina Faso).Il suffit de préciser que si l'initiative des lois appartient concurremment aux parlementaires (proposition de loi) et à l'Exécutif (projet de loi), en matière de loi d'habilitation, seul ce dernier peut initier la procédure d'autorisation. Les parlementaires en sont réduits à adopter, amender ou rejeter le texte. Toute modification de la demande d'habilitation est subordonnée à l'accord tacite ou exprès du Gouvernement ; voir également, Jean-Louis PEZANT, « Le contrôle de recevabilité des initiatives parlementaires. Éléments pour un bilan », *RFSP*, n° 1, 1981, pp. 140-171.

[370] Voir, art.82, alinéa 3 de la Constitution sénégalaise de 2001 révisée par la Loi constitutionnelle n°2019-10 du 14 mai 2019 (*JORS* n° 7181 du 20 mai 2019, p. 917).

[371] La seconde lecture est une nouvelle délibération, c'est-à-dire un réexamen (discussion et vote) qui peut être demandé par l'Exécutif dans certaines conditions (art.73 de la Constitution du Sénégal de 2001).Cette demande ne saurait constituer un dilatoire, c'est-à-dire, qu'elle ne doit pas être faite « en des termes généraux et imprécis ; qu'elle doit préciser l'objet pour lequel elle a été formulée ; (qu'elle ne doit pas avoir pour but) d'entraver la promulgation d'une loi adoptée par l'Assemblée » (*Chambre constitutionnelle de la Cour suprême du Niger, arrêt n° 95-06 du 5 septembre 1995*). Voir aussi, Bruno BAUFUME, « Le droit présidentiel de demander une nouvelle délibération de la loi : le précédent du 13 juillet 1983 (Loi sur l'exposition universelle de 1989) », *RDP* 1985, p. 1240.

[372] C'est une procédure abrégée (accélérée) de vote qui est aménagée en cas d'urgence déclarée en principe par l'Exécutif, ou moins fréquemment par les membres du Parlement (art.58 de la Constitution du Gabon), voir Jean-Michel BELORGEY, « Le parlement à refaire », *Revue Politique et Parlementaire*, n° 955, septembre-octobre 1991, pp. 31-46.

[373] La navette parlementaire est une expression imagée, qui qualifie l'examen à tour de rôle d'un texte de loi par les Assemblées dans un contexte bicaméral.

[374] Le vote bloqué correspond à une technique procédurale d'examen et d'adoption du texte de la loi imposant à l'Assemblée concernée à se prononcer par un vote unique sur tout ou sur une partie du texte en discussion. Dans ce cas, seuls les amendements proposés ou acceptés par l'Exécutif seront admis. Voir, art.121 de la Constitution du Burkina Faso de 1991 et art.82 alinéa 4 de la Constitution du Sénégal de 2001 révisée

à la discussion, à l'adoption ou au rejet, à l'engagement de la responsabilité du gouvernement[375], au contrôle de constitutionnalité[376], avant ou après la promulgation.

L'exégèse de la pratique constitutionnelle africaine fait entrevoir que l'objet de la demande d'habilitation est fondé en majorité sur des motifs d'exécution du programme présidentiel ou gouvernemental [377], quelquefois sur des raisons d'urgence, de manière encore moins courante sur des motifs combinés d'urgence et de programme [378]et, rarement, sur d'autres raisons[379].

---

en 2019 (*JORS* n° 7181 du 20 mai 2019, p.917) ; Pierre AVRIL, « Le vote bloqué », *RDP* 1971, n° 2, pp.469-503 ;Valérie SOMMACO, *Le droit d'amendement et le juge constitutionnel en France et en Italie*, Paris, LGDJ, 2002 ; Jean-Pierre CAMBY, *La procédure législative en France*, Paris, Coll. Documents d'études, droit constitutionnel et institutions politiques, n° 1-12, La Documentation française, 1997, 46 p.

375 Se référer à la Section précédente.

376 Se référer à la Deuxième Partie de cet ouvrage.

377 Constitution du Bénin de 1990 (article 102), du Burkina Faso de 1991 (article 107), du Cameroun de 1996 (art.26), de la République centrafricaine de 2016 (article 42), du Congo de 2015 (art.158), de la Côte d'Ivoire de 2016 (article 106), du Niger de 2010 (article 106), du Mali de 1992 (article 74), du Togo de 1992 (article 86), du Tchad de 1996 (article 129), de Madagascar de 2010 (art.104), de l'Union des Comores de 2018 (art.86) et du Gabon de 1991(article 52).

378 Par exemple, la Constitution du Gabon de 1991 (art.52) et la Constitution de la RDC de 2006 (art.129), associent à la fois l'urgence et l'exécution de programme.

379 On peut citer le cas de la Constitution sénégalaise de 2001 (art.77) et de la Constitution du Cameroun de 1996 (art.28) qui prévoient bien ces types d'ordonnances mais sans les fonder sur des raisons d'exécution d'un programme, ce qui ouvre, pratiquement, la voie à tous les cas de figure.

Dans ce cadre, les Constitutions africaines entendent circonscrire la législation déléguée à l'exécution du programme gouvernemental[380]. La notion de « programme », assez abstraite, a fait en France l'objet de controverses dont l'aboutissement est la dissociation entre le concept utilisé à l'article 38 et celui de programme au sens des dispositions de l'article 49 sur l'engagement de la responsabilité gouvernementale. La notion de « programme », au singulier ou au pluriel[381], ne semble pas recouvrir le sens et le contenu de la déclaration de politique générale du gouvernement[382].

Deux interprétations peuvent prévaloir à ce niveau. La première tend à faire coïncider la notion de programme avec toute stratégie à court, moyen ou long terme de politique publique de l'État librement déterminée et appréciée par le gouvernement dans les domaines culturel, économique et social[383].

La seconde interprétation recouvre la signification d'un programme ponctuel, individualisé *ut singuli* dont l'urgence de réalisation pousse le gouvernement à demander l'habilitation parlementaire.

Devant une telle problématique, la réponse du Conseil constitutionnel français peut être édifiante : « *s'il est spécifié à l'alinéa 1er de l'article 38... que c'est pour l'exécution de son programme que le gouvernement se voit attribuer la possibilité de demander au parlement l'autorisation de légiférer par ordonnances... ce texte doit être entendu comme faisant obligation au gouvernement d'indiquer avec précision au parlement lors du dépôt d'un projet de loi d'habilitation et pour la justification de la demande présentée par lui, quelle est la finalité des mesures qu'il se*

---

380 Dans certaines Constitutions, l'habilitation est demandée et accordée au Président de la République tandis que d'autres Constitutions mentionnent plutôt le Gouvernement, cette distinction ne pose en soi de difficultés qu'en cas de cohabitation.

381 La Constitution du Burkina Faso de 1991 mentionne l'incise « pour l'exécution de ses programmes » (art.107), ce qui dénote une pluralité indéterminable, voir, Lassané SAVADOGO « La pratique des lois d'habilitation au Burkina Faso » *in OIF/Assemblée Parlementaire de la Francophonie*, Actes du Séminaire parlementaire sur les lois d'habilitation, Ouagadougou,15-16 septembre 2011, 90 p, disponible sur http://www.apf.francophonie.org (consulté en juin 2020).

382 Sur le lien entre la DPG et l'engagement de la responsabilité politique du gouvernement, consulter Constitution du Burkina (art.116), du Niger de 2010 (art.107et 108), du Gabon (art.63).

383 Voir le commentaire de Nicaise Médé sous l'*avis du 7 janvier 2000, in* Nicaise MEDE, *Les Grandes Décisions de la Cour constitutionnelle du Bénin, op. cit.*, pp. 151-155.

propose de prendre. »[384] Cela est attesté aussi par la doctrine qui considère que « L'imbrication des notions de législation et de contrôle apparaît à travers la procédure d'habilitation de l'article 38 par laquelle le Parlement autorise le gouvernement à prendre par ordonnances pour l'exécution de son programme des mesures qui sont normalement du domaine de la loi : le lien entre le programme notion politique ressortissant au contrôle et la forme législative de l'autorisation visant des matières elles-mêmes législatives est ici évident »[385].

Dans la même veine, comme le rappelle, à juste titre, Abdoulaye DIÈYE, on peut soutenir que : « si l'exigence est stricte, ses modalités de mise en œuvre sont souples : le Gouvernement peut apporter les justifications nécessaires tant dans l'exposé des motifs du projet de loi d'habilitation que dans le dispositif lui-même ou encore dans les déclarations faites devant chaque assemblée pour présenter le projet de loi »[386]. Il est admis que seul l'Exécutif peut demander l'habilitation législative[387] que sa requête soit libellée dans un projet de loi ou de manière incidente qu'elle soit insérée dans « un amendement à un texte en cours de discussion »[388]

Par ailleurs, on peut raisonnablement s'interroger sur la substance

[384] France, *Décision CC 76-72 DC du 12 janvier 1977* : et le Conseil constitutionnel de vérifier en l'espèce que « ces précisions ont été dûment fournies par le gouvernement ». Le Conseil semble écarter l'analogie avec « le programme » de l'article 49 pour admettre qu'il puisse s'agir d'un programme particulier. Voir Louis FAVOREU, Patrick GAIA *et alii*, *Droit constitutionnel, op. cit.*, p. 713 ; Catherine BOYER-MERENTIER, « Les ordonnances de l'article 38 de la Constitution : une place ambiguë dans la hiérarchie des normes », *RFDA* 1998, p. 924.

[385] Pierre AVRIL, « Le Parlement législateur », *op. cit.*

[386] Abdoulaye DIÈYE, « La problématique des lois d'habilitation dans un régime parlementaire » *in OIF/Assemblée Parlementaire de la Francophonie*, Actes du Séminaire parlementaire sur les lois d'habilitation, Ouagadougou, 15-16 septembre 2011, pp. 26-33, disponible sur http://www.apf.francophonie.org (consulté en juin 2020). Et l'auteur précise que le CC français dans sa *décision n° 86-207 DC des 25 et 26 juin 1986* s'est référé également « aux travaux préparatoires…aux déclarations du Gouvernement devant le Parlement »,avec cette nuance contenue dans la Décision 86-207 DC selon laquelle le gouvernement « n'est pas tenu de faire connaître la teneur des ordonnances qu'il prendra en vertu de cette habilitation » (*JORF* du 27 juin 1986) ; Cf., Michel VERPEAUX, « Les ordonnances de l'article 38 ou les fluctuations contrôlées de la répartition des compétences entre la loi et le règlement », *Cahiers du Conseil constitutionnel*, n° 19, janvier 2006.

[387] Voir Conseil constitutionnel français, *Décision n°2004-510 DC du 20 janvier 2005,* consulter www.conseil constitutionnel.fr.

[388] Conseil constitutionnel français, *Décision n° 2006-534 DC du 16 mars 2006, ibid.*

ratione materiae du projet de loi d'habilitation. Il résulte de la pratique constitutionnelle des États francophones d'Afrique un usage comparable à celui de la Ve République française. En clair, la demande et l'autorisation de délégation législative portent sur le domaine de la loi ordinaire, c'est-à-dire les matières relevant de la compétence du Parlement : soit celles où « la loi fixe les règles concernant (…) »[389], soit celles où « *la loi détermine les principes fondamentaux (…)* »[390].

A priori, l'exégèse constitutionnelle permet de reconnaître à l'habilitation conférée, l'impératif d'emprunter la voie de la procédure législative ordinaire, ce qui, *proprio motu*, écarte tout choix en faveur d'une procédure relative aux lois de finances ou aux lois organiques[391].

À titre remémoratif, la loi organique [392]revêt une double originalité. Au plan matériel, il s'agit d'une loi concernant l'organisation et le fonctionnement des pouvoirs publics [393] (les institutions). Au plan

---

[389] Art.67 de la Constitution du Sénégal de 2001, art.89 et 90 de la Constitution des Comores de 2001 révisée en 2018, art.99 de la Constitution du Niger de 2010.

[390] Art.91 de la Constitution des Comores de 2001 révisée en 2018, art.100 de la Constitution du Niger de 2010.
Sur ce point, le CCS a tenté de fournir un critère de distinction entre cette fixation des règles et cette détermination des principes dans la *Décision n° 1/C/19 du 25 avril 2019* « Entente CADAK-CAR » dans laquelle il retient que « l'article 67 de la Constitution (…) en déterminant le domaine de la loi, distingue les matières qui relèvent totalement du domaine législatif puisque c'est la loi qui en fixe, à la fois les principes fondamentaux, les modalités d'application et celles qui relèvent partiellement du domaine de la loi ; celle-ci n'en fixant que les principes fondamentaux » et que par conséquent « en renvoyant au règlement pour déterminer les modalités de mise en œuvre des missions relatives au nettoiement et à la salubrité dans les collectivités territoriales, l'article 119 du CGCT n'est en rien contraire à l'article 67 de la Constitution ».

[391] Le Conseil constitutionnel français, dans sa *Décision n° 2004-506 DC du 2 décembre 2004*, précise que « l'article 38 de la Constitution n'excepte de la délégation que les domaines que la Constitution réserve aux lois organiques, aux lois de finances et aux lois de financement de la sécurité », cité par Abdoulaye DIÈYE, « Les lois d'habilitation… », *op. cit.*

[392] La loi organique est ainsi définie par la Constitution Burkinabé de 1991 « *une délibération de l'Assemblée Nationale ayant pour objet l'organisation ou le fonctionnement des institutions…* » (art.97 al.2) ; voir Luc Marius IBRIGA et Amidou GARANE, *op .cit.*

[393] Le Conseil constitutionnel français caractérise les lois organiques comme celles qui ont « des dispositions qui définissent les compétences des institutions propres du territoire, les règles essentielles d'organisation et de fonctionnement de ces institutions, y compris les modalités selon lesquelles s'exercent sur elles les pouvoirs de contrôle de l'État ainsi que les dispositions qui n'en sont pas dissociables »

formel ou processuel, son mode d'adoption requiert un vote à la majorité absolue [394], tandis que son contrôle de conformité à la Constitution est souvent exigé avant sa promulgation[395].

Toutefois, une réserve s'impose dans le cadre des régimes militaires et de sortie de crise ou dans des situations d'habilitation constitutionnelle, (dispositions transitoires, mise en vigueur du budget), rien n'exclut l'adoption d'ordonnances portant loi organique ou loi de finances[396].

À ce stade, il sied également de noter qu'au regard de la pratique des États, deux tendances se dessinent : celle où l'objet est cantonné à un ou des domaines précis et énumérés strictement dans le projet ; et une seconde tendance accordant au demandeur une grande marge de manœuvre pour édicter, à son jugement, toute ordonnance nécessaire, et quel qu'en soit la matière.

En Afrique, il semble qu'il faille adopter une interprétation nuancée puisque certaines ordonnances découlant de lois d'habilitation, portaient sur des domaines larges ou si vagues[397] qu'on pourrait en

---

(*Décision n° 96-373DC du 9 avril 1996, JORF du 13avril 1996,p. 5724*) ; voir aussi Ismaila Madior FALL, « La loi organique.. », *op. cit.*

[394] Art.78 de la Constitution du Sénégal de 2001.

[395] Art.78 de la Constitution du Sénégal de 2001, art.155 de la Constitution du Burkina Faso de 1991, art.60 et 84 de la Constitution du Gabon de 1991, art.131 de la Constitution du Niger de 2010, art.104 de la Constitution du Togo révisée en 2019.Sur la saisine obligatoire de la HCC qui se prononce sur la conformité des ordonnances à la Constitution malgache en vertu des articles 116 et 117, (*Décision n°13-HCC /D3 du 5 juillet 2019 concernant l'ordonnance n°2019-012 portant abrogation des dispositions législatives relatives à la création du Fonds d'Entretien Routier et l' ordonnance n°2019-013 portant création de l'Autorité Routière)*.

[396] Voir *supra.*

[397] Cf. Sénégal, Loi n°60-43 ALS du 20 août 1960 dont l'article 1er dispose : « Le gouvernement de la République du Sénégal est habilité pendant un délai de trois mois à compter de la présente loi et en cas de besoin avant la promulgation, à régler par voie d'ordonnance toutes les matières relevant de la compétence de l'Assemblée nationale… » (*JORS* du 24 août 1960, p.857) et les ordonnances prises sur ce fondement : Ordonnance n°60-01MF du 20 août 1960 relative au fonctionnement du Trésor sur le territoire du Sénégal, Ordonnance n°60-02 MF portant création d'un service des douanes de la République du Sénégal, Ordonnance n°60-03 MJ portant modification de la formule exécutoire, Ordonnance 60-04 MF portant deuxième remaniement du budget de la République du Sénégal, exercice 1960 (*JORS* 24 août 1960, pp. 859-860). Voir également au Gabon, loi n°29/82 du 24 janvier 1983 autorisant le Président de la République à légiférer par ordonnances pendant la période de l'intercession et qui vise « toutes les matières qui sont normalement du domaine de la loi », (JORG n°5 et 6 des 1er et 15 mars 1983, p.1) ; consulter Saidou Nourou

déduire un relatif pouvoir discrétionnaire gouvernemental d'assignation au programme, d'une signification subjective, tandis que d'autres ordonnances sont restreintes par des lois d'habilitation détaillant précisément l'objet de la délégation[398].

En général, les lois d'habilitation peuvent porter sur chacune des matières énumérées comme devant faire partie du domaine de la loi. Il est évident que cette habilitation, qui peut porter sur une ou plusieurs de ces matières, n'est ni un blanc-seing ni une renonciation parlementaire à des attributions conférées par la Constitution.

Dès lors, un aménagement particulier est nécessaire pour en préciser le détail.

B) Le temps de l'habilitation

Le fondement de ces ordonnances repose sur une habilitation parlementaire[399]. Face aux possibilités de violations du principe de la séparation des pouvoirs, la loi d'habilitation doit cerner avec minutie les matières visées et le temps imparti pour édicter des ordonnances. On admet en général une *summa divisio* faisant le départ entre un délai d'action et un délai de dépôt[400]. Le second délai concerne le temps imparti à l'Exécutif pour déposer son projet de loi de ratification alors que le premier délai, seul opérant ici, concerne la séquence temporelle pendant laquelle l'Exécutif peut prendre des ordonnances.

En ce qui concerne la temporalité de la délégation législative, les Constitutions africaines semblent s'inscrire dans un clair-obscur ou, à tout le moins, dans une durée à géométrie variable. Plusieurs situations peuvent en porter témoignage :

- le cas des Constitutions fixant le délai d'habitation à une période

---

TALL, « Les ordonnances en Afrique noire francophone ». *Revue EDJA*, n° 64, janvier-fevrier-mars 2005, pp. 47-81.

[398] Voir loi n°98-50 du 23 décembre 1998 habilitant le Président de la République à prendre des ordonnances dans les domaines suivants : fiscalité, douane, ratification des accords de prêts, textes de forme législative nécessaire à la mise en œuvre de programmes de réforme économique et financière (*JO* du Niger du 21 janvier 1999, p.2).

[399] Sur le rôle du Parlement dans une démocratie, se référer à *l'avis du Conseil constitutionnel de la République de Côte d'Ivoire, avis n°2005-013 /CC/SG du 15 décembre 2005*, cité par Luc SINDJOUN, *Les grandes décisions de la justice constitutionnelle africaine. Droit constitutionnel jurisprudentiel et politiques constitutionnelles au prisme des systèmes politiques africains*, Bruxelles, Bruylant, 2009.

[400] Cf., Chapitre I de la Deuxième Partie.

de « *l'intercession parlementaire* »[401] ;

- le cas de Constitutions renvoyant à la loi d'habilitation pour fixer les limites de temps et de compétences[402] ;
- le cas de Constitutions entretenant un savant flou juridique, permettant la prise d'ordonnances dans un « délai limité »[403] sans autres précisions ;
- le cas de Constitutions ne prévoyant aucun délai[404], etc.

Du tout, il peut être inféré que la pratique africaine de la législation déléguée abonde, en moyenne, dans la direction d'un délai d'action allant de trois à six mois[405]. L'habilitation est temporaire, si l'on veut juguler le risque d'une appréciation gouvernementale excessive de la

---

[401]Certaines Constitutions poussent la précision jusqu'à cantonner l'intervention de ces mesures dans une période correspondant à l'intercession parlementaire, article 52 al.1 de la Constitution gabonaise de 1991 (intercession), article 74 de la Constitution malienne de 1992 (« pendant un délai limité ou entre les deux sessions »), article 44 de la Constitution de l'Empire centrafricain (« dans l'intervalle des sessions »). Voir également loi n°40/61 du 15 décembre 1961 habilitant le gouvernement à légiférer par ordonnances pendant l'intercession parlementaire 1961-1962 (*JO* du Tchad du 1er janvier 1962, p.3) et Ordonnance n°1/EC du 13 janvier 1962 portant création de la Banque de Développement du Tchad (*JO* du 1er février 1962, p.81), en application de l'article 33 de la Constitution du Tchad du 28 novembre 1960.

[402] C'est le cas de l'article 77 de la Constitution sénégalaise. Il va de soi que dans cette occurrence, l'élasticité de la durée de l'habilitation peut aller de quelques semaines à quelques mois.

[403] La grande majorité des Etats francophones d'Afrique ont opté pour cette modalité temporelle qui, il est vrai, offre une grande marge de manœuvre à l'Exécutif mais est également propice aux interprétations les plus abusives (art.106 de la Constitution du Niger de 2010, art.107 de la Constitution du Burkina de 1991, art.200 de la Constitution du Burundi du 7 juin 2018, pour ce dernier cas, « *décrets -lois pendant un délai* limité ».

[404] C'est le cas atypique de la Constitution de Guinée de 2020 dont l'art.90 se borne à mentionner la possibilité de demander l'habilitation pendant « la session ordinaire unique » et à la condition qu'« une circonstance quelconque le nécessite ».

[405] Ce délai d'action est le plus fréquemment imposé. Voir, loi 98-50 précitée ; loi 60-046 ANS du 7 septembre 1960 habilitant le gouvernement à prendre pour une durée de trois (3) mois des mesures qui sont normalement du domaine de la loi (*JORS* du 17 septembre 1960, p.958) ; loi n°95-10 du 28 avril 1995 habilitant le gouvernement à prendre des ordonnances portant douzièmes provisoires (*JO* du Niger du 1er juin 1995, p.441). Toutefois, des délais plus longs peuvent être institués : 6 mois à 12 mois pour la loi n°73-3 du 9 juillet 1973 autorisant le Président de la République unie du Cameroun à fixer par ordonnance le régime foncier et domanial (*JO* du Cameroun du 30 juillet 1973, p.90) ou la loi n°73-8 du 7 décembre 1973 autorisant le Président de la République à prendre des ordonnances en vue d'encourager et de développer l'industrie touristique au Cameroun (*JO* du Cameroun du 15 décembre 1973, p. 431).

délégation octroyée.

Des originalités peuvent innerver la procédure. En principe, si l'habilitation est accordée par le Parlement en session plénière, une Commission des délégations peut y suppléer, à l'instar de celle prévue dans le cadre des Constitutions sénégalaises[406]. Alors, la délibération[407] prise par la Commission aura la valeur juridique prêtée à la loi votée par le Parlement. À cet effet, l'alinéa 4 de l'article 65 de la Constitution du 22 janvier 2001 dispose que : « *ces délibérations sont déposées sur le bureau de l'Assemblée nationale. Faute d'avoir été modifiées par l'Assemblée nationale dans les quinze jours de la session, elles deviennent définitives.* » Mais cette procédure d'utilisation exceptionnelle, n'a pas eu la préférence de la majorité des Constitutions africaines. De même, il faut signaler l'originalité de la Constitution gabonaise qui prohibe l'exercice par le Président de la République de son pouvoir d'édiction par ordonnance à partir de l'annonce officielle de sa candidature à l'élection (article 11 § 4).

En Guinée, la novation de la Constitution de 2020 est d'introduire un double régime juridique selon que l'on se trouve dans ou en dehors de la session ordinaire. Au cours de la session, habilitation peut être accordée par une loi, « *si une circonstance quelconque le nécessite* », au PR de prendre des mesures relevant du domaine de la loi « pour un

---

[406] Article 65 de la Constitution de 2001, article 43 al.1 de la Constitution du 26 août 1960 et article 66 du texte initial de la Constitution du 7 mars 1963 (avant la révision constitutionnelle de 1967), puis article 53 bis (loi constitutionnelle n°67-32 du 20 juin 1967). Cette pratique des Commissions des délégations semble avoir été empruntée à l'Italie (article 72 de la Constitution). Toutefois, un *arrêt de la Cour suprême sénégalaise du 3 mai 1962* rappelle que les délégations à la Commission doivent être temporaires et spéciales, cf. Philippe GEORGES, « La procédure législative au Sénégal », *Annales africaines*, 1965, pp. 173-188.

[407] La Commission des délégations (habilitée par une Résolution de l'Assemblée nationale) pouvait prendre des « délibérations qui sont promulguées comme des lois ». Cf. Délibération n°3 du 27 août 1962 instituant une hypothèque forcée sur les biens des comptables publics et Délibération n°4 du 27 août 1962 relative à la taxe sur le chiffre d'affaires (*JORS* du 8 septembre 1962, p. 1478). La première délégation à la Commission du 26 mars 1962 portait sur l'examen de projets de lois relatifs à l'ouverture de compte hors budget pour la comptabilisation des opérations d'investissement. La deuxième délégation du 2 juillet 1962 concernait les domaines suivants : transferts, virements et reports de crédits budgétaires, modification du Code des douanes, organisation et contrôle de l'industrie des assurances, hypothèque légale des comptables publics, taxe sur le chiffre d'affaires, ratification d'accords internationaux. Voir Philippe GEORGES, « La procédure législative au Sénégal », *op. cit.*, p. 179.

délai donné et dans des matières qu'elle précise »[408]. En revanche, à la clôture de la session ordinaire unique (5 octobre-4 juillet), en cas de vacance parlementaire et en cas d'urgence, la possibilité est offerte au PR de prendre des ordonnances sur la base d'une loi d'habilitation « *qui doit énumérer de manière exhaustive et limitative les matières pouvant en faire l'objet* » *avec cette exigence que ces ordonnances « doivent être ratifiées par l'Assemblée nationale à sa rentrée prochaine* »[409]. Par ailleurs en cas d'état d'urgence ou d'état de siège, le Chef de l'État « *peut prendre, par ordonnance, toute mesure nécessaire à la défense de l'intégrité du territoire et au rétablissement ou au maintien de l'Ordre public* »[410].

Une autre particularité, qui est à mettre au crédit du Congo, réside non pas dans une habilitation demandée pour l'exécution du programme et dans un délai limité, mais plutôt dans la prévision qu'en cas de rejet de cette demande « le *Président de la République peut légiférer par ordonnance après avis de la Cour suprême* »[411].

Dans le même registre de l'innovation, on peut souligner l'exemple de la Constitution de la RDC de 2006 dont l'examen permet de distinguer d'une part, les ordonnances et, d'autre part, les ordonnances-lois. Parmi les attributions conférées au Président de la République, il y'a lieu de faire état de la possibilité de prendre cinq types d'ordonnances :

- les ordonnances d'investiture des gouverneurs et des vice-gouverneurs de province[412] ;

---

[408] Constitution de la Guinée de 2020, art.90, alinéa premier.

[409] Constitution de la Guinée de 2020, art.76.

[410] Constitution de la Guinée de 2020, art.100.

[411] Art.132 de la Constitution de la République du Congo du 20 janvier 2002 qui est devenu l'article 158 de la Constitution congolaise du 6 novembre 2015. En fait sous l'égide de ses Constitutions successives, (des 02 mars 1961, 08 décembre 1963, 24 juin 1973, 15 mars 1992), de l'Acte fondamental du 24 octobre 1997, et des Constitutions de 2002 et 2015, le Congo a été gouverné avec un nombre élevé d'ordonnances ; consulter, Gilbert BONDONGO, « La délégation des compétences législatives au pouvoir exécutif dans la nouvelle Constitution du Congo du 20 janvier 2002 », *Revue EDJA*, n° 64, janvier-février-mars 2005, pp. 25-31.

[412] Art.80 de la Constitution de la RDC de 2006, révisée par la loi n° 11/002 du 20 janvier 2011.

- les ordonnances de nomination de hauts-fonctionnaires de l'Administration publique, des responsables des établissements publics mandataires de l'État dans les entreprises et organismes publics, les chefs d'état-major, les ambassadeurs et Envoyés, les officiers généraux et supérieurs[413] ;
- les ordonnances de révocation des magistrats du siège ou du parquet sur proposition du Conseil Supérieur de la Magistrature[414] ;
- les ordonnances pour les situations d'état de siège[415] et,
- les ordonnances délibérées en Conseil des ministres et qui fixent l'organisation et le fonctionnement du Gouvernement [416] .Ces ordonnances « simples » sont contresignées par le Premier ministre.

Quant aux ordonnances-lois, elles sont délibérées en Conseil des ministres, sans requérir d'avis consultatif. Le Président de la République en demande l'habilitation « pour l'exécution urgente de son programme d'action » [417] . Toutefois, les ordonnances comme les ordonnances-lois sont délibérées en Conseil des ministres [418] et contresignées, à l'exception de celles de l'art.80[419].

Il en résulte que l'habilitation parlementaire est soutenue par des exigences qui fondent sûrement l'édiction de ces mesures qui sont normalement du domaine de la loi. Dans le délai d'action imparti à l'Exécutif, le parlement se trouve momentanément dessaisi, non de tout son pouvoir législatif, mais du seul domaine ou de la matière qu'il a

---

[413] Art.81 de la Constitution de la RDC de 2006.
[414] Art.82 de la Constitution de la RDC de 2006.
[415] Art.200 de la Constitution de la RDC de 2006. Voir Chapitre II de la deuxième Partie.
[416] Art.92 de la Constitution de la RDC de 2006.
[417] Art.129 de la Constitution de la RDC de 2006.
[418] Le Chef de l'État préside le Conseil des ministres et « statue par voie d'ordonnances » (art.79).Voir, par exemple, Cour constitutionnelle de la RDC, siégeant en matière de déclaration du patrimoine, RDPF :94 à 161, *Déclaration du Patrimoine familial des membres du gouvernement Samy Badibanga Ntita nommé par Ordonnance n°16/099 du 26 novembre deux mille seize portant nomination de Monsieur Samy Badibanga Ntita en qualité de Premier ministre et celle n°16/100 du dix-neuf décembre deux mille seize portant nomination des vices-Premiers ministres, ministres d'État, ministres, ministre délégué et vice-ministres, arrêt du 18 février 2018.*
[419] Consulter, Richard TSHIENDA MUAMBI, « L'analyse de l'ordonnance n°15/081 du 29 octobre 2015 portant nomination des commissaires spéciaux et des commissaires spéciaux adjoints chargés d'administrer les nouvelles provinces en République Démocratique du Congo », *Afrika Focus*, Volume 30, n° 1, 2017, pp. 99-116.

délégué(e)[420]. Il s'interdit donc de légiférer dans ces matières jusqu'au moment de l'examen du projet de loi de ratification, où tel un phœnix renaissant de ses cendres, il retrouve la plénitude d'action sur les matières déléguées[421].

Après obtention de l'habilitation parlementaire, l'Exécutif est attributaire d'une compétence déléguée d'action et de décision pour produire des ordonnances.

Paragraphe II. La production des ordonnances sur délégation législative

L'habilitation parlementaire une fois acquise, l'Exécutif peut désormais procéder à l'émission des ordonnances (A). Par voie de corollaire, cette production d'ordonnances emporte un certain nombre de conséquences dans l'application de ces textes (B).

A) L'adoption des ordonnances

Le fondement des ordonnances est la loi d'habilitation qui, elle-même, ne saurait être distraite de son assise constitutionnelle laquelle énonce un ensemble de dispositifs normatifs s'articulant autour d'une procédure d'adoption. L'originalité des ordonnances réside dans la particularité de la procédure suivie.

En effet, il est nécessaire, selon certaines Constitutions[422], qu'elles soient prises après l'avis non conforme de juridictions ou d'organes consultatifs[423].

---

[420] Lassané SAVADOGO, « La pratique des lois d'habilitation au Burkina Faso », *op. cit.*

[421] Cf., Christophe PALLEZ, « Le régime juridique des ordonnances » *in OIF/Assemblée Parlementaire de la Francophonie*, Actes du Séminaire parlementaire sur les lois d'habilitation, op.cit., pp.36-56 ; Bertrand MATHIEU, « La part de la loi, la part du règlement. De la limitation de la compétence parlementaire à la limitation de la compétence législative *», Pouvoirs 2005/3*, n° 114, pp. 73-87.

[422] Voir l'article d'Adamou ISSOUFOU, « L'autorité des avis du juge constitutionnel en Afrique francophone », *Revue électronique Afrilex*, 39 p, http://www.afrilex.u-bordeaux4 .fr (consulté en juin 2020).

On peut noter qu'au Sénégal, la Constitution de 2001 n'impose aucune obligation de soumettre le projet d'ordonnance pour adoption au Conseil des ministres ni de recueillir l'avis du Conseil constitutionnel.

[423] Ces organes juridictionnels ou non juridictionnels sont variés : Cour suprême (Mali,), Cour constitutionnelle et Conseil économique et social (République centrafricaine), Chambre administrative de la Cour suprême (Tchad), Cour constitutionnelle (Togo, Niger, Bénin), Conseil d'État (Gabon), Conseil constitutionnel (Burkina Faso, Côte d'Ivoire), voir *supra.*

Les juridictions constitutionnelles saisies du projet d'ordonnance s'attèlent généralement à résoudre, selon la synthèse qu'en fait Adamou Issoufou, les questions suivantes : « est-ce qu'une loi d'habilitation autorisant le gouvernement à légiférer par ordonnance a été adoptée par le parlement ? Est-ce que l'habilitation a été donnée dans une des matières qui relèvent du domaine de la loi ? Est-ce que le projet d'ordonnance a été pris pendant la durée de validité de l'habilitation ? Est-ce qu'au regard de son objet, ce projet se rapporte à l'une des matières limitativement énumérées dans la loi d'habilitation ? »[424]

Subséquemment, en fonction de la non-conformité ou de l'absence de contrariété du projet de loi d'habilitation ou du projet d'ordonnance avec les dispositions législatives ou de valeur supra législative, l'avis émis peut être négatif ou favorable, voire même assorti de réserves qui invitent à la prudence et à la circonspection[425].

Il a été constaté, par exemple au Niger, un important activisme judiciaire en matière consultative. Ainsi, diverses affaires concernant des projets d'ordonnance ont été examinées par la juridiction nigérienne, notamment dans la phase transitoire prévue à l'art.177 de la Constitution de 2010. Elle a émis l'avis *n° 003/CCT/2013* sur le projet d'ordonnance autorisant la ratification de la Charte de l'Eau du Bassin du Lac Tchad, conformément à l'article 106 de la Constitution dont la substantifique moelle est que « *Le projet d'ordonnance de ratification de la Charte de l'Eau du Bassin du Lac Tchad est pris dans le cadre de la loi n° 2012-65 du 31 décembre 2012 habilitant le Gouvernement à prendre des ordonnances pour compter du 28 décembre 2012 au 28 février 2013, dans divers domaines dont la ratification de la Charte de l'Eau du Bassin du Lac Tchad adoptée par le 14e Sommet des Chefs d'État et de Gouvernement de la Commission du Bassin du Lac Tchad (CBLT) ; Le projet d'ordonnance autorisant la ratification de la Charte*

---

[424] Cf. Adamou Issoufou, qui cite également les affaires suivantes de la Cour constitutionnelle du Niger : *Avis n°001-2001/CC du 8 mars 2001* disponible sur http://www.cour-constitutionnelle-niger.org/documents/avis/2001/avis_n_001_cc_2001.pdf ; *Avis n°32/CC du 30 décembre 2015*, disponible sur http://cour-constitutionnelle-niger.org/documents/avis/2015/avis_n_032_cc_2015.pdf ; Avis n°33/CC du 30 décembre 2015, disponible sur http://courconstitutionnelle-niger.org/documents/ avis/2015/avis_n_033_cc_2015.pdf.

[425] Abdou Aziz Daba KEBE, « Les réserves d'interprétation dans la jurisprudence constitutionnelle des États de l'Afrique francophone », i*n* Ismaila Madior FALL et Alioune SALL, *Actualités du Droit public et de la science politique en Afrique, Mélanges en l'honneur de Babacar Kanté*, L'Harmattan, Sénégal, 2017, pp. 425-471.

de l'Eau du Bassin du Lac Tchad est conforme à la loi d'habilitation et ne révèle aucune disposition contraire à la Constitution »[426].

Dans le sillage de sa devancière, l'actuelle Cour constitutionnelle a rendu un grand nombre d'avis en 2018, comme ceux du 26 janvier[427], du 13 juin [428]ou du 31 juillet [429] qui ont abouti aux mêmes conclusions après vérification de la conformité du projet avec la loi d'habilitation.

Dans une situation voisine, la Cour constitutionnelle du Togo dans son *avis du 8 avril 2020* donne son onction, au projet d'ordonnance, au vu des considérations suivantes : « *Considérant que le projet d'ordonnance en instance d'adoption par le gouvernement, dans le cadre de l'habilitation législative du 27 mars 2020, vise à donner aux pouvoirs publics les moyens juridiques de faire face par des mesures circonstanciées et adaptées à des situations de péril imminent résultant d'atteintes graves à l'ordre public ou d'événements présentant par leur nature et leur gravité le caractère de calamité publique ;*

Considérant qu'après analyse, article par article, dudit projet d'ordonnance, les restrictions susceptibles d'être apportées à l'exercice des libertés fondamentales sont graduées, circonscrites et limitées dans le temps… » [430].

Il reste que l'objet des avis sur les projets d'ordonnance gagnerait à être plus précis par une demande d'habilitation libellée en termes plus juridiques et moins émaillée de connotations partisanes en sorte que la

---

[426] Niger, Conseil constitutionnel de transition, *Avis n° 003/CCT/2013 du 11 janvier 2013 sur le projet d'ordonnance autorisant la ratification de la Charte de l'Eau du Bassin du Lac Tchad.*

[427] Niger, *Cour constitutionnelle, Avis n° 01/CC du 26 janvier 2018 sur le projet d'ordonnance modifiant et complétant l'ordonnance n° 2010-54 du 17 septembre 2010 portant Code Général des Collectivités Territoriales du Niger.*

[428] Niger, Cour constitutionnelle, *Avis n°05/CC du 13 juin 2018 sur le projet d'ordonnance portant prorogation de l'état d'urgence dans la région de Diffa.*

[429] Niger, Cour constitutionnelle, *Avis n°17/CC du 31 juillet 2018 sur le projet d'ordonnance autorisant la ratification de l'Accord de prêt entre la République du Niger et le Fonds Africain de Développement (FAD) pour le financement partiel du projet d'interconnexion électrique Nigéria-Niger-Bénin-Burkina Faso.* Les différents avis de la Cour constitutionnelle du Niger peuvent être consultés à l'adresse : http://courconstitutionnelle-niger.org/documents/avis...

[430] Cour constitutionnelle du Togo, Affaire *de la Demande d'avis du Premier ministre sur le projet d'ordonnance déterminant les conditions de mise en œuvre de l'état d'urgence au Togo,* avis n° AV-003/20 du 8 avril 2020 ; voir aussi, Cour constitutionnelle du Togo, Affaire *de la Demande d'avis du Président de la République sur les armoiries,* avis n° AV-001/08 du 20 juin 2008, www.courconstitutionnelle.tg.

loi votée soit plus intelligible dans cette fixation des matières et de la durée.

L'avis[431], non obligatoirement publié, a pour fonction d'éclairer l'Exécutif[432], il lui permet plus facilement de cantonner son intervention dans les limites matérielles et temporelles de la délégation, en lui évitant ainsi une mauvaise appréciation des marges frontalières de l'habilitation.

Un autre intérêt, et non des moindres, lié à cette procédure consultative est de prévenir d'éventuels recours contentieux en aval de la procédure. En effet, il serait surprenant, même si l'avis consultatif est en principe de portée non contraignante [433] pour l'autorité administrative demanderesse, que l'Exécutif passe outre, dans le montage de son projet d'ordonnance, les conseils avisés de l'organe consulté.

---

[431] En droit, on distingue principalement l'avis simple, l'avis obligatoire et l'avis conforme. L'avis simple est facultativement demandé et facultativement suivi. L'avis conforme est obligatoirement demandé et obligatoirement suivi. L'avis obligatoire est obligatoirement demandé mais facultativement suivi. Cf., Thierry REVET (dir.), L'inflation des avis en droit, Paris, Economica, 1999, 203p. ; Jean -Marie AUBY, « Le régime juridique des avis dans la procédure administrative », *AJDA*, 1956, pp.53-67 ; Marceau LONG, « Le Conseil d'État et la fonction consultative », *RFDA*, 1992 ; François BRENET et Antoine CLAEYS, « La procédure de saisine pour avis du Conseil d'État : pratique contentieuse et influence du droit positif », *RFDA* mai-juin 2002, pp. 525-537. ....

[432] Selon la Haute Cour Constitutionnelle de Madagascar, l'avis a pour objet « de faire la lumière sur une difficulté d'ordre juridique » *Avis n°03-HCC/AV du 11 avril 2014 relatif à la nature et à la portée de toute procédure consultative engagée auprès de la Haute Cour constitutionnelle*, disponible sur http://www.hcc.gov.mg/avis/avis-n03-hccav-du-11-avril-2014-relatif-a-la-nature-et-a-la-portee-de-toute-procedure-consultative-engagee-aupres-de-la-haute-cour-constitutionnelle, cité par Adamou Issoufou, *op. cit.*

[433] Selon le Doyen Bléou, « Le propre et le mérite de la consultation, c'est d'éclairer sans imposer », Martin BLEOU DJEZOU, « Le juge constitutionnel et les révisions constitutionnelles » *in* Koffi AHADZI-NONOU, Dodzi KOKOROKO, Adama KPODAR et Fréderic -Joël AIVO (dir.), *Démocratie en questions, Mélanges en l'honneur du Professeur Théodore Holo*, Presses de l'Université de Toulouse I Capitole, 2017, p. 232. Voir aussi ; en droit international, Saidou Nourou TALL, « La demande d'avis consultatif à la CIJ », *Revue de la Recherche Juridique, Droit prospectif*, PUAM, 2012/2, pp. 903-936.

À la fin de la procédure consultative (si elle était prévue par le moyen d'une saisine obligatoire ou facultative), le projet d'ordonnance, selon diverses Constitutions[434], doit être examiné et adopté en Conseil des ministres [435] .De surcroît, l'ordonnance doit revêtir la signature du Premier ministre ou du Président de la République[436], accompagnée du contreseing ministériel.

À ce stade, se pose la question de savoir si cette signature découle d'un pouvoir discrétionnaire ou d'une compétence liée.

En France, où le débat avait pris une grande ampleur, au moment de la cohabitation à la suite du refus du Président Mitterand de signer des ordonnances[437], l'épreuve de force avait conduit à la prévalence de ce rejet.

En Afrique noire francophone, en dehors de l'exemple du Niger de cohabitation difficile, entre le Président Mahamane Ousmane et le Premier ministre Hama Amadou[438], la question n'est résolue qu'au cas par cas.

---

[434] La Constitution du Sénégal de 2001 n'exige ni l'adoption des ordonnances en Conseil des ministres ni l'avis consultatif d'une institution quelconque, ce qui affranchit le Président de la République, délégataire de l'habilitation, de l'accomplissement de ces formalités.

[435] Art.57 et 106 de la Constitution du Niger de 2010 ; art.47, 61 et 107 de la Constitution du Burkina Faso de 1991 ; art.30 et 52 de la Constitution du Gabon de 1991.

[436] Voir, article 99 de la Constitution Burkinabé de 1991 : « L'ordonnance est un acte signé par le Président du Faso, après délibération du Conseil des ministres dans les domaines réservés à la loi et dans les cas prévus aux articles 103, 107 et 119 de la présente Constitution. Elle entre en vigueur dès sa publication. »

[437] Ces refus concernaient trois ordonnances relatives à la privatisation d'entreprises nationales (14 juillet 1986), au découpage électoral (2 octobre 1986) et l'aménagement du temps de travail (17 décembre 1986). L'épilogue de cette querelle fut la transformation de ces ordonnances en projets de loi qui seront adoptés par le Parlement après l'intermède de l'affaire de l'amendement Seguin (*Décision du Conseil constitutionnel du 27 janvier 1987*) ; Cf., également Michel TROPER, « La signature des ordonnances », *Pouvoirs* n° 41, 1987.

[438] La discorde portait dans un premier temps (mars-avril 1995) sur le refus de présider le Conseil des ministres et sur des nominations de responsables d'entreprises et dans un deuxième temps (janvier 1996) sur le refus de promulguer la loi de finances pour 1996. La Cour suprême du Niger a déclaré inconstitutionnelle la décision présidentielle. Cf. Jean DU BOIS DE GAUDUSSON *et alii*, *Les Constitutions africaines*, Tome 2, pp. 158-159 ; Grégoire EMMANUEL, « Cohabitation au Niger », *Afrique contemporaine*, n° 175, 3e trimestre, 1995, pp. 43-51.

Sur le plan juridique, l'absence de signature a pour effet d'invalider l'ordonnance pour violation d'une formalité substantielle dont le respect doit être assuré, à défaut d'une juridiction constitutionnelle, par une juridiction administrative[439].

Après leur signature, les ordonnances sont astreintes à une publication qui conditionne leur entrée ou mise en vigueur.

B) L'application des ordonnances

Entre le point de départ du délai d'action et la date d'expiration de l'habilitation, l'Exécutif est autorisé à intervenir dans les matières faisant l'objet de la délégation.

À cet égard, les pratiques constitutionnelles des États d'Afrique noire francophone sont caractérisées par une grande prolifération des ordonnances. Celles-ci recouvrent un large spectre puisque pouvant régir des matières comme le droit civil, le droit pénal, le droit commercial, le droit des affaires, les finances publiques, les relations diplomatiques bilatérales ou multilatérales, le maintien de l'ordre, la santé, l'environnement, l'administration publique, la décentralisation, etc.

Plusieurs explications résultent d'une telle largesse. Le caractère évasif et approximatif de certaines lois d'habilitation a pu faire aboutir à un tel constat. Mais, on a également fait valoir l'argument du gain de temps pour l'Exécutif dans l'application de ses programmes, avec la levée des obstacles des longs débats parlementaires et l'économie des aspérités encore plus saillantes de la procédure législative, dans le cas des parlements bicaméraux.

Le grand potentiel d'action inhérent à l'habilitation peut, de ce fait, s'exprimer par diverses mutations dans la vie des ordonnances. Une loi d'habilitation peut être le lieu de jaillissement de plusieurs ordonnances, ce qui n'écarte pas la possibilité pour l'Exécutif de demander de nouvelles délégations dans et/ou hors de ce délai d'habilitation.

En outre, si le Parlement peut modifier l'habilitation en corrigeant les erreurs rédactionnelles, restreindre ou allonger les délais, il s'interdit, une fois l'habilitation donnée, de légiférer dans les matières conférées provisoirement à l'édiction des ordonnances gouvernementales. Au surplus, l'Exécutif pourra exciper de l'habilitation pour prôner l'irrecevabilité d'une proposition de loi en ce domaine, ou pour

[439] Cf. *infra*, 2e partie.

s'opposer à tout amendement contraire.

Aussi, l'Exécutif se voit affublé d'une responsabilité de se comporter en bon berger, ce qui l'autorise à protéger jalousement, dans le délai d'action, le domaine couvert par la délégation simple ou par les habilitations multiples acquise(s).

Il reste que l'ordonnance n'est pas à l'abri de recours contentieux dans le délai de promulgation de la loi de ratification.

Par ailleurs, le dessaisissement temporaire du Législatif ne signifie pas sa mise en vacances. La marge de manœuvre de l'Exécutif amplifiée par l'habilitation ne le dispense pas de l'obligation d'informer le Parlement qui dispose, en principe, d'une palette de moyens d'information et de contrôle de l'action gouvernemental[440] à travers les questions écrites ou orales avec ou sans débat[441], l'interpellation[442], la

[440] Sur les moyens d'information et de contrôle, consulter Ismaila Madior FALL, *Le pouvoir exécutif dans le constitutionnalisme des États d'Afrique*, Paris, L'Harmattan,2008 ; El Hadj MBODJ, « Le contrôle parlementaire de l'Exécutif », Colloque « Le Parlement dans la consolidation de la démocratie au Sénégal », Fondation Friedrich Naumann /Institut des Droits de l'Homme et de la Paix, (Mbour,19-22 novembre 1997), 15 p, (n. p.) ; Francis AKINDES et Victor TOPANOU, *Le contrôle parlementaire de l'action gouvernementale en République du Bénin*, Institut de Recherche des Nations unies pour le Développement Social (UNRISD), Démocratie, Gouvernance et Droits de l'Homme, Document de programme n° 18, octobre 2005, 48 p. ; Valérie SOMA/KABORE, « Le contrôle parlementaire du pouvoir exécutif en Afrique subsaharienne », *Revue Le CAMES/SJP*, n° 001/2017, pp. 131-154.

[441] Voir par exemple, art.96 de la Constitution guinéenne de 2020 ; art.89 de la Constitution de la RCA du 30 mars 2016 (JORCA, numéro spécial, 59^{e}année, n°3, mars 2016) ; art.35 de la Constitution du Cameroun du 18 janvier 1996 ; art.85 et 86 de la Constitution du Sénégal de 2001. Les questions écrites ou orales permettent d'instaurer un dialogue entre l'Exécutif et le Législatif sur la base d'une demande initiée par les parlementaires. Dans cette logique, la Constitution de Djibouti de 1992 prévoit, en plus, un « débat annuel sur l'état de la Nation » (art.61, 4°).

[442] Voir par exemple, l'article 98 alinéa premier de la Constitution nigérienne de 2010 qui dispose « Les membres de l'Assemblée nationale, soit individuellement, soit collectivement, peuvent interpeller le Premier ministre ou tout autre membre du Gouvernement au moyen d'une requête. Ceux-ci ne peuvent se soustraire à cette obligation » ; voir aussi art.107 de la Constitution du Congo de 2015 ; art.61 de la Constitution de Djibouti du 4 septembre 1992 révisée le 21 avril 2010 ; consulter Michel DE VILLIERS et Armel LE DIVELLEC, *Dictionnaire du droit constitutionnel*, 8e édition, Paris, Dalloz, 2011.

commission d'enquête[443], l'évaluation des politiques publiques[444], les questions d'actualité[445], la motion de censure[446], etc.

Néanmoins, l'ampleur de la législation déléguée laisse place à des supputations sur l'instrumentalisation du procédé[447] dans le but de suborner le Parlement et sur le caractère réellement volontaire de l'octroi de l'habilitation. À ce niveau, l'existence de prérogatives gouvernementales dans la procédure législative tout autant que le phénomène majoritaire militent fortement en faveur de la faiblesse de la marge de manœuvre parlementaire lorsque l'urgence est invoquée par l'Exécutif pour motiver la demande.

Au-delà de la substance et de la variation dans les normes d'une Constitution à l'autre, on ne peut manquer de s'interroger sur le respect scrupuleux des délais d'habilitation et de dépôt, sur l'absence ou non d'une ratification. Ces incertitudes trouvent un écho dans la complexité inhérente à l'encadrement des ordonnances.

---

443 Voir par exemple, art.61 de la Constitution du Gabon révisée par la loi n°001-2018 du 12 janvier 2018 (JORG du 24 au 31 janvier 2018, n°382, p.3711) ; art.87 de la Constitution du Sénégal de 2001 ; Philippe ARDANT et Bertrand MATHIEU, *Institutions politiques et droit constitutionnel*, 25e édition, Paris, LGDJ, 2013.

444 Voir par exemple, art.117 de la Constitution de la Côte d'Ivoire de 2016 ; art.59 de la Constitution du Sénégal de 2001.

445 Voir par exemple, art.86 de la Constitution du Sénégal de 2001 révisée par la loi constitutionnelle n°2019-10 du 14 mai 2019, « Les députés peuvent poser aux membres du Gouvernement, qui sont tenus d'y répondre, des questions orales et des questions d'actualité. Les questions et les réponses y afférentes ne sont pas suivies de vote. Les membres du Gouvernement se présentent à l'Assemblée nationale, selon une périodicité à fixer d'accord parties, pour répondre aux questions d'actualité des députés » (*JORS* n° 7181 du 20 mai 2019, p. 917).

446 Elle est rarement utilisée en Afrique francophone même si elle est prévue, (voir par exemple, art.98 et 99 de la Constitution de la Guinée de 2020 ; art.115 à 117 de la Constitution du Burkina Faso de 1991 ; art.117 de la Constitution du Niger de 2010). Pour le cas du Sénégal, l'histoire politique n'a retenu qu'une seule motion de censure adoptée : celle de Théophile James et de 38 autres députés, déposée le 14 décembre 1962 contre le gouvernement de Mamadou Dia en dépit de l'état d'urgence prorogé depuis la dissolution de la Fédération du Mali. Consulter, Guédel NDIAYE, *L'échec de la Fédération du Mali*, Dakar, NEA, 1980, 196 p. ; Momar Coumba DIOP et Mamadou DIOUF (dir.), *Les figures du politique en Afrique : des pouvoirs hérités aux pouvoirs élus*, Paris, Karthala,1999, 464p ; Augustin LOADA et Luc Marius IBRIGA, *Droit constitutionnel et institutions politiques*, Ouagadougou, PADEG, 2007.

447 Lire, Prudent SOGLOHOUN, « Les fonctions législatives du Président de la République », *Revue Béninoise des Sciences Juridiques et Administratives*, vol.33, 2014, pp. 83-121.

DEUXIÈME PARTIE

LA COMPLEXITÉ DE L'ENCADREMENT JURIDIQUE DES ORDONNANCES EN AFRIQUE NOIRE FRANCOPHONE

La nature composite des ordonnances, en rejaillissant sur leurs conditions d'édiction, emporte pour effet un encadrement juridique complexe de ces normes.

De ce fait, la diversité des régimes juridiques censés s'appliquer à cet égard n'a d'égale que l'appréhension plurielle de ces ordonnances qui peuvent accompagner l'essor des régimes militaires, régir des périodes de crise ou de transition constitutionnelle et intervenir en matière budgétaire ou de législation déléguée.

Cependant, en dépit de la pluralité ainsi induite, un invariant se précise : la ratification. Elle représente le point nodal autour duquel s'articulent ces différents régimes juridiques. En fonction de la présence ou de l'absence de ratification des ordonnances, se profile un schéma dual qui facilite le paramétrage de cet encadrement juridique duquel résultent diverses incidences. (**Chapitre I**).

Dans le prolongement de ces énonciations introductives, les espoirs placés dans la solidité de la *summa divisio* fondée sur la distinction « ordonnances ratifiées – ordonnances non ratifiées » pour fixer la dualité du régime juridique, ont tendance à s'étioler devant certaines perspectives.

C'est la raison pour laquelle, au-delà de ce régime juridique désarticulé, il convient de s'interroger sur le devenir et l'instabilité des ordonnances dont l'utilité demeure incertaine en raison de la balance indécise entre les avantages pressentis et les inconvénients potentiels. (**Chapitre II**).

CHAPITRE I

UN RÉGIME JURIDIQUE LIÉ À LA RATIFICATION

La complexité de l'encadrement juridique des ordonnances trouve un point d'ancrage autour de la présence ou de l'absence de ratification.

La notion de ratification, en raison de ses multiples emplois, mérite attention et précision. Vue sous l'angle des traités et accords internationaux, la ratification est synonyme de notions comme « acceptation », « approbation » ou « adhésion ». Dans le cadre du droit international public (DIP), elle s'entend de l'« *acte international ainsi dénommé par lequel un État établit sur le plan international son consentement à être lié par un traité* »[448].

La ratification des traités est une procédure de droit interne laissée à la discrétion de l'État et l'intervention parlementaire en ce domaine ne dépouille pas l'autorité compétente du droit de faire ou non usage de cette autorisation ou d'en fixer les limites[449].De son exigibilité ou de

---

[448] Art.2§1,b, de la Convention de Vienne sur le droit des traités entre États du 23 mai 1969 ; Saidou Nourou TALL, « Les références au Droit International Public dans les Constitutions africaines francophones : Exemples du Bénin, du Sénégal et du Togo » *in* Koffi Ahadzi-Nonou, Fréderic-Joël Aivo, Dodzi Kokoroko et Adama Kpodar (dir.), *Démocratie en questions, Mélanges offerts à Théodore Holo*, Toulouse, Presses de l'Université Toulouse 1 Capitole, 2017, 612 p. ; Narcisse MOUELLE-KOMBI, « Les dispositions relatives aux conventions internationales dans les nouvelles Constitutions des États francophones d'Afrique », *RJPIC* 2003, n° 1, pp. 5-38 ; Jean-Louis ATANGANA -AMOUGOU(dir.), *Le Cameroun et le droit international*, Paris, Pedone, 376 p.

[449] L'ambiance particulière des relations internationales, dominées par la souveraineté des États et la nécessité de leur consentement à être liés par les engagements internationaux, explique les appels fréquents adressés au droit interne. Ainsi, la détermination des autorités nationales compétentes pour négocier (art. 7, Convention de Vienne de 1969), ratifier ou approuver les traités, relève exclusivement du droit constitutionnel. À cet égard, l'art. 95 de la Constitution sénégalaise de 2001, l'art. 137

son caractère peu opérant, découle la distinction largement admise en DIP entre traité en forme solennelle (nécessitant la ratification) et traité en forme simplifiée (écartant tout recours à la ratification)[450].

La connexion entre le DIP et le droit interne n'entraîne pas pour autant une superposition de sens car le Droit constitutionnel envisage d'autres destinations à la ratification.

D'abord, la ratification est l'acte de formalisation du consentement du Chef de l'État qui donne son onction au traité après adoption par le Parlement d'une loi portant autorisation de ratification de l'engagement international[451].

Ensuite, dans certains États, seule une autorisation parlementaire (loi) peut habiliter le Chef de l'État à ratifier certains traités particuliers, ces types d'engagements étant énumérés, *expressis verbis*, dans les dispositions constitutionnelles[452].

En outre, dans le cadre des pouvoirs de crise que régissent des dispositions analogues à celles de l'art.16 de la Constitution française de 1958, la ratification est alors une approbation parlementaire portant sur les mesures exceptionnelles prises par l'Exécutif pour faire face aux périls menaçant la stabilité des institutions et la survie de la Nation[453].

---

de la Constitution togolaise de 1992 et l'art. 144 de la Constitution béninoise de 1990 confient au Président de la République, les pouvoirs de négociation, de ratification ou d'approbation. Cf., Nguyen QUOC DINH, Patrick DAILLIER et Alain PELLET, *Droit international public*, 7e édition, Paris, LGDJ, 2002, 1510 p ; Jean HOSTERT, « Droit international et droit interne dans la Convention de Vienne sur le droit des traités du 23 mai 1969 », *AFDI*, volume 15, 1969. pp. 92-121.

[450] Voir Conseil constitutionnel sénégalais, *Affaire n° 1/C/2015, Décision du 2 mars 2015*, « Considérant que « l'accord du 22 août 2012 entre la République du Sénégal et l'Union Africaine a pour objet la création de chambres Africaines extraordinaires au sein des juridictions sénégalaises ; Que cet accord n'entre pas dans le champ de l'article 96 de la Constitution qui énumère limitativement les traités et accords qui sont soumis à la procédure prévue à cet effet ; Qu'il s'agit, d'accords dits « en forme simplifiée » reconnus par le droit international des traités, par opposition aux accords « en forme solennelle » visés par l'article 96 de la Constitution »,disponible sur le site www.conseilconstitutionnel.sn.

[451] Cf., Saidou Nourou TALL, « La justice constitutionnelle sénégalaise et le Droit International Public », *in* Oumarou Narey (dir.), *La justice constitutionnelle. Actes du colloque de l'ANDC*, Paris, L'Harmattan, 2016, 460 p.

[452] Art. 96, alinéa premier de la Constitution sénégalaise de 2001, art. 138 de la Constitution togolaise de 1992 et art. 145 de la Constitution béninoise de 1990.

[453]Art. 52 de la Constitution sénégalaise de 2001, art. 59 de la Constitution du Burkina Faso de 1991, art.67 de la Constitution du Niger de 2010 et art. 26 de la Constitution gabonaise de 1991.

Par ailleurs, dans l'hypothèse retenue par certaines Constitutions d'une mise en vigueur conditionnelle du projet de loi de finances par ordonnance, la ratification est exigée à la suite de la convocation du Parlement en session extraordinaire[454].

Enfin, dans le cadre de l'habilitation législative à prendre des ordonnances, la ratification est une approbation *a posteriori* des mesures relevant du domaine de la loi et qui ont été prises dans le délai d'habilitation.

Mais les exigences de l'analyse juridique induisent une différenciation selon les ordonnances.

Devant ce kaléidoscope, on ne peut que s'en rapporter à l'avis éclairant de Jean Gicquel, pour qui « la nature des ordonnances varie dans le temps à la manière du caméléon »[455]. Cette assertion découle d'une doctrine et une jurisprudence réitérées jusqu'en mai 2020[456] qui, s'agissant des ordonnances de législation déléguée, reconnaissent qu'en cas de non ratification, l'ordonnance garde un caractère règlementaire avec les conséquences y afférentes, alors que des incertitudes subsistent quant aux autres types d'ordonnances (Section I).

Cependant, ce statut des ordonnances reste largement transitoire car la survenance de la ratification, (ou à la fin du délai d'habilitation selon la jurisprudence du CC français de mai 2020), leur confère, *mutatis mutandis,* un caractère législatif (Section II).

SECTION I

LE RÉGIME JURIDIQUE DES ORDONNANCES NON RATIFIÉES

Les aspérités de la longue pérégrination des ordonnances, souvent coincées dans une sorte de *no man's land* juridique entre loi et règlement, tendent à trouver une solution dans un statut marqué par l'absence de ratification.

Lorsque l'adoption, des ordonnances a pour soubassement une habilitation constitutionnelle, diverses incidences permettent de dessiner un statut en cas d'absence de ratification (§I).

---

[454] Voir *supra,* les développements sur les ordonnances budgétaires.

[455] Jean GICQUEL, *Droit constitutionnel, op. cit.*, p. 591.

[456] Cf., le récent revirement jurisprudentiel du CC français dans sa *Décision n°2020-843 QPC du 28 mai 2020, Force 5, Autorisation d'exploiter une installation de production d'électricité*, www.conseil-constitutionnel.fr.

S'agissant des ordonnances fondées sur une habilitation législative, les États africains restent sur une position constante à laquelle s'étaient adossées la doctrine et la jurisprudence et consistant à la reconnaissance du caractère réglementaire aussi longtemps que ces ordonnances n'avaient pas subi avec succès les épreuves du rite de passage à la ratification.

En revanche en France, cette position est devenue largement vacillante depuis l'introduction par la jurisprudence constitutionnelle de la nouveauté selon laquelle les ordonnances perdent leur caractère réglementaire à l'échéance du délai d'habilitation[457] (§II).

Paragraphe I. Habilitation constitutionnelle et absence de ratification

La dissociation, entre les nombreuses ordonnances fondées, sur une habilitation constitutionnelle n'a pas pour conséquence de consacrer, entre elles, une hiérarchie normative à la mode de Kelsen puisque ces ordonnances ne sont ni en superposition ni en parallélisme, destinées qu'elles sont à régir des situations variées dans divers ordonnancements juridiques qui sont tout au plus tangents mais non sécants entre eux[458].

Il en appert que leur traitement juridique, par l'absence de ratification, n'est pas similaire en raison des circonstances de gestation de ces normes pouvant être édictées dans et pour des périodes de transition (A) ou pour pallier l'absence d'adoption de la loi de finances (B).

A) Périodes de transition et absence de ratification d'ordonnances

Des développements antérieurs, il peut être inféré que des ordonnances peuvent être aussi bien générées par les régimes militaires[459] que dans le cadre de Constitutions provisoires[460] ou de dispositions transitoires des Constitutions[461].

Cette triangulation militaire-transitoire-provisoire autorise à penser que l'ordre juridique nouveau, en écartant totalement ou partiellement le système politique et constitutionnel antérieur, institue des rapports inédits dans les domaines de la loi et du règlement en les faisant reposer sur un compromis entre les deux ordres, l'un en déconstruction et

---

457 *Décision n°2020-843 QPC du 28 mai 2020, op. cit.*

458 Pour paraphraser l'internationaliste et ex. juge Dionisio Anzilotti.

459 *Supra*, Première Partie, Chapitre I, Section I.

460 *Supra*, Première Partie, Chapitre I, Section II.

461 *Idem*.

l'autre en initialisation. Cette généralisation pourrait encourir le reproche de l'exagération si elle n'intégrait pas les nuances tenant à la singularité de ces périodes de transition qu'il convient, maintenant, de dissocier dans l'analyse.

Ainsi, pour les ordonnances prises en application des dispositions transitoires, dont les fonctions principales consistent à assurer la continuité de l'État, à régler les conflits de lois dans le temps voire à différer l'application de certains articles de la Constitution, et à permettre la mise en place de nouvelles institutions comme préalable nécessaire à l'entrée en vigueur de la Constitution récemment adoptée, la question de leur régime juridique peut être discutée.

Si les dispositions transitoires sont intimement liées, dans leurs circonstances d'adoption [462], à une temporalité et une matérialité précises, à la fin de la mise en place des nouvelles institutions[463], la charge normative des ordonnances qui les appliquent s'épuise et leur persistance dans l'ordre juridique est de peu d'effet, leur destinée étant accomplie[464].

En sens opposé, si, par inertie ou négligence des nouveaux pouvoirs publics, les effets de ces ordonnances perdurent au-delà de la période de mise en place de nouvelles institutions et que, loin de se vider, leur

---

[462] On ne manquera pas de noter que même les chartes de transition peuvent contenir des dispositions transitoires. Ainsi, l'art.140 de la Charte constitutionnelle de transition du 18 juillet 2013 signée par Michel Djotodia Am-Nondroko dispose « La présente Charte constitutionnelle abroge la Constitution du 27 décembre 2004, l'arrêté n°005 du 13 avril 2013 portant création du Conseil national de transition, modifié et complété par l'arrêté n°007 du 30 avril 2013, ainsi que toute disposition constitutionnelle, législative et réglementaire antérieure contraire. L'acte constitutionnel n°1 du 26 mars 2013 et l'acte constitutionnel n°2 du 26 mars 2013 portant organisation provisoire des pouvoirs de l'État, sont abrogés. Sauf abrogation expresse ou tacite, les lois et règlements en vigueur à la date d'entrée en vigueur de la présente Charte constitutionnelle de transition demeurent entièrement applicables. Il en va de même pour les accords et traités dûment ratifiés au moment de l'adoption de la présente Charte constitutionnelle de transition », voir site : http://mjp.univ-perp.fr/constit/cf2013.htm (consulté en juin 2020).

[463] Voir l'incise de l'art.157 de la Constitution du Bénin de 1990 précisant que « (…) Le Haut Conseil de la République et le Gouvernement de transition continueront d'exercer leurs fonctions jusqu'à l'installation des institutions nouvelles (…) »

[464] Voir l'art. 231 de la Constitution du Tchad du 4 mai 2018 qui assigne, dans ses dispositions transitoires finales, un but précis aux ordonnances y relatives : « Nonobstant les dispositions de l'article 132 de la présente Constitution, le Président de la République est autorisé, dans le cadre de la mise en œuvre des Actes du Forum National Inclusif, à légiférer par voie d'ordonnances. »

contenu normatif entre en concurrence avec des ordonnances prises en application de la nouvelle Constitution, le régime juridique de ces « ordonnances transitoires » devra s'apprécier au regard de la nouvelle répartition de compétences opérée par la Constitution en vigueur pour déterminer leur nature règlementaire ou législative et par suite leur soumission au contrôle des juridictions administratives ou constitutionnelles.

Mais en faisant le lien avec les dispositions de l'ancien article 92 de la Constitution française de 1958, il faut différencier les ordonnances portant loi organique des ordonnances portant sur des matières relevant du domaine de la loi ordinaire. Les ordonnances organiques bénéficient d'une immunité en tant que prolongements de la Constitution et souvent du fait que leur régularité n'a pu être constatée[465] au moment de leur édiction à cause de l'inexistence de juridictions constitutionnelles ou à cause d'une mise en place tardive des institutions prévues par la Constitution nouvelle.

De toute évidence, leur nature règlementaire ne peut être affirmée aussi nettement, du fait que les Constitutions africaines recourant à ces procédés[466], admettent clairement qu'il s'agit d'ordonnances « ayant force de loi ». Il s'opère ainsi une sorte d'élévation d'un degré dans l'échelle des normes, les soustrayant à tout recours administratif et une présomption de conformité à la Constitution dérivant des expressions utilisées[467].

---

[465] Pour les ordonnances organiques, elles ont été insérées dans un « bloc de constitutionnalité » auquel sont soumises les normes inférieures, y compris les lois ordinaires. Incontestables devant la juridiction constitutionnelle, elles sont modifiables par le législateur organique. Cf., Anne Marie LE BOS LE POURHIET, L'article 92…, *op.cit.,* p. 57 et s ; Pascal JAN, *op. cit.*, p. 76 et s.

[466] Se référer par exemple à Evariste BOSHAB, « Les dispositions constitutionnelles transitoires relatives à la Cour constitutionnelle de la République Démocratique du Congo » in *Fédéralisme* 2034-6298, Volume 7 : 2007, Numéro 1 - Premiers scrutins et contrôle de constitutionnalité en RDC : la mise en œuvre d'une constitution "régionaliste", pp. 561-573.

[467] Cf. Anne Marie LE BOS LE POURHIET, L'article 92…, *op. cit.*, p. 41 et s, qui cite les arrêts de la *Cour de Cassation, crim., arrêt du 28 mai 1959, Ahmed Bouazza* (*JCP* 1959. II. n°11.152) et du *Conseil d'État, arrêt du 12 février 1960, Société Eky*, (Sirey 1960, p. 131, concl. Kahn). Dans l'arrêt *Société Eky*, le juge administratif français considère que l'ordonnance attaquée « *ne constitue pas un acte de nature à être déféré au Conseil d'État par la voie du recours pour excès de pouvoir* ». De même, le Conseil d'Etat s'est refusé à examiner la constitutionnalité des ordonnances du Comité français de Libération nationale (*CE arrêt du 22 février 1946, Botton*, Rec. p. 58) et du gouvernement provisoire de la République française.

En toute hypothèse, il subsiste alors des questions récurrentes sur la terminaison et le but poursuivi à travers ces ordonnances. Pour ce qui est de leur finalité, ces textes résultent d'une habilitation constitutionnelle, qui pour être énoncée en des titres ou chapitres intitulés « dispositions transitoires », n'en arborent pas moins un caractère impératif mais subordonné matériellement, formellement et temporellement aux cas d'espèce[468].

En ce qui concerne la fin de ces dispositions transitoires, telles Janus, ce dieu romain au double visage symbolisant à la fois le passé et le futur, elles maintiennent provisoirement ouvertes (applicables) les normes et institutions antérieures pour baliser, de manière plus fluide, la voie à l'avènement des normes et institutions qui pointent au nouvel horizon constitutionnel.

Quant aux ordonnances des régimes militaires, leur singularité est d'être attachée à des circonstances temporaires et exceptionnelles répudiant toute organisation contentieuse à l'effectivité incontestée[469]. La mise en place de cet ordre juridique *sui generis* puisqu'auto-fondé, repose dans un premier temps sur des proclamations, communiqués, déclarations ou messages[470], puis dans un second temps au fur et à mesure de la consolidation du régime, sur des Actes constitutionnels provisoires ou Actes fondamentaux d'organisation des pouvoirs

---

[468] Vivien Romain MANANGOU, « « Un État, deux Constitutions » : Analyse des dispositions transitoires de la Constitution congolaise du 6 novembre 2015 », *Recht in Afrika – Law in Africa –* Droit en Afrique 19 (2016), pp.61-82 ; Vivien Romain MANANGOU, « La Constitution congolaise du 6 novembre 2015 », *Les Annales de droit,* n°13, 2019. URL : http://www.journals.openedition.org (consulté en juillet 2020).

[469] Sauf exception, ce n'est que dans la phase de consolidation du régime militaire et dans l'optique d'une mutation prudente vers un régime démocratique que sont instituées des juridictions chargées de vider les contentieux administratifs ou constitutionnels, pour ces derniers cas sur la base de normes de références baptisées Acte constitutionnel, Acte fondamental, etc.

[470] Cf., Ordonnancé n° 080 01 CMRPM du 25 novembre 1980 portant prise du pouvoir par le Comité Militaire pour le Redressement et le Progrès National, *op. cit.*, et nos développements dans la Section I du Chapitre I de la Première Partie.

publics[471], mais s'accompagne dans ces différentes phases de l'édiction d'ordonnances, tous azimuts[472].

Dans ses logiques de justification du coup d'État et de substitution de l'ancien ordre juridique, le régime militaire reste souvent sur une ligne de confusion des pouvoirs et dans ce cas, le contenu des ordonnances mélange allégrement ce qui relevait auparavant du domaine de la loi et du domaine du règlement. La mise à l'écart de l'ancien ordonnancement constitutionnel a pour conséquence le rejet des indicateurs précédents de la répartition des pouvoirs entre l'Exécutif et le Législatif, puisque la junte assume, de manière indivise, tous les pouvoirs avec la dissolution du Parlement et du Gouvernement.

Dès lors, la normativité induite dans les ordonnances rend malaisée la recherche d'un critère d'identification de ces textes relevant du domaine législatif par rapport à ceux qui relèvent du domaine réglementaire, sauf à opérer la dichotomie consistant soit à rattacher ces normes aux référentiels constitutionnel et législatif antérieurs (avant l'arrivée des militaires au pouvoir), soit à les rattacher à l'ordre constitutionnel postérieur – (après le retour au régime civil) pour prétendre les qualifier de réglementaires ou de législatives.

Certes, une telle incertitude peut être aplanie si l'Acte constitutionnel provisoire ou l'Acte fondamental d'organisation des pouvoirs publics fait lui-même le départ entre la matière législative et la matière réglementaire et organise la possibilité de saisine des tribunaux administratifs ou d'une juridiction constitutionnelle. Cette dernière hypothèse permettra de balayer tout doute résiduel en mettant en rapport les normes contrôlées et les normes de référence du contrôle[473].

---

[471]Voir, par exemple, l'Acte fondamental n° 1/CN du 30 juillet 1990, portant statut de la Conférence nationale et l'Acte n° III/CN du 9 août 1991, proclamant les attributs de la souveraineté de la Conférence nationale au Niger, cités par Oumarou NAREY, « La suprématie de la Constitution », *op. cit.*

[472] Voir, par exemple au Niger, Ordonnance n° 2010-001 du 22 février 2010 portant organisation des pouvoirs publics pendant la période de transition, modifiée par l'Ordonnance n° 2010-005 du 30 mars 2010, citées par Oumarou NAREY, « La suprématie de la Constitution », *op .cit.*

[473] Voir par exemple, à Madagascar, *HCC, Décision n° 07-HCC/D1 du 16 novembre 2009 concernant une ordonnance autorisant la ratification d'un Accord de financement additionnel.* Cette décision a été rendue *à* la suite de la saisine par le Président de la Transition, de la Haute Cour Constitutionnelle pour contrôle de constitutionnalité, préalablement à sa promulgation, d'une ordonnance autorisant la ratification de l'Accord de financement additionnel relatif au Projet de Réhabilitation

Si une telle piste peut gagner certaines faveurs, elle ne peut occulter les inconvénients, même partiels, d'une telle analyse puisque rien n'empêche, en cas de retour au régime civil, de faire une *tabula rasa* en ne reprenant pas l'ancienne distinction entre loi et règlement.

Au demeurant, les Constitutions, après le retour au pouvoir civil, s'engagent souvent dans la voie de l'abrogation de toute législation antérieure incompatible avec les dispositions nouvelles. L'ordre normatif établi à la fin de la transition militaire pourra servir de révélateur de la nature réglementaire ou législative des ordonnances qui ont survécu.

Celles de ces normes qui sont intervenues dans un domaine qui relève de la loi selon la nouvelle Constitution, garderont leur régime législatif, si tant est la volonté des nouveaux dirigeants alors que celles s'attachant au domaine du règlement, selon la nouvelle Loi fondamentale, épouseront l'habillage de l'acte administratif unilatéral que pourra abroger ou compléter l'autorité investie du pouvoir réglementaire.

Les nouvelles autorités civiles peuvent modifier ces ordonnances sur habilitation législative ou constitutionnelle ou leur offrir la garantie d'une reconversion en une loi.

Dans la pratique, constat peut être fait dans les États ayant expérimenté des régimes militaires, longtemps après leur mue en régimes démocratiques, de la survie de nombreuses ordonnances, l'occasion ne se présentant pas ou l'envie ne se faisant pas sentir pour les modifier ou les abroger. Au final, se prononcer en faveur de la seule option règlementaire de ces ordonnances conduit à faire pièce à des circonstances s'affranchissant de toute légalité normale.

Relativement aux Constitutions provisoires et chartes de transition[474] qui ont servi de fondement pour l'édiction d'ordonnances,

---

du périmètre du Bas Mangoky conclu entre la République de Madagascar et le Fonds Africain de Développement.

[474] Cf., en RCA, la loi n° 13.001 du 18 juillet 2013 portant Charte constitutionnelle de transition en République centrafricaine ; au Burkina Faso, Charte de la transition signée à Ouagadougou le 13 novembre 2014 ; Séni Mahamadou OUEDRAOGO et Djibrihina OUEDRAOGO, « Libres propos sur la transition politique au Burkina Faso : du contexte au texte de la Charte de la transition », *op. cit.* ; Charles TUEKAM TATCHUM, « Les chartes de transition… », *op. cit.* ; Séverin ANDZOKA ATSIMOU, *L'ingénierie constitutionnelle, solution de sortie de crise en Afrique : les exemples de l'Afrique du Sud, de la République démocratique du Congo, du Burundi et du Congo*, Thèse de doctorat de Droit public, UCAD, Dakar, 2013, 712 p.

l'existence d'une juridiction constitutionnelle[475] pendant cette période a pu clarifier les problèmes de répartition de compétences tout en validant le texte organisant les pouvoirs publics de transition comme norme fondamentale[476].

[475] Par exemple, l'art.76 de la Charte constitutionnelle de transition de la RCA prévoyait une juridiction en ces termes « Il est institué une Cour constitutionnelle de transition chargée de :
– juger de la constitutionnalité des lois organiques et ordinaires, déjà promulguées ou simplement votées, des règlements, ainsi que du règlement intérieur du Conseil national de transition ;
– connaître du contentieux électoral ;
– veiller à la régularité des consultations électorales, examiner et en proclamer les résultats ;
- veiller à la régularité des opérations référendaires, examiner et en proclamer les résultats ;
– recevoir le serment du Chef de l'État de transition et celui du Président de la République élu ;
– trancher les conflits de compétence au sein du pouvoir exécutif, entre les pouvoirs législatif et exécutif, et entre l'État et les collectivités territoriales ;
– constater les défauts de promulgation des lois définitivement votées et la carence de leur promulgation de sorte à permettre leur entrée en vigueur ;
– interpréter la Charte constitutionnelle de transition ;
– donner son avis sur les projets ou propositions de Constitution et la procédure référendaire ».

[476]En RCA, la Cour constitutionnelle de transition a admis que, « [...] les dispositions de l'article 108 al.2 de la Charte constitutionnelle de transition selon lesquelles la Charte constitutionnelle de transition est exécutée comme "Constitution de la République centrafricaine pendant la période de transition" (...).Considérant que le Premier ministre soutient également dans sa requête que la Cour constitutionnelle de transition n'est pas habilitée à recevoir le serment du président de la République élu ; que ceci n'est pas conforme à l'article 76 tiret 5 de la Charte constitutionnelle de transition qui dispose que la Cour constitutionnelle de transition est chargée de "recevoir le serment du chef de l'État de transition et celui du président de la République élu" ; qu'il y a donc lieu de dire qu'il revient à la Cour constitutionnelle de transition de recevoir le serment du président de la République élu », Cour constitutionnelle de transition de la République centrafricaine, *décision n° 005/15/CCT du 15 avril 2015 sur la séquence des opérations référendaires et électorales prévues à l'article 44 tiret 5 de la Charte constitutionnelle de transition et sur l'interprétation des dispositions de l'article 104 de la Charte constitutionnelle de transition*, p. 4.

À titre illustratif, la Haute Cour de Madagascar[477], dans de pareilles circonstances, a retenu : « *Considérant qu'il est admis que la suprématie constitutionnelle se justifie par le fait que la Constitution étant la norme juridique suprême dans l'ordre juridique interne, les règles constitutionnelles doivent l'emporter sur toutes les autres règles juridiques de droit interne ; Considérant en outre que le contrôle de constitutionnalité est alors la conséquence logique de la hiérarchie des normes dans l'ordre juridique ;*

Considérant que la saisine de la Haute cour constitutionnelle par le président de la transition pour contrôle de conformité de la loi adoptée par le Parlement de la transition rentre dans le respect de la suprématie constitutionnelle et contribue par là-même à la nécessité, même en période de transition, de l'établissement d'une hiérarchie entre les normes, c'est-à-dire d'un ordonnancement juridique incontournable ; [...]Considérant que s'il est admis que la feuille de route a été signée et insérée comme loi de l'État pour régir la période de transition, les mesures de mise en œuvre de ladite loi doivent respecter les dispositions constitutionnelles en vigueur conformément à la décision de la Haute Cour constitutionnelle n° 15-HCC/D3 du 26 décembre 2011 concernant la loi n° 2011-014 portant insertion dans l'ordonnancement juridique interne de la feuille de route ; Considérant que la Haute Cour constitutionnelle estime que les dispositions du paragraphe 14 de la feuille de route, prévoyant l'adoption d'une loi afin de pallier un éventuel vide juridique en cas de vacance de la présidence, constituent une clause de réserve, ladite clause n'ayant plus sa raison d'être dans la mesure où les dispositions transitoires de la Constitution, sont reprises par la loi organique n° 2012-015 du 1er août 2012 relative à l'élection du premier président de la quatrième République ; Considérant que l'article 3 de la loi soumise au contrôle de constitutionnalité est inséparable de l'ensemble des dispositions de la loi ;

Qu'il échet de déclarer la loi n° 2013-004 régissant la vacance de la présidence de la transition, non conforme à la Constitution ; »[478].

---

[477] Pour un tour d'horizon de ses attributions, consulter Andrianaivo Ravelona RAJAONO, « La juridiction constitutionnelle à Madagascar ». *Annuaire International de Justice Constitutionnelle*, 8-1992, 1994. Les méthodes de travail des juridictions constitutionnelles. pp. 111-157.

[478] Haute Cour constitutionnelle de Madagascar, *Décision n° 04-HCC/D3 du 17 juillet 2013 concernant la loi n° 2013-004 régissant la vacance de la présidence de la Transition*, pp.1-7.Voir aussi, Conseil constitutionnel du Burkina Faso, *Décision n° 2015-010/CC/transition du 30 janvier 2015 sur la conformité à la Constitution et à la*

La présence d'une juridiction constitutionnelle de transition permet au moins d'exercer un contrôle de conformité, comme en atteste cette décision du Conseil constitutionnel pendant l'une des périodes de transition au Niger : « *L'ordonnance n° 2010-043 du 19 juillet 2010 modifiant l'ordonnance n° 2010-022 du 11 mai 2010 portant création, attributions, composition et modalités de fonctionnement de la Commission de lutte contre la délinquance économique, financière et fiscale et pour la promotion de la bonne gouvernance dans la gestion des biens publics est prise en violation de l'ordonnance n° 2010-01 du 22 février 2010 modifiée portant organisation des pouvoirs publics pendant la période de transition et de l'Acte uniforme de l'OHADA sur les procédures simplifiées de recouvrement et voies d'exécution ainsi que des conventions internationales notamment la Déclaration universelle des droits de l'homme, la Charte africaine des droits de l'homme et des peuples et le Pacte international relatif aux droits civils et politiques auxquels le Niger est partie* »[479].

En raison de l'intimité des rapports qu'entretiennent certaines ordonnances avec l'organisation et le fonctionnement du régime politique transitoire, leur persistance en cas de retour à un régime civil entraîne une désuétude *de facto* de ces textes si bien que les nouvelles équipes dirigeantes peuvent en constater pratiquement l'obsolescence. Cette solution est souvent la plus appliquée puisque les nouvelles Constitutions démocratiques s'empressent à déclarer l'abrogation de toute législation ou réglementation contraire aux dispositions desdites lois fondamentales.

Tout aussi complexe est l'encadrement juridique des ordonnances en matière budgétaire.

B) La spécificité des ordonnances en matière budgétaire

En remémoration de la procédure législative décrite dans les développements précédents[480], il est admis que sans le budget, ce « nerf

---

Charte de la transition, de la loi organique n° 003-2015/CNT du 23 janvier 2015 portant attributions, composition, organisation et fonctionnement de la commission de la réconciliation nationale et des réformes, in Burkina Faso, Recueil des Décisions du Conseil constitutionnel 2015.

479 Conseil constitutionnel de transition du Niger, *arrêt n° 002/CCT/MC du 7 octobre 2010*, www.cour-constitutionnelle-niger.org (consulté en juin 2020).

480 Se référer à la Section I du Chapitre II de la Première Partie.

de la République »[481], aucun projet ou programme ne peut être exécuté.

L'importance du budget pour la vie de la Nation explique que le retard dans le vote de la loi de finances entraîne un transfert du pouvoir budgétaire du Parlement au gouvernement. En agissant ainsi, le constituant aménage une sorte de volant de sécurité pour ne pas entraver le travail gouvernemental. En effet, la justification de cette mise en vigueur réside dans le fait que ce retard dans le vote pourrait porter préjudice à l'action de l'État. De ce fait, la mise en vigueur du projet de loi de finances par ordonnance vise à combattre l'inertie de la représentation parlementaire par la prévision de cette sorte d'« épée de Damoclès » pour la contraindre à l'efficacité dans la discussion et à la célérité dans l'adoption du texte.

L'ambivalence de la nature des ordonnances tient dans leur contenant et leur contenu. Précisément, ces ordonnances ont pour unique finalité la mise en vigueur du projet de loi de finances. Mais leur contenu reste marqué par leur tissu normatif législatif puisqu'intervenant dans une matière législative dévolue aux lois de finances.

Parallèlement à cet état des choses, on ne peut imaginer cette mise en vigueur autrement que par l'édiction d'une ordonnance signée par une autorité investie du pouvoir réglementaire, ce qui rapproche ces normes intervenant en matière budgétaire des ordonnances sur habilitation législative et non encore ratifiées.

Dans la pratique, des voies et moyens ont pu être éprouvés à cet égard. D'abord, une solution permettant de circonscrire la nature de ces ordonnances consiste en la rétention du critère de la présence ou de l'absence de ratification. Elle est énoncée *expressis verbis* par certaines Constitutions qui envisagent, une fois effectuée la mise en vigueur par ordonnance des dispositions du projet de loi de finances, la convocation par le gouvernement d'une session extraordinaire pour la ratification. C'est le cas de la Constitution de la Côte d'Ivoire de 2016 qui énonce à ce propos : « *Le Parlement est saisi du projet de loi de finances avant la fin de la session ordinaire. Le projet de loi de finances doit prévoir les recettes nécessaires à la couverture intégrale des dépenses. Le Parlement vote le budget en équilibre. Si l'Assemblée nationale ne s'est pas prononcée en première lecture dans le délai de quarante jours*

---

481 « Nerfs de la République » selon Jean Bodin, ou « nerfs de l'État » selon Richelieu, consulter Paul Marie GAUDEMET, « Budget et Gouvernement » *in* Loïc PHILIP (dir.), *Dictionnaire encyclopédique de finances publiques*, Paris, Économica, 1991, p. 191 et s.

après le dépôt du projet, le Président de la République saisit le Sénat, qui doit statuer dans un délai de quinze jours. Il est ensuite procédé dans les conditions prévues à l'article 110. Si le Parlement ne s'est pas prononcé dans un délai de soixante-dix jours, le projet de loi peut être mis en vigueur par ordonnance. Le Président de la République saisit, pour ratification, le Parlement convoqué en session extraordinaire, dans un délai de quinze jours. Si le Parlement n'a pas voté le budget à la fin de cette session extraordinaire, le budget est établi définitivement par ordonnance. Si le projet de loi de finances n'a pu être déposé en temps utile pour être promulgué avant le début de l'exercice, le Président de la République demande d'urgence au Parlement l'autorisation de reprendre le budget de l'année précédente par douzième provisoire. »[482]

Cette solution de ratification après la mise en vigueur du projet par ordonnance est également prévue au Togo[483].La soumission à la ratification semble être guidée par le souci de valider l'ordonnance, de lui conférer une valeur législative et de permettre après coup au Parlement de rattraper son « mal-légiféré » par la reprise d'une attribution qui lui avait échappé momentanément.

Ensuite, une solution différente est offerte en l'absence de ratification au terme de la session extraordinaire. Le Parlement perd alors une bouée de sauvetage puisqu'il renvoie la prise de décision à l'Exécutif de mettre définitivement en vigueur le projet de loi de finances[484] ce qui milite en faveur de la nature réglementaire à la fois de l'ordonnance initiale et de l'ordonnance finale, car l'absence de ratification entraîne, à titre de présomption *juris tantum*, une assimilation des ordonnances budgétaires à des actes administratifs qui peuvent être déférés devant les juridictions administratives[485].

Les ordonnances des périodes de transition n'ont pas le monopole de la complexité en matière de régime juridique, puisque les ordonnances

---

482 Art.112 de la Constitution de la Côte d'Ivoire de 2016 ; voir aussi art.114 de la Constitution du Niger de 2010 ; art.110 de la Constitution du Bénin de 1990.

483 Article 91 de la Constitution togolaise de 1992 révisée en 2019.

484 *Supra.*

485 Voir Paul GAUCHER, « Les ordonnances en matière budgétaire », *Annales de la Faculté de droit de Clermont*, 1965, p. 7 ; Jean Claude BONICHOT, Ferdinand MELIN-SOUCRAMANIEN, Christine MAUGÜE, « Le contrôle juridictionnel des ordonnances », *op. cit.*, p. 450.

résultant de la législation déléguée s'inscrivent aussi dans un registre qu'on a pu qualifier de « construction baroque »[486].

Paragraphe II. Habilitation législative et absence de ratification

L'habilitation parlementaire a l'heur de donner compétence à l'Exécutif pour édicter des ordonnances et intervient dans un domaine que la Constitution a réservé à la loi.

Dans les limites de temps et de compétence fixées par la loi d'habilitation, l'Exécutif est autorisé à empiéter dans une sphère de compétences habituellement régie par la matière législative et dont le contentieux est en principe [487] soustrait à la connaissance de la juridiction administrative.

L'habilitation est donc encadrée et le respect d'un délai de dépôt du projet de loi de ratification est exigé, à peine de caducité des ordonnances adoptées sur ce fondement (A).

Par voie de corollaire, avant la ratification, le caractère règlementaire de ces ordonnances, de doctrine et jurisprudence établies, est admis aussi longtemps que la conversion de l'ordonnance en loi n'a pas été constatée. Si cette assertion est valable en Afrique et commande largement les développements à venir, il faut réserver le cas de la France patrie d'origine de ces considérations juridiques qui a initié un revirement jurisprudentiel dont la singularité est de révolutionner la perception des ordonnances à la fin du délai d'action (B).

A) La caducité et la modificabilité des ordonnances non ratifiées

L'histoire moderne des ordonnances sur habilitation législative est en relation directe avec les débuts de la Ve République en France. Les

---

[486] Selon Louis FAVOREU, Patrick GAIA, Jean-Louis MESTRE, Otto PFERSMANN, André ROUX et Guy SCOFFONI, *Droit constitutionnel*, 2019, p. 916. La notion et les caractéristiques liées à cette « construction baroque » sont, cependant, récusées par certains auteurs qui se font les chantres de la dichotomie classique : ordonnance non ratifiée-caractère règlementaire /ordonnance ratifiée-caractère législatif (Bruno GENEVOIS, « L'application de l'article 38 de la Constitution : un régime juridique cohérent et nullement baroque », *RFDA*, n° 04, 2018, pp.755-769). Mais l'évolution jurisprudentielle avec la décision du CC français en mai 2020 conforte (si elle est confirmée) ce caractère baroque.

[487] Le contentieux relatif à l'ordonnance non ratifiée peut prendre, dans le délai d'action, la voie du REP ou celle, non prescriptible, de l'exception d'illégalité. Ces voies de droit en l'encontre des ordonnances sont désormais exclues en France à partir de la fin de la période d'habilitation (*Décision n°2020-843 QPC du 28 mai 2020, Force 5, op. cit)*.

controverses juridiques achoppaient autour de la ligne de démarcation entre le domaine de la loi et celui du règlement. On escomptait une révolution par rapport aux pratiques des IIIe et IVe Républiques avec le cantonnement annoncé du domaine de la loi conduisant, par ricochet, à donner libre cours aux règlements d'exécution de la loi et aux règlements autonomes[488]. Mais « la révolution n'a pas eu lieu »[489]. Le domaine de la loi est loin de se limiter aux matières énumérées dans la Constitution. Le Parlement est non seulement de plus en plus obligé de donner pleine ampleur à ses propres attributions, au risque d'encourir la sanction de l'incompétence négative[490], en outre toute délégation consentie au gouvernement pour intervenir dans le domaine législatif est limitée et encadrée à la fois par la Constitution et par la loi d'habilitation.

Dans ce contexte deux thèses se sont opposées quant à la nature juridique des ordonnances : celle de la délégation législative et celle de l'extension provisoire du domaine réglementaire.

La thèse de la délégation législative[491], défendue par certains auteurs

---

[488] En dehors des règlements pris en exécution des lois (règlements subordonnés ou dérivés), La théorie et la pratique admettent la possibilité d'édicter ce qu'on dénomme des règlements autonomes (voir en France, l'arrêt du *CE,8 août 1919, Labonne).* Il est à souligner que ces règlements peuvent faire l'objet de contrôle mais par rapport à la Constitution *lato sensu* et aux PGD ; voir les manuels de Droit administratif, notamment Jacqueline MORAND-DEVILLER, Pierre BOURDON et Florian POULET, *Droit administratif,* 15e édition, Paris, LGDJ/Lextenso, 2017, 966 p.

[489] Propos prêtés à Jean Rivéro, lors de la clôture, en 1977, du colloque d'Aix -en – Provence, sur le thème, *Le domaine de la loi et du règlement*, PUAM, 1978, p. 263.

[490] En droit constitutionnel, deux acceptions de l'incompétence négative du législateur sont retenues : soit, lorsque le législateur méconnaît les limites de sa compétence en déléguant à l'autorité réglementaire des pouvoirs qu'il était tenu d'exercer lui-même ; soit, lorsque la loi affecte un droit ou une liberté que la Constitution garantit elle-même. L'incompétence négative du législateur est sanctionnée par les juridictions constitutionnelles, à moins d'une conciliation avec une règle constitutionnelle de valeur équivalente justifiant une restriction, une dérogation ou une limitation ;voir Ariane VIDAL-NAQUET, « L'état de la jurisprudence du Conseil constitutionnel sur l'incompétence négative », *Nouveaux Cahiers du Conseil constitutionnel* n° 46, janvier 2015 ; Patricia RRAPI, « « L'incompétence négative » dans la QPC : de la double négation à la double incompréhension », *Nouveaux Cahiers du Conseil constitutionnel* n° 34, janvier 2012 ; Georges SCHMITTER, « L'incompétence négative du législateur et des autorités administratives », *AIJC*, n° 5-1989-1991, pp. 137-176 ; Georges BERGOUGNOUS, « L'incompétence négative, vue du Parlement », *Les Nouveaux Cahiers du Conseil Constitutionnel*, 2015/1, n° 46, pp. 41-54.

[491] Voir, *Revue de Droit public*, 1959, p. 1059.

comme Marcel Waline, part de la cohérence sous-jacente de l'habilitation législative pour considérer que l'acte juridique émis par l'autorité délégataire (qui a reçu délégation) doit prendre la teneur et la profondeur de l'acte que devait prendre l'autorité délégante (qui a donné la délégation). Traduite en termes clairs, cette thèse signifie que l'ordonnance devait avoir une nature législative et, par voie de corollaire, qu'elle doit être soumise au régime juridique de la loi[492].

La thèse de l'extension provisoire du domaine réglementaire[493], prônée par des auteurs comme Georges Vedel, réfute ces conclusions pour fonder l'analogie des ordonnances d'habilitation de l'art.38 de la Constitution de 1958 sur la pratique des décrets -lois des IIIe et IVe Républiques [494] pour considérer celles-ci comme des actes réglementaires.

En établissant le parallèle avec les décrets lois[495] et les règlements d'administration publique (R. A.P)[496], ces ordonnances sont considérées comme des actes administratifs unilatéraux édictés par des autorités administratives dans les matières législatives.

Le Conseil d'État français va adouber cette dernière interprétation en établissant sa propre compétence pour examiner tout recours contentieux contre ces ordonnances sur le fondement de leur caractère règlementaire avant leur ratification[497].

---

[492] Selon Jean de Soto, la conséquence attendue devait être celle-ci : « Il doit en résulter que le régime juridique de l'ordonnance devrait être celui des lois : absence de recours contentieux contre l'ordonnance-(solution regrettable si le Gouvernement outrepasse la loi d'habilitation) et modification de l'ordonnance uniquement par voie législative », cité par Louis FAVOREU, Patrick GAIA *et alii, Droit constitutionnel*, Paris, *LGDJ*, Coll. Domat Droit public, 2018 -2019, p. 917.

[493] Voir, *JCP*, 1959, II, p. 11152.

[494] *Supra*, Introduction de cet ouvrage.

[495] Pour la recevabilité du recours pour excès de pouvoir contre les décrets-lois, *CE, Ass., arrêt du 27 juin 1937, Union des véhicules industriels,* Rec. p.619 *; CE, Ass., arrêt du 15 juillet 1964, Société des Établissements Mulsant,* Rec. p. 481.

[496] Les RAP sont des actes pris sur habilitation du Législatif qui invite l'Exécutif, après avis du Conseil d'État, à compléter une loi votée (voir *Conseil d'État, arrêt du 6 décembre 1907, Compagnie des Chemins de Fer de l'Est, in* Marceau LONG, Prosper WEIL, Guy BRAIBANT, Pierre DELVOLVE et Bruno GENEVOIS, *Les Grands Arrêts de la Jurisprudence administrative*, Paris, Dalloz 1996, 847 p.). Il faut noter que les RAP n'existent pas au Sénégal. En France, cette technique n'est plus utilisée depuis la loi organique du 21 juillet 1980 et le décret du 31 juillet 1980 qui l'ont remplacée par des décrets en Conseil d'État.

[497] Pour reprendre les conclusions sans appel du rapporteur Théry, « *la recevabilité des recours n'était (...) pas douteuse à l'égard d'ordonnances (...) dont le régime*

À la suite du Conseil d'État français, et en dehors de Constitutions réservant exceptionnellement l'examen des ordonnances et autres actes administratifs faisant grief à des juridictions constitutionnelles[498], la solution la plus communément admise dans l'espace africain francophone, est de confier aux juridictions administratives[499] le contentieux des ordonnances non ratifiées. Ces dernières restent des actes administratifs tant que la ratification parlementaire n'est pas intervenue[500], leur régularité pouvant être contestée devant les tribunaux chargés de vider les contentieux administratifs soit directement par la voie du recours pour excès de pouvoir, soit indirectement par la voie de l'exception d'illégalité[501].

À titre de rappel, conformément aux prescriptions constitutionnelles des États qui l'aménagent, la loi d'habilitation institue deux délais : le

---

juridique est celui des anciens décrets-lois », *AJDA*, 1962, p. 115 ; CE, *arrêt du 3 novembre 1961, Damiani*, cités par Louis FAVOREU, Patrick GAIA *et alii, Droit constitutionnel*, Paris, Montchrestien, Coll. Domat, 2018-2019, p. 918.

[498] Voir entre autres, Placide MOUDOUDOU, *Droit administratif congolais*, Paris, L'Harmattan, 2003, 200 p. ; Célestin KEUTCHA TCHAPNGA, « Le juge constitutionnel, juge administratif au Bénin et au Gabon ? », *RFDC*, 2008/3, n° 75, p. 551-583.

[499] Il est important d'attirer l'attention du lecteur sur le fait que dans certains États où l'on pratique le système d'unité de juridiction, il n'y a pas, à proprement parler, de juge spécialisé en droit du contentieux administratif, au contraire des pays instaurant un système de dualité de juridictions avec la coexistence de tribunaux de l'ordre administratif et de l'ordre judiciaire. Toutefois, même dans un système d'unité de juridiction, rien n'interdit de confier à une chambre ou section administrative au sein d'une cour suprême, par voie de cassation ou par voie directe (en premier et dernier ressort), certains contentieux (notamment le recours pour excès de pouvoir) résultant de l'application des actes et du déroulement des activités de l'administration. Aussi, dans cet ouvrage, ce n'est qu'au sens générique (par un léger abus de langage) que nous entendons les termes de « juge ou tribunal administratif » même lorsque nous abordons les cas des pays d'unité de juridiction où le juge de droit commun peut connaître de contentieux administratif et judiciaire.

[500] Voir Jean Claude BONICHOT, Ferdinand MELIN-SOUCRAMANIEN, Christine MAUGÜE, « Le contrôle juridictionnel des ordonnances », *RFDA* 1997, p.450 ; Bertrand MATHIEU, « Les rôles respectifs du Parlement, du Président de la République et du Conseil constitutionnel dans l'édiction des ordonnances », *RFDA* 1987, p.700.

[501] Pierre-Laurent FRIER et Jacques PETIT, *Droit administratif*, Paris, LGDJ, Coll. Domat Droit public, 2018-2019, 800p ; Biram SENE, « Le traitement de l'exception d'illégalité en droit sénégalais », *in* Ndéye Madjiguène Diagne et El Hadj Omar Diop (dir.), *Droit administratif : Convergence ou concurrence des disciplines juridiques ?* Mélanges en l'honneur de Demba Sy, Presses de l'Université de Toulouse I Capitole, Tome II, 2020, pp. 401-430.

délai d'action pendant lequel l'Exécutif peut prendre des ordonnances dans le domaine normalement assigné à la loi ; et le délai de dépôt du projet de loi de ratification, date-butoir dont l'irrespect est sanctionné par la caducité de ces ordonnances[502].

Dans cette perspective, le délai d'action reste le référentiel, le cadre temporel d'édiction de ces ordonnances. Il en découle un certain nombre de conséquences.

D'abord, l'émission des ordonnances est une faculté et non une obligation à la charge de l'Exécutif, qui demeure libre d'utiliser ou non l'habilitation donnée.

Ensuite, étant le baromètre des ordonnances, la loi d'habilitation influe sur ces actes en forme réglementaire qui ne peuvent être édictés que dans la séquence temporelle prévue dans la loi. En dehors de ce cadre temporel, l'incompétence de l'auteur de l'acte et la violation de la loi peuvent être excipées à l'appui de recours devant le juge de l'administration.

En outre, dans le délai d'action, l'Exécutif est habilité à adopter, modifier et même abroger les ordonnances sous réserve qu'elles n'enfreignent pas les matières énumérées dans la loi d'habilitation ou qu'elles n'outrepassent pas le champ des principes généraux de droit[503], des droits et libertés fondamentaux[504], et des principes et règles de valeur constitutionnelle[505]. À la fin du délai d'habilitation et dans

---

502 Cf., Christophe PALLEZ, *op. cit.*

503Sur les PGD, ils constituent une œuvre jurisprudentielle consacrée depuis l'arrêt *CE 26 octobre 1945 Aramu*, (Dalloz, 1946, p.148), ou encore dans l'arrêt *CE 29 juin 1959, Syndicat général des Ingénieurs-conseils*, (*GAJA* n°96) ; voir Errol TONI, « Les principes non écrits dans la jurisprudence de la Cour constitutionnelle du Bénin », *Revue Afrilex*, mars 2020, 30 p. ; Benoit JEANNEAU, *Les principes généraux du droit dans la jurisprudence administrative*, Paris, Sirey, 1954, 287 p.

504 Sur les droits et libertés de la personne humaine, consulter Rémy CABRILLAC, Marie-Anne FRISON-ROCHE, Thierry REVET (sous la direction de), *Droits et libertés fondamentaux*, Paris, Dalloz, 1996. ; Ferdinand MELIN-SOUCRAMANIEN, *Libertés fondamentales*, Paris, Dalloz, 2016, 242 p.

505 Sur les principes de valeur constitutionnelle et la possibilité de leur conciliation avec d'autres principes, se référer à la décision du Conseil constitutionnel du Sénégal, à savoir qu'«... en tout état de cause, bien qu'il s'agisse de libertés fondamentales garanties par la Constitution, le législateur peut apporter des restrictions à leur exercice en invoquant d'autres principes à valeur constitutionnelle tels que la sauvegarde de l'ordre public ou la sauvegarde de l'intérêt Général, objectifs que poursuit précisément l'article soumis à l'examen du Conseil constitutionnel » (considérant 16 de la Décision n°3/C/95 du 19 juin 1995, (www.conseilconstitutionnel.sn) ; voir aussi concernant la nature de ces principes, Agathe VAN LANG, Geneviève

l'hypothèse de l'absence de dépôt du projet de loi de ratification, l'ordonnance est sanctionnée par la caducité. L'habilitation n'est plus valable. Toute velléité de réglementation dans ce cadre serait entachée d'illégalité en raison de l'incompétence de l'auteur de l'acte à prendre le texte en question. Le discours sur la caducité repose sur l'idée que l'acte qu'elle vicie, a épuisé toute sa charge normative. C'est une sortie de vigueur[506] pour désuétude.

C'est à ce niveau que la décision du CC français de 2020 risque d'entraîner un grand bouleversement dans ce pays. En effet, il faut désormais distinguer l'avant et l'après 2020 pour préciser la nature des ordonnances.

Avant mai 2020, à la fin du délai d'action et à l'échéance du délai de dépôt du projet de loi de ratification des ordonnances, il fallait distinguer quatre situations :

- *primo*, la caducité des ordonnances intervenait en l'absence d'un dépôt ;
- *secundo*, la sanction juridique était identique si le Parlement sollicité refusait de ratifier le projet ;
- *tertio*, la nature règlementaire demeurait si le projet de loi déposé n'était pas suivi d'une inscription à l'ordre du jour ;
- *quarto*, si le projet de loi de ratification était accueilli par un vote favorable, l'ordonnance perdait son caractère règlementaire pour devenir un texte en forme législative[507].

Toutefois, il faut constater la remise en cause de cette architecture des ordonnances, par la précision de sens amenée par le juge constitutionnel en mai 2020, à savoir : « *11. D'une part, cet article L. 120-1-1 institue une procédure qui répond aux exigences d'accès du public aux informations relatives à l'environnement et de participation à l'élaboration des décisions publiques prévues à l'article 7 de la Charte de l'environnement. D'autre part, si un projet de loi de ratification de l'ordonnance du 5 août 2013 a été déposé dans le délai fixé par l'article 12 de la loi du 27 décembre 2012, le Parlement ne s'est pas*

GONDOUIN et Véronique INSERGUET-BRISSET, *Dictionnaire de droit administratif*, Paris, Dalloz, 2008.

506 Voir, Sidy Alpha NDIAYE, « Le régime de sortie de vigueur des actes créateurs de droits illégaux en Afrique : le cas du Sénégal », *Afrilex*, janvier 2016, 37 p.

507 Lire les intéressantes précisions de la Cour constitutionnelle du Mali, dans son *Avis n° 2015-01/CCM du 04 mai 2015 aux fins de demande d'avis sur la possibilité d'amendement d'une ordonnance par l'Assemblée Nationale.*

prononcé sur cette ratification. Toutefois, conformément au dernier alinéa de l'article 38 de la Constitution, à l'expiration du délai de l'habilitation fixé par le même article 12, c'est-à-dire à partir du 1er septembre 2013, les dispositions de cette ordonnance ne pouvaient plus être modifiées que par la loi dans les matières qui sont du domaine législatif. Dès lors, à compter de cette date, elles doivent être regardées comme des dispositions législatives. Ainsi, les conditions et les limites de la procédure de participation du public prévue à l'article L. 120-1-1 sont "définies par la loi" au sens de l'article 7 de la Charte de l'environnement.

12. Par conséquent, à partir du 1er septembre 2013, les dispositions contestées de l'article L. 311-5 du code de l'énergie ne méconnaissaient plus cet article 7. Elles n'étaient, par ailleurs, contraires à aucun autre droit ou liberté que la Constitution garantit. »[508]

De telles appréciations conduisent à en dresser l'analyse ci-après : l'ordonnance garde son caractère règlementaire avec les conséquences qui s'y attachent uniquement dans le délai d'action. Passé ce délai, elle acquiert une nature législative[509].

La fraîcheur de cette jurisprudence, si elle ne fait pas à son tour l'objet d'un second revirement pour revenir à la case de départ, n'a pas encore satisfait toutes les attentes. Mais, elle autorise, pour l'instant à en dégager un certain nombre d'enseignements.

De prime abord, cela signifie que l'ordonnance, une fois le délai d'habilitation épuisé, se dépouille de sa nature réglementaire. Par conséquent, le juge de l'excès de pouvoir ne pourra en connaître que si elle comporte des dispositions réglementaires constatées à la suite d'une procédure de délégalisation. Mais dans ce cas, l'administré devra d'abord attendre que l'ordonnance soit ratifiée et ensuite qu'elle soit déclassée.

La deuxième considération qu'on peut tirer de cette jurisprudence est que la nature législative de l'ordonnance non ratifiée après le délai d'action, conduit à penser à un dessaisissement parlementaire de cette prérogative législative tant que le Gouvernement n'aura pas déposé un projet de loi. D'ailleurs on peut s'interroger sur la pertinence de cette ratification dès lors que l'ordonnance après le délai a déjà acquis la

---

[508] Paragraphes 11 et 12 de la *Décision n° 2020-843 QPC du 28 mai 2020, Force 5, op.cit).*

[509] Voir, en France, la nuance introduite par le CC dans la décision 2020-843QPC.

nature législative.

Une autre conséquence est le gain en simplicité et en mise en ordre (toutes choses convergeant vers l'accessibilité et l'intelligibilité de la norme[510]) pour le justiciable assuré de savoir qu'il peut engager des recours administratifs contre l'ordonnance dans le délai d'action et qu'il peut soulever une QPC[511] qui, après acceptation du Conseil d'État ou

[510] Considérées comme des objectifs de valeur constitutionnelle, l'accessibilité et l'intelligibilité de la loi, résultent d'une interprétation par le CC français des articles 4, 5, 6 et 16 de la DDHC. Ainsi, dans sa *décision n° 99-421 DC du 16 décembre 1999*, concernant la loi habilitant le gouvernement à prendre, par ordonnances, des dispositions portant adoption de la partie législative de certains Codes, il a estimé, que « l'urgence est au nombre des justifications que le Gouvernement peut invoquer pour recourir à l'article 38 de la Constitution ; qu'en l'espèce, le Gouvernement a apporté au Parlement les précisions nécessaires en rappelant l'intérêt général qui s'attache à l'achèvement des neuf codes mentionnés à l'article 1er, auquel faisait obstacle l'encombrement de l'ordre du jour parlementaire ; que *cette finalité répond au demeurant à l'objectif de valeur constitutionnelle d'accessibilité et d'intelligibilité de la loi* ; qu'en effet l'égalité devant la loi énoncée par l'article 6 de la Déclaration des droits de l'homme et du citoyen et « la garantie des droits » requise par son article 16 pourraient ne pas être effectives si les citoyens ne disposaient pas d'une connaissance suffisante des normes qui leur sont applicables ; qu'une telle connaissance est en outre nécessaire à l'exercice des droits et libertés garantis tant par l'article 4 de la Déclaration, en vertu duquel cet exercice n'a de bornes que celles déterminées par la loi, que par son article 5, aux termes duquel « tout ce qui n'est pas défendu par la loi ne peut être empêché, et nul ne peut être contraint à faire ce qu'elle n'ordonne pas ». Par ailleurs, il précise, dans sa *décision n° 2003-473 DC du 26 juin 2003 relative à la loi habilitant le gouvernement à simplifier le droit*, qu'en plus de cette codification, la simplification participe à l'atteinte de l'objectif susmentionné : « En l'espèce, l'encombrement de l'ordre du jour parlementaire fait obstacle à la réalisation, dans des délais raisonnables, du programme du Gouvernement tendant à simplifier le droit et à poursuivre sa codification ; [...] cette double finalité répond à l'objectif de valeur constitutionnelle d'accessibilité et d'intelligibilité de la loi ». En d'autres termes, les impératifs d'ordre public et de poursuite de l'intérêt général militent en faveur d'une clarté de la règle juridique. Même si une loi peut être complexe, elle doit aussi être intelligible pour ne pas être contraire à la Constitution. L'intelligibilité et l'accessibilité de la loi s'apprécient au regard de son entendement par les destinataires de la norme législative et également par rapport aux conditions d'application. Lire, Pierre DE MONTALIVET, « Les objectifs de valeur constitutionnelle », *Nouveaux Cahiers du Conseil constitutionnel* n° 20, juin 2006 ; Patricia RRAPI, *L'accessibilité et l'intelligibilité de la loi, Étude du discours sur la qualité de la loi*, Paris, Dalloz, vol.37, 2014, 280 p.

[511] La QPC peut être soulevée devant n'importe quelle juridiction de l'ordre administratif ou de l'ordre judiciaire (première instance, appel, cassation) et à n'importe quel stade de la procédure (*in limite litis*, en cours de procès ou avant la décision au fond), sauf en matière criminelle (seulement au stade de l'instruction, dans ce cas).Tout particulier, devant toute juridiction, peut exciper de l'inconstitutionnalité

de la Cour de cassation, permettra la saisine du CC français en raison de la nature législative de l'ordonnance, même si elle n'a pas encore été ratifiée.

Toutefois, la complexité de l'encadrement va perdurer au cas où le Gouvernement initie une procédure de dépôt de projet de loi de ratification et que le Parlement émet un vote défavorable. Sans aucun doute ce texte rejeté ne pourra pas faire l'objet de promulgation et les spéculations seront raisonnablement permises sur sa nature législative. On le voit : une telle jurisprudence pose plus de problèmes qu'elle en résoudra en France.

Pour les États africains francophones qui en sont restés, sur cette question, à l'état du droit antérieur à mai 2020, l'ordonnance conserve son caractère règlementaire tant qu'une loi de ratification n'est pas intervenue dans ce domaine.

Il est patent que la caducité d'un acte juridique, si elle partage le caractère de sanction au même titre que l'annulation d'une décision administrative pour violation d'une règle juridique de rang supérieur avec effet non rétroactif, n'empêche pas de considérer comme valides les situations juridiques régulièrement acquises sous l'empire du délai d'action de la loi d'habilitation. En revanche, toute ordonnance ou tout autre acte juridique pris en exécution de cette ordonnance caduque est nul(le) et de nul effet.

En principe, la description faite est un cadre général valable pour les ordonnances résultant d'une loi d'habilitation et devant être soumises à une procédure de ratification parlementaire pour prétendre être à l'abri d'un recours devant le juge de l'administration.

Des incertitudes persistent sur la question de savoir si l'obligation

---

d'une disposition législative (loi organique, loi ordinaire, ordonnance ratifiée) en alléguant qu'elle porte atteinte à des « droits et libertés que la Constitution garantit » (préambule et dispositif de la Constitution de 1958, DDHC, Préambule de la Constitution de 1946, Charte de l'environnement de 2004…). La demande de QPC doit obéir à des conditions de forme et de fond. Formellement, elle est écrite, motivée et fondée sur d'autres conclusions que celles présentées dans l'instance en cours. Matériellement, il faut que la disposition contestée soit applicable au litige (lien de connexité), qu'il n'y ait pas déjà une déclaration de conformité à la Constitution de celle-ci ; et surtout que la QPC soulevée ne soit pas dépourvue de caractère sérieux ou nouveau. Une fois qu'il a constaté la réunion de ces conditions, le juge de fond saisit alors la Cour de cassation ou le Conseil d'État. Cette dernière juridiction décide alors de la transmission ou non au Conseil constitutionnel. Pour d'autres détails, se référer au site www.conseil-constitutionnel.fr.

pesant sur l'Exécutif est relative seulement au dépôt du projet de loi de ratification ou si l'exigence implique une ratification effective après examen et adoption du projet. À cet égard, il faut relever une double pratique africaine. Certaines Constitutions mettent en exergue ce qu'on a pu appeler « le projet de non caducité »[512] en n'imposant pas de manière claire une obligation de ratifier[513]. Comme le faisait remarquer à ce propos, pour le Sénégal, Nzouankeu, « il résulte du texte de la Constitution que la seule obligation qui pèse sur le gouvernement est le dépôt du projet de loi de ratification dans les délais prescrits »[514]. En fait, ces textes fondamentaux insistent sur l'impératif du dépôt du projet de loi de ratification avec la sanction pendante de la caducité en cas d'inobservation de cette formalité.

Il en est autrement pour d'autres Constitutions, qui mentionnent plutôt *expressis verbis*, l'obligation de ratifier[515]. Celle-ci devient alors une condition de conversion de l'ordonnance en loi. Mais, cette dualité n'emporte pas pour conséquence l'absence d'une procédure de ratification dans tous ces États. Néanmoins, l'absence de toute indication allant dans le sens d'une obligation de ratifier les ordonnances résultant d'une habilitation parlementaire – comme pour le cas d'ailleurs des

---

[512] Selon l'expression du Doyen Favoreu, *et alii. Droit constitutionnel*, *op. cit.*, p. 715.

[513] Voir article 74 al.2 de la Constitution malienne, article 77 al.2 de la Constitution sénégalaise, article 86 al.2 de la Constitution togolaise, article 129 al.3 de la Constitution tchadienne, article 102 al.2 de la Constitution béninoise.

[514] Jacques Mariel NZOUANKEU, *Constitution sénégalaise commentée, op. cit.*, p. 126 ; voir aussi Christophe PALLEZ, « Le régime juridique de l'ordonnance » *in Actes du séminaire parlementaire de Ouagadougou (15 et 16 septembre 2011) sur les lois d'habilitatio*n, organisé par l'Assemblée parlementaire de la francophonie, art. prec.

[515] Article 52 al.3 de la Constitution gabonaise : « elles doivent être ratifiées par le Parlement lors de sa prochaine session » ; article 27 al.1 de la Constitution centrafricaine « … mais deviennent caduques si elles n'ont pas été ratifiées à l'expiration du délai fixé dans la loi d'habilitation » ; voir aussi article 28 al.2 de la Constitution camerounaise.

ordonnances sur habilitation référendaire[516] – ne doit pas être comprise comme excluant cette procédure de ratification[517].

Dans cette mouvance, la modificabilité de l'ordonnance entre en ligne de compte. Elle façonne une dichotomie selon que l'on se situe en dehors ou dans le délai d'action ou que l'on est en présence ou non de ratification.

Dans le délai d'action, la loi d'habilitation favorise la prise de toute ordonnance dans les matières visées par cette loi. En d'autres termes, l'Exécutif est libre d'utiliser ou non cette habilitation, de prendre une ou plusieurs ordonnances, d'édicter des mesures d'application de ces ordonnances, d'abroger des textes antérieurement édictés dans les matières visées par la loi d'habilitation, d'agir en véritable « législateur » en modifiant ou en abrogeant des textes en vigueur et, si c'est nécessaire, pour permettre la ratification de traités internationaux[518].

Une fois le délai d'action épuisé, obligation est faite de procéder au dépôt d'un projet de loi de ratification[519]. Ce simple dépôt du texte au

---

[516] Les ordonnances référendaires n'offrent pas davantage une protection hermétique. À cet égard, en se référant à la qualité de l'auteur de l'acte et non pas à la matière déléguée, la jurisprudence en a admis la nature règlementaire. Voir *CE. Ass., arrêt du 19 octobre 1962, Canal, Robin et Godot,* Rec. 552 : Le juge admet que la loi du 13 avril 1962 adoptée par référendum et autorisant le Président de la République à arrêter par décrets en Conseil des ministres ou par ordonnance « *qu'il résulte de ces termes même que ce texte a eu pour objet, non d'habiliter le Président de la République à exercer le pouvoir législatif lui-même, mais seulement l'autoriser à user exceptionnellement, dans le cadre et dans les limites qui y sont précisées, de son pouvoir règlementaire, pour prendre, par ordonnance, des mesures qui normalement relèvent du domaine de la loi ; qu'il suit de là que l'ordonnance... conserve le caractère administratif et est susceptible, comme tel, d'être déférée au Conseil d'État par la voie du recours pour excès de pouvoir* ».

[517] Cf. observations sous l'arrêt *Canal, GAJA* n° 97.

[518] Par exemple, Ordonnance n°2017-021/PRES du 29 décembre 2017 portant autorisation de ratification de l'accord de Service Ijarah n°2-BFA-1010, de l'accord de prêt n°2-BFA-1010, de l'accord de crédit-bail n°2-BFA-1010 et de l'accord cadre n°2-BFA-1010 conclus le 14 octobre 2017 entre le Burkina Faso et la Banque Islamique de Développement pour le financement du Projet de construction de la Centrale électrique de 50 Mégawatts de Kossodo à Ouagadougou. Cette ordonnance a été prise en application de la Loi n°007-2017/AN du 23 janvier 2017 portant habilitation du Gouvernement à ratifier par voie d'ordonnance la ratification des accords de financement conclus entre le Burkina Faso et les partenaires techniques et financiers (site de l'Assemblée nationale du Burkina Faso).

[519] Voir,au Sénégal, la loi n° 2020-13 du 02 avril 2020 habilitant le Président de la République à prendre par ordonnances des mesures relevant du domaine de la loi pour faire face à la pandémie du COVID-19 et autorisant la prorogation de I 'état d'urgence.

Parlement empêche la caducité de l'ordonnance en la maintenant en vigueur[520].Il n'est plus possible de modifier ces ordonnances autrement que par une loi dans leurs dispositions de caractère législatif[521]. Toutefois, l'Exécutif peut toujours solliciter par un ou plusieurs projet(s) de loi, une ou plusieurs nouvelle(s) habilitation(s) et ainsi, prolonger la vie ou ressusciter des ordonnances caduques en les prenant de manière solitaire ou solidaire.

En cas d'inobservation du délai de dépôt, la sanction est, en principe, la caducité. La loi d'habilitation n'étant plus en vigueur depuis la fin du premier délai, l'ordonnance cesse de produire ses effets juridiques. Une loi pourra modifier ultérieurement l'ordonnance dans ses dispositions qui relèvent du domaine de la loi[522].

Les diverses considérations ci-dessus évoquées convergent vers la rétention du caractère d'acte administratif unilatéral de l'ordonnance non ratifiée.

---

[520] Voir, Pierre BON, « Les substituts de la loi : les actes législatifs de l'exécutif », Annuaire International de Justice Constitutionnelle, année 2004,n° 19-2003, pp. 472-503 ; Catherine BOYER-MERENTIER, « Les ordonnances de l'article 38 de la Constitution : une place ambiguë dans la hiérarchie des normes »,op. cit., p.924.

[521] Voir les articles précités des Constitutions actuellement en vigueur (en 2021) du Bénin, du Burkina Faso et du Niger.

[522] Voir i*nfra*, les développements sur la modificabilité des ordonnances.

B) Le caractère réglementaire des ordonnances non ratifiées

La littérature juridique[523], doctrinale et jurisprudentielle[524] s'est faite

[523] On consultera aussi avec profit Babacar KANTE, Unité de juridiction et droit administratif, l'exemple du Sénégal, Thèse de doctorat, Université d'Orléans, 1983, 416 p. ; Mayacine DIAGNE, L'efficacité du contrôle contentieux exercé sur l'administration sénégalaise, Thèse de doctorat, Aix-en-Provence, 1990, 412 p. ; Alioune Badara FALL, La responsabilité extracontractuelle de la puissance publique : essai de transposition du droit administratif dans un pays d'Afrique noire francophone, Thèse de doctorat, Bordeaux, 1994, 873 p. ; Ndéye Madjiguéne DIAGNE, Les méthodes et les techniques du juge en droit administratif sénégalais, Dakar, 1995, 523 p ; Karim DOSSO, L'influence du droit administratif français sur le droit administratif ivoirien, Thèse de doctorat, Cocody Abidjan, 2005 ; Demba SY, Droit administratif, 2e édition, Dakar, L'Harmattan, CREDILA,2014, 420p. ; Placide MOUDOUDOU, Droit administratif congolais, l'Harmattan, 2003 ; Alain Serge MESCHERIAKOFF, Le Droit administratif ivoirien, Economica, 1982 ; Césaire Foed S KPENOUHOUN, Contribution à l'Etude du contentieux administratif au Bénin : 1990-2010, Thèse pour le Doctorat en Droit public, Université Cheick Anta Diop, Dakar, janvier 2012 ;Ibrahim David SALAMI, « Le recours pour excès de pouvoir : contribution à l'efficacité du procès administratif au Bénin (1990- 2010) », Revue Béninoise des Sciences Juridiques et Administratives, n° 25, 2011, p. 95 et s. ; Djobo Babakane COULIBALEY, « Le juge administratif, rempart de protection des citoyens contre l'administration en Afrique noire francophone ? », Afrilex, janvier 2013; Jean-Calvin ABA'A OYONO, «Les fondements constitutionnels du droit administratif : de sa vertueuse origine française a sa graduelle transposition vicieuse dans des Etats stable et instable de l'Afrique francophone», *Revue CAMES/SJP,* n°001/2017, p. 11-31 ; Sébastien Yédoh LATH, « Les caractères du droit administratif des Etats africains de succession française, vers un droit administratif africain francophone ? », RDP, n°5, 2011, p. 1254 et s ; Jean-Marie BIPOUN-WOUM, « Recherches sur les aspects actuels de la réception du droit administratif dans les Etats d'Afrique noire d'expression française : le cas du Cameroun », RJPIC, n°3, 1972, p. 361 et s. ; Ahmed Salem OULD-BOUBOUTT, « Existe-t-il un contentieux administratif autonome en Mauritanie ? Réflexions à propos d'une décision jurisprudentielle récente », Penant, n° 786 à 787, 1985, p. 58 et s.

[524] Voir en Afrique francophone, Jacques Mariel NZOUANKEU, Les grandes décisions de la chambre administrative sénégalaise, Tome 1, Publications de la RIPAS, 2e éd. 1984 ; Martin BLEOU et Francis WODIE, La chambre administrative de la Cour suprême et sa jurisprudence, Economica, 1981 ; Guillaume PAMBOU TCHIVOUNDA, Les grandes décisions de la jurisprudence administrative du Gabon, Pedone, 1994 ; Salif YONABA, Les grandes décisions de la jurisprudence burkinabè, droit administratif, Coll. Précis de droit burkinabè, 2004 ; Jean DU BOIS DE GAUDUSSON, « La jurisprudence administrative des Cours Suprêmes en Afrique », *in* Gérard CONAC et Jean DU BOIS DE GAUDUSSON (dir.), Les Cours Suprêmes en Afrique, La jurisprudence administrative, vol. 3, Paris, Economica, 1988 ; Demba SY, « Le juge sénégalais et la création du droit administratif », *in* Dominique DARBON et Jean du Bois de GAUDUSSON (dir.*), La création du droit en Afrique*, Karthala, 1997, p. 401 ; Recueil (non annoté) des Arrêts de la Chambre administrative

une religion quant au caractère d'acte administratif de l'ordonnance non ratifiée.

Généralement, la dissociation s'articule autour de cette girouette que constitue la ratification dont la présence ou l'absence influe sur la nature de l'ordonnance. Il s'y ajoute que l'identité de l'acte juridique dépend soit de l'adoption d'un critère matériel, soit de celle d'un critère organique[525].

Si on privilégie le critère matériel, l'ordonnance devait être considérée comme un acte législatif puisqu'étant matériellement construite sur du matériau législatif.

Si l'option prise est orientée vers le critère organique, est loi ce qui est adopté par le parlement au terme de la procédure législative [526]et par conséquent, est acte administratif, ce qui est édicté par une autorité investie du pouvoir réglementaire.

Mais, le critère matériel céde le pas car c'est en se fondant sur l'auteur de l'acte qu'on aboutit à la prévalence du critère organique. On peut ici se référer à la jurisprudence française notamment lorsque le Conseil d'État affirme dans l'affaire M. *Hoffer* « *qu'il résulte* [des dispositions de l'article 38 de la Constitution], *ainsi que des débats tant du comité consultatif constitutionnel que du Conseil d'État lors de l'élaboration de la Constitution, que les ordonnances prises dans le*

---

de la Cour Suprême de la République Centrafricaine (1982-1995), éd. Giraf et Agence intergouvernementale de la francophonie, 2000. .

[525] Cf., Bruno GENEVOIS, « Conditions d'exercice du pouvoir réglementaire et compétence de la juridiction administrative », RFDA 2000, p. 668; Mayacine DIAGNE, « La justice administrative en Afrique est-elle efficace ? », *in* Demba SY et Alioune Badara FALL (dir.), *La justice administrative en Afrique,* Actes des deuxièmes rencontres de Dakar, Presses de l'Université Toulouse 1 Capitole, 2017, p. 183.

[526] Certaines juridictions constitutionnelles ont également fourni des définitions usuelles de la loi, notamment le Conseil constitutionnel ivoirien qui énonce ceci : *«... la loi se définit plutôt comme un ensemble de textes dit '' texte législatif '' ou '' dispositif '', rédigé en articles, voté en assemblées plénières par l'Assemblée nationale et le Sénat, et promulgué par le Président de la République ; qu'à la loi ainsi définie, sont assimilables les ordonnances prises par le Président de la République en vertu d'une loi d'habilitation et homologuées, plus tard, par une loi de ratification, ainsi que les décisions du Président de la République, prises en application de l'article 48 de la Constitution de l'an 2000, ou de l'article 73 de la Constitution du 08 novembre 2016, pour faire face à des circonstances exceptionnelles empêchant le fonctionnement normal des Institutions de l'Etat » Conseil constitutionnel de Côte d'Ivoire, Décision n° CI-2019-003/DCC/21-05/CC/SG du 21 mai 2019 ;* voir aussi, sa décision *n° CI-2019-004/DCC/25-06/CC/SG du 25 juin 2019.*

cadre de l'article 38 ont, alors même qu'elles interviennent dans une matière ressortissant en vertu de l'article 34 ou d'autres dispositions constitutionnelles au domaine de la loi, le caractère d'actes administratifs ; qu'à ce titre, leur légalité peut être contestée aussi bien par la voie d'un recours pour excès de pouvoir formé conformément aux principes généraux du droit que par voie de l'exception à l'occasion de la contestation de décisions administratives ultérieures ayant pour fondement une ordonnance... »[527].

Dans la foulée, le Conseil d'État met également en avant l'obligation de respecter le droit à un procès équitable : « *Considérant que l'article 38 de la Constitution dispose, dans son premier alinéa, que : "Le gouvernement peut, pour l'exécution de son programme, demander au Parlement l'autorisation de prendre par ordonnances, pendant un délai limité, des mesures qui sont normalement du domaine de la loi" ; que, selon le deuxième alinéa de l'article 38, "les ordonnances sont prises en Conseil des ministres après avis du Conseil d'État" ; que le même alinéa précise qu'elles "entrent en vigueur dès leur publication mais deviennent caduques si le projet de loi de ratification n'est pas déposé devant le Parlement avant la date fixée par la loi d'habilitation" ; qu'en vertu du troisième alinéa de l'article 38, à l'expiration du délai consenti au gouvernement par la loi d'habilitation, "les ordonnances ne peuvent plus être modifiées que par la loi dans les matières qui sont du domaine législatif" ;*

Considérant qu'il résulte de ces dispositions, ainsi d'ailleurs que des débats tant du comité consultatif constitutionnel que du Conseil d'État lors de l'élaboration de la Constitution, que les ordonnances prises dans le cadre de l'article 38 ont, alors même qu'elles interviennent dans une matière ressortissant en vertu de l'article 34 ou d'autres dispositions constitutionnelles au domaine de la loi, le caractère d'actes administratifs ; qu'à ce titre, leur légalité peut être contestée aussi bien par la voie d'un recours pour excès de pouvoir formé conformément aux principes généraux du droit que par la voie de l'exception à l'occasion de la contestation de décisions administratives ultérieures ayant pour fondement une ordonnance ; que, cependant, dès lors que sa ratification est opérée par le législateur une ordonnance acquiert valeur législative à compter de sa signature ;

Considérant qu'il suit de là qu'en cas de ratification la légalité d'une ordonnance ne peut plus en principe être utilement contestée

---

527 Cf., *CE, Ass., arrêt du 8 décembre 2000* dans l'affaire *Hoffer*.

devant la juridiction administrative ; qu'il ne pourrait en aller autrement que dans le cas où la loi de ratification, s'avérerait incompatible, dans un domaine entrant dans le champ d'application de l'article 6 de la convention européenne de sauvegarde des droits de l'homme et des libertés fondamentales, avec les stipulations de cet article, au motif qu'en raison des circonstances de son adoption cette loi aurait eu essentiellement pour but de faire obstacle au droit de toute personne à un procès équitable » [528].

Ainsi, on admet que « les ordonnances ont un caractère règlementaire entre le moment où elles ont été édictées et la date limite de l'habilitation. Par la suite, elles conserveront ce caractère tant que le gouvernement n'aura (dans le délai qui lui a été imparti) sollicité du Parlement leur ratification »[529].

Le Pr. Chapus apporte cette précision de sens : « elles sont susceptibles de recours pour excès de pouvoir (le Conseil d'État étant, comme pour les décrets, compétent en premier et en dernier ressort). L'annulation sera prononcée si et dans la mesure où les ordonnances ne sont pas conformes à la loi d'habilitation (et, le cas échéant, à son interprétation par le Conseil constitutionnel) »[530]. L'assimilation aux décisions administratives amène à considérer l'ordonnance comme une simple mesure de l'Exécutif contestable dans sa régularité à l'occasion d'un recours pour excès de pouvoir[531] ou par la voie de l'exception

---

[528] Arrêt reproduit dans la RFDA 2001, p.454.

[529] Jacqueline MORAND-DEVILLER, Cours de Droit administratif, Paris, Montchrestien, 6e édition 1999, p. 340.

[530] René CHAPUS, Droit administratif général, Paris, Montchrestien, Coll. Domat, Tome 1, 7e édition, 1993, p. 534 ; Alain BOCKEL, Droit administratif, Dakar-Abidjan, Nouvelles Editions africaines, 1978, pp. 105-111.

[531] *CE. Section, arrêt du 3 novembre 1961, Damiani,* Rec., p. 607 ; *CE. Ass, arrêt du 24 novembre 1961, Fédération Nationale des Syndicats de Police,* Sirey 1963, p.59, note Léo Hamon. Cette jurisprudence est confirmée par le Conseil constitutionnel dans ses décisions *n°85-196 DC du 8 avril 1985 et 86-224 DC du 23 janvier 1987, Conseil de la Concurrence*, RFDA 1987, p.301, note Louis Favoreu ; voir, *Cour suprême de Justice, section administrative, arrêt du 26 septembre 2001, Ntenda Didi c/République Démocratique du Congo et Président de la RDC*: recours contre le décret n°144 du 6 novembre 1998 pris en application du décret-loi constitutionnel n°003 du 27 mai 1998, révoquant des magistrats. La Cour a qualifié le décret présidentiel d'acte de gouvernement du fait qu'il rentre dans le cadre de la politique de la Nation menée par le gouvernement pour l'assainissement des mœurs au sein de la magistrature (Revue de Droit africain n°24, pp.575-593).

d'illégalité [532] et sans exclure totalement la voie de la pleine

---

[532] Cette exception est définie ainsi par un auteur : « L'exception d'illégalité est le mécanisme juridique permettant de contester la légalité d'un acte, sans remettre en cause son existence, à l'occasion du recours dirigé contre un autre qui en constitue une application. Elle permet, notamment, d'obtenir l'annulation des décisions individuelles prises en vertu d'un acte réglementaire entaché d'illégalité alors même que le délai de recours contre lui est expiré », (Bertrand SEILLER, Droit administratif, vol. 1, 2e éd., Flammarion, 2004, p. 187).
Comme le rappelle Olivier Gohin, « Le mot « exception » ne doit pas être pris dans le sens habituel que lui accorde la procédure civile, à savoir un moyen de défense à l'action principale. Après avoir longtemps été utilisée en doctrine pour désigner, presque exclusivement, un moyen de légalité opposé en défense devant la juridiction répressive ou soulevé d'office par cette juridiction, l'expression « exception d'illégalité» a désormais gagné le contentieux administratif. Elle désigne alors la contestation incidente de la légalité d'un acte administratif au cours d'un litige qui n'a pas pour cause l'annulation de cet acte (par ex., CE, sect., 9 nov. 1979, Assoc. pour la défense de l'environnement en Vendée, Rec. CE, p. 406, AJDA 1980.362 », (Olivier GOHIN, « Exception d'illégalité », Répertoire du Contentieux administratif, Paris, Dalloz, avril 2005,11p).
Dans l'évolution de la jurisprudence, les conditions d'exercice de l'exception d'illégalité ont été affinées dans l'arrêt *Paulin* du CE du 29 mai 1908.Ses contours ont été encore ciselés par le CE dans l'arrêt *Société des Établissements Petitjean et autres* du 10 février 1967 dans lequel le juge retient qu' une exception d'illégalité *« ne peut être accueillie que dans la mesure où la décision dont l'annulation est demandée constitue une mesure d'application de celle dont l'illégalité est invoquée par voie d'exception et où sa légalité est subordonnée à celle du premier texte* ». Par la suite, dans l'arrêt *Sodemel* du 11 juillet 2011, le Conseil d'État a estimé que « *l'illégalité d'un acte administratif, qu'il soit ou non réglementaire, ne peut être utilement invoquée à l'appui de conclusions dirigées contre une décision administrative que si cette dernière a été prise pour son application ou s'il en constitue la base légale* » (CE, Sect., 11 juillet 2011, *Société d'équipement du département de Maine-et-Loire Sodemel et ministre de l'intérieur, de l'outremer des collectivités territoriales et de l'immigration (SODEMEL)*, n°320735, 320854, Rec. Lebon, p. 346, *AJDA*, 2012, p. 449). Consulter aussi, Aurélie BRETONNEAU et Jean LESSI, « Exception d'illégalité et annulation par voie de conséquence : la théorie du domino », *AJDA*, 2014, p. 222 ; Guylain CLAMOUR et Laurent COUTRON, « L'exception d'illégalité devant le juge judiciaire », *RDP*, 2012, p. 853.
En ce qui concerne le Sénégal où l'organisation judiciaire a connu des bouleversements, les spécificités de l'exception d'illégalité ont été retracées par divers auteurs notamment Amadou FAYE, « Etat de droit et contrôle de l'Exécutif : réflexion d'un privatiste sur l'exception d'illégalité au Sénégal », Revue EDJA n°33, avril-mai-juin 1997, p. 29 ; Ibrahima DIALLO, « L'exception d'illégalité dans le système judiciaire sénégalais »,Nouvelles Annales Africaines, n°1,2010, pp.145-178 ; Biram SENE, « Le traitement de l'exception d'illégalité en droit sénégalais »,op.cit ;Papa Assane TOURE,La réforme de l'organisation judiciaire au Sénégal, commentée et annotée, Paris, L'Harmattan, 2016, p. 275 (et les jurisprudences citées).

juridiction[533].

Le contrôle juridictionnel [534] de l'ordonnance non ratifiée, acte administratif à caractère réglementaire pour la plupart des cas[535] et, rarement acte administratif à caractère individuel[536], a pour référentiels le principe de la légalité et la protection des droits des administrés qui doivent pouvoir contester la légalité de l'acte en cas d'urgence[537] par le biais du référé[538] comme en temps normal par le biais de recours administratifs et juridictionnels disponibles.

---

[533] On ne saurait écarter d'un revers de main le contentieux de pleine juridiction dont l'une des branches constitue le recours en responsabilité (fondé sur la rupture d'égalité devant les charges publiques) à l'encontre d'une ordonnance dont l'application a généré un préjudice indemnisable ; sur le plein contentieux, ses conditions et effets,lire Stéphane DOUMBE-BILLÉ, « Recours pour excès de pouvoir et recours de plein contentieux. A propos de la nouvelle frontière », AJDA 1993, pp.3-12.

[534] Théodore HOLO, « Le contrôle de la légalité et la protection des administrés au Bénin », Revue Béninoise des Sciences Juridiques et Administratives, 1985, n° 5, p. 403 et s. ; Guy Jean Clément MEBIAMA, « L'évolution du droit administratif congolais », *RJP,* 2008 n° 2, p. 209 et s ;Pape Mamour SY, « Quelques remarques sur l'institution du recours pour excès de pouvoir au Sénégal depuis la création du Conseil d'Etat », Revue de Droit sénégalais, n°1, 2002, p. 35-47.

[535] La majorité des ordonnances des Etats d'Afrique noire francophone sont des actes à caractère réglementaire c'est-à-dire qui régissent des situations générales et impersonnelles. Ce sont des actes administratifs unilatéraux (émanant du seul signataire) même si le processus d'élaboration implique la participation de plusieurs personnes ou entités.

[536] Des ordonnances à caractère individuel sont également présentes dans certains systèmes constitutionnels. Elles régissent des situations juridiques personnelles comme les ordonnances, précitées, de nomination de membres du gouvernement ou de hauts fonctionnaires en RDC ; voir aussi au Burkina, l'Ordonnance du 6 mai 1975 fixant les règles d'application des lois, ordonnances, décrets et arrêtés ministériels ainsi que des actes administratifs à caractère individuel, dans *Tribunal Administratif de Ouagadougou, Madame Balima née Zongo K. Juliette c/ ministre de la Jeunesse et des Sports et Receveur des Domaines et de la Publicité Foncière Kadiogo VI, arrêt du 10 mars2005 ;*voir aussi,Chapitre II, Section II de la Première partie.

[537] Bernard-Raymond GUIMDO DONGMO, Le juge administratif camerounais et l'urgence. Recherches sur la place de l'urgence dans le contentieux administratif camerounais, Thèse de doctorat en Droit public, Université de Yaoundé II, 2004.

[538]Voir l'article de Ameth NDIAYE, « Le référé administratif en Afrique »,(revue afrilex,47p), qui montre la convergence définitionnelle du réfère administratif au-delà des divers types de référé, en s'appuyant sur différents auteurs comme Max REMONDO, qui estime que « le référé administratif vise à obtenir du président de la juridiction administrative ou d'un magistrat qu'il délègue, l'adoption de mesures urgentes qui ne préjudicient pas au fond et ne font pas obstacle à l'exécution des décisions administratives » (M. REMONDO, Le droit administratif gabonais, Paris, *LGDJ*, 1987, p. 233) ou encore Alain Serge MESCHERIAKOFF, pour qui,le référé

S'agissant du principe de légalité, il s'analyse comme un triple viatique pour l'Administration, en ce sens qu'« elle doit fonder son action sur la règle de droit ; elle doit agir conformément à la règle de droit ; elle doit assurer l'application de la règle de droit »[539]. Au sens strict, le principe de légalité qui consacre le rapport entre la norme règlementaire et la norme immédiatement supérieure, la loi. Au sens large, il s'arrime à une sorte de principe de « juridicité » imposant le respect par l'acte administratif de règles supra législatives ou de rang équivalent[540]. Il repose sur le postulat que l'acte administratif, tant par son contenu que par ses conditions d'élaboration, doit respecter la légalité *stricto* ou *lato sensu.*

Aussi, peut-on retenir la *summa divisio* cohérente et pédagogique mais pas toujours incontestée[541] entre la légalité interne et la légalité externe, composées d'un ensemble de règles qui s'imposent dans l'action normative de l'Administration publique, bras séculier du pouvoir exécutif. Les conditions de la légalité interne sont relatives aux aspects matériels, au fond ou au contenu de l'acte.

---

administratif est « une décision qui prescrit en cas d'urgence des mesures conservatoires, afin que les éléments de preuves ne soient pas détruits avant que les mesures d'instruction aient pu intervenir » (A. S. MESCHERIAKOFF, Le droit administratif ivoirien, Paris, Economica, 1982, p. 196).

539 Joseph OWONA, Contentieux administratif de la République du Cameroun, Paris, L'Harmattan, 2011 ; Demba SY, Droit administratif, op.cit., p.60

540 Cf., Charles EISENMANN, « Le droit administratif et le principe de légalité », EDCE, 1957, n°11, p. 25 ; Charles EISENMANN, Cours de droit administratif, Tome 2, LGDJ, 1983, p. 235 et s. ;Danièle LOSCHAK, « Le principe de légalité. Mythes et mystification », AJDA, septembre 1987 ; Demba SY, « Un demi-siècle de jurisprudence administrative au Sénégal : de l'émergence à la maturation », *in* Alioune SALL et Ismaïla Madior FALL (dir.), Mélanges en l'honneur de Babacar Kanté, Actualité du Droit public et de la science politique en Afrique, Dakar, L'Harmattan Sénégal, 2017.

541 Geneviève KOUBI, Réflexions critiques à propos de la distinction entre légalité externe et légalité interne de l'acte administratif unilatéral, Thèse de doctorat de Droit public, Montpellier, 1984.

S'agissant des conditions de la légalité externe[542], elles s'attachent au respect de règles de compétence, de forme ou de procédure [543].Elles mettent en exergue l'importance des règles de compétence, de droit processuel ou formel. Sur ce terrain, l'ordonnance[544] doit être conforme aux règles relatives à la compétence. Seules les autorités désignées à cette fin par la Constitution ou la loi d'habilitation, sont investies de l'aptitude juridique nécessaire à prendre une ordonnance. Très souvent, cette compétence revient à l'autorité qui dispose également du pouvoir de prendre un décret simple[545] ou un décret en Conseil des ministres[546] (Président de la République ou Premier ministre), sauf hypothèses d'intérim ou de vacance[547].Il s'y ajoute que l'autorité compétente doit aussi agir dans le délai de l'habilitation.

---

[542] Cf., Alain BOCKEL, Droit administratif, Dakar-Abidjan, Nouvelles Editions Africaines, 1978, op.cit. ; Max REMONDO, Le Droit administratif gabonais, Paris, LGDJ,1987,304p ; René DEGNI-SEGUI, Droit administratif général :l'organisation administrative, Abidjan, Editions Ceda,2002, 3éme édition ; Joseph BINYOUM et Ngole Philip NGWESE, Eléments de contentieux administratif Camerounais, Paris, L'Harmattan, 2010.

[543] Sur la légalité externe, lire Ousmane KHOUMA, « Le contrôle de la légalité externe des actes administratifs unilatéraux par le juge sénégalais .Un exemple de la transposition de la jurisprudence administrative française », www.afrilex.u-bordeaux4.fr, 41p (consulté en août 2020) ; André CALOGEROPOULOS, Le contrôle de la légalité externe des actes administratifs unilatéraux, Paris, *LGDJ*, 1983.

[544] Au Sénégal, pour des exemples d'incompétence, *Cour suprême, arrêt du 2 janvier 1970 Longin Coly*, Rec., Annales Africaines 1973 ;*CS, arrêt du 5 juillet 1979, Aminata Sall et autres, GDJAS* n° XII; *CS, arrêt du 14 janvier 2010, Ibrahima Diagne c/Etat du Sénégal, in* Bulletin des arrêts de la Cour supreme,n°2-3,2010-2011,cités par Demba SY, Droit administratif, op.cit., p.305.

[545] Cette appellation courante renvoie au décret règlementaire ou à caractère individuel pris, selon certaines Constitutions, par le Chef de l'Etat ou le Premier ministre. La Constitution Burkinabé de 1991, a fait l'effort d'en fournir la définition suivante : « *Le décret simple est un acte signé par le Président de la République ou par le Premier ministre et contresigné par le ou les membres du Gouvernement compétents* » (art.100, alinéa premier).

[546] Comme le nom l'indique, c'est un décret adopté en projet par le Conseil des ministres, éventuellement après avis consultatif d'un organe ou d'une juridiction et signé par la plus haute autorité de l'Exécutif. Il fait généralement l'objet de contreseing. Selon la Constitution Burkinabé de 1991, « *Le décret en Conseil des ministres est un acte signé par le Président du Faso et par le Premier ministre, après avis du Conseil des ministres ; il est contresigné par le ou les membres du Gouvernements compétents* » (art.100 al.2).

[547] La vacance est la situation de vacuité d'une fonction à la suite d'un empêchement (incapacité physique ou mentale, déchéance, démission, décès) temporaire ou définitif du titulaire du poste. L'intérim, résultante de cette situation, vise à combler le vide

Quant aux exigences liées au respect des règles de forme et de procédure, elles sanctionnent les cas de vice de forme ou de procédure. Il s'agit de vices qui entachent la validité de l'acte soit du fait de l'absence d'accomplissement de certaines formalités dans le processus d'élaboration (absence d'avis[548], acte non motivé[549], etc.), soit du fait de la mauvaise exécution de la décision administrative concernée, sauf en cas d'application de la théorie des formalités impossibles[550].

Dans cette mouvance, l'évolution jurisprudentielle met en surbrillance la possibilité de modulation des effets des irrégularités, en ne décidant de les sanctionner que lorsqu'il s'agit de la violation d'une « procédure substantielle » telle que par exemple la consultation obligatoire d'un organisme mais en tenant compte des « *conséquences manifestement excessives* » d'une éventuelle annulation[551].

---

ainsi laissé .Il conduit, dans l'attente de la nomination ou de l'élection du nouveau titulaire, à la désignation d'un remplaçant temporaire. En principe, l'intérimaire peut prendre, sauf dispositions textuelles contraires, tout acte juridique qu'aurait pu prendre le titulaire.

Par exemple en cas de vacance de la présidence de la République, la fonction peut être exercée provisoirement par une autorité constitutionnellement désignée pour assurer l'intérim jusqu'à l'élection d'un nouveau Président (art.53 de la Constitution du Niger de 2010;art.43 de la Constitution du Burkina Faso de 1991, art. 39 et 40 de la Constitution sénégalaise de 2001).

548 Si la consultation de certains organes et juridictions dans le délai d'habilitation est obligatoire, la juridiction administrative vérifie si la condition a été respectée. Voir, Jean-Marie AUBY, « *Le régime juridique des avis dans la procédure administrative* », AJDA 1956, pp.53-67.

549 Sénégal, *Tribunal de Dakar, arrêt du 7 avril 1981, Ministère public c/Cheikh Anta Diop,* GDJAS, n° XIII, cité par Demba SY, Droit administratif, op.cit. ; Abdoulaye DIEYE, « Le juge et la motivation des actes administratifs au Sénégal », *Revue EDJA*, n° 81, Avril-Mai-Juin 2009, p. 11 et s. ; Meissa DIAKHATÉ, « la motivation des décisions administratives en Afrique subsaharienne francophone », Afrilex, avril 2019, (consulté en septembre 2020).Voir aussi en France, Etude sur la motivation des actes administratifs, EDCE, 1986, n° 37 ; Nadine POULET-GIBOT LECLERC, « Le Conseil d'Etat et le contenu de la motivation des actes administratifs », D., 1992, Chr., p. 61.

550 France, *CE, arrêt du 14 janvier 1964, Charlet,* RDP 1964, p.439.

551 Cette orientation a pour point de départ, l'affaire *Danthony, CE, Ass., arrêt du 23 décembre 2011*, n°335033,Rec. Lebon : «(…)*Considérant que ces dispositions énoncent, s'agissant des irrégularités commises lors de la consultation d'un organisme, une règle qui s'inspire du principe selon lequel, si les actes administratifs doivent être pris selon les formes et conformément aux procédures prévues par les lois et règlements, un vice affectant le déroulement d'une procédure administrative préalable, suivie à titre obligatoire ou facultatif, n'est de nature à entacher d'illégalité la décision prise que s'il ressort des pièces du dossier qu'il a été susceptible d'exercer,*

Il en va de même de l'absence de signature qui a pour effet de conduire à l'inexistence de l'acte. Quant au contreseing, son absence constitue un vice de forme pour mauvaise exécution ou pour omission d'une étape du processus d'élaboration de l'acte. En la matière, le juge administratif se limite souvent à veiller au respect des formalités dites substantielles[552].

Dans cette veine, le défaut de publicité entraîne une inapplicabilité envers les administrés alors que l'administration est tenue à l'exécution dès la connaissance de l'acte. Cette situation caractérise souvent les États africains dans lesquels « les services publics appliquent parfois des textes n'ayant fait l'objet d'aucune publicité »[553].

---

en l'espèce, une influence sur le sens de la décision prise ou qu'il a privé les intéressés d'une garantie ; que l'application de ce principe n'est pas exclue en cas d'omission d'une procédure obligatoire, à condition qu'une telle omission n'ait pas pour effet d'affecter la compétence de l'auteur de l'acte ; En ce qui concerne l'irrégularité tenant à ce que les conseils d'administration ont délibéré sans l'avis préalable des comités techniques paritaires (...) Considérant que l'annulation d'un acte administratif implique en principe que cet acte est réputé n'être jamais intervenu ; que, toutefois, s'il apparaît que cet effet rétroactif de l'annulation est de nature à emporter des conséquences manifestement excessives en raison tant des effets que cet acte a produits et des situations qui ont pu se constituer lorsqu'il était en vigueur que de l'intérêt général pouvant s'attacher à un maintien temporaire de ses effets, il appartient au juge administratif - après avoir recueilli sur ce point les observations des parties et examiné l'ensemble des moyens, d'ordre public ou invoqués devant lui, pouvant affecter la légalité de l'acte en cause - de prendre en considération, d'une part, les conséquences de la rétroactivité de l'annulation pour les divers intérêts publics ou privés en présence, d'autre part, les inconvénients que présenterait, au regard du principe de légalité et du droit des justiciables à un recours effectif, une limitation dans le temps des effets de l'annulation ; qu'il lui revient d'apprécier, en rapprochant ces éléments, s'ils peuvent justifier qu'il soit dérogé à titre exceptionnel au principe de l'effet rétroactif des annulations contentieuses et, dans l'affirmative, de prévoir dans sa décision d'annulation que, sous réserve des actions contentieuses engagées à la date de celle-ci contre les actes pris sur le fondement de l'acte en cause, tout ou partie des effets de cet acte antérieurs à son annulation devront être regardés comme définitifs ou même, le cas échéant que l'annulation ne prendra effet qu'à une date ultérieure qu'il détermine ;... ».

[552] Voir par exemple, *CS, arrêt du 13 janvier 2011, Port Autonome de Dakar c/Comité de règlement des différends de l'ARMP*, *in* Bulletin des arrêts de la Cour suprême, n°2-3, 2010-2011.

[553] Fidèle MENGUE ME ENGOUANG, « La publicité des lois et règlements au Gabon », *Revue Penant* n°788-789, 95e année, juillet décembre 1985, pp.262-276 ; Martin BLEOU, « La place du règlement dans le contentieux de l'excès de pouvoir en Côte d'Ivoire », RIPAS n°23-24, janvier-décembre 1990 (Actes du colloque sur le pouvoir règlementaire des autorités administratives au Sénégal), pp.276-284 ;Olivier

Concernant la légalité interne[554], elle constitue la mesure de trois paramètres qui invitent à déterminer la validité et l'opposabilité de l'acte administratif selon ses motifs, son objet et son but.

De surcroît, il est logique de supposer que toute ordonnance repose sur des motifs, des éléments de droit et de fait qui en constituent la base légale (motifs de droit) et qui sont matériellement exacts et juridiquement qualifiés (motifs de fait) par l'auteur de la décision. À l'aune de ce présupposé, l'ordonnance a pour fondement juridique la loi d'habilitation qui l'autorise. Cette dernière figure nécessairement dans les visas de l'ordonnance. Quant au respect des motifs de fait, il entraîne la prohibition des abus constitutifs d'inexistence de l'acte. Dans l'appréciation qu'en fait le juge de l'administration, le contrôle pourra être considéré comme minimum, normal ou maximum[555]. Allant plus

---

TANDJIP, « Les obstacles à la publicité des actes administratifs dans les Etats d'Afrique francophone : l'exemple du Cameroun », *RJTUM* (Revue juridique Thémis, Université de Montréal), 2018, n° 51-2-3, pp. 465-486.

Au Sénégal, voir la loi n°2021-21 du 02 mars 2021 fixant les règles d'applicabilité des lois, des actes administratifs à caractère règlementaire, des actes administratifs à caractère individuel(JORS n°7409 du 20 mars 2021,p.303) et qui abroge la loi n°70-14 du 6 février 1970 (JORS du 31 mars 1970), modifiée par la loi n°71-07 du 21 janvier 1971 .Son article 3 dispose « *Sauf disposition législative ou réglementaire contraire autorisant la non -publication ou la publication partielle de textes, les lois promulguées et les actes administratifs à caractère réglementaire sont publiés par voie d'insertion au Journal officiel...* », (www.jo.gouv.sn).

Le Code Civil Guinéen, en son article 3, dispose « *La publication est l'opération qui porte la loi à la connaissance du public. Elle se fait au moyen d'une insertion au Journal Officiel de la République* », *JORG*, 2020, p.23.

[554] Comme le rappelle fort opportunément Ousmane Khouma, «La légalité interne est relative aux règles de fond que doit respecter une décision administrative pour être légale. Les illégalités internes sont : la violation directe de la loi, l'erreur de droit (erreur relative aux motifs de droit), l'erreur de fait (erreur relative aux motifs de fait), le détournement de pouvoir, l'erreur manifeste d'appréciation (qui n'est prise en considération que si l'autorité administrative dispose d'une compétence discrétionnaire) et l'erreur dans la qualification juridique des faits (prise en compte que si l'autorité administrative dispose d'une compétence liée) ». Voir, Ousmane KHOUMA, « Le contrôle de la légalité externe des actes administratifs unilatéraux par le juge sénégalais .Un exemple de la transposition de la jurisprudence administrative française », art.prec., p.4 ; Sophie THERON, « Les catégories en droit administratif », *RRJ- Droit prospectif,* n°4, 2005, pp. 2309-2420 ; Pierre-Laurent FRIER et Jacques PETIT, Droit administratif, 14 e édition, Paris, *LGDJ*, coll. Domat Droit public, 2020,800p.

[555] Il s'agit, à divers degrés, de types de contrôles exercés par le juge. Le contrôle est dit minimum lorsque le juge se borne à vérifier l'existence matérielle des faits à l'origine de l'édiction de l'acte administratif. Le contrôle est dit normal, s'il est

loin, la doctrine et la jurisprudence mettent en orbite ce qu'on appelle le contrôle de proportionnalité (qui existe aussi bien en droit administratif [556]qu'en droit constitutionnel)[557].

L'objet de l'ordonnance est porté par son contenu. En effet, l'ordonnance ne doit enfreindre ni les règles constitutionnelles (Préambule, corpus constitutionnel, principes ou règles à valeur constitutionnelle[558], y compris les réserves d'interprétation[559] fournies par le juge constitutionnel), ni les principes généraux de droit[560], encore

---

adjoint au premier type de contrôle, l'examen de la qualification juridique des faits. Le contrôle est dit maximum, si aux éléments de contrôles précédents, il ajoute celui de l'appréciation des faits. Ce dernier contrôle peut aboutir à un contrôle d'opportunité de l'acte ; voir Agathe VAN LANG, Geneviève GONDOUIN et Véronique INSERGUET – BRISSET, *Dictionnaire de droit administratif*, Edition Dalloz, 2008 ; Demba SY, Droit administratif, op.cit.

[556] Xavier PHILIPPE, Le contrôle de proportionnalité dans les jurisprudences constitutionnelles et administratives, Paris, Economica, PUAM, 1990 ; Gregory KALFLECHE, « Le contrôle de proportionnalité devant le juge administratif », *Les Petites Affiches*, n°46, spécial, 5 mars 2009, pp.46-53.

[557] Mamadou Yaya DIALLO, « Le contrôle de proportionnalité dans la jurisprudence constitutionnelle en Afrique », Revue Juridique et Politique des Etats Francophones, n°1/2018, pp.67-108 ; Kossivi HOUNAKE, « L'exigence de proportionnalité dans la jurisprudence de la Cour constitutionnelle du Bénin », Revue Togolaise des Sciences Juridiques, Janvier-Juin 2015, pp.155-172 ; Xavier PHILIPPE, « Le juge constitutionnel et la proportionnalité en Afrique du Sud », AIJC, 2010 ; Rhita BOUSTA, « Contrôle constitutionnel de proportionnalité. La spécificité française à l'épreuve des évolutions récentes », *RFDC*, 2011/4, n°88, pp.913-930.

[558] Voir, en France, le resserrement du contrôle des ordonnances par rapport aux principes et règles de valeur constitutionnelle, CE *arrêt du* 1er décembre 1997, *Union des professions de santé libérales SOS Action santé* ; CE, arrêt du 1er décembre 1997, *Caisse primaire d'assurance-maladie de la Sarthe* ; CE, arrêt du 12 juin 1998, *Conseil national de l'ordre des médecins* ; CE, arrêt du 30 juin 2003, *Fédération régionale ovine du Sud-est*), décisions citées par Louis FAVOREU, Patrick GAIA, Richard GHEVONTIAN et autres, Droit constitutionnel, op.cit.

[559]Voir l'article d'Abdou Aziz Daba KEBE, « Les réserves d'interprétation dans la jurisprudence constitutionnelle des pays d'Afrique francophone », Annales Africaines, Nouvelle Série, Vol. I, avril 2015, FSJP/UCAD, pp.255-294.

[560]Sauf si la loi d'habilitation permet de déroger à ceux des PGD qui ont un rang infra-législatif (*CE,* arrêt du *4 novembre. 1996, Asso*ciation *de défense des sociétés de course des hippodromes de province*).

Sur les principes généraux de droit, voir Maxime LETOURNEUR, « Les principes généraux du droit et la jurisprudence du Conseil d'Etat », *EDCE* 1951, p.19 ; Fabrice MELLERAY, « Le droit administratif doit-il redevenir jurisprudentiel ? Remarques sur le caractère paradoxal de son caractère jurisprudentiel », *AJDA* 2005, p.637 ; Franck MODERNE, « Actualité des principes généraux du droit » : RFDA 1998, p.495 ; Franck MODERNE, « Légitimité des principes généraux du droit et théorie

moins les traités et accords internationaux[561] et les limites de temps et de matières visées par la loi d'habilitation.

Quant au but de l'acte, sa régularité s'apprécie par rapport aux finalités poursuivies par l'autorité administrative[562], le but d'intérêt général en étant souvent l'étalon de mesure. Le dévoiement conduit au détournement de pouvoir, voire, si la procédure est biaisée, au détournement de procédure[563].

À ce stade, la symbiose entre le droit constitutionnel et le droit administratif devient si marquante que le recours contentieux est ouvert à tout administré lésé par l'application de l'ordonnance.

En effet, préalablement à la ratification, la nature règlementaire ne lève pas l'incertitude ou le risque d'une éventuelle annulation *erga omnès* de l'ordonnance. Pour les ordonnances de législation déléguée, le recours pour excès de pouvoir est possible tant qu'il est formé dans le délai du recours contentieux puisque leur caractère règlementaire est reconnu pour la période antérieure au dépôt du projet de loi de ratification[564], et dans tous les cas en l'absence de ratification. Une fois la ratification effectuée, l'Exécutif peut demander la délégalisation des dispositions de caractère réglementaire contenues dans la loi de ratification[565].

En empruntant les parures d'un texte ratifié, l'ordonnance change de nature et de régime juridiques.

---

du droit », RFDA 1999, p.722 ; Gérard TEBOUL, « Nouvelles remarques sur la création du droit par le juge administratif dans l'ordre juridique interne », *RDP*, 2002, p.1363 ; Sarah BEN MESSAOUD et François VISEUR, Les principes généraux de droit administratif, Actualités et applications pratiques, Droit belge, Paris, Larcier, 2017.

561 Saidou Nourou TALL, « Les références au Droit international Public… », op. cit.

562 Voir, entre autres au Burkina Faso, *Cour Suprême, Chambre Administrative,* arrêt du *8 juillet 1983, Garango Tiémoko Marc.*

563 Alain BOCKEL, Droit administratif, op.cit. ; Demba SY, Droit administratif, op. cit.

564 Cette assertion est à nuancer, concernant la France où la décision du CC du 28 mai 2020 octroie une nature législative à l'ordonnance, une fois passé le délai d'action.

565 *Infra*, Section II de ce Chapitre.

SECTION II

LE REGIME JURIDIQUE DES ORDONNANCES RATIFIEES

La *summa divisio* entre ordonnances ratifiées et ordonnances non ratifiées parraine un régime juridique dissociant les caractères d'acte législatif et d'acte administratif, en fonction du paramètre retenu. Elle préside encore tout un agencement normatif, processuel et matériel, dans l'opération de métamorphose de l'ordonnance (§I) dont les conséquences rejaillissent sur la nature législative désormais acquise de l'ordonnance ratifiée (§II).

Paragraphe I. La transmutation par l'effet de la ratification

La destinée naturelle des ordonnances prises en vertu d'une habilitation parlementaire, à l'échéance des délais d'action et de dépôt, est d'arpenter la voie d'une procédure législative dont la ratification constitue le dénouement.

En vérité, tout concoure à montrer le caractère gémellaire de la loi d'habilitation et de la loi de ratification tant à l'étape du projet de texte qu'avec la procédure d'adoption parlementaire (A).

Néanmoins, il est permis de déceler, entre les deux lois, des divergences propres à marquer la singularité de la ratification des ordonnances à travers certaines de ses modalités (B).

A) L'adoption de la loi de ratification

La procédure de ratification suit, en général, un cheminement linéaire qui est balisé par des règles du droit parlementaire[566]. Rien ne distingue a priori la procédure d'élaboration de la loi de ratification, de la procédure de fabrication de la loi ordinaire.

Mais la particularité de la procédure d'adoption d'une loi de ratification est qu'elle termine un processus largement entamé depuis l'entrée en vigueur de la loi d'habilitation jusqu'à l'édiction et l'application des ordonnances. Se situant ainsi au bout de cette chaîne normative, la parenté entretenue par la loi de ratification avec la loi d'habilitation et les ordonnances déteint forcément à la fois sur la nature de cette nouvelle loi et sur son régime juridique.

---

[566] Cf., Pierre AVRIL et Jean GICQUEL, Droit parlementaire, Paris, *LGDJ*, 5e édition, 2014, 414p.

Comme indiqué auparavant, le fait pour l'Exécutif de respecter ou d'ignorer le délai de dépôt du projet de loi de ratification constitue le critère décisif de séparation des ordonnances, commandant subséquemment et par ce biais, la détermination de leur régime juridique.

C'est d'abord autour de ce premier point de fixation qu'apparaissent les divergences constitutionnelles. Si l'approche la plus concevable devait être le suivi d'une procédure complète comprenant le dépôt, l'examen, le vote jusqu'à la ratification[567], il faut constater la vitalité d'une autre approche juridique, celle de Constitutions qui se bornent à n'imposer que le dépôt d'un projet de loi de ratification à la fin d'un délai (que précise la loi d'habilitation)[568].

Corrélativement à cet état de fait, la question récurrente est de savoir si l'exigence du dépôt du projet de loi est la condition nécessaire et suffisante écartant alors toute suite dans la procédure législative. Une interprétation textuelle tendrait à s'en tenir à cette approche minimale du « projet de non caducité ».

Il suffit de rappeler que le seul dépôt du projet de loi de ratification a pour effet la non caducité et, par conséquent, le maintien en vigueur de l'ordonnance dans le droit positif tant qu'elle n'a pas, en ses dispositions de caractère législatif, été modifiée. .Il est également admis, dans ce cas de figure qu'aucune obligation ne pèse sur l'Exécutif de demander l'inscription de ce projet de loi à l'ordre du jour d'une session parlementaire[569].

Dans l'hypothèse où l'Exécutif s'est finalement résolu à engager jusqu'au bout la procédure de ratification, les mêmes règles (que pour la demande d'habilitation) de droit constitutionnel et de droit parlementaire afférentes à la procédure législative trouveront à s'employer.

Après l'examen du projet de loi, éventuellement à la suite d'un avis d'une entité constitutionnellement désignée à ce propos et qu'il ait été adopté facultativement ou obligatoirement en Conseil des ministres, il est, selon les cas, accompagné d'un décret de présentation avec indication, si nécessaire, du ou des ministre(s) chargé (s) d'en soutenir

---

[567] Cf., Kossi SOMALI, op.cit.

[568] Cf., les lois d'habilitation des Etats francophones d'Afrique, précitées.

[569] Sur certaines prérogatives de l'Exécutif, lire à ce propos Prudent SOGLOHOUN, « Les fonctions législatives du Président de la République », *Revue Béninoise des Sciences Juridiques et Administratives* (*RBSJA*), 2014, vol.14, pp.83-121.

la discussion[570].Il est déposé devant le Parlement. À ce stade, l'autorité réglementaire est dessaisie car seul le Parlement peut à partir de cette étape, modifier les dispositions de l'ordonnance non ratifiée[571].

Dès le début de la procédure, le Parlement retrouve ses prérogatives traditionnelles. Les parlementaires, libérés de la contrainte de respecter l'habilitation, disposent à nouveau du droit d'amender[572] ou de faire des propositions, d'adopter des stratégies de retardement [573] ou d'accélération[574]. Il leur est aussi loisible d'initier toute démarche permise par le Règlement intérieur[575] et dont l'effet majeur est de

---

[570] Voir, articles 112 et 113 de la Constitution du Burkina Faso de 1991 dans sa rédaction issue de la loi de révision du 27 janvier 1997, voir Luc Marius IBRIGA et Amidou GARANE, Constitutions Burkinabé, op.cit.

[571]En France, il a été admis que « *si une ordonnance prise sur le fondement de l'article 38 de la Constitution conserve, aussi longtemps que le Parlement ne l'a pas ratifiée expressément ou de manière implicite, le caractère d'un acte administratif, celles de ses dispositions qui relèvent du domaine de la loi ne peuvent plus, après l'expiration du délai d'habilitation conféré au Gouvernement, être modifiées ou abrogées que par le législateur ou sur le fondement d'une nouvelle habilitation qui serait donnée au Gouvernement ; que l'expiration du délai fixé par la loi d'habilitation fait ainsi obstacle à ce que l'autorité investie du pouvoir réglementaire fasse droit à une demande d'abrogation portant sur les dispositions d'une ordonnance relevant du domaine de loi, quand bien même seraient-elles entachées d'illégalité* » (Arrêt d'Assemblée du Conseil d'État du 11 décembre 2006, *Conseil national de l'ordre des médecins)*.

[572] Article 52 al.4 de la Constitution du Gabon : « *Le parlement a la possibilité de modifier les ordonnances par voie d'amendements* » ; article 77 al.2 *in fine* de la Constitution sénégalaise : « *L'Assemblée nationale peut les amender à l'occasion du vote de la loi de ratification* » ; voir en France, Éric OLIVA, « La constitutionnalisation du droit d'amendement », *in* Association française de Droit constitutionnel, La constitutionnalisation des branches du droit, Economica, 1998, pp. 87-103.

[573]Sur les stratégies de retardement, notamment le *filibustering* ou « flibustage », technique d'obstruction et de prolongation à l'envi des débats parlementaires, sauf limitation expresse du temps de parole, voir Jean GICQUEL et Jean Éric GICQUEL, Droit constitutionnel, op.cit.

[574] Comme les procédés de vote en procédure d'urgence, le vote bloqué, etc. ; voir Jean GICQUEL et Jean Éric GICQUEL, Droit constitutionnel, op.cit.

[575] Cf., au Sénégal, loi organique n°2019-14 du 28 octobre 2019 modifiant et complétant la loi organique n°2002-20 du 15 mai 2002, modifiée, portant Règlement intérieur de l'Assemblée nationale, *JORS* n°7219, numéro spécial du mardi 29 octobre 2019 ; voir son contrôle de conformité à la Constitution, Conseil *constitutionnel du Sénégal, Décision n°2/C/2019 du 23 octobre 2019.*

prétendre moduler le texte gouvernemental initial, voire d'en abréger la vie juridique à la suite du rejet de son adoption[576].

Si le Parlement accueille favorablement le projet, l'ordonnance est ratifiée et sa mue en loi est acquise, après promulgation. Dès lors, seuls deux types de contrôles peuvent être exercés à son encontre : le contrôle de conventionalité[577] et le contrôle de constitutionnalité[578].

---

576 Voir l'incise de l'article 28 al.4 de la Constitution camerounaise de 1996 : « *elles demeurent en vigueur tant que le Parlement n'a pas refusé de les ratifier* ».

577 S'agissant des engagements internationaux, on distingue leur contrôle de constitutionnalité (examen de conformité du traité par rapport à la Constitution) et le contrôle de conventionalité (examen de conformité de la loi par rapport aux traités et accords internationaux). Généralement, le premier type de contrôle relève de la compétence de Cours et conseils constitutionnels ou des chambres (ou sections réunies) de cours suprêmes. Dans le cas du contrôle par voie d'action, si le traité n'est pas conforme à la Constitution, un choix s'offre à l'Exécutif : soit renoncer à l'accord ou dénoncer le traité (voir Convention de Vienne de 1969 sur le droit des Traités) ; soit réviser la Constitution pour tenir compte des prescriptions conventionnelles (cette dernière hypothèse étant prévue dans la majorité des Constitutions francophones). Dans le cas du contrôle par voie d'exception, si le traité (déjà ratifié) n'est pas conforme à la Constitution, soit l'Exécutif en tire les conséquences (voir la dernière hypothèse de la phrase précédente),soit il encourt le risque de l'engagement de sa responsabilité internationale s'il n'applique pas le traité sauf hypothèse de retrait ou de dénonciation du traité ;voir en Côte d'Ivoire les décisions suivantes :Cour suprême, Chambre constitutionnelle, *arrêt n°15-2001 du 27 février 2001*(contrôle de constitutionnalité de l'Acte constitutif de l'Union africaine),Conseil constitutionnel, *Décision n°CI-2014-142/23-12/CC/SG du 23 décembre 2014 relative au contrôle de constitutionnalité du Protocole sur les amendements à l'Acte constitutif de l'Union africaine, adopté le 03 février 2003 à Addis-Abeba (Ethiopie) et le Protocole adopté le 11 juillet 2003 à Maputo(Mozambique), in* Recueil des décisions et avis du Conseil constitutionnel de la République de Côte d'Ivoire 2013-2016.

Quant au contrôle de conventionalité, c'est la modalité par laquelle les juridictions ordinaires (judiciaires, administratives) font prévaloir l'autorité supérieure du traité sur la loi. En fait, la primauté du DIP trouve ici une extension maximale puisqu'en cas de contrariété, le Traité s'applique au détriment de la loi.

Relativement à ce contrôle de conventionalité, la position du Conseil Constitutionnel Sénégalais est la suivante : « *Il n'appartient pas au Conseil Constitutionnel d'apprécier la conformité de la loi aux stipulations d'un traité ou accord international* » (*Décision 1/C/2005 du 12 février 2005*), voir Saidou Nourou TALL, « La justice constitutionnelle sénégalaise... », art.prec ; Guibril CAMARA « Les conventions internationales et la loi interne à travers la jurisprudence sénégalaise », communication de la Cour de Cassation du Sénégal », *in* Actes du colloque de Ouagadougou, 24-26 juin 2005, Les Cahiers de l'Association ouest africaine des Hautes Juridictions Francophones, (www.ahjucaf.org).

578 Pour des exemples de contrôle de constitutionnalité de traités et accords internationaux, consulter *Cour constitutionnelle de Guinée, arrêt n°001 du 28 juillet*

Dans l'éventualité d'un vote négatif du Parlement, l'ordonnance reste un texte de caractère réglementaire avec les conséquences déjà exposées[579].

Dans cette dernière hypothèse, on peut s'interroger sur l'étendue des prérogatives parlementaires sur une ordonnance non ratifiée mais ayant déjà complètement épuisé ses effets par l'application. Certes, le rejet du projet de loi de ratification contraint l'Exécutif, à opérer son retrait. Néanmoins, ce rejet ne prive pas l'Exécutif d'alternatives.

L'ingéniosité juridique permet à celui-ci d'user d'une stratégie de contournement, c'est-à-dire de reprendre le texte de l'ordonnance non ratifiée en le corrigeant des imperfections décelées par les parlementaires et solliciter à nouveau une habilitation contenant des mesures dérogatoires[580].Une nouvelle loi d'habilitation peut très bien permettre à l'Exécutif de prendre une ordonnance portant ratification de l'ordonnance rejetée par le Parlement.

L'hermétisme dans la nature et le régime juridiques des ordonnances s'invite également dans la variété des ratifications.

B) Les modalités de la ratification

L'exégèse des textes constitutionnels et de la pratique des États africains francophones permet de constater une tendance haussière[581] de recours aux ordonnances par les régimes militaires et les régimes civils, en temps normal comme dans les situations de sortie de crise.

Cette caractéristique est également observable dans le recours aux lois de ratification [582] en raison de la préférence que ces États accordent

---

2015 : contrôle du Protocole d'accord entre la République de Guinée et la BAD et le FAD au titre du Don relatif au financement de la réaction à la crise : assistance technique en appui aux pays les plus touchés par l'épidémie d'Ebola ; *Cour constitutionnelle de Guinée, arrêt n°002 du 25 juillet 2015*: contrôle de l'accord entre la République de Guinée et l'Association Internationale pour le développement (AID) relatif au financement du Projet régional des pêches pour la Guinée dans le cadre du Programme Régional des pêches en Afrique de l'Ouest(PRAO).Voir,aussi, le paragraphe 2 de la Section II de ce Chapitre.

579 *Supra*, Première partie.

580 Cf., Christophe PALLEZ, op.cit.

581 La tendance est perceptible dans l'observation de la législation et de la réglementation de ces Etats africains .Pour la France, voir site www .legifrance.fr et les sites français de l'Assemblée nationale et du Sénat.

582 Par exemple, au Burkina Faso, loi n°042-2019 AN adoptée le 31 mai 2019 et portant ratification de l'Ordonnance n°2018-007 /PRES du 08 août 2018 portant

aux ratifications expresses qui semblent, d'ailleurs être le mode exclusif d'approbation des ordonnances prises sur habilitation législative.

Sous d'autres cieux et dans d'autres contextes, à côté de la ratification expresse, est admise la possibilité d'une ratification implicite ou impliquée même si une tendance baissière ou désagrégée de ce dernier procédé est apparue depuis une bonne dizaine d'années.

Relativement à la ratification explicite ou expresse, elle est le signe d'une sagesse et d'une commodité législatives puisqu'elle consacre le retour de l'enfant prodige – l'Exécutif délégataire de l'habilitation – au Parlement délégant autant pour faire le compte rendu des ordonnances édictées que pour recevoir, en contrepartie, l'onction législative par l'autorisation de ratification, symbole d'une sorte de « certificat de bonne conduite ».

Après cette ratification résultant de l'adoubement du vote du projet de loi de ratification, l'ordonnance est désormais soustraite au contrôle du juge de l'excès de pouvoir[583], sauf à introduire un recours en exception d'illégalité ou à initier un recours juridictionnel après constat par la juridiction constitutionnelle du caractère réglementaire de l'ordonnance ratifiée et permettant de ce fait sa délégalisation[584].

L'option d'une ratification exclusivement expresse, qui est très prisée par les États africains, relève aussi de la logique des rapports de collaboration et de complétude entre les organes exécutif et législatif en dépit du silence de certains prescrits constitutionnels qui ne portent leurs exigences que sur le dépôt du projet de loi de ratification[585].

Cependant, il est à relever que cette simplicité et cette logique espérées en ce qui concerne les ratifications expresses ne sont pas toujours au rendez-vous car la ratification explicite peut revêtir deux

---

autorisation de ratification de l'Accord de prêt n° 2018012/PR BF 2018 13 00 conclu le 31 mai 2018 à Lomé entre le Burkina Faso et la Banque ouest africaine de développement (BOAD) pour le financement partiel du projet de renforcement du réseau d'assainissement des eaux pluviales de la ville de Ouagadougou (phase 3) ;au Niger, loi n°93-007 du 3 décembre 1993 portant ratification de l'Ordonnance n°93-001 du 10 août 1993 portant loi de finances pour l'année budgétaire 1993 (*JO* du Niger du 15 janvier 1994, p.31) .

[583] Sur la distinction entre les ratifications implicites et explicites, lire Cécile CASTAING, « La ratification implicite des ordonnances de codification. Haro sur « La grande illusion », *RFDC* 2004/2 (n° 58), pp. 275- 304.

[584] Voir plus loin les développements sur la délégalisation.

[585] Voir, par exemple, art.77 de la Constitution du Sénégal de 2001 ; art.107 de la Constitution du Burkina Faso de 1991.

formes : une ratification globale ou une ratification partielle.

La ratification globale, qui est la forme la plus usitée de ratification expresse, couvre, dans son entièreté, l'ordonnance ou toutes les ordonnances fondées sur la même loi d'habilitation. Elle est constatée par la promulgation de la loi de ratification qui vise, dans ce cas, toutes les dispositions des ordonnances concernées. En cas de saisine du juge constitutionnel dans le délai de promulgation, elle résulte du « brevet de constitutionnalité » apposé par la juridiction et qui ouvre la voie à la promulgation de l'ensemble du texte soumis à son contrôle.

Quant à la ratification partielle, elle peut caractériser la situation de rejet par le Parlement de certaines dispositions d'une ordonnance ou de certaines ordonnances visées par le projet de loi. Dans ce cas, la promulgation ne pourra pas porter sur celles-ci. Elle peut qualifier, au jugement de la Cour ou du Conseil constitutionnel(le), au sein d'une même ordonnance et/ou d'une même loi de ratification, la situation des dispositions jugées conformes à la Constitution et à la loi d'habilitation et séparables du reste du texte pour leur application [586] .Certaines ordonnances, à l'exclusion d'autres, seront alors assorties du label de constitutionnalité. Dans ce cas, la promulgation ne portera que sur ces dispositions.

En tout état de cause, la soumission d'un projet de loi de ratification place le Parlement devant un dilemme. Il est obligé de refuser son approbation aux dispositions ou aux ordonnances en contradiction flagrante avec la Constitution (entendue au sens large) et avec la loi d'habilitation. Mais, il est aussi souvent contraint de constater, après coup, que certaines ordonnances instituées pour régler des cas ponctuels et urgents ont épuisé totalement leur virulence une fois solutionnés les problèmes concernés et dès lors, son opposition à leur ratification relève peut être d'une volonté affichée de distraire celles-ci du droit positif mais ressemble plus à un baroud d'honneur.

La ratification implicite ou impliquée est constitutive du franchissement d'un degré supplémentaire de complexité, lorsqu'elle

[586] Sur la divisibilité, voir Paragraphe 2 de cette Section. On soulignera que lorsque cette séparabilité est impossible, le juge déclare la neutralisation de la loi, voir Cour constitutionnelle de Guinée, arrêt *n° AC 010 du 16 octobre 2015* à propos de la loi organique portant Attributions, organisation et fonctionnement de la Cour suprême. Le juge y décèle plusieurs violations du principe de non-discrimination et du principe de la séparation des pouvoirs et conclut ainsi « *Dit que les articles déclarés contraires ne sont pas séparables du reste de la loi ; Dit que la loi organique ne peut être promulguée ...* ».

est admise à côté d'une ratification explicite.

Si dans ce registre, la préférence des États africains est accordée à la voie expresse, comme en attestent les nombreuses lois de ratification[587], on peut constater le recours à cette pratique en France où, pendant longtemps, cette création prétorienne avait suscité d'amples commentaires doctrinaux, débats politiques, précisions jurisprudentielles avant d'être mise sous l'éteignoir par la loi de 2008[588].

De l'analyse de certaines lois, on avait déduit la présence d'une ratification non expresse, tacite ou implicite par leurs dispositions visant indirectement des ordonnances. En l'occurrence, le Tribunal des conflits[589], le juge judiciaire[590], le Conseil d'État[591] et le juge constitutionnel[592] avaient admis la possibilité de la ratification implicite

---

[587] Voir au Niger, loi n°60-12 du 12 mai 1960 ratifiant l'Ordonnance n°60-22 du 22 janvier 1960 portant adaptation des amendes pénales (*JORN* n°6 du 1er juin 1960) ; loi n°93-007 du 3 décembre 1993 portant ratification de l'Ordonnance n°93-001 du 10 août 1993 portant loi de finances pour l'année budgétaire 1993 (JORN du 15 janvier 1994, p.31) ; au Tchad, loi n°60-2 du 15 avril 1960 ratifiant les ordonnances n°1 à 13 du gouvernement (*JO* du 1er mai 1960, p.205) ; au Sénégal, décret n°60-032SG du 16 janvier 1960 de promulgation de la loi sénégalaise n°60-008 portant ratification de l'Ordonnance n°59-025 du 18 mars 1959 créant un commissariat à l'urbanisme et à l'habitat (JORS Spécial n°3355 du 29 janvier 1960) ; loi n°89-40 du 26 décembre 1989 portant ratification de l'Ordonnance n°89-30 du 25 août 1989 portant abaissement du taux majoré de la taxe sur la valeur ajoutée et modifiant la liste des produits éligibles à ce taux (*JORS* du 3 février 1990, p.88).

[588]Voir, *infra*.

[589] Le juge des Conflits a également reconnu cette qualité dans l'affaire *Préfet de l'Essonne c/Cour d'appel de Paris, arrêt du 19 mars 2007*(*AJDA* 2007, p.1357, note Michel Verpeaux).

[590] Dans un *arrêt du 6 octobre 1992, Société Anonyme Lefebvre et autres,* la Cour de cassation, chambre commerciale a estimé qu' « *en se référant soit à des dispositions essentielles de l'ordonnance (...) indissociables de l'ensemble de ce texte, soit à l'ensemble du texte lui-même, le législateur a manifesté la volonté implicite, mais réitérée de ratifier l'ordonnance* ».

[591] Dans l'espèce, *CE, arrêt du 10 juillet 1972, Air Inter*, le juge administratif relève cette modalité de ratification d'un article de l'ordonnance querellée « *qui a été implicitement validé avec l'ensemble de l'ordonnance du 17 août 1967 par l'article 62 de la loi du 27 décembre 1968...* » (Rec. CE, p.157).

[592] Le Conseil constitutionnel a entériné à diverses reprises cette pratique des ratifications, usage assorti notamment de la précision suivante : « *ledit article 38, non plus aucune autre disposition constitutionnelle ne fait obstacle à ce qu'une ratification intervienne selon d'autres modalités que celle de l'adoption du projet de loi susnommé ;que par suite, cette ratification peut résulter d'une manifestation de volonté implicitement mais clairement exprimée par le Parlement* » (*CC*, n°72-73 L

dans différents cas notamment, lorsqu'à défaut de tout examen du projet de loi, constatation était faite de la ratification indirecte des ordonnances par des textes postérieurs qui les incluent clairement ou les impliquent nécessairement.

Le caractère implicite résultait du fait que les textes considérés comme ratifiés implicitement n'avaient pas fait l'objet d'un vote formel d'approbation parlementaire, mais leurs « ratifications » découlaient du constat que d'autres textes faisaient allusion à certaines ou à toutes les dispositions de ces ordonnances.

Cette ratification serait alors le résultat d'une interprétation raisonnable de l'esprit et de la lettre d'un texte de loi ultérieur déjà ratifié qui implique obligatoirement ces ordonnances, en constitue le déclencheur, la conséquence logique ou le complément indispensable. La ratification est donc impliquée.

Selon le Conseil constitutionnel français, « *s'il n'est pas exclu que la ratification de tout ou partie de l'une des ordonnances prises en vertu de l'article 38 de la Constitution puisse résulter d'une loi qui, sans avoir cette ratification pour objet direct, l'implique nécessairement ; que saisi d'une loi de cette nature, il appartiendrait au Conseil constitutionnel de dire si la loi comporte effectivement ratification de tout ou partie des dispositions de l'ordonnance en cause et, dans l'affirmative, si les dispositions auxquelles la ratification confère valeur législative sont conformes à la Constitution* »[593].

De telles considérations jurisprudentielles poussent à s'interroger d'une part, sur l'étendue et les limites d'une ratification implicite et d'autre part, sur les critères de sa détermination.

La théorie et la pratique des ratifications implicites n'ont pas manqué de susciter la fixation de limites. La ratification implicite ne peut emporter comme conséquence de supplanter la ratification expresse si celle-ci est clairement imposée par la loi d'habilitation et la Constitution. De même, l'on ne saurait utiliser la ratification implicite pour s'affranchir du respect des règles et principes de valeur constitutionnelle.

Dans ce sillage, la recherche et l'identification d'une ratification

---

du 29 février 1972, *Participation des salariés aux résultats de l'entreprise*, Rec., CC, p.31).

[593] France, Conseil constitutionnel *n°86-224 DC, Décision du 23 janvier 1987, Conseil de la concurrence*, *RFDA* 1987, p.301, note Louis Favoreu.

implicite ne sauraient être du ressort des acteurs et parties que sont l'Exécutif et le Législatif ; elles ne peuvent qu'être confiées, à l'occasion d'un recours, au juge qui pourra exciper, au vu de la *ratio legis*, du contexte, des débats parlementaires et autres travaux préparatoires d'un texte de loi, la présence ou l'absence de ratification implicite des ordonnances en cause.

La loi constitutionnelle française de 2008, en faisant pièce à la pratique des ratifications implicites, remet en orbite les ratifications explicites dont le mérite est de forger sûrement le caractère législatif de l'ordonnance, toutes choses valables en Afrique francophone où la voie expresse est privilégiée avec des incidences sur le contrôle juridictionnel de l'ordonnance ratifiée.

Paragraphe II. L'influence législative sur le contrôle juridictionnel de l'ordonnance ratifiée

Le dépôt du projet de loi de ratification marque le point de départ d'une nouvelle emprise législative qui se manifeste par la possibilité retrouvée des parlementaires de contrôler et de décider du sort du texte. Le projet ratifié confère un caractère législatif à l'ordonnance avec effet rétroactif tandis qu'un vote négatif aurait un effet inhibiteur, poussant l'Exécutif à en tirer toutes les conséquences.

Le caractère législatif, acquis au bout de la chaîne parlementaire, à la suite de la ratification, ne dispense pas moins, en raison des virtualités attentatoires aux droits des administrés, de l'organisation du contrôle juridictionnelde l'ordonnance ratifiée soit dans le délai de promulgation (A), soit en cours d'application de la loi de ratification (B).

A) Le contrôle juridictionnel dans le délai de promulgation

La majorité des États d'Afrique noire francophone ont porté leur choix sur le modèle européen de justice constitutionnelle[594] tel que

---

[594] Relativement à la justice constitutionnelle, elle constitue la manifestation de l'œuvre de Cours et de Conseils constitutionnels aux attributions très diversifiées. Plusieurs acceptions de la justice constitutionnelles peuvent être relevées. Pour Louis Favoreu, c'est « l'ensemble des institutions et techniques grâce auxquelles est assurée sans restrictions la suprématie de la Constitution » (Louis FAVOREU et *alii*, Droit constitutionnel, Paris, Dalloz, 1999, p.185) ; pour Charles Eisenmann, c'est la juridiction portant sur les lois constitutionnelles en vue de garantir le respect de la répartition des compétences (Ch. EISENMANN, La justice constitutionnelle et la Haute Cour Constitutionnelle d'Autriche, Paris, *LGDJ*, 1928, Economica, PUAM, 1986) ; pour Théodore Holo, « La justice constitutionnelle s'entend de toute fonction juridictionnelle ayant pour but d'assurer la suprématie et le respect des règles

promu par Hans Kelsen[595], préférence assortie dans certains États de l'aménagement du recours en exception d'inconstitutionnalité[596].

Le contrôle par voie d'action[597], dit préventif reste le dénominateur

---

constitutionnelles essentiellement mais non exclusivement par les pouvoirs publics », (Théodore HOLO « Emergence de la justice constitutionnelle », Revue Pouvoirs 129, 2009, pp. 101-114); voir aussi, Abraham Hervé DIOMPY, « Les dynamiques de la justice constitutionnelle en Afrique francophone », *Afrilex*, février 2014, 30 p., consultable sur www.afrilex.u-bordeaux4.fr ; Papa Mamour SY, Le développement de la justice constitutionnelle en Afrique noire francophone : les exemples du Bénin, du Gabon et du Sénégal, Thèse de doctorat, UCAD, 1998, 414 p. ; El Hadj Omar DIOP, La justice constitutionnelle au Sénégal, Dakar, CREDILA/OVIPA, 2013, 333 p.

595 Voir Hans KELSEN, « La garantie juridictionnelle de la Constitution », RDP, 1928, pp.198-257; Saidou Nourou TALL, « La justice constitutionnelle sénégalaise et le Droit international Public », *in* Oumarou Narey, « La justice constitutionnelle ... », op. cit.

596 Cf., Markus BOCKENFORDE, Babacar KANTE, Yuhnowo NGENGE et Henry ù Kwasi PREMPEH, Les juridictions constitutionnelles en Afrique de l'Ouest. Analyse comparée, Institut International pour la Démocratie et l'Assistance Electorale (IDEA) et Fondation Hanns Seidel, 2016, 196p.

597 Il est prévu dans toutes les Constitutions du champ d'étude et notamment au Sénégal où il est gouverné par l'art.92 de la Constitution de 2001 ainsi que par diverses dispositions de la loi organique sur le Conseil constitutionnel. L'histoire de la justice constitutionnelle sénégalaise démarre à l'indépendance avec la Cour Suprême (ancienne formule) qui avait été créée par l'Ordonnance n° 60-17 du 3 septembre 1960 et supprimée à l'occasion de la réforme judiciaire du 30 mai 1992 qui va donner naissance, par les lois organiques n° 92-23, 92-24 et 92-25, respectivement au Conseil Constitutionnel, au Conseil d'Etat et à la Cour de Cassation .Cependant, une autre réforme mettra en place la Cour Suprême (nouvelle formule), à la suite de la loi organique n° 2008-35 du 08 août 2008 modifiée en 2017, dont l'article premier regroupe dans les attributions de la nouvelle Cour, celles de la Cour de Cassation et du Conseil d'Etat, qui sont ainsi supprimés .Il en résulte que depuis la loi n° 2012-29 du 29 décembre 2012 modifiant la loi du 02 février 1984 fixant l'organisation judiciaire, le pouvoir judiciaire « *est exercé par le Conseil constitutionnel, la Cour suprême, la Cour des Comptes et les Cours et Tribunaux* » (art.88 de la Constitution). Relativement à la justice constitutionnelle, elle y est incarnée, depuis 1992, par le Conseil constitutionnel créé par la loi organique n° 92-23 du 30 mai 1992 modifiée par la loi organique n° 99-71 du 17 janvier 1999, par la loi organique n° 2007-03 du 12 février 2007 et par la loi organique n°2016-23 du 14 juillet 2016.qui lui confèrent plusieurs attributions .Selon l'art.92§1 de la Constitution :*« Le Conseil constitutionnel connaît de la constitutionnalité des lois, du règlement intérieur de l'Assemblée nationale et des engagements internationaux, des conflits de compétence entre l'exécutif et le législatif ainsi que des exceptions d'inconstitutionnalité soulevées devant la Cour d'appel ou la Cour suprême »* ; voir, Michel AURILLAC, La Cour suprême du Sénégal, EDCE, 1964 ; Ousmane CAMARA, « La Cour suprême du Sénégal », in Les Cours suprêmes en Afrique, Tome 1, Paris, Economica, 1988 ; Benoît Saaliu NGOM, L'arbitrage d'une démocratie en Afrique : La cour suprême du

commun des attributions des juridictions constitutionnelles, en ce qu'il s'opère dans le délai de promulgation, c'est-à-dire avant que le texte voté n'ait pu avoir un quelconque effet juridique sur la vie des citoyens et sur les Institutions.

Néanmoins, en plus des emprunts relevant de la communauté d'inspiration avec la source constitutionnelle française de 1958 et son modèle de justice constitutionnelle)[598], les juridictions constitutionnelles francophones africaines y ont adjoint une coloration propre, tant au plan formel qu'au plan matériel, la décalcomanie n'étant pas absolue[599]. On peut s'en convaincre en optant pour une analyse à trois niveaux afférents aux titulaires du droit de saisine, à la procédure et aux techniques d'examen de la conformité et aux effets du contrôle par voie d'action.

Sénégal, Paris, Présence Africaine, 1989, 190 p ;El Hadj Omar DIOP, La justice constitutionnelle au Sénégal, Dakar, CREDILA/OVIPA, op.cit, p.164 et s.

[598]Guy CARCASSONNE, La Constitution, 8e édition, Paris, Le Seuil, 2007, 453 p ; Francis HAMON, Michel TROPER, Droit constitutionnel, Paris, *LGDJ*, 2013, 744 p ; Marie-Claire PONTHOREAU, Droit(s) constitutionnel(s) comparé(s), Paris, Economica, Coll. «Corpus », Paris, 2010, 410 p.

[599] Voir par exemple au Gabon, Télesphore ONDO, « L'annulation par la Cour constitutionnelle gabonaise de l'ordonnance n°15/PR/2015 du 11 août 2015 portant organisation et fonctionnement de la justice : essai d'analyse d'une décision controversée »,9p, (www .la-constitution-en- afrique –over- blog.com).

La saisine pouvant être obligatoire[600] ou facultative[601], (rarement une autosaisine)[602], son amplitude varie en fonction de la nature

---

[600] Certaines Constitutions font valoir le caractère obligatoire de la saisine par le Président de la République s'agissant des lois organiques comme avec l'art.78 de la Constitution du Sénégal de 2001 ; art.104 al.1er de la Constitution Guinéenne de 2020 ; art.179 de la Constitution du Congo de 2015. Voir aussi à titre d'exemple en *RDC, Cour constitutionnelle* (Cour Suprême de Justice siégeant comme), arrêt *R.Const. 622 du 2 février 2018,* à propos du contrôle de constitutionnalité, dans le délai de promulgation, de la loi organique portant organisation et fonctionnement du Conseil National de Suivi de l'Accord et du Processus Electoral ; au Gabon, Cour constitutionnelle, *Décision n° 255bis/CC du 13 décembre 2018 relative au contrôle de constitutionnalité du règlement intérieur de la Commission pour la protection des données à caractère personnel.*

Il faut aussi réserver les cas spécifiques de certaines Lois fondamentales, notamment la Constitution de Madagascar de 2010 dont l'art.117 alinéa premier dispose «*Avant leur promulgation, les lois organiques, les lois et les ordonnances sont soumises obligatoirement par le Président de la République à la Haute Cour constitutionnelle qui statue sur leur conformité à la Constitution* ».C'est aussi le cas de la Constitution nigérienne de 2010 qui dispose en son art.131 alinéa premier «*Les lois organiques avant leur promulgation, et le Règlement Intérieur de l'Assemblée Nationale, avant sa mise en application ainsi que leurs modifications doivent être soumis à la Cour constitutionnelle qui se prononce sur leur conformité à la Constitution* » ; voir aussi art.104 de la Constitution Guinéenne de 2020 .

Toutefois, au Bénin, si la Cour « *statue obligatoirement sur la constitutionnalité des lois organiques et des lois en général avant leur promulgation…* » (art.117 de la Constitution), il faut préciser, selon la Cour que « *ce texte n'institue pas une obligation de saisine générale, absolue et systématique de la Cour constitutionnelle de toutes les lois à la charge du Président de la République …* »(*Cour constitutionnelle, Décision DCC 18-131 du 21 juin 2018*,concernant la loi de 2018 modifiant et complétant la loi de 2013 portant Code de procédure pénale) ; voir aussi, Cour constitutionnelle du Togo, *Décision n° C-006/20 du 30 décembre 2020, contrôle de constitutionnalité de la loi organique fixant la composition, l'organisation et le fonctionnement des services du Médiateur de la République,* https://courconstitutionnelle.tg; Conseil constitutionnel de la Cote d'Ivoire, *Décision n° CI-2020-011/DCC/24-11/CC/SG du 24 novembre 2020, relative à la requête du Président de la République aux fins de contrôle de constitutionnalité de la loi organique portant composition, attributions et fonctionnement de la Chambre nationale des Rois.*

[601] La saisine facultative de la juridiction par l'Exécutif ou par les membres du Parlement est très couramment prévue pour les lois ordinaires. Voir art.97 de la Constitution de la RCA de 2016, art.104 al.2 de la Constitution Guinéenne de 2020, art.131 al.2 de la Constitution du Niger de 2010.

[602] On en veut pour exemple, l'art.157 de la Constitution du Burkina Faso de 1991 révisée, qui énonce « *Le Conseil constitutionnel peut se saisir de toutes questions relevant de sa compétence s'il le juge nécessaire* », voir, Conseil constitutionnel du Burkina Faso, *Décision n° 2019-012 CC* concernant la loi n° 044-2019/AN du 21 juin

ordinaire, organique ou constitutionnelle[603] du texte de loi, ce qui conduit à distinguer les requérants privilégiés et les requérants non privilégiés.

Généralement, la qualité de requérants privilégiés s'attache aux autorités exécutives (Président de la République et/ou Premier ministre[604]), au Président de l'assemblée monocamérale ou de chaque chambre législative en cas de bicaméralisme[605]. Le privilège tient au fait qu'étant des autorités politiques et constitutionnelles[606] symbolisant

---

2019, portant modification de la loi n° 025-2018/AN du 31 mai 2018 portant Code pénal.

[603] Selon l'art.134 de la Constitution ivoirienne de 2016 révisée en 2020, «*Les engagements internationaux visés à l'article 120 avant leur ratification, les lois constitutionnelles adoptées par voie parlementaire, les lois organiques avant leur promulgation, les règlements des assemblées parlementaires avant leur mise en application, doivent être déférés au Conseil constitutionnel, qui se prononce sur leur conformité à la Constitution. La saisine du Conseil constitutionnel suspend le délai de promulgation ou de mise en application* ».

[604] Certaines Constitutions réservent ce droit de saisine de l'Exécutif au Président de la République (Bénin, Cameroun, Côte d'Ivoire, Mauritanie, Sénégal), alors que d'autres Constitutions accordent la même possibilité au Premier ministre (art.88 de la Constitution de la Guinée de 2020, art.157 de la Constitution du Burkina Faso de 1991 révisée, art. 131 de la Constitution du Niger de 2010, art.97 de la Constitution de la RCA de 2016).

[605] Il s'agit souvent du Président de l'Assemblée nationale et du Président du Sénat ; voir art.47 de la Constitution du Cameroun de 1996, art.104 de la Constitution du Togo révisée en 2019, art.88 de la Constitution de Guinée de 2020, etc.

[606] A cet égard, le libéralisme de certaines Constitutions mérite d'être souligné, comme c'est le cas de la Constitution du Togo révisée en 2019 dont l'art.104 dispose « *La Cour constitutionnelle est la juridiction chargée de veiller au respect des dispositions de la Constitution. La Cour constitutionnelle juge de la régularité des consultations référendaires, des élections présidentielles, législatives et sénatoriales. Elle statue sur le contentieux de ces consultations et élections.*

Elle est juge de la constitutionnalité des lois.

Les lois peuvent, avant leur promulgation, lui être déférées par le Président de la République, le Premier ministre, le Président de l'Assemblée nationale, le Président du Sénat, le Président de la Haute Autorité de l'Audiovisuel et de la Communication, le Président du Conseil économique et social, le Président de la Commission nationale des droits de l'Homme, le Président du Conseil Supérieur de la magistrature, le Médiateur de la République, les présidents des groupes parlementaires ou un cinquième (1/5eme) des membres de l'Assemblée nationale ou du Sénat.

Aux mêmes fins, les lois organiques, avant leur promulgation, les règlements intérieurs de l'Assemblée nationale et du Sénat, ceux de la Haute Autorité de l'audiovisuel et de la communication, du Conseil économique et social, de la

au plus haut niveau les pouvoirs exécutif et législatif, elles sont au premier chef concernées par l'œuvre législative et ne sont pas tenues de justifier ni de la qualité pour agir ni de l'intérêt à agir.

À ces catégories habituelles, on peut adjoindre la catégorie des requérants non privilégiés qui devront respecter des conditions relatives soit à un critère quantitatif[607], soit à un critère lié à un intérêt à agir suffisamment justifié[608].

La saisine de la juridiction constitutionnelle suspendant le délai de promulgation de la loi, qui varie, selon les Constitutions[609] et en

Commission nationale des droits de l'homme et du Conseil supérieur de la magistrature, avant leur application, doivent lui être soumis... ».

[607]Le critère quantitatif tient au nombre minimum de parlementaires qui peut dans le délai de promulgation, saisir la juridiction constitutionnelle. Ce nombre peut être le dixième (Guinée, Niger, Sénégal), le quart (Madagascar), le cinquième (Togo) ou le tiers (des sénateurs ou des députés, art.47 de la Constitution du Cameroun, art.178 de la Constitution du Congo de 2015).

La Constitution du Bénin de 1990 se démarque de ce schéma en permettant la saisine de tout membre de l'Assemblée nationale (art.121).

[608] Le critère de l'intérêt est ici fondé sur des indicateurs très variables renvoyant à des questions concernant une institution, ou liées à la protection des droits et libertés fondamentaux.

Ainsi, s'agissant d'autres institutions que celles citées, on peut se référer à l'art 88 al.1er de la Constitution guinéenne de 2020 qui octroie le droit de saisine à l'Institution Nationale Indépendante des Droits Humains. L'article 104 précité de la Constitution togolaise y inclut des chefs d'institutions ou de groupes comme le Président de la Haute Autorité de l'Audiovisuel et de la Communication, le Président du Conseil économique et social, le Président de la Commission nationale des droits de l'Homme, le Président du Conseil Supérieur de la magistrature, le Médiateur de la République, les présidents des groupes parlementaires. Quant à l'art.118 al.1er de la Constitution malgache de 2010, il dispose : « *Un chef d'institution ou le quart des membres composant l'une des Assemblées parlementaires ou les organes des collectivités territoriales décentralisées ou le Haut Conseil pour la Défense de la Démocratie et de l'État de droit peuvent déférer à la Cour constitutionnelle, pour contrôle de constitutionnalité, tout texte à valeur législative ou réglementaire ainsi que toutes matières relevant de sa compétence* ».

[609] Ce délai de promulgation peut être de 8 jours(art.72 de la Constitution sénégalaise de 2001), de 10 jours (art.86 Constitution de la Guinée de 2020, et dans ce cas, il court 8 jours francs après transmission au PR de de la loi adoptée), de 15 jours (art.57 au Bénin, art.31 au Cameroun,art.58 au Niger), et même plus long :21 jours (art.48 de la Constitution du Burkina de 1991),25 jours (art.17 de la Constitution du Gabon de 1991) ou 30 jours (art.64 de la Constitution de l'Union des Comores de 2018).

fonction de la période normale ou en cas d'urgence[610], l'office du juge se trouve en état de déploiement, encadré par les limites temporelles et matérielles énoncées par la Constitution et les lois.

En sus des procédures contradictoires ou non contradictoires [611]et à la faveur de contrôles pouvant être qualifiés de minimum, maximum ou de proportionnalité [612], le pouvoir d'interprétation du juge, dans l'examen de conformité de la loi de ratification, s'exerce par rapport à un bloc de constitutionnalité donnant aussi prééminence au respect de principes et règles de valeur constitutionnelle[613].

En outre, le contrôle de constitutionnalité dans le délai de promulgation est également l'occasion de l'émission, en tant que de besoin, de réserves d'interprétation[614] qui pourront « lester ou ôter le

---

[610]Le délai de promulgation peut être raccourci en cas d'urgence déclarée par le Parlement (5 jours au Bénin, au Niger et au Sénégal, 8 jours au Burkina), par le Parlement ou le Gouvernement (10 jours au Gabon).

[611]Selon le principe *audiatur altera pars (Que soit aussi entendue l'autre partie)*, chaque partie à l'instance est en mesure de connaitre et de contester les arguments de l'autre partie quand la procédure est contradictoire avec les plaidoiries des conseils des parties.
Actuellement au Sénégal, même si la procédure devant le CCS n'est pas contradictoire, en l'absence de la phase orale (art. 14 de la loi organique n°2016-23 du 14 juillet 2016 sur le Conseil constitutionnel), la juridiction peut d'office procéder à toutes mesures d'instructions sans compter que toute requête émanant d'une partie non institutionnelle est notifiée au PR et au PAN (art.17); pour d'autres exemples en Afrique, voir Markus BOCKENFORDE, Babacar KANTE et *alii*, Les juridictions constitutionnelles…, op.cit.

[612] Cf., les articles précités de Mamadou Yaya DIALLO et de Rhita BOUSTA.

[613]Ces principes constitutionnels ou principes à ou de valeur constitutionnelle,qui ne sont ni une adaptation constitutionnelle des PGD ni une extension irraisonnée du bloc de constitutionnalité, sont des normes non écrites dégagées à la suite d'une interprétation du juge des textes fondamentaux(Préambule, Constitution, DDHC) qui fondent la philosophie générale et la colonne vertébrale d'un régime politique et s'imposent aux textes supra « décrétaux » et infra législatifs, lire à ce propos, Éric NGANGO YOUMBI, « Les normes non écrites dans la jurisprudence des juridictions constitutionnelles négro-africaines », *RAMRES/SJP*, 2019, www.publication.lecames.org (consulté en avril 2020).

[614] Cf. en France, les *décisions du Conseil constitutionnel des 25 et 26 juin 1986, 1er et 2 juillet 1986*, citées par René CHAPUS, Droit administratif général, op.cit., p.533 qui souligne « Outre qu'elle restreint évidemment les possibilités d'action du gouvernement, la pratique des strictes réserves d'interprétation permet l'exercice d'un contrôle plus strict des projets d'ordonnances par les formations consultatives du Conseil d'Etat, et des ordonnances elles-mêmes, en cas de recours, par des formations contentieuses ».Voir, l'utilisation de la technique en Afrique, Abdou Aziz Dabah KEBE, « Les réserves d'interprétation… », op.cit

venin» des dispositions contraires à la Constitution ou à la loi d'habilitation[615].

Au terme de la procédure contentieuse, la décision rendue par la juridiction a l'avantage d'être revêtue de l'autorité de la chose jugée (*res judicata pro veritate habetur*)[616] et de s'imposer à toutes les autorités exécutives, civiles, militaires, parlementaires et juridictionnelles[617].

Toutefois, diverses conséquences peuvent découler, pour la loi de ratification, de la décision ainsi rendue.

En premier lieu, en cas de non-conformité totale, la loi ne peut être promulguée et son entrée dans l'ordonnancement juridique ne peut se faire[618].

En second lieu, si aucune disposition du texte voté par le Parlement n'est contraire à la Constitution, la promulgation peut advenir et

---

[615] En cas de saisine de la juridiction constitutionnelle, la loi de ratification ne sera jugée conforme que si les ordonnances ont respecté les normes juridiques supérieures (*CC, 4 juin 1984, ordonnances en matière financière*, Rec. p.45). Par ailleurs, le principe de la séparation des pouvoirs serait violé si le législateur valide des ordonnances annulées (*CC, 80-119 DC du 22 juillet 1980,* Rec. p.46).

[616]Art.50 de la Constitution du Cameroun, art.88 de la Constitution de la Guinée, art.92 de la Constitution du Sénégal, art.159 de la Constitution du Burkina ;lire à ce propos, Delphine Emmanuel ADOUKI, « Contribution) l'étude de l'autorité des décisions du juge constitutionnel en Afrique »,RFDC 2013/3 (n° 95), pp. 611- 638 ; Brusil Miranda METOU, « Existe-t-il une hiérarchie entre les normes constitutionnelles ? », *Afrilex*, 32p.

[617] Aussi, l'art.134 de la Constitution du Niger de 2010 énonce-t-il de façon péremptoire *« Les arrêts de la Cour constitutionnelle ne sont susceptibles d'aucun recours. Ils lient les pouvoirs publics et les autorités administratives, civiles, militaires et juridictionnelles. Tout jet de discrédit sur les arrêts de la Cour est sanctionné conformément aux lois en vigueur »*.

[618]En cas de non-conformité, le texte de loi adopté par le Parlement ne peut ni être promulgué ni être mis en application, comme le précisent les articles 88 *in fine*, 106 et 159 respectivement des Constitutions de la Guinée de 2020, de la RCA de 2016 et du Burkina Faso de 1991.

Toutefois, si le principe de l'autorité est acquis, la CCB constate,pour sa part, que l'autorité de la chose jugée « *n'est pas stricte et absolue* » et qu'elle peut revenir sur sa propre décision de contrôle de constitutionnalité des lois, dans certaines circonstances « *si le contrôle antérieur y a laissé subsister une atteinte sérieuse à un droit fondamental garanti par la Constitution ou à une norme de référence du contrôle de constitutionnalité ou, plus généralement, par suite de circonstances nouvelles de droit... », Cour constitutionnelle du Bénin, Décision DCC 19-488 du 17 octobre 2019, Pascal S. Mitowade* (interdiction de l'avortement dans le Code pénal et celui de l'Enfant), *in* Revue Constitution et Consolidation, 2020, n°2 et 3/Semestriel, p.315.

l'ordonnance ratifiée acquiert rétroactivement une valeur législative et donc supra réglementaire[619].

En troisième lieu, dans l'éventualité où certaines dispositions du texte querellé sont invalidées et que d'autres dispositions du même texte sont déclarées conformes au bloc de constitutionnalité[620], il s'opère une divisibilité offrant deux possibilités : promulguer seulement les dispositions valides en élaguant du texte de loi les dispositions invalidées ; ou bien, renoncer purement ou simplement à promulguer le texte en raison du choix de l'inséparabilité des articles du texte[621].

---

[619] En cas de conformité, l'autorité compétente peut procéder à la promulgation. Certaines Constitutions vont jusqu'à prévoir, en cas de refus de promulgation, la substitution de cette autorité (art.89 de la Constitution guinéenne), ou que « *la loi entre automatiquement en vigueur, après constatation du Conseil constitutionnel* » (art. 48 al.3 de la Constitution du Burkina).Au Sénégal, en cas de non promulgation par le PR, « *dans tous les cas, à l'expiration des délai constitutionnels, la promulgation est de droit ;il y est pourvu par le Président de l'Assemblée nationale* »(art. 75 al.2 de la Constitution de 2001).

[620] Cette expression dont la paternité revient à Claude Emeri, (« Le bloc de la constitutionnalité », RDP 1970, p.608), par analogie avec l'expression utilisée en droit administratif de bloc de légalité, a été fortement appréhendée par la jurisprudence et la doctrine françaises, notamment pour cette dernière avec les travaux de Louis Favoreu. Dans la plupart des Etats africains francophones, le bloc est composé d'un ensemble de textes servant d'étalon de mesure dans le cadre du contrôle de conformité à la Constitution des lois, des engagements internationaux (et accessoirement dans certains cas, des actes de nature réglementaire). Si certains Etats consacrent un bloc rétréci (Sénégal), d'autres Etats ont porté leur préférence sur un bloc évasé (Bénin). *Stricto sensu*, le bloc de constitutionnalité comporte le Préambule et le corpus constitutionnel (articles de fond ou clauses de droit matériel et articles de forme ou clauses de droit processuel). Le préambule renvoie souvent à des grands traités et déclarations comme la DDHC, la DUDH ou autres engagements internationaux qui sont alors ajoutés comme autres normes de contrôle.

Dans une perspective *lato sensu*, certains Etats consacrent un bloc de constitutionnalité élargi intégrant Constitution et Préambule, divers traités et engagements internationaux auxquels il renvoie, principes à valeur constitutionnelle et/ou PGD dégagés par les juridictions, voire, les lois organiques ; sur le bloc de constitutionnalité au Bénin, lire la *décision DCC 06-074 du 8 juillet 2006,* Rec., CCB, 2006, p.365,affaire dite du « *consensus national* ») et la bibliographie citée par Hilaire AKEREKORO, « La Cour constitutionnelle et le bloc de constitutionnalité au Bénin », Afrilex, septembre 2016,44p ; Epiphane SOHOUENOU,« Les catégories du bloc de constitutionnalité », *Revue Constitution et Consolidation* (*RCC*),2020,n°2 et 3,pp.7-31.

[621] L'art.117 al.3 de la Constitution malgache de 2010 offre diverses alternatives : « *Une disposition jugée inconstitutionnelle ne peut être promulguée. Dans ce cas, le Président de la République peut décider, soit de promulguer les autres dispositions de la loi ou de l'ordonnance, soit de soumettre l'ensemble du texte à une nouvelle*

La plupart des États d'Afrique francophone, tout en instituant le contrôle par voie d'action dit préventif par l'attaque frontale qu'il inspire, ont versé dans une mixité de l'examen de conformité avec une contextualisation du modèle américain de justice constitutionnelle dont un des produits finis est le contrôle par voie d'exception[622].

B) Le contrôle juridictionnel dans l'application de la loi de ratification

Après le vote de la loi de ratification ou d'habilitation, à défaut de saisine du juge constitutionnel ou en l'absence de non-conformité, sa promulgation confère une nature législative aux ordonnances ratifiées. Par cette mutation, le recours pour excès de pouvoir en leur encontre sera exclu[623], tandis que subsistera (pour les États l'ayant prévue) la possibilité d'une procédure d'exception d'inconstitutionnalité après la

---

délibération du Parlement ou du Conseil des ministres selon le cas, soit de ne pas procéder à la promulgation ».

622 Question prioritaire de constitutionnalité en France, Exception d'inconstitutionnalité dans la plupart des pays africains. Celle-ci est ainsi définie par la Cour constitutionnelle du Togo: « *l'exception d'inconstitutionnalité est donc la possibilité qu'a un justiciable, à l'occasion d'un procès devant les cours et tribunaux, d'invoquer qu'une disposition légale est non conforme à la Constitution et d'obliger cette juridiction à saisir la Cour Constitutionnelle* » Cour constitutionnelle du Togo, *Décision n° C-005/20 du 25 novembre 2020*, https://www.courconstitutionnelle.tg. Quant à la Constitution de la République gabonaise, elle privilégie l'appellation de « Question préjudicielle de constitutionnalité ».Celle-ci est ainsi précisée par la Cour constitutionnelle gabonaise : *« l'exception préjudicielle d'inconstitutionnalité doit avoir été soulevée, premièrement, à l'occasion d'un procès devant toute juridiction ; deuxièmement, dès l'ouverture des débats ; troisièmement, à l'encontre d'une loi qui n'a pas fait l'objet d'un contrôle a priori de constitutionnalité par la Cour constitutionnelle ; quatrièmement, la loi incriminée doit être celle qui va être appliquée aux parties en procès ;cinquièmement, le juge devant lequel l'exception est soulevée sursoit à statuer et transmet à la Cour constitutionnelle le dossier, lequel doit comporter les prétentions des parties relatives à l'exception d'inconstitutionnalité »*, (Cour constitutionnelle du Gabon, *Décision n° 16/CC du 24 mars 2020*, publiée dans *Hebdo informations*, n° 680, 14-28 novembre 2020, pp. 71-72). Voir aussi, *Décision n° 24/CC du 15 juin 2020*, publiée dans *Hebdo informations*, n° 680, 14-28 novembre 2020, pp. 75-76. ; Alexis ESSONO OVONO, « La question préjudicielle de constitutionnalité dans les Constitutions Africaines *», in, La Constitution Béninoise du 11 Décembre 1990 : un modèle pour l'Afrique ?*, Mélanges en l'honneur de Maurice Ahanhanzo-Glélé, Paris, L'Harmattan 2014, p. 525 et s.

623 Voir *CE, arrêt du 7 février 1944, Ghez*, Rec. p.55 et CC, *Décision n°72-73 L du 29 février 1972*, Rec. p.31.Cependant, cette valeur législative des ordonnances ratifiées n'est pas reconnue en cas de violation flagrante des droits fondamentaux (*CE, arrêt du 8 décembre 2000, Hoffer*, RFDA 2001, p.454).

promulgation[624].

La vertu dont se pare le contrôle de constitutionnalité des lois (en l'occurrence, des lois de ratification ou d'habilitation) est d'offrir un référentiel solide pour mesurer le degré de conformité de la loi ou des actes règlementaires par rapport à la norme fondamentale. Cette dernière considérée à la fois comme constitution formelle ou matérielle[625], constitution politique ou sociale[626], n'en transcende pas moins tous ces clivages qu'elle intègre tout en mettant, de plus en plus, en exergue la nécessité de la promotion et de la protection des droits et libertés fondamentaux de la personne humaine, qui, après tout, demeure l'origine et le moteur de toute règle juridique en vertu de la maxime latine « *ubi societas ibi jus* ».

Ces différentes préoccupations justifient le choix par beaucoup d'États d'une formule mixte[627], fédérant les modelés dits européen[628] et américain[629], de contrôle de constitutionnalité des lois.

---

624 C'est le cas au Sénégal depuis la loi organique n°92-23 du 30 mai 1992 sur le Conseil constitutionnel, modifiée par la loi organique n°2016-23 du 14 juillet 2016 (article 20). Voir *Conseil constitutionnel sénégalais, Décision n°11/93 du 16 décembre 1993* (Recueil des décisions et avis du Conseil constitutionnel, Dakar, édition Jurisen, 1994) ; voir aussi au Bénin, *Cour constitutionnelle, Décision DCC 02-09 du 14 avril 2002* (publiée dans la Revue de Droit africain n°24, octobre 2002, Bruxelles, pp.561-574) : recours contre l'Ordonnance n°25/PR/MJL du 7 avril 1967 portant Code de procédure pénale au motif de la violation de l'article 26 de la Constitution béninoise et de l'article 7 §1, c de la Charte Africaine des Droits de l'Homme et des Peuples.

625 cf., Francis HAMON et Michel TROPER, Droit constitutionnel, 34e édition, LGDJ, op.cit, p.44.

626 Cf., Maurice HAURIOU, Droit constitutionnel, op.cit.

627 La plupart des pays africains étudiés ont aménagé à la fois le contrôle par voie d'action et le contrôle par voie d'exception à travers la saisine de conseils, de cours constitutionnel(le)s ou de Cours suprêmes. Il faut signaler le cas du Mali dont la Constitution de 1992 ne prévoit pas le contrôle par voie d'exception.

628 L'expression de « modèle européen » de justice constitutionnelle ne doit pas faire illusion. Si, à l'origine, il consacre le triomphe de la doctrine de la hiérarchie des normes de Hans Kelsen et qu'il a été inauguré en Autriche en 1920, il s'est répandu dans le monde sous le vocable du contrôle par voie d'action, lequel admet, aujourd'hui plusieurs variantes. Voir, Louis Favoreu, Patrick GAIA et *alii*, Droit constitutionnel, op.cit. ; Dominique ROUSSEAU, Droit du contentieux constitutionnel, op.cit.

629 L'expression de « modèle américain » de justice constitutionnelle est la consécration de l'œuvre jurisprudentielle de la Cour suprême des Etats Unis d'Amérique, dont le *Chief Justice*, John Marshall a été le personnage le plus en vue, dans l'affaire *Marbury vs Madison* (1803).Voir Jean GICQUEL et Jean-Éric GICQUEL, Droit constitutionnel,22e édition, Paris, Montchrestien, p.198.

En admettant la légitimité de la juridiction constitutionnelle dans ses rôles de « veilleur de la Constitution », et d'institution chargée, avec ses diverses attributions [630], de faire de la «*juris dictio*», dans un contentieux dit concret, subjectif (exception d'inconstitutionnalité) ou dans un contentieux dit abstrait, objectif (contrôle par voie d'action), il est également logique de prétendre que dans une société démocratique tout citoyen soit en mesure de contester, directement ou indirectement, la violation à son encontre de ses droits constitutionnels par des normes juridiques de rang inférieur.

En ce sens, la Constitution, dans sa lettre et dans son esprit[631], doit constituer un rempart pour le citoyen, assuré d'être à l'abri de l'arbitraire des autorités d'élaboration et d'exécution de la loi. Partant de là, le justificatif de l'exception d'inconstitutionnalité est d'obvier au caractère anormal et spécial du préjudice qui pèse de façon réelle ou imminente sur l'une des parties à une instance juridictionnelle [632] et qui excipe de l'inconstitutionnalité de la loi qu'on veut lui appliquer ou qui est susceptible de s'appliquer dans ce litige. L'anormalité de ce préjudice individualisable commande que celui qui a soulevé, à raison, ce moyen, n'en soit pas la victime expiatoire et qu'en tant que justiciable, son droit à un recours effectif, disponible et accessible soit aussi sauvegardé[633].

---

[630] Sans prétendre à l'exhaustivité, on peut noter que les juridictions constitutionnelles sont généralement attributaires de diverses compétences : compétence en matière de régularité des élections et des consultations référendaires, en matière de contrôle de constitutionnalité des lois et des engagements internationaux, en matière de droits fondamentaux, fonction de régulation, fonction consultative, voire exceptionnellement en matière de contrôle de constitutionnalité des actes administratifs faisant grief, etc.

[631] A ce propos, il est de coutume de rapporter ces propos du Général De Gaulle : *« Une Constitution, c'est un esprit, des institutions, une pratique »,* cité par Renaud DURET, L'esprit de la Constitution de la Ve République, cité par Fréderic-Joël AIVO (dir.), Commentaire de la Constitution béninoise du 11 décembre 1990 : *Esprit, lettre, interprétation et pratique de la Constitution par le Bénin et ses institutions,* Cotonou, juillet 2009, Fondation Konrad Adenauer.

[632] Il va de soi que le particulier ne peut pas, dans certains Etats, saisir directement la juridiction constitutionnelle ni opérer la confusion entre saisine par voie d'action et saisine par voie d'exception ; voir, par exemple, *Cour constitutionnelle de Guinée, arrêt n°009 du 14/09/2015* qui retient l'absence de qualité à agir du requérant avant la promulgation de la Loi portant Statut spécial de la Police nationale.

[633] Le droit au recours, conçu comme un PGD, permet au citoyen de contester sur le plan administratif (recours gracieux ou hiérarchique) ou juridictionnel (REP, instance, appel, cassation) de contester les décisions prises à son égard (hormis les mesures

Toutes proportions gardées, l'institution de plus en plus répandue du contrôle par voie d'exception, (maintes fois débattue en France avant son adoption en 2008 sous le nom de question prioritaire de constitutionnalité [634]), a permis, depuis longtemps en Afrique

---

d'ordre intérieur et les actes de gouvernement). C'est aussi un principe destiné à la protection des droits fondamentaux de plus en plus consacré sur le plan international ; voir Mamadou Falilou DIOP, «L'exigence d'un recours effectif en Droit international des Droits de l'Homme », Annales Africaines, 2017, n°6, pp.189-232 ; Olivier LE BOT, «Le droit au recours comme garantie des droits fondamentaux : l'article 8 de la Déclaration universelle des Droits de l'homme », *Cahiers de la Recherche sur les Droits Fondamentaux,* n°7,2009, pp.108-116.Par ailleurs, les diverses pesanteurs sociologiques et juridiques,l'absence d'une bonne politique de vulgarisation des droits ou d'une culture du recours sont autant de freins à l'accès au juge sous les cieux africains. Néanmoins, l'essor des droits fondamentaux est revivifié par le développement de ce contentieux auprès de juridictions internationales comme la CEDH, la CIADH, la Cour africaine des Droits de l'homme et des Peuples et les Cours sous régionales,notamment la CJ/CEDEAO ; voir Georges SCHMITTER, « Étendue et limites du droit au recours juridictionnel »,RFDC, 2015/4, n°104,pp.935-952 ; Mahaman TIDJANI ALOU,« La justice au plus offrant : Les infortunes du système judiciaire en Afrique de l'Ouest (autour du cas du Niger) », Politique africaine n° 83, octobre 2001, pp. 59-78 ; Amina BALLA KALTO, « La problématique de l'accès à la justice au Niger », Afrilex, juillet 2013 ; Moussa SAMB, « L'accès des justiciables à la justice au Sénégal », Afrique contemporaine,2014/2,n°250, pp.82-83 ;Guillaume Joseph FOUDA, « L'accès au droit : richesse et fécondité d'un principe pour la socialisation juridique et l'état de droit en Afrique noire francophone», Afrilex, 2000/01, 11 p ; Saidou Nourou TALL, Droit du contentieux international africain, Paris, L'Harmattan, 2018,550p.

[634] La QPC a été introduite par la loi constitutionnelle n°2008-724 du 23 juillet 2008 et précisée par la loi organique du 10 décembre 2009 (voir site de Légifrance). La loi de 2008 de modernisation des institutions de la Ve République, a donné naissance à l'article 61-1 de la Constitution de 1958 et a modifié par conséquent l'article 62 de la Constitution française. Ainsi, l'article 61-1 dispose : « *Lorsque, à l'occasion d'une instance en cours devant une juridiction, il est soutenu qu'une disposition législative porte atteinte aux droits et libertés que la Constitution garantit, le Conseil constitutionnel peut être saisi de cette question sur le renvoi du Conseil d'État ou de la Cour de cassation qui se prononce dans un délai déterminé.*
Une loi organique détermine les conditions d'application du présent article. ».Quant à l'article 62 al.2, de la Constitution de la Ve République, il est ainsi libellé *: « Une disposition déclarée inconstitutionnelle sur le fondement de l'article 61-1 est abrogée à compter de la publication de la décision du Conseil constitutionnel ou d'une date ultérieure fixée par cette décision. Le Conseil constitutionnel détermine les conditions et limites dans lesquelles les effets que la disposition a produits sont susceptibles d'être remis en cause»*, (JORF n°171 du 24 juillet 2008). Sur la question prioritaire de constitutionnalité, Marc GUILLAUME, « La question prioritaire de constitutionnalité » *in* « *Justice et cassation* », Revue annuelle des avocats au Conseil d'État et à la Cour de cassation », 2010 /Cahiers du Conseil Constitutionnel,

francophone, et pour certains de ces États au sortir de conférences nationales souveraines des années 1990 [635], à la faveur des transitions démocratiques, de répondre aux besoins pressants des populations en termes de droits consacrés et protégés, d'accès au juge et de sécurité juridique[636].

Le principe est connu. S'analysant comme une procédure incidente qui se greffe à un recours principal, l'exception d'inconstitutionnalité est une voie de droit par laquelle une partie à un litige soulève au cours d'un procès devant une juridiction la non-conformité à la Constitution d'une loi et demande son inapplicabilité en l'espèce[637]. Si certaines conditions, très variables selon les Constitutions[638], sont réunies, la

---

29.11.2017, 27p ; Bertrand MATHIEU et Dominique ROUSSEAU, Les grandes décisions de la question prioritaire de constitutionnalité, Paris, *LGDJ*, Lextenso, 2013 ;Jean-François AKANDJI-KOMBE, « Le juge (du fond), les parties et la question prioritaire de constitutionnalité. Stratégies contentieuses entre question de constitutionnalité et contrôle de conventionalité », Dalloz, n° 17, 2010, pp. 1725-1732 ; Henri LABAYLE, « Question prioritaire de constitutionnalité et question préjudicielle : ordonner le dialogue des juges ? », RFDA, n° 4, 2010, pp. 659-678; Hélène APCHAIN, « La QPC et le contrôle de conventionalité : complémentarité ou antagonisme ? », juin 2012, 18 p., www.credho.org; (consulté en août 2020).

[635]Consulter à ce propos, Maurice KAMTO, « Les Conférences nationales africaines ou la création révolutionnaire des Constitutions », *in* Dominique Darbon et Jean du Bois de Gaudusson (dir.), La création du droit en Afrique, Paris, Karthala, 1997, p. 177.

[636] Elle est ainsi définie par le Conseil d'Etat français dans son rapport public 2006 : « *Le principe de sécurité juridique implique que les citoyens soient, sans que cela appelle de leur part des efforts insurmontables, en mesure de déterminer ce qui est permis et ce qui est défendu par le droit applicable. Pour parvenir à ce résultat, les normes édictées doivent être claires et intelligibles, et ne pas être soumises, dans le temps, a des variations trop fréquentes, ni surtout imprévisibles* ».

[637] La juridiction constitutionnelle du Togo, au regard de l'art.104,alinéa 8 de la Constitution, en fournit la définition suivante « *l'exception d'inconstitutionnalité est donc la possibilité qu'a un justiciable, à l'occasion d'un procès devant les cours et tribunaux, d'invoquer qu'une disposition légale est non conforme à la Constitution et d'obliger cette juridiction à saisir la Cour constitutionnelle* » (Cour constitutionnelle, *Décision n° C-005/20 du 25 novembre 2020, exception d'inconstitutionnalité : Ministère public et BIA Togo c/Monsieur Koezi, magistrat à la Cour d'appel*).

[638] Par exemple, au Sénégal, le contrôle par voie d'exception est prévu à l'article 92 de la Constitution de 2001 et aux articles 1er et 20 de la loi organique n° 2016-23 du 14 juillet 2016 relative au Conseil constitutionnel. Le recours en : exception d'inconstitutionnalité permet à tout requérant d'exciper de l'inconstitutionnalité d'une loi ou d'un engagement international, après la promulgation du texte et à titre préjudiciel lors d'un procès, naguère, devant l'une des hautes juridictions (Conseil d'Etat ou Cour de cassation) et actuellement devant la Cour d'appel ou la Cour Suprême, *voir supra.*

juridiction sursoit à statuer, envoie l'ensemble des pièces du dossier à la juridiction constitutionnelle qui devra se prononcer sur la constitutionnalité ou non de la loi querellée ou de l'engagement international concerné[639] et renvoyer sa décision à la juridiction de fond.

Sur le caractère obligatoire ou facultatif, pour la juridiction devant laquelle a été soulevée l'exception d'inconstitutionnalité, de surseoir à statuer et de saisir la juridiction constitutionnelle[640], des approches contrastées sont offertes par les Cours et Conseils africains. Au Sénégal, la saisine du CCS, dans ce domaine, est subordonnée à la satisfaction de conditions, à savoir que le sursis à statuer de la juridiction de fond doit être précédée par l'examen de la recevabilité de la requête pour que le Conseil puisse fonder sa compétence[641].

Le principe ainsi décrit admet d'autres variantes sous les cieux africains. Au Bénin, en application de l'art.122 de la Constitution, l'exception peut être soulevée devant toute juridiction par tout particulier dans un procès le concernant et le sursis à statuer est de droit avant la saisine de la CCB. Celle-ci a jugé que l'exception ne peut être dirigée que contre une loi (ou autre acte ayant potentiellement cette

---

[639]Conseil constitutionnel du Sénégal, *Affaire n°4/C/2000 du 8 février 2001*, recours en exception d'inconstitutionnalité dirigé contre l'article 6 de l'Accord de siège entre le Gouvernement de la République du Sénégal et la BCEAO, voir *infra*.

[640] Voir Haute Cour constitutionnelle de Madagascar, *Décision n°01-HCC/D2 du 11 avril 2018 concernant des requêtes en inconstitutionnalité, dans laquelle,* la HCC estime : « *(...)Considérant ainsi que, selon la Constitution, le juge constitutionnel ne peut être saisi directement par voie d'action individuelle ; qu'en conséquence, la requête de Maître Christian F. RAOELINA, n'est pas recevable en la forme ;Considérant qu'aux termes de l'article 118 alinéa 2 de la Constitution : « Si, devant une juridiction, une partie soulève une exception d'inconstitutionnalité, cette juridiction sursoit à statuer et saisit la Haute Cour Constitutionnelle qui statue dans le délai d'un mois » ; que selon l'article 28 de l'ordonnance n°2001-003 sus visée, « La Haute Cour Constitutionnelle connaît également des exceptions d'inconstitutionnalités soulevées par les parties devant les juridictions de tous ordres » ; que l'obligation de renvoyer la question de constitutionnalité au juge constitutionnel constitue une question préjudicielle; Considérant que, de ce qui précède, l'exception d'inconstitutionnalité doit être soulevée devant la juridiction saisie de la procédure mise en cause ; que cette juridiction, après avoir rendu une décision de sursis à statuer, doit saisir elle-même la Haute Cour Constitutionnelle ; qu'ainsi, la requête, introduite directement devant la Cour de céans par Maître Ferdinand RAKOTOARISOA RANARY, doit être déclarée irrecevable en la forme...* ».

[641] Conseil constitutionnel du Sénégal, *Décision 2/C/95 du 13 février 1995*, voir plus loin.

valeur)[642] et non contre une décision de justice[643], ou un engagement international[644].

En Côte d'Ivoire, l'art.135 de la Constitution de 2016 révisée en 2020[645]. permet à « *tout plaideur* » de soulever l'inconstitutionnalité d'une loi « *devant toute juridiction* »[646], ce qui n'a pas manqué de susciter maintes questions sur la qualité de « *plaideur* » et sur les critères d'identification de la « *juridiction* » en cause ou, si cette

---

642 C'est le cas des ordonnances, voir Cour constitutionnelle du Bénin, *Décision DCC 02-097 du 14 août 2002, Chabi Adébiyi, Kakpo Adrien, Tiamiou Julien Joseph et Adjihoda Jérôme*, Recueil 2002,p.401.Elle y déclare la conformité à la Constitution des articles 547 à 549 de l'Ordonnance n°25/PR/MJL du 7 juillet 2007 portant Code de procédure pénale.

643 Cour constitutionnelle du Bénin, Décision *DCC 04-091 du 08 octobre 1994*, sur saisine de la Cour d'appel de Cotonou, Recueil 2004, p.415.

644 Cour constitutionnelle du Bénin, Décision *DCC 13-144 du 1er octobre 2013*, sur saisine du Président du Tribunal de première instance de première classe de Cotonou, Recueil 2013,vol.2, p.898.

645 Le texte complet de l'art.135 de la Constitution de 2016 révisée en 2020 se lit ainsi : « *Tout plaideur peut, par voie d'exception, soulever l'inconstitutionnalité d'une loi devant toute juridiction.*
La juridiction devant laquelle la contestation de la loi est soulevée, sursoit à statuer et impartit au plaideur un délai de quinze jours pour saisir le Conseil constitutionnel. A l'expiration de ce délai, si le requérant ne rapporte pas la preuve de la saisine du Conseil, la juridiction passe outre ».

646 Ainsi, selon la Conseil « *Considérant, sur la recevabilité, qu'il résulte, d'une part, de l'article 135 de la Constitution, précité, d'autre part, de l'article 36 alinéa 2 de la loi organique n° 2001-303 du 05 juin 2001 déterminant l'organisation et le fonctionnement du Conseil constitutionnel, et, enfin, de l'article 19 du décret n° 2005-291 du 25 août 2005 déterminant le règlement, la composition et le fonctionnement des services, l'organisation du Secrétariat General du Conseil constitutionnel, ainsi que les conditions d'établissement de la liste des rapporteurs adjoints que le requérant doit justifier de sa qualité de plaideur devant une autre juridiction, et joindre à sa requête toutes les pièces justificatives(...) ;Qu'en effet, l'économie du dossier révèle que le requérant ne produit aucun acte de nature à justifier sa qualité de plaideur ; Qu'ainsi, il ne verse pas au dossier la décision avant-dire-droit de la Cour d'Appel l'ayant autorisé à saisir le Conseil constitutionnel, ni même une attestation de plumitif prouvant qu'une telle audience s'est effectivement tenue ; Qu'au soutien de son action, il ne produit qu'un acte d'appel, acte extrajudiciaire, préparatoire à la procédure d'appel, qui peut, à la volonté et l'initiative du requérant, ne pas être suivi des formalités d'enrôlement de l'affaire qui, seules valent saisine de la Cour d'Appel et confèrent à l'appelant la qualité de partie au procès en appel et, partant, celle de plaideur ...* », Conseil constitutionnel, *Décision n° CI-2018 - 002 /DCC /19-03 /CC /SG du 19 mars 2018 relative au recours en inconstitutionnalité de l'ordonnance n°2012-293 du 21 mars 2012 relative aux Télécommunications et aux Technologies de l'Information et de la Communication.*

dernière expression inclut ou exclut une juridiction de référé, de flagrant délit, un organe disciplinaire doté de pouvoir de décision, un tribunal arbitral, ou toute autre instance nationale ou internationale. Le Recours en inconstitutionnalité par voie d'exception (R. I.V.E) a conduit le Conseil constitutionnel ivoirien[647] à s'évertuer à cerner au plus près ces expressions devant les risques avérés d'encombrement de son prétoire[648].

[647] Voir ses décisions suivantes : Conseil constitutionnel, *Décision n° CI -2017-308/11-04/CC/SG du 11 avril 2017 relative au recours en exception d'inconstitutionnalité de l'annexe fiscale de la loi de finances rectificative n°2015-636 du 17 septembre 2015 portant modification du budget de l'Etat pour l'année 2015* ; Conseil constitutionnel, *Décision n° CI-2018 -005 /DCC /03-07 /CC /SG du 03 juillet 2018 relative à la requête de la Société pour la promotion de l'Habitat, de l'immobilier et de l'Aménagement dite Sophia S.A., de Messieurs Touré Ahmed Bouah et Sahiri Patrice et Maitre Touré Kadidi* ; Conseil constitutionnel, *Décision n° CI-2018 -006 /DCC /04-07 /CC /SG du 04 juillet 2018 relative à la requête de la Société Corporate Elite Group* ;Conseil constitutionnel, *Décision n° CI-2020-001/DCC/04-02/CC/SG du 04 février 2020, relative à la requête aux fins de contrôle de constitutionnalité des articles 354 et 355 anciens du Code pénal* ; Conseil constitutionnel, *Décision n° CI-2020-005/DCC/07-05/CC/SG du 07 mai 2020, relative à la requête de Monsieur Grah Ange Olivier tendant à soulever l'inconstitutionnalité des articles 51 à 57 de la loi n°78-662 du 04 août 1978 portant statut de la magistrature* ;Conseil constitutionnel, *Décision n° CI-2020-006/DCC/14-05/CC/SG 14 mai 2020,*relative à *la requête de Messieurs Soro Kigbafori Guillaume et Koné Kamaraté Souleymane tendant à soulever l'inconstitutionnalité de la loi constitutionnelle n°2020-348 du 19 mars 2020* ; Conseil constitutionnel, *Décision n° CI-2021-001/DCC/12-01/CC/SG du 12 janvier 2021, relative à la requête de la Société Maersk Cote d'Ivoire aux fins de contrôle de constitutionnalité de l'article 8 de la loi n°2018-974 du 27 décembre 2018 portant statut des commissaires de justice.*

[648]Voir les Actes de son Séminaire sur le Recours en inconstitutionnalité par voie d'exception (RIVE),Abidjan, Salle du Conseil Economique, Social, Environnemental et Culturel,les 7 et 8 juin 2018, sur son site www.conseil-constitutionnel.ci (consulté en mai 2021).

Quant à la Cour constitutionnelle de la R.D.C., elle maintient une ligne constante que l'exception doit être d'abord soulevée devant une juridiction et relever de ses attributions. Elle rappelle, qu'elle n'est pas compétente pour examiner la constitutionnalité des poursuites judiciaires puisqu'« *aux termes des articles 160 et 162 de la Constitution, 43 à 53 de la loi organique précitée, elle ne connaît que du contrôle de constitutionnalité des lois, des actes ayant force de loi, des édits, des Règlements intérieurs des chambres parlementaires, du Congrès et des institutions d'appui à la démocratie ainsi que des actes réglementaires des autorités administratives* »[649].

Ainsi, l'art.80 de la Constitution de Djibouti du 4 septembre 1992 révisée en 2010, prévoit : « *Les dispositions de la loi qui concernent les droits fondamentaux reconnus à toute personne par la constitution peuvent être soumises au Conseil constitutionnel par voie d'exception à l'occasion d'une instance en cours devant une juridiction. L'exception d'inconstitutionnalité peut être soulevée par tout plaideur devant toute juridiction. La juridiction saisie doit alors surseoir à statuer et transmettre l'affaire à la Cour suprême. La Cour suprême dispose d'un délai d'un mois pour écarter l'exception si celle-ci n'est pas fondée sur un moyen sérieux ou dans le cas contraire renvoyer l'affaire devant le Conseil constitutionnel qui statue dans le délai d'un mois. Une disposition jugée inconstitutionnelle sur le fondement de cet article cesse d'être applicable et ne peut plus être appliquée aux procédures* »[650].

Quant à la Constitution de la République du Congo de 2015, elle énonce « *Tout particulier peut, soit directement, soit par la procédure de l'exception d'inconstitutionnalité invoquée devant une juridiction*

[649] *Cour constitutionnelle* (Cour Suprême de Justice siégeant comme), *arrêt R. Const. 001/073 du 15 avril 2016(*incompétence pour l'examen de,recours en inconstitutionnalité contre des poursuites judiciaires engagées par le substitut du Procureur général près la Cour d'appel de Kinshasa/Matété, M. Kalé et l'Université de Kinshasa*).* Voir aussi, *arrêt R.Const.002/082 du 15 avril 2016* (incompétence pour l'examen de,recours en inconstitutionnalité de l'arrêt rendu le 13 mai 2015 sous RCA 4211 par la Cour d'appel de Matadi) ; arrêt *R.Const.003 /177 du 10 août 2016,* affaire dans laquelle elle se déclare « *incompétente à statuer sur la demande du requérant, étant donné que connaître des irrégularités des poursuites judiciaires invoquées par lui relève de la compétence des juridictions de l'ordre judiciaire* ».

[650] Art.80 de la Constitution de la République de Djibouti du 4 septembre 1992 révisée en avril 2010.

dans une affaire qui le concerne, saisir la Cour constitutionnelle sur la constitutionnalité des lois et des traités.

En cas d'exception d'inconstitutionnalité, la juridiction saisie sursoit à statuer et impartit au requérant un délai d'un mois à partir de la signification de sa décision pour saisir la Cour constitutionnelle »[651].

De cette diversité textuelle, il appert que si la loi est bien conforme à la Constitution, la juridiction de fond poursuit sans désemparer l'instance pendante et statue définitivement sur l'affaire. En revanche, en cas d'inconstitutionnalité, la juridiction doit considérer la loi litigieuse inapplicable en l'espèce (valeur *inter partes*) et les parties sont dispensées de son exécution. Il ne s'agit pas d'annuler la loi mais de la rendre inapplicable pour le cas d'espèce, sauf à généraliser l'annulation, comme le suggèrent certains droits positifs[652].

---

[651] Art.180 de la Constitution du Congo de 2015.

[652] Dans le modèle classique d'exception d'inconstitutionnalité, la décision rendue n'a, en principe, qu'une autorité limitée aux parties à l'instance (valeur *inter partés* et non *erga omnés)*. Mais, du fait de la règle du précèdent amenant souvent le juge (notamment, américain) à réitérer ses décisions, celles-ci finissent par acquérir une valeur dépassant le cercle des parties et les pouvoirs publics en tirent souvent les conséquences en abrogeant et/ou en remplaçant la loi contestée. Ce principe a été assimilé dans certains textes africains, même s'il peut être modulé différemment.
En Côte d'Ivoire, l'art.137 de la Constitution de 2016 dans sa rédaction issue de la révision de 2020 dispose « *En cas de saisine du Conseil constitutionnel par voie d'exception, la décision du Conseil constitutionnel s'impose à tous, au-delà des parties au procès. La loi ou la disposition déclarée inconstitutionnelle par le Conseil constitutionnel est abrogée* ».
Au Sénégal, la cause est entendue avec l'art.22 de la Loi organique n°2016-23 du 14 juillet 2016 sur le Conseil constitutionnel, selon lequel : *« Si le Conseil estime que la disposition dont il a été saisi n'est pas conforme à la Constitution, il ne peut plus en être fait application »*.
Au Gabon, l'art.86 de la Constitution de 1991, dispose que si la Cour constitutionnelle *« déclare la loi incriminée contraire à la Constitution, cette loi cesse de produire ses effets à compter de la décision. Le Parlement examine, au cours de la prochaine session, dans le cadre d'une procédure de renvoi, les conséquences découlant de la décision de non-conformité à la Constitution rendue par la Cour »*. Selon ladite Cour, *«...lorsque celle-ci déclare contraire à la Constitution le texte attaqué, celui-ci cesse de produire ses effets à compter du prononcé de la décision ; que le Parlement remédie à la situation juridique qui en résulte, selon la procédure de renvoi inscrite au prochain ordre du jour de la chambre concernée »* (Cour constitutionnelle du Gabon, *Décision n° 39/CC du 6 novembre 2017*, *Hebdo informations*, n° 667, 13-31 octobre 2018, pp. 126-127). Voir aussi, sa *décision n° 332/CC du 25 juillet 2019*, *Hebdo informations*, n° 675, 14-31 décembre 2019, pp. 138-139.

Quelles que soient ces approches constitutionnelles et jurisprudentielles dissemblables, l'intérêt de l'exception d'inconstitutionnalité est de décloisonner un droit de saisine trop longtemps réservé aux seules autorités politiques. L'institutionnalisation de cette voie de droit participe également de la décentralisation de l'accès au juge et de la démocratisation des processus juridictionnels de remédiation aux violations des normes juridiques.

Aussi, peut-on affirmer que l'exception d'inconstitutionnalité ainsi conçue favorise plutôt une sorte de dialogue entre les juges puisque, sauf dans le cas de dispositions constitutionnelles ou législatives expressément contraires, ni le justiciable ni son conseil ne peuvent saisir directement le juge constitutionnel[653] et aucune autre juridiction ne peut se substituer au juge constitutionnel, pour l'examen au fond de l'exception[654].

Dans ces situations, le juge de fond en est réduit à n'effectuer qu'un contrôle minimum pour s'assurer que le moyen soulevé ne constitue pas un dilatoire ou qu'il ne repose pas sur des bases juridiquement erronées.

De ce fait, diverses contrariétés ne manquent pas de survenir. Il est arrivé que la juridiction devant laquelle l'exception a été soulevée, refuse de surseoir à statuer et choisit, à tort ou à raison, de procéder elle-même au traitement de la question[655]. A rebours, lorsque le juge de fond

---

En France, les effets d'une inconstitutionnalité, dans le cadre d'une procédure de QPC, sont ainsi précisés par l'art.62 de la Constitution de 1958, à savoir qu'*« une disposition déclarée inconstitutionnelle sur le fondement de l'article 61-1 est abrogée à compter de la publication de la décision du Conseil constitutionnel ou d'une date ultérieure fixée par cette décision. Le Conseil constitutionnel détermine les conditions et limites dans lesquelles les effets que la disposition a produits sont susceptibles d'être remis en cause »*.

653 Voir les précisions de la Cour constitutionnelle du Bénin dans les décisions *DCC 02-042 du 17 avril 2002 Kakpo Damien Chabi Adebiyi ;*
DCC 01-030 du 17 mai 2001 Dossou Charles ; DCC 02-011 du 07 février 2002 Maitre Dossou Robert, citées par Nicaise MEDE, Les grandes décisions de la Cour constitutionnelle du Bénin, op.cit., p.512.

654 La juridiction constitutionnelle veille aussi jalousement sur ses prérogatives et ne saurait accepter que le législateur viole ses compétences constitutionnelles, Voir *CCS, décision n°3/C/2017 du 9 janvier 2017* (à propos de l'examen de la modification de la loi organique sur la Cour suprême), *in* Conseil constitutionnel du Sénégal, Recueil des Décisions, (Janvier 1993-Mars 2019), 2020, 698p, disponible sur le site : www.conseilconstitutionnel.sn.

655 Dans le cas du Sénégal, la Cour suprême, usant de son pouvoir minimal d'appréciation, avait rejeté l'exception soulevée, en arguant du fait que: *« l'exception d'inconstitutionnalité prévue à l'article 92 de la Constitution ne peut être soulevée*

accepte de surseoir à statuer, la juridiction constitutionnelle peut, aussi bien, lui renvoyer le dossier de saisine pour exception, en excipant de l'absence de réunion des conditions nécessaires à son intervention[656].

Il en résulte que certaines juridictions ayant une compétence liée, se sont confinées dans un simple rôle de transmetteur du recours[657], alors que d'autres Juridictions ne peuvent s'y résoudre que si certaines

---

*que relativement à la conformité des dispositions d'une loi ou des stipulations d'un accord international à la Constitution. Dès lors, doit être rejetée l'exception soulevée par des requérants qui contestent la conformité d'un décret à la Constitution » (*Cour suprême, *arrêt du 3 mars 2011, Birassy Guissé c/ Recteur de l'Université Gaston Berger, affaire n° 9).*

[656] Voir au Sénégal, l'ancienne Cour de cassation, dans un *arrêt n° 14 du 09 janvier 2002, Matar Seck c/ SNR,* a refusé de renvoyer au CCS l'exception d'inconstitutionnalité soulevée devant elle au motif que la partie demanderesse n' avait pas démontré suffisamment un intérêt à agir et qu'elle cherchait plutôt l'application en sa faveur du texte dont elle contestait la valeur.

De même, la Cour suprême, chambre administrative a implicitement dissocié le contrôle de constitutionnalité et le contrôle de conventionalité en opposant une fin de non-recevoir à une exception d'inconstitutionnalité du fait de la saisine du Conseil constitutionnel pour un contrôle de conventionalité de l'article 17 de la loi n° 81-54 portant création de la CREI, par rapport au Pacte international relatif aux droits civils et politiques *(CS, chambre administrative, arrêt n° 50 du 26 septembre 2013, Cheikh Tidiane Sy et autres c / État du Sénégal)* . Il faut souligner que le CCS n'est pas compétent pour opérer un contrôle de conventionalité qui est du ressort des juridictions ordinaires. Dès lors, c'est à bon de droit qu'elle n'a pas accueilli l'exception ni transmis les pièces du dossier au CCS ; voir aussi, *Cour Suprême, chambre administrative, arrêt n° 113 du 17 juin 2010, Abdoulaye Diagne dit Foreman ; Cour Suprême, chambre administrative, arrêt n° 9 du 3 mars 2011, Birassy Guissé, op.cit.*

[657] En République de Madagascar, l'art.118 de la Constitution prévoit que « *(...) Si, devant une juridiction, une partie soulève une exception d'inconstitutionnalité, cette juridiction sursoit à statuer et saisit la Haute Cour constitutionnelle qui statue dans le délai d'un mois.*

De même, si devant juridiction, une partie soutient qu'une disposition de texte législatif ou réglementaire porte atteinte à ses droits fondamentaux reconnus par la Constitution, cette juridiction sursoit à statuer dans les mêmes conditions qu'à l'alinéa précédent (...)».

Il en est ainsi de l'art.132 de la Constitution du Niger de 2010 «*Toute personne partie à un procès peut soulever l'inconstitutionnalité d'une loi devant toute juridiction par voie d'exception. Celle-ci doit surseoir à statuer jusqu'à la décision de la Cour constitutionnelle, qui doit intervenir dans un délai de trente jours.*

Une disposition déclarée inconstitutionnelle sur le fondement de l'alinéa ci-dessus est caduque de plein droit. L'arrêt de la Cour constitutionnelle établissant cette inconstitutionnalité est publié au Journal officiel suivant la procédure d'urgence ».

conditions sont réunies[658]. Il en ressort, selon l'option constitutionnelle

---

[658] Au Sénégal, depuis 2008, l'exception d'inconstitutionnalité ne peut être soulevée que devant la Cour d'appel ou la Cour suprême. En effet, selon l'art.22,alinéa premier de la LO sur le CCS, « *Lorsque la solution d'un litige porté devant la Cour d'appel ou la Cour suprême est subordonnée à l'appréciation de la conformité des dispositions d'une loi ou des stipulations d'un accord international à la Constitution, la juridiction saisit obligatoirement le Conseil constitutionnel de l'exception d'inconstitutionnalité ainsi soulevée et sursoit à statuer jusqu'à ce que le Conseil constitutionnel se soit prononcé* ».Toujours, au Sénégal, une juridiction a tracé les contours d'une définition de l'exception d'inconstitutionnalité, en ces termes : « *l'exception d'inconstitutionnalité n'est pas une exception de procédure mais un moyen de fond visant à établir le défaut de base légale de l'acte attaqué qui se fonde sur un texte de loi dont la constitutionnalité est contestée* ».(*Cour suprême,Chambre administrative, arrêt n° 50 du 26 septembre 2013, Cheikh Tidiane Sy et autres c/ Etat du Sénégal).*

Il a été également relevé, au Sénégal, une très faible utilisation du recours en exception d'inconstitutionnalité .Les raisons peuvent en être recherchées à divers niveaux : soit du cote des juridictions de fond qui sont tenues de respecter certaines conditions avant de saisir le Conseil, soit au niveau du Conseil constitutionnel qui s'oblige à vérifier strictement ces conditions avant d'examiner ou de rejeter le recours ; soit du côté des justiciables peu instruits des possibilités d'emprunter cette voie. Ce constat indéniable a poussé le Conseil constitutionnel du Sénégal à organiser les 3 et 4 décembre 2020 un séminaire sur l'exception d'inconstitutionnalité, en partenariat avec le Barreau de Dakar, les Cours d'appel et la Cour suprême. Au total, seule une dizaine de décisions du Conseil constitutionnel peuvent être recensées, entre 1992 et 2020, dans ce domaine. Il s'agit des affaires suivantes :

- *Affaire n° 2/C/93 du 23 juin 1993* « Rabat d'arrêt » : recevabilité de l'*exception d'inconstitutionnalité* soulevée devant la Cour de cassation et relative au rabat de l'arrêt n°34 du 11 avril 1992 de la Cour suprême .Selon le Conseil: « *L'alinéa 2 de l'article 33 de la loi organique 92-25 du 30 mai 1992, sur la Cour de cassation, n'est pas conforme à la Constitution* ». Aussi, le CCS décide de manière péremptoire qu' « *Il ne peut plus être fait application de cette disposition conformément à l'article 20 de la loi organique 92-23 du 30 mai 1992 sur le Conseil constitutionnel* ».
- *Affaire n° 1/C/95 du 13 février 1995*, concernant l'article 140 du Code de procédure pénale, (saisine de la première chambre de la Cour de cassation statuant en matière pénale). Dans cette première affaire « *Demba Mbaye* », le Conseil fixe sa position, maintes fois, confirmée, dans ses considérants 3 et 4 :*«Considérant(...)il convient que le Conseil constitutionnel ne soit saisi que de recours recevables devant la Cour de cassation ».*Le Conseil poursuit en ces termes :*« Considérant en effet que la Cour de cassation doit se prononcer avant toute saisine du Conseil constitutionnel, sur sa compétence et sur la recevabilité du pourvoi ou la déchéance, tout examen de la "solution du litige leur étant subordonné ;qu'un pourvoi, non purgé de toutes fins de non-recevoir, ou simplement fantaisiste, ne saurait servir de prétexte pour saisir le Conseil constitutionnel d'une exception d'inconstitutionnalité, qui si elle était reçue et examinée par le Conseil, constituerait un véritable détournement de procédure »* .Le C.C.S conclura au renvoi du dossier de procédure à la Cour de cassation.

privilégiée, d'une part, un élargissement du nombre de requérants et un encombrement corrélatif du prétoire et, d'autre part un rétrécissement des possibilités du contrôle par voie d'exception en raison du filtrage serré des juridictions de renvoi.

- *Affaire n° 2/C/95 du 13 février 1995* « Moussa Ouattara et autres » : saisine par la première Section du Conseil d'Etat statuant en matière d'excès de pouvoir. Le CCS reprend en adaptant le même argumentaire dans les considérants 3 et 4 de cette affaire.
- *Affaire n° 3/C/95 du 19 juin 1995* « Demba Mbaye et autres », n°2: Le CCS décide que l'article 140 du CPP « *inclus dans « la disposition particulière concernant la détention provisoire des auteurs de certaines infractions » est conforme à la Constitution* ».
- *Décision sur les Affaires n° 3 et 4/C/96 du 3 juin 1996*, affaires jointes« Moussa Ouattara et autres et Djim Momar Kébé et autres », concernant la loi n° 76-67 du 2 juillet 1976 sur l'expropriation pour cause d'utilité publique (conformité de la loi à la Constitution).
- *Affaire n°4/C/2000 du 8 février 2001*, « Accord de siège BCEAO » : L'exception d'inconstitutionnalité dirigée contre l'article 6 de l'Accord de siège entre le Gouvernement de la République du Sénégal et la BCEAO et qui octroie l'immunité de juridiction et d'exécution à cette institution est recevable en la forme mais l'article 6 est conforme à la Constitution.
- *Affaire n° 2/C/2012 du 6 décembre 2012*, «Ndiaga Soumaré et autres »,concernant la liberté syndicale et autres droits du personnel des Douanes : renvoi à la chambre administrative de la Cour suprême du dossier de procédure sur l'exception d'inconstitutionnalité pour n'avoir pas,au préalable, statué sur sa compétence et sur la recevabilité du recours avant de saisir le CCS.
- *Affaire n° 2/C/2013 du 18 juillet 2013,* « Pape Djigdiam Diop ». Le CCS décide que : l'article 8 de la loi n° 69-34 du 30 octobre 1969 relative au statut du personnel des douanes n'est pas contraire à la Constitution car « *ni la liberté syndicale ni le droit de grève ne sont absolus*».
- *Affaire n° 1/C/2014 du 3 mars 2014*, « Karim Meissa Wade », saisine par la Cour suprême .Rejet de l'exception d'inconstitutionnalité soulevée contre les lois n°81-53 sur la répression de l'enrichissement illicite et n°81-54 portant création de la Cour de répression de l'enrichissement illicite du 10 juillet 1981 qui sont déclarées « *conformes à la Constitution* ».
- *Affaire n° 1/C/2015 du 02 mars 2015*, « Hissein Habré ». Dans l'article 3 du dispositif de la décision, le Conseil conclut : « *L'accord du 22 août 2012 entre la République du Sénégal et l'Union africaine ne comporte aucune stipulation contraire à la Constitution* ».
- *Affaire n° 1/C/19 du 25 avril 2019*, « Entente CADAK-CAR », op.cit. Sur toutes ces décisions, voir le site www.conseilconstitutionnel.sn.

L'esprit qui anime le choix du contrôle par voie d'exception semble, malgré les différentes modalités de saisine (assez originales dans certains pays)[659], souffler aussi sur la rétention dans certains Etats du contentieux des droits fondamentaux.

Ce type de contentieux réserve une place de choix au citoyen, titulaire d'un droit de saisine constitutionnel se concrétisant par la faculté d'introduire des recours directs contre les actes administratifs à caractère règlementaire ou les lois en alléguant de la violation de ses droits et libertés fondamentaux. À cet égard, l'un des pays à avoir le plus expérimenté ce type de recours, est certainement le Bénin où, concomitamment a l'exception d'inconstitutionnalité, le citoyen dispose d'un droit de recours direct[660] devant la Cour constitutionnelle pour la défense de ses droits constitutionnels notamment en portant plainte contre n'importe quel organe de l'État[661] ; en excipant de toute violation découlant d'une loi (y compris les lois d'habilitation ou de ratification) ou d'un acte règlementaire (y compris les ordonnances)[662].

---

[659] Par exemples, on peut consulter diverses affaires relatives à l'exception d'inconstitutionnalité de lois ou d'actes réglementaires, notamment à Madagascar, voir Haute Cour constitutionnelle, *Décision n° 04-HCC/D2 du 4 novembre 2009 relative à une requête en exception d'inconstitutionnalité de l'ordonnance n°2009-003 du 18 mars 2009 portant suspension du parlement ;* Haute Cour constitutionnelle, *Décision n° 01-HCC/D2 du 11 avril 2018 concernant des requêtes en exception d'inconstitutionnalité d'actes de procédure ;* Haute Cour constitutionnelle, *Décision n° 01-HCC/D2 du 21 octobre 2015 relative à des requêtes aux fins d'exception d'inconstitutionnalité de l'article 225 alinéa 2 du Code du Travail ;* Haute Cour constitutionnelle, *Décision n° 01-HCC/D2 du 11 février 2014 concernant une requête aux fins d'exception d'inconstitutionnalité d'une décision de la Fédération Malgache de Pétanque, etc.*

[660]Art.122 de la Constitution du Bénin de 1990, «*Tout citoyen, peut saisir la Cour Constitutionnelle sur la constitutionnalité des lois, soit directement, soit par la procédure de l'exception d'inconstitutionnalité invoquée dans une affaire qui le concerne devant une juridiction. Celle-ci doit surseoir jusqu'à la décision de la Cour Constitutionnelle qui doit intervenir dans un délai de trente jours » ; voir à ce sujet,* Sylvestre FARRA, « Les fondations de l'exception d'inconstitutionnalité au Bénin », *in* Cour constitutionnelle, Etudes en l'honneur de Madame Élisabeth K. Pognon et de la première Mandature (1993-1998), Cotonou, 2021, pp.159-190.

[661] Voir aussi la décision de la Cour faisant droit aux arguments d'un requérant qui contestait « *l'ajournement sine die de l'examen de trois projets de lois relatifs aux accords de* prêt » et concluant que « *l'Assemblée Nationale a violé la Constitution* » (*Cour constitutionnelle du Bénin, Décision DCC 08-072 du 25 juillet 2008, Joseph H.Gnonlonfoun*).

[662] Par exemple, la Constitution du Bénin autorise le contrôle de constitutionnalité des textes de nature réglementaire dans différents articles : **art.3** « *La souveraineté*

La dilatation des possibilités de recours à ce type de contentieux a facilité largement l'accès des particuliers à la Cour, donnant ainsi naissance à diverses affaires, même les plus originales [663] ou

---

nationale appartient au peuple (...). La souveraineté s'exerce conformément à la présente Constitution qui est la Loi suprême de l'Etat.
Toute loi, tout texte règlementaire et tout acte administratif contraires à ces dispositions sont nuls et non avenus. En conséquence, tout citoyen a le droit de se pourvoir devant la Cour constitutionnelle contre les lois, textes et actes présumés inconstitutionnels » ; **art.117**,« *La Cour constitutionnelle statue obligatoirement sur (...)la constitutionnalité des lois et des actes réglementaires censés porter atteinte aux droits fondamentaux de la personne humaine et en général, sur la violation des droits de la personne humaine (...)* » ; **art.121**, « *La Cour Constitutionnelle, à la demande du Président de la République ou de tout membre de l'Assemblée Nationale, se prononce sur la constitutionnalité des lois avant leur promulgation.*
Elle se prononce d'office sur la constitutionnalité des lois et de tout texte réglementaire censés porter atteinte aux droits fondamentaux de la personne humaine et aux libertés publiques. Elle statue plus généralement sur les violations des droits de la personne humaine et sa décision doit intervenir dans un délai de huit jours ».
C'est sur le fondement de l'art.3 précité que la Cour constitutionnel a eu à se prononcer sur le recours d'un citoyen contre le décret n°2015-035 portant code de transparence dans la gestion des finances publiques en République du Bénin qui ne fait que transposer la Directive n°01/2009/CM/UEMOA portant Code de transparence. La Cour confirme qu'elle n'est pas juge de la conventionalité du décret et,se plaçant sur le terrain de la constitutionnalité, déclare que le décret n'est pas contraire à la Constitution (*Cour constitutionnelle, Décision DCC 18-031 du 08 février 2018*).Voir aussi, pour un exemple de contrôle de constitutionnalité d'ordonnances, *Cour constitutionnelle, Décision DCC 27-94 du 24 août 1994,*à propos de laquelle, sur saisine du Président de l'Assemblée nationale, la Cour a estimé qu'en vertu, notamment, de l'art.77 de la Loi organique du 04 mars 1991 sur ladite Cour: *« qu'en l'espèce, les ordonnances en cause ne contiennent aucun visa de la consultation préalable de la Cour constitutionnelle ; que le Président de la République a pris ces ordonnances sans avis de la Cour constitutionnelle ; qu'il s'ensuit qu'il y'a vice de procédure ».*

[663] Aussi, la Cour s'est-elle déclarée incompétente concernant le recours d'un particulier alléguant de la violation,par le PR et l'AN du Bénin,du Traité de l'UEMOA et de la Directive n°1 /2009 précitée (impliquant la création et l'installation d'une Cour des comptes nationale), recours tendant plutôt à lui faire faire un contrôle de l'interprétation et de l'application du Traité déjà régulièrement ratifié (*Cour constitutionnelle du Bénin, Décision DCC 18-202 du 11 octobre 2018*). Dans une autre affaire, la Cour déclare non contraire à la Constitution la tenue d'audiences publiques, rejetant ainsi les prétentions du requérant selon lesquelles ces audiences allaient à l'encontre « *de la tradition de la culture du secret instituée à l'occasion de la prise de grandes décisions au sein des assemblées ou institutions au plan national ou international...* ».La Cour va fonder sa décision sur les exigences de transparence et du caractère public et contradictoire de la procédure, ce qui ne concerne pas « *les délibérations de la Cour qui restent secrètes...* » (*Cour*

fantaisistes[664], au point de pousser certains doctrinaires à s'interroger sur son étendue et sur ses limites[665].

Au surplus, on ne saurait également passer sous silence la compétence expresse dévolue à certaines juridictions constitutionnelles de rendre des décisions d'interprétation des dispositions constitutionnelles soit en dehors de toute demande d'avis consultatif *proprio motu*[666] soit en dehors de toute saisine visant à lui faire trancher un différend par la voie contentieuse[667].

En dehors des habituelles fonctions contentieuse et consultative, semble de plus en plus prisée une tendance à user de la fonction, si délicate, de la régulation soit de manière explicite[668], soit de manière

---

constitutionnelle du Bénin, Décision DCC 18-262 du 06 décembre 2018, Simplice Amoussou Soudé).

[664] Cf., Joseph DJOGBENOU, « Le contrôle de constitutionnalité des décisions de justice : une fantaisie de plus ? », Afrilex, avril 2014, 27p.

[665] Cf., Dandi GNAMOU, «La Cour constitutionnelle du Bénin en fait-elle trop ? », *in* Fréderic-Joël Aivo (dir.), La Constitution béninoise du 11 décembre 1990. Un modèle pour l'Afrique ?, Mélanges en l'honneur de Maurice Ahanhanzo-Glèlè, Paris, L'Harmattan, 2014, 800p.

[666] Cette fonction consultative d'interprétation est la plus courante ; art.133 de La Constitution du Niger de 2010, « *La Cour constitutionnelle émet des avis sur l'interprétation de la Constitution...* » ; au Sénégal, on peut citer l'art.92 al.2 de la Constitution de 2001, selon lequel : « *Le Conseil constitutionnel peut être saisi par le Président de la République pour avis* », et l'art.51 de la Constitution (avis du PAN et du Conseil constitutionnel sur tout projet de loi avant soumission au referendum).

[667] Certains Etats admettent une fonction d'interprétation en dehors, *expressis verbis*, de toute procédure déclarée contentieuse ou consultative, voir art.88 de la Constitution du Gabon de 1991 et la Loi organique n°9.91 du 26 septembre 1991 sur la Cour constitutionnelle, modifiée par l'Ordonnance n°00005/PR.2018 du 26 janvier 2018.L'art.88 de la Constitution gabonaise dans sa rédaction issue de la loi de révision n°1/97 du 22 avril 1997 dispose : « *En dehors des autres compétences prévues par la Constitution, la Cour constitutionnelle dispose du pouvoir d'interpréter la Constitution et les autres textes à valeur constitutionnelle, à la demande du Président de la République, du Premier ministre, du Président du Sénat, du Président de l'Assemblée nationale, du dixième des députés ou de sénateurs* ».Pour un exemple d'arrêt, voir *Cour constitutionnelle du Gabon, Décision n°022/CC du 30 avril 2018, relative à la requête présentée par le Premier ministre aux fins d'interprétation des articles 4, 28, 28a, 31, 34, 35 et 36 de la Constitution.* Dans cette affaire, la Cour décide d'abord que les articles 28, 28a, 31 «*ne comportent ni doute, ni lacune et, par conséquent, ne donnent lieu à aucune interprétation* » ; ensuite, elle gomme et écrit les dispositions destinées à combler les lacunes des articles 4,34 et 36 de la Constitution tout en émaillant cette dictée d'injonctions.

[668]Au prisme du droit et du fait, la modulation de la règle juridique peut trouver divers exutoires par la régulation au nom de l'intérêt général, de l'ordre public, de la paix et

ponctuelle [669] . Il faut admettre que certaines juridictions constitutionnelles ne peuvent également s'affranchir d'une

---

de la stabilité des institutions. Usant « *de la gomme et du crayon* » (pour reprendre l'expression de Georges Vedel),le juge constitutionnel peut se trouver dans la posture de devoir « indiquer la voie normative à suivre,à savoir, pour réaliser telle ou telle réforme ou pour prendre telle ou telle mesure » (Louis FAVOREU et *alii*, Droit constitutionnel, op.cit).La notion est complexe, très séduisante par ce qu'elle sous-entend mais difficile à appréhender dans sa totale substance. Le Professeur Babacar Kanté y voit une spécificité juridictionnelle tendant à assurer « la stabilité des systèmes politiques »,(« Les juridictions constitutionnelles et la régulation des systèmes politiques en Afrique », *in* Mélanges en l'honneur de Jean Gicquel,pp.265-276).Pour Nicaise MEDE, (« La fonction de régulation des juridictions constitutionnelles en Afrique francophone »,AIJC, 2008, p.47 et s),il en entrevoit la profondeur en identifiant cette fonction comme « une prérogative additionnelle,un étage supplémentaire de l'architecture de superposition des compétences ».Sur l'évolution et les différentes significations de la notion de régulation en Droit public et en sciences politiques, lire avec intérêt, Adama KPODAR, «La régulation de l'Etat dans la théorie du Droit public et de la science politique » *in* Mamadou Badji et Saidou Nourou Tall, Les transformations de l'Etat, Mélanges en l'honneur de Babacar Guèye, FSJP/UCAD et Presses de l'Université de Toulouse Capitole I, novembre 2019,pp.349-366 ; Jacques CHEVALLIER, « De quelques usages du concept de régulation », *in* Michel Miaille (dir.), La régulation entre droit et politique, Paris, L'Harmattan,1995, p.71 et s.

[669] Il peut arriver qu'une juridiction constitutionnelle, en dehors de toute disposition expresse de la Constitution lui en attribuant compétence, s'engage dans l'usage de la régulation. Ainsi, la Cour constitutionnelle de la RDC fixe ainsi sa doctrine en la matière : « *Cependant, usant de son pouvoir de régulation, depuis les arrêts R.Const 38/TSR du 15 septembre 2006, R.Const 055/TSR du 27 août 2007(...),ainsi que R.Const 338 du 17 octobre 2016, il se dégage qu'exceptionnellement la Cour constitutionnelle tranche des questions qui sont de nature à paralyser le fonctionnement régulier des institutions et des services publics, confortant ainsi son rôle central dans l'édification de l'Etat de droit. En l'espèce, la Cour relève qu'il s'agit d'un cas non prévu expressément (...).Au regard de ce qui précède, la Cour se déclarera compétente(...).En conséquence, autorise la prorogation du mandat du bureau d'âge et l'habilite à gérer les affaires courantes de l'Assemblée nationale...* », Cour constitutionnelle (Cour Suprême de Justice siégeant comme), arrêt *R.Const. 1438 du 15 décembre 2020, requête de l'Assemblée nationale tendant à obtenir habilitation de son Bureau d'âge pour finaliser le processus d'examen de la pétition contre un membre du Bureau conformément à l'article 31 de son Règlement intérieur et à assurer sa gestion courante jusqu'à la mise en place de son4 Bureau définitif.*

mission inhérente de régulation, surtout si elle est explicite comme dans les Constitutions de la Côte d'ivoire[670], de la Guinée[671].

Dans une approche plus holistique, on peut retenir que les nombreuses facettes de la ratification, en gouvernant le régime juridique des ordonnances, n'en traduisent pas moins le caractère contrasté de ces normes juridiques dans leurs ambitions à régenter les situations sociopolitiques les plus diverses. Elles laissent également subsister des interrogations sur le devenir et l'utilité des ordonnances.

[670] Voir article 88 de la Constitution Ivoirienne de 2000 et son application dans *Conseil constitutionnel, Avis n°003/CC/SG du 17 décembre 2003* et dans *Conseil constitutionnel, Avis n°2005-013/CC/SG du 15 décembre 2005*, www.conseil-constitutionnel.ci.

[671] L'article 103, al.3 de la Constitution guinéenne de 2020 confie à la Cour constitutionnelle, la mission suivante : « *Elle est l'organe régulateur du fonctionnement et des activités des pouvoirs législatif, exécutif et des autres organes de l'Etat* ».C'est à ce titre que son intervention a été sollicitée pour trouver une solution à la crise dans le fonctionnement de la Haute Autorité de la Communication, (*Cour constitutionnelle, arrêt n° AC 09 du 05 mai 2016*),et entre les membres de l'INIDH (Institution Nationale Indépendante des Droits Humains),(*Cour constitutionnelle, arrêt n° AC 29 du 04 octobre 2016).*

CHAPITRE II

LA RÉCEPTION DU PRESCRIPTIF DES ORDONNANCES

L'une des manifestations les plus marquantes du développement des ordonnancements constitutionnels africains est la présence incontestée des ordonnances dont les prescriptifs oscillent entre inconvénients inhérents et avantages escomptés, frayant ainsi la voie à une perception duale, voire manichéenne, du recours à ces normes juridiques.

De cette forte impression bifaciale, se dégagent diverses incidences alimentées par la sourde tension entre domaine de compétence législative et domaine de compétence réglementaire et ceci, que le fondement de ces ordonnances résulte d'une habilitation constitutionnelle (Section I) ou d'une habilitation parlementaire (Section II).

SECTION I

LES FLUCTUATIONS DES ORDONNANCES SUR HABILITATION CONSTITUTIONNELLE

La nature protéiforme des ordonnances édictées sur le fondement d'une habilitation constitutionnelle[672], en temps normal ou en temps de crise, est également révélatrice d'une capacité normative d'adaptation.

Cette résilience est au service d'une prétention généreuse : offrir une couverture juridique à des situations sociopolitiques aussi diverses que celles découlant de périodes de transition (§I) ou celles résultant de l'usage d'ordonnances budgétaires ou référendaires (§II). Cependant, cette volonté n'emporte pas pour autant tous les suffrages en raison d'une balance indécise entre les avers et les revers.

Paragraphe I. Les ordonnances des périodes de transition : entre utilités et désavantages

---

672 Voir Première Partie, Chapitre II.

Les périodes de transition, avec l'avènement de régimes militaires, l'installation de régimes transitionnels de sortie de crise ou l'édiction de dispositions transitoires de mise en place d'institutions à la suite de l'adoption d'une nouvelle Constitution, ont souvent servi de prétexte à l'instrumentalisation d'ordonnances pour régir ces situations inédites, suscitant réception révérencieuse et/ou perception répulsive.

Dès lors, on constate qu'une telle résilience des ordonnances est autant au service des arguments les plus précieux comme la recherche d'une nouvelle légalité à défaut de légitimité démocratique (A) qu'au service des arguments les plus spécieux notamment la nécessité de la gestion d'une transition en marge de la Constitution (B).

A) La reconstruction de la légalité à défaut de la légitimité démocratique

Les changements anticonstitutionnels de gouvernement opérés par les juntes militaires entraînent à la fois la construction d'un nouvel ordre juridique de substitution et le détricotage de l'ordre constitutionnel préexistant.

La désintégration peut être partielle par la suspension ou totale par l'abrogation de la Constitution. Dans la plupart des scenarii de prise de pouvoir par la force, la légitimité démocratique des régimes militaires a été récusée, même lorsque certains observateurs ont essayé de promouvoir des expressions ambiguës de « bons coups d'état » [673]ou de « coups d'État modérés » par opposition aux « coups d'État radicaux »[674]. L'absence de la seule légitimité[675] valable en démocratie, celle issue d'élections libres, régulières et transparentes[676], favorise

[673] Voir, Yao VIGNON, « Le Coup d'Etat en Afrique noire francophone », *in* Les voyages du droit, Mélanges Dominique Breillat, 2011, p. 613 ; Abdoulaye SOMA, « Réflexion sur le changement insurrectionnel au Burkina Faso », Revue CAMES, Science Juridique et Politique, n°001, 2015 ; Palouki MASSINA, « Le coup d'Etat, déshonneur et bienveillance », www.afrilex.u-bordeaux4.fr

[674] Selon la distinction proposée par Jean Claude GAUTRON, « L'exercice du pouvoir par l'Armée. Analyse des régimes militaires actuels », RJA n°0, 1983, pp.61-71.

[675] Cf, Babacar GUEYE et Martin Pascal TINE, « La légitimité et la légitimation de la transition constitutionnelle par les élections en Afrique », *in* Xavier Philippe, Natasa Danelciuc-Colodrovoschi (dir.), Transitions constitutionnelles et constitutions transitionnelles, Institut Universitaire Varenne, Collection transition et justice, 2014, p. 197.

[676] Dès 1991, l'ONU réaffirmait dans sa *résolution n° 46/137 « le principe d'élections libres, périodiques et honnêtes qui consacrent la légitimité des gouvernements »*. L'ONU a alors adopté une approche globale d'assistance électorale pour mieux faire

alors une reconstruction d'une légalité prodigue en ordonnances et fondée sur des proclamations, Actes fondamentaux ou Actes provisoires[677].

L'avantage principal des ordonnances des régimes issus de putschs réside dans le fait qu'elles comblent un vide constitutionnel, fruit du reniement de l'ordre juridique antérieur. Dans ce cas, les ordonnances constituent un palliatif forgeant, dans l'attente de la reconstitution de légitimités, un droit nouveau. En ce sens, la mise en scène des régimes militaires trouve dans un formalisme réduit parce qu'occulté, une voie rapide d'expression.

Mais, la perception très souvent négative attachée à cette légalité circonstancielle est amplifiée par l'édiction de mesures de suspension de la Constitution, des droits et libertés des citoyens, de la vie politique et partisane, l'instauration d'un couvre-feu à défaut de celle de l'état d'urgence (qui l'est déjà *de facto*) et une volonté de dompter toute velléité de résistance à l'ordre militaire[678].

L'instrumentalisation des ordonnances pour servir ces différents desseins s'effectue dans un cadre temporel en trois phases.

Dans la phase correspondant à la naissance du régime militaire, les ordonnances servent à asseoir les modes d'organisation et de fonctionnement qui constituent le socle du régime, à maitriser les différents segments de la vie politique et sociale du pays.

Dans la phase de consolidation du régime, l'instrumentalisation des ordonnances se fait au service d'une plus grande maîtrise de l'environnement diplomatique et financier, régional ou mondial.

---

respecter le principe d'élections crédibles et transparentes et bâtir une paix durable par un soutien efficace au processus électoral;voir aussi la *Déclaration de Principes pour l'observation internationale d'élections et le Code de conduite à l'usage des observateurs électoraux internationaux,* adoptés par un groupe d'institutions internationales (dont l'ONU, l 'UA,la Commission européenne), New York, 27 octobre 2005;*Le Manuel d'observation électorale de l'Union européenne*, 2eme édition, Bruxelles, 2008,274p; les *Lignes Directrices de l'UA pour les missions d'observation et de supervision* (Doc.EX.CL/91 (V) Annexe II);voir, Saidou Nourou TALL, « Alternances politiques et organisations internationales . Entre alternatives, aléas et altérations » *in* Abdoulaye Soma (dir), Alternances politiques en Afrique : défis démocratiques et enjeux constitutionnels : actes du colloque international de la SBDC, Ouagadougou, Ed. Ronier-Tikanson, 2017, 414p.

[677] Se référer surtout à la Section I du Chapitre I, de la Première Partie de l'ouvrage.

[678] Lire Michel-Louis MARTIN, « Armée et politique : cycle de vie du militarisme en Afrique noire francophone » *in* Daniel Bach et Anthony Kirk-Greene (ed), Etat et Sociétés en Afrique francophone, Paris, Economica, 1993.

Dans la dernière phase qui équivaut à la période de transition vers un régime civil, les ordonnances balisent la voie à la métamorphose de la junte, forte de ses soutiens civils, en parti politique, à la reprise des activités des partis, et aux actes préparatoires à des consultations référendaires pour l'adoption d'une nouvelle Constitution, en prélude à l'organisation d'élections nationales, grâce à la médiation [679] des organisations internationales, si ce n'est avec l'assistance [680], l'observation[681] et/ou la certification[682] électorales de la communauté

[679] Voir Cyrille B. KONÉ (dir.), Médiation et gestion des conflits, Essais sur les fins et les moyens pacifiques de sortie de crise, Francfort, Éd. Peter Lang, 2011, 344 p ; Jean-Pierre VETTOVAGLIA, « Lignes directrices de la médiation : vade-mecum », *in* Médiation et facilitation dans l'espace francophone : théorie et pratique, Bruxelles, Bruylant, 2010, vol. I, pp. 244-274 ; Mamoudou GAZIBO, Les paradoxes de la démocratisation en Afrique. Analyse institutionnelle et stratégique, Montréal, P.U.M., 2005, 294 p.

[680] L'assistance électorale consiste en l'apport d'une aide technique et logistique et même juridique et ce, depuis la mise en place de textes électoraux, l'appui aux systèmes électoraux, à l'administration électorale, (processus d'établissement du fichier et des listes des électeurs, l'éducation de l'électorat), jusqu'à la mise à disposition de matériels, de ressources financières, d'avis d'experts, etc.

[681] L'observation électorale (avant, pendant et après le scrutin) consiste à examiner, témoigner, en vue de rendre compte, les opérations électorales pour attester de la sincérité du scrutin et doter du label de « fréquentabilité » le candidat ou le parti vainqueur ; Dodzi KOKOROKO, Contribution à l'étude de l'observation internationale des élections, Thèse de doctorat de Droit public, Poitiers, 2005, 946p ; Michel LUNTUMBUE, « L'implication de la communauté internationale dans les processus électoraux en Côte d'ivoire et en RDC. Une analyse comparée », Note d'Analyse, GRIP, 3 août 2012,18p ; Frédérico SANTOPINTO, « L'UE, la CEDEAO et l'observation électorale en Afrique de l'Ouest », Note d'Analyse, GRIP, 20 mai 2015, 9 p, www.grip.org.

[682] La certification électorale regroupe différentes opérations. A titre illustratif, on peut se référer, concernant la Côte d'Ivoire, à la *Résolution 1765* adoptée par le Conseil de Sécurité des Nations unies, le 16 juillet 2007 : *« Le Représentant Spécial du Secrétaire Général certifiera que tous les stades du processus électoral fourniront toutes les garanties nécessaires pour la tenue d'élections présidentielle et législatives ouvertes, libres, justes et transparentes, conformément aux normes internationales ».* La mission est ainsi précisée *« Le Certificateur est mandaté par le Conseil de Sécurité pour certifier que tous les stades du processus électoral fourniront toutes les garanties nécessaires pour la tenue d'élections présidentielle et législatives ouvertes, libres, justes et transparentes, conformément aux normes internationales. Le Certificateur doit donc s'assurer que toutes les garanties nécessaires sont réunies pour la réussite des élections en Côte d'Ivoire. Il s'agit de sauvegarder aussi bien le processus que les résultats des élections »*. Voir les documents de l'Opération des Nations Unies en Côte d'Ivoire et de la Cellule de certification, sur le site www.onuci.unmissions.org.

internationale[683].

Par ailleurs, compte tenu de la persistance de régimes militaires en Afrique, les ordonnances amplifient l'impression d'une législation circonstancielle dont le dessein inavoué est de voiler une certaine propension à édicter des mesures liberticides[684]. Il en appert que l'examen des ordonnances largement utilisées par les juntes ne saurait être distrait de l'analyse du rôle et de la fonction de l'armée en général et du régime militaire, en particulier.

Pour justifier à la fois l'intervention des armées africaines[685] dans la vie politique[686] et expliciter les échecs répétés des régimes militaires, la doctrine a évoqué diverses raisons dont certaines tiennent aux difficultés de construction nationale, aux particularismes ethniques, régionalistes et confessionnels dans certaines armées[687], à la faiblesse de la gouvernance politique dans les exécutifs nationaux, aux difficultés de passage des systèmes traditionnels ayant survécu à la colonisation aux systèmes modernes d'administration, à certains comportements autoritaires résiduels des anciens systèmes de parti unique[688], etc.

---

683 Didier MAUS, « Élections et constitutionnalisme : vers un droit international des élections? » *in* Jean-Pierre Vettovaglia (dir), Démocratie et élections dans l'espace francophone, Bruxelles, Bruylant, 2010, pp 51-58 ; Armel LALI, « La perception de l'État de droit dans le droit et la pratique de l'Union africaine », *in* L'État de droit en droit international. Actes du 42e colloque de la Société française pour le droit international tenu à l'Université libre de Bruxelles du 5 au 7 juin 2008, Pedone, 2009, pp. 297-299 ; Jacques Mariel NZOUANKEU, « L'Afrique devant l'idée de démocratie », Revue internationale des sciences sociales (128), mai 1991, pp. 396-409.

684 *Supra*, nos développements en Première partie. Il faut ajouter que les ordonnances portant atteinte aux libertés ne sont pas spécifiques aux régimes militaires. Voir les ordonnances répressives de 1962 et 1972 sur la subversion et les tribunaux militaires, citées par Maurice KAMTO, « Quelques réflexions sur la transition vers le pluralisme politique au Cameroun », *in* Gérard Conac (sous la direction de), L'Afrique en transition vers le pluralisme politique Paris, Economica, 1993, pp.209-236.

685 Philippe HUGON et Naida ESSIANE ANGO, « Les armées africaines depuis les indépendances. Essai de périodisation et de comparaison », Les Notes de l'Institut des Relations Internationales et Stratégiques, avril 2018, 60p.

686 Samuel HUNTINGTON, *The soldier and the State. The theory and politics of civil-military relations*, Cambridge, Harvard University, 1957 ; Marielle DEBOS et Joël GLASMAN, « Politique des corps habillés. Etats, pouvoirs et métiers de l'ordre en Afrique », Politique Africaine 2012/4, n°128.

687 Dimitri –Georges LAVROFF, « Régimes militaires et développement politique en Afrique noire », RFSP, 22e année, n°5, 1972, pp.973-991.

688 Axel AUGE et Amandine GNANGUENON, « Introduction au thème de l'institutionnalisation de l'armée dans l'appareil d'Etat », Les Champs de Mars, IRSEM, 2005/3, n°28, pp.7-12.

D'autres auteurs se complaisent plutôt à loger les tares des régimes militaires dans des problèmes internes des armées africaines[689], le déphasage entre la situation financière des officiers et celles des soldats du rang, les revendications d'ordre corporatif, la politisation de toutes les forces sociales, l'attrait de l'appareil d'État, le recours à la mutinerie[690] ou à la prise du pouvoir comme moyens de négociation d'un statut plus confortable[691].

En prolongeant la thématique, la réflexion sur les régimes militaires doit être corrélée à la nécessité d'une plus grande institutionnalisation de la culture de la paix dans l'armée, qui constitue le maillon fort du secteur de la défense et de la sécurité de l'État et qui est régi par les politiques publiques déterminées et/ou conduites par les gouvernements. Même si ce rôle a été constitutionalisé dans certains Etats[692] dans une tentative, aux succès mitigés, d'exorciser le passé et

---

[689] Céline THIRIOT, « La place des militaires dans les régimes post -transition en Afrique subsaharienne : la difficile re-sectorisation », Revue Internationale de Politique Comparée, vol.15, 2008. .

[690] C'est ce qu'un auteur baptisait « les mutineries du ventre », voir Abdoulaye NIANDOU SOULEY, « Mutineries militaires en période de démocratisation » *in* Idrissa KIMBA, op .cit., pp.233-253.

[691] Michel-Louis MARTIN, « Armée et politique : cycle de vie du militarisme en Afrique noire francophone », op.cit.

[692]Comme pour conjurer le risque toujours pendant d'un retour des coups d'Etat, certains Etats ont constitutionnalisé le rôle de l'armée ou, à tout le moins, ont essayé d'en cantonner les missions sous l'autorité de gouvernements civils issus d'élections démocratiques. Ainsi, la Constitution du Mali proclame en son art.121 « *Le fondement de tout pouvoir en République du Mali réside dans la Constitution.*

La forme républicaine de l'Etat ne peut être remise en cause. Le peuple a le droit à la désobéissance civile pour la préservation de la forme républicaine de l'Etat.

Tout coup d'Etat ou putsch est un crime imprescriptible contre le peuple Malien ».

De manière plus illustrative, on peut citer les articles suivants de la Constitution de la RCA de 2016 : *« **Art. 27 :** Les Forces de Défense et de Sécurité sont au service de la Nation. Elles sont composées exclusivement de citoyens centrafricains. Elles sont professionnelles, multi-ethniques, républicaines et non partisanes. Les Forces de Défense ont pour mission de garantir l'intégrité du Territoire ainsi que la sécurité des populations contre toute agression ou menace extérieure ou intérieure, dans le respect des dispositions constitutionnelles et des lois. Les Forces nationales de sécurité ont pour mission de défendre l'autorité de la loi et de garantir la sécurité des personnes et des biens.*

Les Statuts des Forces de Défense et de Sécurité sont incompatibles avec le statut politique.

Des lois organiques déterminent l'organisation et le fonctionnement respectifs des Forces de Défense et de Sécurité.

de conjurer des périls à venir, il n'en reste pas moins, que dans les régimes démocratiques le politique tient le militaire en l'état. C'est dans ce sens que l'Acte constitutif de l'UA[693] rejette les changements anticonstitutionnels de gouvernement[694], et que le Protocole de la

---

Art. 28 : *L'usurpation de la souveraineté par coup d'Etat, rébellion, mutinerie ou tout autre procédé non démocratique constitue un crime imprescriptible contre le peuple centrafricain.*
Toute personne ou tout Etat tiers qui accomplit de tels actes aura déclaré la guerre au peuple centrafricain.
Toute personne physique ou morale qui organise des actions de soutien, diffuse ou fait diffuser des déclarations pour soutenir un coup d'Etat, une rébellion ou une tentative de prise de pouvoir par mutinerie ou par tout autre moyen, est considérée comme co-auteur.
Les auteurs, co-auteurs et complices des actes visés aux alinéas 1 et 2 sont interdits d'exercer toute fonction publique dans les Institutions de l'Etat.
Art. 29 : *En cas de coup d'Etat, d'agression par un Etat tiers ou par des mercenaires, les autorités habilitées par la Constitution ont le droit et le devoir de recourir à tous les moyens pour rétablir la légitimité constitutionnelle, y compris le recours aux Accords de coopération militaire ou de défense en vigueur.*
Dans ces circonstances, tout citoyen ou groupe de citoyens a le droit et le devoir de s'organiser d'une manière pacifique, pour faire échec à l'autorité illégitime ».

693 En application de l'article 4, paragraphe (p) et de l'article 30 de l'Acte constitutif, l'Union africaine a suspendu les droits de vote et de représentation des États suivants : la Guinée-Bissau, sanctionnée le 17 avril 2012 après le coup d'Etat militaire du 12 avril 2012 ; la Centrafrique qui est suspendue le 24 mars 2013 après la venue au pouvoir des rebelles de la *Séléka*.et du président autoproclamé Michel Djotodia ; l'Égypte, suspendue au lendemain du coup d'État du Maréchal Sissi en 2013 et réhabilitée après l'élection présidentielle de 2014. La liste est longue des Etats sanctionnés puis réintégrés dans l'Union africaine : Madagascar, qui a été suspendu à la suite de la crise politique de 2009 qui a entraîné la prise de pouvoir d'Andry Rajoelina ; cette suspension a été levée à la suite de l'investiture d'un nouveau président démocratiquement élu ; la Côte d'Ivoire suspendue entre 2010 et 2011 ; la Guinée-Conakry, suspendue lors du coup d'État militaire du 23 décembre 2008 de Moussa Dadis Camara ; la Mauritanie, suspendue une première fois le 4 août 2005, après un coup d'État militaire. Elle fut réintégrée après l'élection présidentielle de 2007, et à nouveau suspendue, pour les mêmes raisons, le 6 août 2008 ; le Niger, suspendu le 8 février 2010 après un coup d'État militaire .Le Mali, suspendu le 23 mars 2012 après le coup d'État militaire des 21-22 mars 2012, a été rétabli le 26 octobre 2012 après la mise en place d'un régime de transition, dans le contexte de la prise de contrôle par les milices islamistes du nord du pays ;le Mali a encore été suspendu à la suite du second coup d'Etat du Colonel Assimi Goita par l'UA et la CEDEAO en mai 2021 ;voir,aussi, Saidou Nourou TALL, Droit des organisations…, op.cit.

694 Joseph KAZADI MPIANA, « L'UA face à la question des changements anticonstitutionnels de gouvernement », Revue Québécoise de Droit International 25/3, (2012), pp. 101-141.

CEDEAO de 2001 [695] et la Charte de l'Union Africaine sur les élections[696] rationnalisent, encadrent le rôle des Forces de défense et de sécurité[697].

Cette vision des choses n'échappe pas aux dirigeants des régimes militaires qui s'empressent d'inscrire dans les dispositions transitoires qu'ils ont suscitées, l'abrogation de tous les actes pris antérieurement

---

[695] Protocole A/SP1/12/01 sur la démocratie et la bonne gouvernance du 21 décembre 2001, additionnel au Protocole relatif au Mécanisme de prévention, de gestion, de règlement des conflits, de maintien de la paix et de la sécurité, qui énonce en son article premier les principes de convergence constitutionnelle, notamment : *« (...)b) Toute accession au pouvoir doit se faire à travers des élections libres, honnêtes, et transparentes. c) Tout changement anticonstitutionnel est interdit de même que tout mode non démocratique d'accession ou de maintien au pouvoir...* ».Il consacre, aux articles 19 à 24 « *le rôle de l'armée et des forces de défense en démocratie* ».L'article 20 précise justement « *1. L'armée et les forces de sécurité publique sont soumises aux autorités civiles régulièrement constituées.*
2. Les autorités civiles doivent respecter l'apolitisme de l'armée ; toutes activités et propagande politiques, ou syndicales sont interdites dans les casernes et au sein des forces armées ».Voir Alioune SALL et Ismaila Madior FALL,« Une Constitution régionale pour l'espace CEDEAO : Le protocole sur la Démocratie et la bonne Gouvernance de la CEDEAO », voir le blog de Stéphane Bolle : www.la-constitution-en-afrique.org, (consulté le 30 juin 2020) ; Ayawa Aménuvévé AGBO, Droit international et règlement des crises constitutionnelles en Afrique francophone, Thèse de doctorat, Lyon 3, 2012, 591 p.

[696] La Charte africaine de la démocratie, des élections et de la gouvernance du 30 janvier 2007 considère que « *les changements anticonstitutionnels de gouvernement (...) constituent l'une des causes essentielles d'insécurité, d'instabilité, de crise et même de violents affrontements en Afrique »(Préambule).*Parmi ses objectifs, elle s'attache à *« interdire, rejeter et condamner tout changement anticonstitutionnel de gouvernement dans tout Etat membre comme étant une menace grave à la stabilité, à la paix, à la sécurité et au développement* »(art.1er§4).Son article 14 précise surtout ;
« 1. Les Etats parties renforcent et institutionnalisent le contrôle du pouvoir civil constitutionnel sur les forces armées et de sécurité aux fins de la consolidation de la démocratie et de l'ordre constitutionnel.
2. Les Etats parties prennent les mesures législatives et réglementaires nécessaires pour traduire en justice toute personne qui tente de renverser un gouvernement démocratiquement élu par des moyens anticonstitutionnels.
3. Les Etats parties coopèrent entre eux pour traduire en justice toute personne qui tente de renverser un gouvernement démocratiquement élu par des moyens anticonstitutionnels », voir, Jean-Claude TCHEUWA, « L'Union Africaine et les changements anticonstitutionnels de gouvernement », RRJ, Droit Prospectif, PUAM, 2009, n°2, pp. 995-1022.

[697] Sur les questions de paix et de sécurité, consulter, Saidou Nourou TALL Droit des organisations internationales africaines, Paris, L'Harmattan, juin 2015,550p.

en cas de contrariété avec les nouvelles lois fondamentales[698].

Les ordonnances des régimes militaires gardent une certaine similarité avec les textes adoptés pour la gestion de situations d'urgence ou de situations de sortie de crise par le caractère transitoire et opportuniste qu'ils laissent supposer.

B) La gestion d'une transition en marge de la Constitution

Le continuum d'espace-temps entre ancienne et nouvelle Constitutions est très souvent riche d'idées nouvelles et de textes inédits. Il y émerge l'aménagement soit de dispositions transitoires, soit de textes façonnant les modes d'organisation et de fonctionnement des institutions politiques d'un État en situation de crise. Il s'établit, de ce fait, par l'encadrement juridique des ordonnances, une double volonté de rechercher dans l'urgence des compromis entre acteurs politiques, et de gérer des situations juridiques nées sous l'empire de la Constitution antérieure et qui perdurent sous l'ombrelle de textes en gestation.

Les Accords politiques de sortie de crise[699], les Chartes de transition[700], les Actes fondamentaux ou Actes provisoires d'organisation des pouvoirs publics, voire les dispositions transitoires de nouvelles Constitutions[701] ont pour dénominateur commun, de gérer juridiquement et politiquement des situations en marge de la Constitution antérieure ou en vigueur.

---

[698]Voir, article 119 de la Constitution du Mali de 1992 ; article 29 de la Constitution nigérienne de 1996.

[699] Voir, Jean Louis ATANGANA AMOUGOU, « Les accords de paix dans l'ordre juridique interne en Afrique », Revue de la Recherche Juridique-Droit Prospectif, 2008, n° 3, pp. 1723-1745 ; Paterne MAMBO, « Les rapports entre la constitution et les accords politiques dans les Etats africains : réflexion sur la légalité constitutionnelle en période de crise », Revue de droit de McGill, 2012, n°57, pp. 921-949.

[700] *Supra*, les Chartes de Transition au Burkina Faso, au Mali, de la RCA et du Tchad.

[701] *Supra*, Chapitre I de la Première Partie ; Laurent PECH, « Les dispositions transitoires en droit constitutionnel », RRJ, 1999, p. 1412 ; Nicoletta PERLO, « Les constitutions provisoires, une catégorie normative au cœur des transitions constitutionnelles », AFDC, 2014, Atelier F « Transitions constitutionnelles », 33 p.

La fonction des accords politiques est plurielle. Ils peuvent contenir et générer des normes disparates soit, pour fournir des solutions en dehors de la Constitution dévitalisée ou moribonde, soit, pour, en parallèle avec la Constitution qui subsiste, renforcer ou restreindre l'autorité de cette dernière[702].

Cet affadissement du texte constitutionnel peut être entrevu à travers les rapports hiérarchiques organisés en faveur des nouveaux textes et, donc, au détriment quelquefois de la Constitution jusque-là en vigueur. Dans ces hypothèses, des scenarii peuvent se décliner en des solutions politiques pour surmonter des problèmes constitutionnels ou en des solutions constitutionnelles pour régler des mésententes politiques, le droit et la politique s'enchainant mutuellement par la superposition et l'alternance.

Dans cette optique, la souplesse et la célérité qui sont l'apanage des ordonnances constituent des atouts au service des offres politiques de dialogue, de réconciliation [703] , ou de partage de pouvoir avec l'opposition ou avec la rébellion.

---

[702]Voir par exemple, la Charte constitutionnelle de transition de la RCA du 18 juillet 2013, qui dispose en son article 107 *: « La présente Charte constitutionnelle abroge la Constitution du 27 décembre 2004, l'arrêté n° 005 du 13 avril 2013 portant création du Conseil national de transition, modifié et complété par l'arrêté n°007 du 30 avril 2013, ainsi que toute disposition constitutionnelle, législative et réglementaire antérieure contraire. L'acte constitutionnel n°1 du 26 mars 2013 et l'acte constitutionnel n°2 du 26 mars 2013 portant organisation provisoire des pouvoirs de l'État, sont abrogés. Sauf abrogation expresse ou tacite, les lois et règlements en vigueur à la date d'entrée en vigueur de la présente Charte constitutionnelle de transition demeurent entièrement applicables. Il en va de même pour les accords et traités dûment ratifiés au moment de l'adoption de la présente Charte constitutionnelle de transition* ».Quant au Burkina Faso, la Charte de la Transition du 13 novembre 2014 contient une disposition sibylline, l'article 25,ainsi énoncé « *En cas de contrariété entre la Charte de la transition et la Constitution, les dispositions de la présente charte prévalent. En cas de conflit, le conseil constitutionnel statue* ». Au Tchad, la Charte de Transition de 2021, considérée comme « *loi fondamentale de la République* » (art.104), maintient en vigueur les dispositions de la Constitution « *sauf abrogation expresse* » et non contrariété (art.102) tout en prévoyant la caducité de la Charte « *dès l'adoption de la nouvelle Constitution par voie de référendum* » (art.99).

[703] Sur ces commissions, voir Terry SAVAGE, « Les commissions « vérité et réconciliation » : une nouvelle approche de la vérité », *Les Cahiers de la justice* 2018/2,n°2,pp. 323 -340 ; Filip REYNTJENS « La production constitutionnelle en situation de crise : les cas du Rwanda et du Burundi », *in* La création du droit en Afrique, Paris, Karthala, 1997, pp.293-307 ; Filip REYNTJENS, « Le *gaçaça* ou la

La pacification du climat politique emprunte, ici, certes des voies faiblement normatives car relevant de dispositions *sui generis*, mais s'arrime autour d'une volonté de produire une synergie collaborative entre le droit et le fait, au prix d'une torsion de l'écrit constitutionnel sacrifié sur l'autel de la paix.

En ce qui concerne les dispositions transitoires des Constitutions, le propre de celles-ci est la gestion intermittente de situations juridiques antérieures et qui survivent grâce à leur encadrement passager dans une nouvelle Constitution. Leur caractère éphémère, en déteignant sur leur statut, entraîne leur obsolescence dès que les dispositions qu'elles contiennent ont rempli leur office.

En édictant au détail près les mesures d'application de ces dispositions transitoires, les ordonnances procurent élasticité et plasticité à celles-ci en posant les jalons préalables à l'entrée en vigueur finale de la nouvelle Constitution[704].

Les dispositions transitoires gardent une fonction de latence et d'intermittence, comblant, de ce fait, le vide juridique résultant de l'abrogation de la précédente Constitution dans l'attente de l'opérationnalité de la nouvelle Constitution. L'entre-deux des Constitutions, s'écoulant selon une temporalité réduite et s'appuyant sur une matérialité maitrisée car définie dans la lettre de la nouvelle Loi fondamentale, se justifie par la nécessité de ne pas évacuer arbitrairement des situations régulièrement acquises sous l'égide de l'ancienne Constitution et de préserver les réussites institutionnelles antérieures en les fondant également sur la positivité du principe de la continuité de l'État[705].

La poursuite de cet objectif de continuité semble guider la prévision d'Actes constitutionnels provisoires ou de Chartes de transition dont l'ambition normative peut se traduire par une légalité suscitée. L'édiction d'ordonnances pavoise alors le chemin vers un retour à une

justice du gazon au Rwanda », *in* Le droit et ses pratiques, Politique africaine, 1990, n°49, pp. 31-41.

[704] Cf., Luc SINDJOUN, « Le gouvernement de transition : éléments pour une théorie politico -constitutionnelle de l'Etat en crise ou en reconstruction » *in* Mélanges en l'honneur de Slobodan Milacic, Démocratie et liberté : tension, dialogue, confrontation, Bruylant, 2008, pp. 968-1011.

[705] Sur le principe de continuité, voir Stéphane PINON, «Le principe de continuité des services publics : du renforcement de la puissance étatique à la sauvegarde de l'expression démocratique », Revue interdisciplinaire d'études juridiques,2003/2, volume 51, pp.69 -109.

situation constitutionnelle fondée sur la légitimité démocratique que confère le choix volontaire des gouvernants par les gouvernés à la suite d'élections libres, régulières, transparentes et qui suscitent l'adhésion de la majorité de la population[706].

Les solutions politiques aux problèmes constitutionnels ou les solutions juridiques aux mésententes politiques [707] structurent régulièrement la vie des institutions et la survie des États africains, décuplant alors la recherche et l'usage d'originales ingénieries juridiques [708] dont les mérites et les désavantages se partagent les suffrages des spécialistes des questions constitutionnelles comme des observateurs attentifs aux situations de crise ou de conflit sur ce continent[709].

Sur un autre terrain non moins juridique et technique, l'instrumentalisation des ordonnances révèle aussi toutes ses potentialités en matière budgétaire.

Paragraphe II. Les vicissitudes des ordonnances en matière budgétaire

Au regard de la relation précédente, les ordonnances budgétaires[710] recèlent également leur lot d'incertitudes en raison des conditions particulières de recours à ces instruments juridiques.

---

[706]Voir Babacar GUEYE, « La démocratie en Afrique : succès et résistances », Pouvoirs 2009/2 (n° 129), p.24 ; Dodzi KOKOROKO, « Les élections disputées :réussites et échecs »,Pouvoirs n°129,pp.115-125 ; Jean du BOIS de GAUDUSSON, « Les élections à l'épreuve de l'Afrique », Cahiers du Conseil constitutionnel n° 13, (Dossier : La sincérité du scrutin), janvier 2003 ; Alioune Badara FALL, « La démocratie sénégalaise à l'épreuve de l'alternance », afrilex, n°5,51p, www.afrilex.u-bordeaux4.fr ; Momar Coumba DIOP, Mamadou DIOUF et Aminata DIAW, « Le Baobab a été déraciné. L'alternance au Sénégal. », Politique Africaine n°78, juin 2000,25p.

[707] Voir, Jean DU BOIS DE GAUDUSSON, «Les solutions constitutionnelles des conflits politiques», op.cit. ; Célestin KEUTCHA TCHAPNGA, «Droit constitutionnel et conflits politiques dans les États francophones d'Afrique noire », op.cit ; Yawo Kakaty LOGO, « Les mésententes politiques et le droit constitutionnel en Afrique noire francophone », Afrilex, novembre 2018, www.http://afrilex.u-bordeaux4.fr (consulté en juin 2020).

[708] Cf., Séverin ANDZOKA ATSIMOU, *op. cit.*

[709] Voir, Adama KPODAR, « Cinquante ans de théorie constitutionnelle en Afrique noire francophone », communication lors du colloque international de Cotonou, 8,9 et 10 août 2012 sur *La Constitution béninoise du 11 décembre 1990 : un modèle pour l'Afrique ?* Mélanges en l'honneur de Maurice Ahanhanzo-Glélé, Paris, L'Harmattan, 2014, pp. 89- 126.

[710] Voir, Chapitre I de la Première Partie et Chapitre I de la Deuxième Partie.

Le recours aux ordonnances intervenant en matière budgétaire a, pour effet, un amenuisement significatif du pouvoir financier du Parlement (A). Néanmoins, il y'a lieu d'insister sur la question de savoir si cette prédominance corrélative ne se manifeste pas par un gain, somme toute, relatif pour l'Exécutif, en raison de l'émergence de complexités d'autres ordres (B).

A) Un amenuisement significatif des prérogatives financières du Parlement

Consubstantiellement à la naissance du régime parlementaire, le principe du consentement à l'impôt s'est établi sur le fondement du droit du Parlement de voter annuellement les crédits nécessaires au fonctionnement des services de l'État et de contrôler, par conséquent, l'utilisation qu'en fait l'Exécutif, au cours[711] et à la fin de l'exercice budgétaire[712].

Dans ce cadre, la mise en vigueur du projet de loi de finances par ordonnance obéit à la volonté du constituant de ne pas entraver le fonctionnement de l'État faute de moyens financiers votés par le Législatif et de suppléer à l'inertie ou à l'hostilité parlementaire en accordant une prééminence à l'Exécutif.

Les avantages sont donc perceptibles pour les ordonnances budgétaires. On sait que leur raison d'être est d'éviter un retard indu, dans l'établissement du budget qui porterait préjudice à la mise en œuvre rapide des programmes gouvernementaux. En l'occurrence, elles constituent une sorte d'« épée de Damoclès » suspendue au-dessus des parlementaires pour les obliger à voter à temps les lois de finances.

Dans la majorité des États d'Afrique noire francophone, cette prédominance de l'Exécutif s'est également manifestée par l'utilisation de moyens et méthodes propres à faire prévaloir, en dernier lieu, les positions du Gouvernement[713].

Ces privilèges entraînent une « neutralisation » des pouvoirs financiers du Parlement qui se retrouve placé devant plusieurs incertitudes relatives à la maîtrise de son ordre du jour, à la recevabilité

---

[711] Sur les lois de finances rectificatives, voir Moussa, ZAKI, Le contrôle des finances publiques dans les Etats d'Afrique noire francophone : l'exemple du Niger et du Sénégal, Thèse de doctorat en Droit public, 1999, Toulouse I.

[712] Sur les lois de règlement, voir Loïc PHILIP (dir.), Dictionnaire encyclopédique de finances publiques, Paris, Économica, 1991.

[713] Voir Première Partie, Chapitre II.

des propositions et amendements d'origine parlementaire, au déroulement des débats en commission comme en séance plénière.

Le dépouillement du Parlement d'une de ses attributions essentielles corrobore cette tendance, surtout lorsqu'au stade ultime de la procédure législative, il est fait emploi d'ordonnance pour la mise en vigueur du projet de loi de finances.

Si cette impression d'amenuisement des prérogatives financières du Parlement est très apparente dans les régimes de séparation souple des pouvoirs, elle n'est pas absente dans les régimes où la séparation est plus marquée comme au Bénin [714]. Le recours aux ordonnances budgétaires y a donné lieu à des échanges épistolaires assez vifs entre acteurs politiques, faisant aussi intervenir la juridiction constitutionnelle.

Dans ces situations où le recours aux ordonnances budgétaires a pu pallier l'absence de vote en temps utile du projet de loi de finances, on a pu également remarquer, la faible audience de la minorité parlementaire, en dépit de ses critiques et observations souvent opportunes.

Par ailleurs, le niveau de technicité requis dans le travail parlementaire, lors de l'examen des projets de loi de finances, participe d'une faible imprégnation des populations sur les enjeux budgétaires et financiers et leur influence sur la vie politique, économique et sociale de la Nation.

En admettant que les ordonnances budgétaires soient les signes d'un affaiblissement du pouvoir du Parlement dans l'examen et l'adoption du projet de loi de finances, ce désavantage pour le Législatif n'est pas forcément de tout repos pour l'Exécutif.

B) Un gain relatif pour l'Exécutif

Il est patent que le recours aux ordonnances budgétaires reste un palliatif important dans l'hypothèse d'un manque d'empressement du Législatif dans l'adoption de la loi de finances. Une telle opportunité de faire passer, à peu de frais, son texte est une aubaine à laquelle aucun Exécutif ne saurait rester indiffèrent.

Très souvent, l'objectif de faire voter son projet de loi de finances est atteint, pour peu que le gouvernement maitrise sa majorité parlementaire. L'activation de la discipline partisane ou de la communauté d'intérêts des membres de la coalition de partis soutenant

---

[714]Voir, *supra*, les ordonnances budgétaires des Présidents Soglo, Kerekou et Yayi.

la politique gouvernementale explique largement la rareté des ordonnances de substitution à la procédure budgétaire normale[715].Il en découle un nombre infime d'ordonnances budgétaires. En cela, la ressemblance est forte avec l'usage parcimonieux des ordonnances découlant d'une habilitation référendaire[716].

Il s'avère, cependant, nécessaire de tempérer les atouts d'un recours à ces ordonnances budgétaires. La minoration des avantages peut tenir à deux hypothèses qui se rattachent au fait que le Parlement retrouve la plénitude de ses prérogatives, au moins, à deux moments : celui de l'examen d'un projet de loi de finances rectificative (donc, en cours d'exécution du budget mis en vigueur par ordonnance) ou lors de l'examen du projet de loi de règlement (après exécution du budget).

Dans la probabilité d'examen du projet de loi de règlement ou du projet de loi de finances rectificative, les acquis de la mise en vigueur par ordonnance deviennent ténus puisque les parlementaires, en reprenant possession de leurs prérogatives, peuvent remettre en cause le bien-fondé du budget, refuser d'en avaliser le contenu ou ressusciter les critiques d'antan dont l'Exécutif avait voulu se prémunir.

De même, le recours aux ordonnances budgétaires n'est pas un blanc-seing, une carte blanche pour s'autoriser tous les abus et l'existence de juridictions a l'heur de rappeler la possibilité de saisine, à l'initiative des parlementaires et des justiciables.

Si l'on se place sous l'angle de l'habilitation constitutionnelle, cette ordonnance budgétaire, (acte du gouvernement certainement et, sûrement, i acte de gouvernement), devait bénéficier d'une immunité juridictionnelle et être insusceptible de REP puisqu'intervenant dans la sphère des rapports entre les pouvoirs exécutif et législatif[717].

Toutefois, rien ne devait empêcher la juridiction constitutionnelle de

---

715 *Supra*, nos développements sur les ordonnances budgétaires.

716 En fait, l'appel à l'électorat pour une autorisation à prendre des ordonnances, n'est pas d'un usage fréquent. Sans doute, l'habitude prise par les gouvernants africains de s'en référer à la voie parlementaire conduit, ici, au délaissement de la procédure référendaire. En l'espèce, la survie de la possibilité de recourir au référendum, dans les Constitutions, offre une issue de secours pour contourner le Parlement en cas d'absence de majorité.

717 Sur la détermination et le contenu de l'acte de gouvernement, outre la jurisprudence administrative, se référer à René CHAPUS, « L'acte de gouvernement, monstre ou victime ? », Recueil Dalloz, 1958, chr., pp.5-10 ; Elise CARPENTIER, « Permanence et unité de la notion d'acte de gouvernement », *AJDA*, 2015, p.799.

les examiner indirectement à l'occasion d'un recours en inconstitutionnalité, dans le délai de promulgation, du texte de loi de finances rectificative ou de loi de règlement. Ces recours peuvent avoir pour effet d'amenuiser les gains initiaux par le double effet du ralentissement de l'exécution du budget et de la prolongation de l'expectative de conformité suspendue au prononcé de la décision juridictionnelle.

Sans doute, c'est dans ce registre de critiques qu'il faut accentuer la réflexion sur les tenants et aboutissants des ordonnances budgétaires. Les réticences à l'encontre de tels instruments s'appuient sur le caractère peu démocratique de leur mise en vigueur, sur le peu de considération affectée aux positions, opportunistes ou pertinentes, de la majorité ou de l'opposition qui n'agréent pas l'Exécutif, sur l'absence d'un contrôle a priori du Parlement sur les autorisations de percevoir des recettes et d'engager des dépenses, etc.

Cette palette d'observations sur les ordonnances budgétaires, peut, peu ou prou, concerner les ordonnances prises sur habilitation législative.

SECTION II

LES AVANTAGES ET INCONVÉNIENTS DES ORDONNANCES SUR HABILITATION LÉGISLATIVE

On prête souvent aux ordonnances diverses qualités. La célérité dans l'adoption de ces mesures participe d'une fonction législative « accélérée » en vue de surmonter les embûches de l'opposition et de déjouer les surenchères de la majorité parlementaire.

Ces faveurs octroyées, se justifient par la nécessité pour l'Exécutif de réaliser ses différents programmes en empruntant une procédure allégée. Cette utilité avérée ou contestée des ordonnances dans les rapports qu'entretiennent l'Exécutif et le Législatif (§I) fait également discussion dans leur opérationnalité face à l'urgence (§II).

Paragraphe I. La variation des rapports entre Exécutif et Législatif

La délimitation des champs de compétences, entre les exécutifs et les législatifs dans les régimes de séparation des pouvoirs, n'exclut pas, dans la pratique, une intimité de rapports marquée par l'osmose et l'influence réciproques.

C'est dans cet esprit qu'il faut situer les lois habilitant à recourir aux ordonnances. Ces dernières, tout en constituant, sans aucun doute, des signes de confiance du Parlement à l'endroit du gouvernement, entraînent, aussi, dans leur mise en œuvre, un dessaisissement législatif, qui doit être contenu dans des limites matérielles et temporelles, au risque de verser dans une confusion des pouvoirs (A).

En réalité, ce dessaisissement volontaire qui favorise la prééminence gouvernementale, donne, en outre, prise à la possibilité pour l'Exécutif en cas d'empiétement du Législatif dans son domaine de compétence, de récupérer son dû, en passant par l'arbitrage de la juridiction constitutionnelle (B).

A) Le dessaisissement momentané du Législatif

L'usage assez répandu en Afrique des ordonnances résultant d'une habilitation parlementaire, confère des avantages qui ne sont pas des moindres. Elles favorisent une économie de temps. Elles permettent de soustraire au regard immédiat de l'opinion publique, l'édiction de mesures potentiellement impopulaires et d'étendre provisoirement le domaine règlementaire. Dès lors, pour peu que la majorité soutienne les initiatives de l'Exécutif, cette voie sera très usitée.

Inversement, les avantages escomptés ne doivent pas masquer les inconvénients *in se*. On a coutume de décrier le dessaisissement du Législatif d'une de ses prérogatives essentielles dont la possession remonte aux origines du régime parlementaire, ce qui réduit sa marge de manœuvre dans le contrôle de l'action gouvernementale et accroit d'autant la mainmise de l'Exécutif sur la production normative.

De ce qui précède, il ressort également un contournement de la procédure législative ordinaire ou spéciale (budgétaire) en faveur de voies d'urgence[718] ou d'exception avec les éventuelles possibilités de travestissement du champ matériel de la délégation, surtout si la loi d'habilitation a un contenu vague suggérant un champ étendu de compétences.

C'est le lieu de rappeler que l'habilitation peut porter sur n'importe quelle matière relevant du domaine de la loi, sur une ou plusieurs matières. Elle peut aussi avoir une durée de quelques semaines à

[718] Voir, Guillaume PAMBOU-TCHVOUNDA, « Recherche sur l'urgence en droit administratif français », *RDP*, 1983, p.81.

quelques mois[719] et, même, s'étendre sur une année entière[720].

Cet inconvénient se prolonge par la faiblesse des Parlements, le dénuement de l'opposition face aux calculs de la majorité complice objective du gouvernement qui en est l'émanation. Le phénomène majoritaire contribue à asseoir davantage les critiques proférées à l'endroit des parlements assimilés, trop souvent à tort, à des « chambres d'enregistrement » ou à des « appendices de l'Exécutif »[721].

On comprend, alors, l'usage répété de son droit de saisine de la Haute juridiction, comme seul moyen pour l'opposition parlementaire

---

[719] Voir, au Burkina, diverses lois de ratification d'ordonnances, notamment : *Loi n°042-2019 AN adoptée le 31 mai 2019* et portant ratification de l'Ordonnance n°2018-007 /PRES du 08 août 2018 portant autorisation de ratification de l'Accord de prêt n° 2018-012/PR BF 2018 13 00 conclu le 31 mai 2018 à Lomé entre le Burkina Faso et la Banque ouest africaine de développement (BOAD) pour le financement partiel du projet de renforcement du réseau d'assainissement des eaux pluviales de la ville de Ouagadougou (phase 3) ;*Loi n°041-2019 AN adoptée le 31 mai 2019* et portant ratification de l' Ordonnance n°2018-016/PRES du 28 décembre 2018 portant autorisation de ratification de l'Accord de prêt conclu à Nouakchott le 06 décembre 2018 entre le Burkina Faso et la Banque arabe pour le développement économique en Afrique, pour le financement du projet de construction et de bitumage de la route nationale n°10 entre Tougan et Ouahigouya ;*Loi n°039-2019 AN adoptée le 28 mai 2019 et portant* ratification de l'Ordonnance n°2018-002/PRES du 05 juillet 2018 portant autorisation de ratification de l'Accord de prêt n°6184-BF conclu le 11 mai 2018 à Ouagadougou entre le Burkina Faso et l'Association internationale de développement (IDA) pour le financement additionnel du projet Pôle de croissance de Bagré. ; *Loi n°038-2019 AN adoptée le 28 mai 2019* et portant ratification de l'Ordonnance n°2018-001/PRES du 5 juillet 2018 portant autorisation de ratification de l'Accord de don n°D256-BF, de l'Accord de prêt n°6160-BF, de l'Accord de don n°TF0A6169 conclus le 11 mai 2018, à Ouagadougou entre le Burkina Faso et l'Association internationale de développement (IDA) pour le financement du Projet d'appui régional à l'initiative pour l'irrigation au sahel, Burkina Faso (PARIIS-BF) ; *Loi n°037-2019 AN adoptée le 28 mai 2019* et portant ratification de l'Ordonnance n°2018-017/PRES du 28 décembre 2018 portant autorisation de ratification des Accords de don n°D392-BF et de prêt n°6339- BF conclus à Ouagadougou le 21 novembre 2018 entre le Burkina Faso et l'Association internationale de développement pour le financement de la mise en œuvre du projet d'interconnexion Dorsale Nord; *Loi n°036-2019 AN adoptée le 27 mai 2019* et portant ratification de l'Ordonnance n°2018-018/PRES du 28 décembre 2018 portant autorisation de ratification de l'Accord de prêt ligne de crédit pour l'appui à quatre fonds nationaux de financement, signé le 06 décembre 2018 à Nouakchott, entre le Burkina Faso et la Banque arabe pour le développement économique en Afrique.

[720] Voir, Lassané SAVADOGO, « La pratique des lois d'habilitation au Burkina Faso »,op.cit.

[721] Voir notre article sur le statut des députés au Sénégal, op.cit.

de contester les lois d'habilitation ou de ratification, amenant les juridictions constitutionnelles à arbitrer continuellement les prétentions de la majorité et les reproches de la minorité.

Le dessaisissement du Législatif, une fois la loi d'habilitation votée, a un caractère volontaire, puisque consenti. Il en est autrement du dépouillement que constitue la délégalisation.

B) Le recours à la délégalisation

La complexité inhérente aux ordonnances est également révélée par leur nature hybride, amenant quelquefois à déceler dans la nouvelle loi, des dispositions à caractère règlementaire susceptibles de faire l'objet d'une procédure ultérieure de déclassement. Il en découle un « régime byzantin »[722] dont l'instabilité reste le caractère dominant.

En général, la simplicité du régime juridique des ordonnances s'appuyait sur le binôme de la nature règlementaire des ordonnances non ratifiées et de la nature législative de celles ayant subi l'épreuve de la ratification. Mais, ce diptyque est fortement atténué par l'incertitude que laissent entrevoir les possibilités de mutation de ces normes[723].

En principe, si le cachet législatif apposé à la suite de la ratification devait constituer un frein à cette mutabilité, il reste que des dispositions règlementaires peuvent survivre dans les ordonnances ratifiées. Cette situation qualifiée de « construction baroque »[724] permet de discerner différentes éventualités pour les ordonnances résultant d'une autorisation parlementaire ou référendaire.

De prime abord, avant l'expiration du délai d'action aménagé par la loi d'habilitation, liberté est donnée au gouvernement pour modifier une ordonnance[725]. Mais après ce délai, toute nouvelle ordonnance serait illégale en raison de l'incompétence de l'auteur de la norme[726]. Ensuite, les ordonnances non ratifiées et à contenu règlementaire peuvent toujours être modifiées par décret pris en Conseil des ministres.

De surcroît, après constatation de la ratification, les ordonnances

---

722Louis FAVOREU et al. Droit constitutionnel, *op. cit.*, p.718.

723Voir, *supra*, Première Partie.

724Louis FAVOREU et al. Droit constitutionnel, *op. cit.*

725Article 52 al.6 de la Constitution gabonaise : « *Les ordonnances peuvent être modifiées par une autre ordonnance ou par la loi* ».

726 On peut soutenir qu'« une ordonnance prise après expiration du délai serait donc entachée d'illégalité, en tant qu'émanant d'une autorité incompétente », selon René CHAPUS, Droit administratif général, *op. cit.*, p. 534.

déjà prises, si elles ont un contenu législatif, ne pourront plus être modifiées que par la loi[727]. Pour celles qui sont intervenues dans des matières règlementaires, seul un décret, après intervention de la juridiction constitutionnelle, peut permettre leur déclassement[728]. En d'autres termes, une présomption de texte en forme législative s'attache aux ordonnances aussi longtemps que les juridictions constitutionnelles ne se seront pas prononcées en sens contraire. Au demeurant, il convient de souligner, qu'elles soient ratifiées ou non, les ordonnances peuvent être modifiées par la loi.

La seule possibilité pour l'Exécutif de réclamer son dû, concernant les ordonnances ratifiées mais à contenu règlementaire, est d'initier une procédure de délégalisation. Par ce moyen, l'Exécutif reprend une initiative momentanément perdue lors de la phase de ratification parlementaire. En exerçant son droit de saisine de la juridiction, il fait constater que certaines dispositions, ayant acquis formellement une valeur législative, ont, en fait, matériellement un caractère règlementaire[729]. À cet égard, les normes auxquelles la juridiction doit faire référence englobent la Constitution *stricto sensu* mais aussi le préambule, les déclarations de droit (DDHC, DUDH), les principes de ou à valeur constitutionnelle, etc.[730].

---

[727] Cette proposition est largement reprise par les Constitutions francophones : article 74 al.2 de la Constitution du Mali, article 86 al.3 (Togo), article 129 al.3 (Tchad), article 102 al.3 (Bénin).

[728] La procédure de délégalisation, comme cela est indiqué à l'article 37 al.2 de la Constitution française, nécessite l'intervention de juridictions constitutionnelles pour en faire constater le caractère règlementaire. Voir également Louis FAVOREU, « La délégalisation des textes en forme législative par le Conseil constitutionnel », *in* Mélanges offerts à Marcel Waline, *LGDJ*, 1974, 429p.

[729] La Cour suprême du Sénégal (supprimée entre 1992 et 2008) avait été saisie très tôt, de demandes de délégalisation, à l'initiative du président du Conseil, qui aboutiront au déclassement de dispositions,,de l'Ordonnance n°60-29 du 12 octobre 1960 relative à l'attribution d'une indemnité spéciale de 20% en faveur du personnel de l'Enseignement du premier degré (*Cour suprême,Sections réunies, arrêt du 10 janvier 1962*), et à l'initiative du Président de la République, de l'Ordonnance n°60-39 du 22 octobre 1960 ratifiée par la loi n°61-53 du 23 juin 1961 relative à la modification des limites de la Commune de Kaolack (*Cour Suprême, Sections réunies, arrêt du 22 octobre 1968*). Cette seconde demande sera également accueillie positivement, voir RIPAS n°23-24, janvier-décembre 1990; en France, voir *Conseil constitutionnel, décision du 7 novembre 2000, Code de l'Environnement*, chronique constitutionnelle française n°97, Revue Pouvoirs 2000, p.153.

[730] Jacques Mariel NZOUANKEU, Constitution sénégalaise commentée, op.cit., p.125.

Si l'Exécutif est suivi dans ses conclusions, la Haute juridiction déclare le caractère règlementaire des dispositions de l'ordonnance qui sont alors délégalisées.

Par la suite, l'Exécutif adoptera un décret de déclassement[731] pour modifier ces dispositions en les faisant réintégrer le domaine règlementaire. Incidemment, le contrôle opéré par le juge constitutionnel ne s'assimile pas à un contrôle de constitutionnalité de la loi de ratification. Tout au plus, s'agit-il d'une procédure déclaratoire du caractère règlementaire d'ordonnances ratifiées. Le contrôle exercé est dit minimum, puisque portant exclusivement sur la nature des dispositions réclamées[732].

À ce niveau, il convient de distinguer la délégalisation de la « déconstitutionnalisation ». En effet, à la suite de la Constitution française de la Ve République (article 37), des Constitutions africaines admettent une « déconstitutionnalisation » pour les textes en forme législative intervenus dans les matières règlementaires avant l'entrée en vigueur de la Constitution et un délégalisation pour ceux de ces textes survenant après l'entrée en vigueur. Dans ces différents cas, l'Exécutif se voit octroyer la possibilité de rétablir l'unité des matières règlementaires en faisant appel à une procédure duale[733] pour récupérer des dispositions égarées dans la loi.

---

[731] Il est utile de préciser que c'est la juridiction constitutionnelle qui décide la délégalisation, avant qu'un décret ne procède au déclassement. Il va de soi que le recours pour excès de pouvoir permettra d'en contester la régularité (CE français, *arrêt du 3 décembre 1999, Oiseaux migrateurs*, RDP, 2000, p.1, note Jean-Pierre Camby).

[732] Jean GICQUEL, Droit constitutionnel et Institutions politiques, op.cit., p.700 ; L'auteur cite la *décision du Conseil constitutionnel français du 8 juin 1995, Emplois civils et militaires de l'Etat,* chr. n°75, p.178.

[733] A la différence de la procédure de déclassement déjà décrite, la « déconstitutionnalisation » vise les textes en forme législative intervenus sous l'empire d'une Constitution antérieure, (article 73 al.2 de la Constitution malienne de 1992, article 126 al.2 de la Constitution tchadienne de 1996). Dans ce cas, après avis des juridictions administratives (Chambre administrative de la Cour suprême pour le Tchad, Cour suprême pour le Mali), un décret procédera à leur réintégration dans le domaine règlementaire. Cette procédure, passée sous silence par la Constitution sénégalaise de 2001, était organisée par la Constitution de 1960 (article 42). La Cour suprême *Sections réunies* a eu l'occasion d'opérer la « déconstitutionnalisation » de textes antérieurs. En attestent les arrêts suivants : *arrêt du 16 février 1960* déclarant l'absence de vigueur des dispositions de l'Ordonnance n°59-037 du 31 mars 1959 portant fixation des conditions d'exercice du pouvoir règlementaire au Sénégal (ce qui a permis au décret 61-11 du 15 mars 1961 du Président du Conseil, de modifier

Pour les dispositions transitoires des Constitutions, seules les ordonnances intervenant dans le domaine des lois ordinaires sont « *délégalisables* ». Quant aux ordonnances organiques, à moins d'une modification ou d'une abrogation par des lois organiques[734], elles ne peuvent faire l'objet ni d'une procédure de délégalisation et, par suite, de déclassement, ni d'un contrôle de constitutionnalité, encore moins d'une promulgation.

Pour le cas spécifique des délibérations de la Commission des délégations de l'Assemblée nationale sénégalaise, leur modification par l'assemblée réunie en séance plénière est enfermée dans un délai restrictif de quinze jours de la session où elles ont été élaborées. Au-delà de ce délai, le caractère définitif sera constaté, a moins de recourir à leur abrogation par un texte de rang équivalent.

Il en résulte que le régime juridique des ordonnances traduit une imbrication complexe dans le jeu des rapports entre Exécutif et Législatif, arbitrés de manière épisodique, selon les cas, par le juge constitutionnel ou le juge de l'administration.

La mutabilité des ordonnances engendre une absence de sécurité juridique d'autant plus grande que l'Exécutif pourra, en tout temps et à plusieurs reprises, contester le caractère matériel de textes en forme législative.

En filigrane, cette prolongation de la période d'incertitude sur la nature et le régime juridiques ne manque pas de ressusciter la sempiternelle question de la mise en perspective des ordonnances face à l'urgence.

---

l'ordonnance, (JORS n°3443 du 1er avril 1961, p.461) ; *arrêt du 17 novembre 1962, Secrétariat Général du gouvernement*, déclarant que les dispositions de l'Ordonnance n°59-40 du 31 mars 1959 portant organisation du Secrétariat général du gouvernement, à l'exception des articles 2, 8al.1 et 19, ne sont plus en vigueur ; *arrêt du 5 mars 1963* selon lequel, seules certaines dispositions de l'Ordonnance n°59-025 du 18 mars 1959 portant création d'un commissariat à l'urbanisme et à l'habitat, avaient un caractère législatif à l'exclusion des autres possédant un caractère règlementaire ; *arrêt du 25 juillet 1967,* a déclaré le caractère règlementaire des dispositions de l'Ordonnance n°59-11du 25 juin 1959 ratifiée par la loi n°59-66 du 6 novembre 1959 de la Fédération du Mali et fixant le taux de la redevance pour certains produits miniers (Arrêts reproduits dans la RIPAS n°23-24, pp.81-104) .Consulter aussi, Salifou SYLLA et Serigne DIOP, « Les compétences de la Cour suprême du Sénégal en matière constitutionnelle », *in* Les Cours suprêmes en Afrique (sous la direction de Jean DU BOIS DE GAUDUSSON et Gérard CONAC), Paris, Economica, 1988, Tome 1, pp. 325-336.

[734] Cf. Anne-Marie LE BOS LE POURHIET, op.cit., p.57.

Paragraphe II. Les ordonnances face à l'urgence

Diverses raisons sont susceptibles d'amener les Exécutifs à solliciter, par un projet de loi, une habilitation à prendre par ordonnances des mesures relevant normalement du domaine de la loi.

Parmi celles-ci, outre la nécessité d'exécution des programmes du gouvernement, il faut mettre particulièrement en exergue l'état d'exception, dont la déclaration est fondée sur l'exigence de faire face à des périls imminents, à des urgences de toutes sortes menaçant la vie des populations et la survie de la Nation (A). En l'occurrence, l'une des illustrations les plus actuelles et significatives est l'urgence sanitaire, notamment dans le cadre de la lutte contre la pandémie à coronavirus, dite COVID-19 (B).

A) Les Ordonnances et l'état d'exception

Polysémique, très contestée en doctrine dans sa définition[735], dans ses caractéristiques[736] et dans son utilité ou ses dangers pour l'état de droit[737], la notion d'état d'exception ne laisse insensibles ni les philosophes, ni les sociologues et les politologues, encore moins les juristes en droit interne[738] ou en droit international[739].

---

[735] Voir Djaminatou ZOMBRE, La protection des droits fondamentaux dans l'état d'exception : exemples du Burkina Faso et du Mali, Dakar, Thèse de doctorat, UCAD, Janvier 2021.L'auteure rappelle les définitions des sociologues et des philosophes, notamment Marie GOUPY (L'essor de la théorie juridico-politique sur l'état d'exception dans l'entre-deux guerres en France et en Allemagne : une genèse de l'état d'exception comme enjeu pour la démocratie, thèse présentée pour l'obtention du grade de docteur en Philosophie,, Ecole normale supérieure de Lyon, 2011, pp. 18-22), Giorgio AGAMBEN (*Homo Sacer* I, Le pouvoir souverain et la vie nue, Paris, Le Seuil, 1997, p. 27) ;voir aussi Giorgio AGAMBEN, *Homo Sacer* II, l'Etat d'exception, Paris, Le Seuil,2003,160p.

[736] Voir, François SAINT-BONNET, L'état d'exception, Paris, P.U.F., coll. Léviathan, 2001,400p.

[737]Voir les deux ouvrages majeurs du juriste allemand, Carl SCHMITT, Théologie politique, 1922, (traduction de Jean- Louis Schliegel), Paris, Le Seuil, 1988,182p ; Carl SCHMITT, La dictature, Paris, Le Seuil, 2000.

[738] Notamment en droit constitutionnel et en droit administratif; voir, Spyros THEODOROU (dir.), L'exception dans tous ses états, Paris, Editions Parenthèses, 2007, 294p ; Bernard-Raymond GUIMDO DONGMO, Le juge administratif camerounais et l'urgence. Recherches sur la place de l'urgence dans le contentieux administratif camerounais, op.cit.

[739] Certaines Conventions permettent à l'Etat de limiter, de suspendre ou de déroger à l'application des Droits de l'Homme, au moins en partie en cas d'urgence, d'état de siège ou de circonstances exceptionnelles, en adoptant des mesures restrictives des

L'ordre social, dans sa dimension politique et institutionnelle suppose, pour sa stabilité, l'absence de perturbations significatives qu'elles soient dues au fait de l'homme ou à des situations échappant à son influence.

Face à de telles situations, le premier réflexe dans un état de droit est de se tourner vers des solutions juridiques et politiques que les pouvoirs publics ont coutume d'appliquer. À défaut, il faut s'en remettre à des solutions sortant de l'ordinaire mais que le droit positif[740] prévoit pour subjuguer et juguler l'anormalité extrême et contextuelle en recourant,

---

libertés individuelles justifiées et limitées (art.4 du Pacte international sur les Droits civils et politiques, art.15 de la Convention européenne de sauvegarde des Droits et Libertés fondamentales, art.27 de la Convention américaine des Droits de l'Homme) .Toutefois, ces restrictions ne peuvent concerner le noyau intangible des Droits de l'homme composé de normes non dérogeables et qui s'imposent à l'Etat en tous temps et en toutes circonstances. On soulignera, par ailleurs, que la Commission des Droits de l'Homme de l'ONU, dans son rapport intitulé : *« Study of the implications for human rights of recent developments concerning situations known as states of siege or emergency* », mentionne que cette notion englobe plusieurs situations notamment celle de force majeure comme les catastrophes et désastres écologiques, celles résultant d'une crise politique et celles issues de situations économiques particulières (voir documents officiels des Nations unies, E/CN.4/sub.2/1982/15 de 1982, et E/CN.4/sub.2/1997/19 du 23 juin 1997,Rapports de Nicole Questiaux et Léandro Despouy).Voir aussi, Claudio GROSSMAN, « *A Framework for the Examination of States of Emergency under the American Convention on Human Rights », American University International Law Review,* n°1, 1986, p.36 ; Evan J.CRIDDLE, Evan FOX-DECENT, *«Human Rights, Emergencies, and the Rule of Law », Human Rights Quarterly*, n °34, 2010.

740 Le rôle curatif et préventif de la règle de droit se révèle à ce niveau au regard des nombreuses vicissitudes auxquelles l'Etat moderne est de plus en plus confronté. À cet égard, certains Etats comme le Burkina Faso et le Mali ont développé une grande production normative en matière d'état d'urgence .On peut citer les textes suivants du Burkina (Loi n°001-2019/AN portant prorogation de la durée de l'état d'urgence déclaré par le décret n°2018-1200/PRES du 31 décembre 2018 en application de la loi n°14/59/AL organique du 31 août 1959 sur l'état d'urgence ; Loi n° 023-2019/AN du 14 mai 2019 portant règlementation de l' état d'urgence et de l'état de siège ; Loi n°045-2019/AN portant prorogation de la durée de l'état d'urgence ;Loi n° 016-2016/AN relative à la lutte contre le blanchiment de capitaux et le financement du terrorisme ;Loi n°060-2009/ AN portant répression d'actes de terrorisme au Burkina Faso ;Loi n° 14/AL du 31 août 1959 relative à l'état d'urgence). On peut citer également les textes suivants du Mali : Loi n°2019-054 du 30 octobre 2019 autorisant la prorogation de l'état d'urgence déclaré sur le territoire national ; Loi n°2018-060 31 octobre 2018 autorisant la prorogation de l'état d'urgence déclaré sur le territoire national ; Loi n°2017-002 du 28 avril 2017 autorisant la prorogation de l'état d'urgence déclaré sur le territoire national ;Loi n°055-2017 portant règlementation de l'état d'urgence et de l'état de siège .Voir, Djaminatou Zombré, op.cit.

inter alia, à des « pouvoirs de crise » [741] mis à la disposition d'un « dictateur » [742], d'un messie, homme providentiel [743], ou d'un Chef d'État744.

---

741 Emile OUEDRAOGO, « Les normes d'urgence dans les Constitutions des Etats francophones d'Afrique noire » Annales de l'Université Marien Ngouabi, Sciences Juridiques et Politiques, volume 18, numéro 2, 2018, pp. 59-67, www.annalesumg.org ; Pasquale PASQUINO, « Urgence et Etat de droit : le gouvernement d'exception dans la théorie constitutionnelle », *Les cahiers de la sécurité intérieure*, n° 51, 1er trimestre, 2003, p.13 ; Oren GROSS, Fionnuala NÌ AOLÁIN, *Law in time of crisis. Emergency powers in Theory and Practice*, Cambridge, University Press, 2007, 516p.

742 Le terme « dictateur » ne doit pas être saisi dans son sens actuel d'un homme sans foi ni loi bafouant les règles les plus élémentaires de l'ordre juridique, violant les droits et libertés fondamentaux et détenant sans partage les pouvoirs exécutif et législatif ou les subordonnant à sa seule volonté .Il faut remonter à son acception dans la Rome antique. Dans les périodes de paix troublée, de crises profondes des institutions et de menaces d'invasion, les pleins pouvoirs de gouvernement (réunion de la « *potesta maxima* » et de l' *« imperium maximum »)* étaient votés par le Senat et les Consuls par la voie de l'acte de nomination appelé « *dictio* » pour être confiés à un homme. Celui-ci, confirmé par l'Eglise est chargé d'user de tous les moyens (surtout militaires) pour le maintien de l'ordre public et le rétablissement de la paix et ceci pour une durée n'excédant pas en général six mois sauf reconduction expresse. Une certaine immunité était assurée à ce dictateur, notamment avec la 3ème loi *valeria de provocatione* en 300 av. J.-C qui disposait « *Il ne sert à rien pour un dictateur d'avoir en droit un pouvoir illimité s'il peut à sa sortie être poursuivi pour les actes qu'il a pris en vertu de celui-ci* ». Devant le succès de l'institution, la pratique va perdurer en sorte qu'entre 501 et 202 av. J-C, on ne recense pas moins de 76 dictatures. On notera ainsi les dictatures instaurées au profit de Scylla (en 82 av. J-C), de Jules César (47-44 av. J-C), avant l'avènement de l'Empire Romain ; voir surtout, Théodore REINACH, l'état de siège : études historique et juridique, Paris, Librairie Cotilon, 1885, 324 p.

743 Une autre institution assez proche de la dictature romaine est celle de l'*oesymnètie*, qui existait dans la Grèce antique. L'*oesymnète*, assisté par un ou plusieurs consuls, était chargé du rétablissement de la paix et cette échéance était aussi la limite temporelle de ses pouvoirs qui pouvaient excéder largement la durée d'une année. Aussi, Pittacus, qui avait été nommé à cette fonction par les Mytiléniens pour les défendre contre le groupe des bannis d'Alcée, ne quittera le pouvoir qu'au bout de 10 ans .L'oesymnète disposait, en plus du pouvoir exécutif, du pouvoir de réformer les lois, selon la mission à lui confiée par le peuple ; voir Giorgio AGAMBEN, *The state of exception, Chicago, The University of Chicago Press*, 2005 ; Théodore REINACH, op.cit.

744 Bruce ACKERMAN, « *The emergency constitution* », *The Yale Law Journal,* vol. CXII, n°5, 2004, pp. 1029-1091.L'auteur défend l'idée de l'établissement d'une Constitution pour les périodes de crise, une sorte de compendium de lois et règlements pour faire face aux situations d'exception et l'attribution de pouvoirs renforcés en faveur des autorités exécutives.

En tout état de cause, la littérature juridique reconnaît plusieurs situations relevant de l'état d'exception [745] .La qualification d'état d'exception s'attache à des circonstances exceptionnelles d'origine entropique ou naturelle, d'ordre politique, économique, militaire ou autre (état de guerre, état d'urgence, état de siège, état de mise en garde[746], état d'alerte, état de catastrophe sanitaire[747], ou autre cas de force majeure) qui peuvent se manifester par des troubles intérieurs ou des tensions internes [748] d'une extrême gravité, remettant en cause l'unité nationale, le fonctionnement des institutions, la survie de l'État.

Devant de telles situations, l'État est placé dans une sorte d'*ultima ratio regum*[749], l'obligeant pratiquement à s'affranchir de la légalité

---

[745] Selon Djaminatou Zombré, il faut préciser que « Depuis quelques années, la notion d'état d'exception est utilisée de deux manières différentes. Dans une première acception classique, l'état d'exception désigne une période, un moment où les règles normales de fonctionnement de l'État sont suspendues ou écartées pour faire face à un péril. Dans une acception plus contemporaine, il désigne une transformation en profondeur des mécanismes de fonctionnement de l'État de droit, face à des périls durables tels que le terrorisme », (*op. cit*, p.8).

[746] L'état de mise en garde est prévu notamment à l'art. 29a de la Constitution du Gabon de 1991 dans sa rédaction issue de la loi constitutionnelle 1/97 du 22 avril 1997.Apres délibération en Conseil des ministres et consultation des Présidents des chambres du Parlement, le Premier ministre peut le proclamer par arrêté, étant bien entendu que la prorogation de cet état, au-delà de 21 jours, requiert l'autorisation du Parlement.

[747] Voir au Sénégal, Loi n°2021-18 du 19 janvier 2021 relative à l'état d'urgence, l'état de siège et l'état de catastrophe sanitaire modifiant la loi n°69-29 du 29 avril 1969 relative à l'état d'urgence et à l'état de siège.

[748] Les troubles intérieurs et les tensions internes sont des situations de violence à l'intérieur d'un Etat et qui sont caractérisées par des actes de violence plus ou moins isolés et sporadiques qui perturbent l'ordre public en raison des menaces pesant sur les personnes et les biens, amenant les pouvoirs publics à faire appel aux forces de défense et de sécurité pour maintenir ou rétablir l'ordre (grèves généralisées,émeutes, manifestations accompagnées d'actes de vandalisme, etc.).Ces situations peuvent engendrer ou être générées par des arrestations massives et systématiques de personnes, des violations graves des droits de la personne humaine, l'imposition d'un couvre-feu. Si l'Etat peut,en vertu des textes fondamentaux des droits de l'Homme, restreindre certains droits et libertés dans un but d'intérêt général et de maintien de l'ordre public, il reste que les droits considérés comme intangibles ou du noyau dur et qui s'apparentent pour certains d'entre eux aux normes du *jus cogens* (art.53 et 64 de la Convention de Vienne du 23 mai 1969 sur le droit des traités entre Etats),1s'imposent en tous temps et en toutes circonstances à l'Etat ;voir Saidou Nourou TALL, Théories et réalités du droit international humanitaire, op.cit. ; Saidou Nourou TALL, Droit des organisations internationales africaines, op.cit.

[749] Formule que Louis XIV avait fait graver autour de la bouche de ses canons, qui signifie littéralement, « le dernier argument du Roi ».

habituelle pour édicter des mesures exceptionnelles justifiées par la nécessité de réagir dans les meilleurs délais, sans être esclave du poids de la lourde créance des droits et libertés fondamentaux[750], non plus des contraintes afférentes au respect de la séparation des pouvoirs.

Ainsi appréhendé, l'état d'exception peut résulter de causes endogènes ou exogènes. Il se définit alors comme la situation dans laquelle la légalité normale est écartée[751] au profit de la légalité hors normes pour faire face à des circonstances exceptionnelles dont l'extrême degré de dangerosité hypothèque la cohésion sociale et la survie de l'État.

Vue sous cet angle, la constatation d'une telle situation autorise l'Exécutif à recourir à des moyens à la fois juridiques, humains et matériels sortant de l'ordinaire pour affronter, avec un solide espoir de succès, ces périls réels ou éventuels.

Ces situations ne sont pas rares en Afrique, continent qui est caractérisé par l'instabilité récurrente des institutions, les mouvements de rébellion, la vulnérabilité due aux catastrophes naturelles ou d'origine industrielle, l'insécurité maritime, les aléas de la sécurité alimentaire, la fragilité des processus économiques et les obstacles à la reconstruction de la paix après les conflits et les crises[752].Ce tableau, déjà sombre, des crises peut, par la combinaison de tous ces facteurs de vulnérabilité, culminer vers des pics extrêmes dénommés états

[750] Mactar KAMARA, « De l'applicabilité du droit international des droits de l'Homme dans l'ordre juridique interne », Annuaire Colombien de Droit international, Bogota, n°4, 2011, pp.97-162.

[751] C'est le sens intrinsèque d'exception qui vient du vocable latin "*exceptio*" dérivé du mot "*excipere*" qui signifie "mettre de côté" ou "retirer de". Voir, André-Jean ARNAUD, Dictionnaire encyclopédique de théorie et de sociologie du droit, 2e éd., Paris, *LGDJ*., coll. Quadrige,1993, p. 122, cité par Djaminatou Zombré, op.cit.

[752] Le continent africain, notamment dans sa partie occidentale, est de plus en plus l'épicentre des crises et conflits. Ceux-ci ont pour noms : crises internes liées aux contestations politiques autour des constitutions et des règles électorales, crises à caractère communautaire, conflits fonciers en zone rurale, crises nées des catastrophes naturelles telles que sécheresse, famines,déforestation et érosion côtière, terrorisme,piraterie et insécurité maritime, criminalités transfrontalières, cybercriminalité, phénomène spécifique des migrations,coups d'Etat, insécurité liée à la prolifération des armes légères et de petit calibre (ALPC), risques sanitaires, corruption comme menace et facteur de fragilisation, menaces environnementales, conflits armés internationaux et non internationaux et crises interétatiques, insécurité humaine et sociale, conséquences des mouvements de populations (expulsés, déplacés, Réfugiés), etc. Voir notre thèse de doctorat, Saidou Nourou TALL, Théories et réalités du Droit International Humanitaire.., *op. cit.*

d'exception.

Faisant la recension des situations d'urgence en droit constitutionnel, Jacques Robert [753]distingue d'une part les « *urgences exceptionnelles* », comprenant plusieurs cas de figure comme l'état d'urgence, l'état de siégé, la mise en garde[754], la théorie des circonstances exceptionnelles, le maintien de l'ordre et, d'autre part, « *les crises majeures* » résultant de la déclaration de guerre, de l'alerte nucléaire, de l'urgence terroriste ou conduisant au déclenchement des pouvoirs exceptionnels de l'art.16 de la Constitution de 1958.

Au-delà de l'intérêt que peut susciter une telle taxinomie, quelques situations semblent retenir davantage l'attention au regard des systèmes constitutionnels africains[755] : l'état d'urgence, l'état de siège, l'état de guerre, la théorie des circonstances exceptionnelles et toutes autres situations de crise[756] nécessitant le recours aux pouvoirs exceptionnels du Chef de l'Exécutif[757].

Les situations de guerre ou de conflit armé ne sont pas rares en

---

[753] Jacques ROBERT, « Situations d'urgence en droit constitutionnel », Revue Internationale de Droit comparé, n°2, 1990, pp. 750-764.

[754]Par exemple, l'art.29a de la Constitution Gabonaise prévoit que la mise en garde et l'état d'alerte, peuvent être proclamés par arrêté du Premier ministre, si les circonstances l'exigent, après délibération du Conseil des ministres et consultation des Présidents des chambres du Parlement (pour la mise en garde), après délibération du Conseil des ministres et consultation des Bureaux des deux chambres (pour l'état d'alerte),étant entendu que leur prorogation « *au-delà de vingt-et-un jours est autorisée par le Parlement* » ;voir *supra*.

[755] La majorité de ces Constitutions évoquent, à côté de la guerre, de l'état d'urgence et de l'état de siège, une pluralité de situations exceptionnelles notamment l'état de nécessité, l'état de mise en garde, la loi martiale, la mobilisation générale, l'état d'alerte sans les définir, se bornant seulement à en détailler la procédure textuelle d'élaboration.

[756] C'est le cas de la force majeure dont les caractères d'imprévisibilité, d'extranéité, d'irrésistibilité ont été rapportés à la situation générée au Niger par la pandémie du COVID -19.Il en résulte selon la Cour « *le Covid-19 constitue un cas de force majeure qui justifie la suspension de l'enrôlement des nigériens de la Diaspora au fichier électoral national biométrique ; une dérogation temporaire à la mise en œuvre de l'article 37 alinéa 1er du Code électoral relativement au fichier électoral national biométrique en ce qui concerne l'enrôlement des nigériens de la Diaspora, n'est pas contraire à la Constitution…* » (Cour constitutionnelle du Niger, *Arrêt n°04/CC/MC du 25 juin 2020 sur requête du Premier ministre pour l'interprétation de l'article 7 de la Constitution en lien avec l'article 37 alinéa 1er du Code électoral*).

[757] Ce choix est limitatif car d'autres situations pouvaient être incluses comme la loi martiale, l'état de nécessité, visés par l'art.61 de la Constitution de Madagascar de 2010 précité.

Afrique[758], même si on constate, à l'heure actuelle, une diminution des conflits armés internationaux (CAI) et une augmentation des conflits armés non internationaux (CANI).

De la période coloniale et des premières heures des indépendances, subsiste, dans les Constitutions en vigueur, l'expression de « déclaration de guerre » [759]. La guerre est caractéristique d'une situation d'exception prévue dans les Constitutions, par le truchement d'une autorisation parlementaire[760]. Elle est déclarée par l'Exécutif[761] à travers des mesures mises en œuvre par décrets ou ordonnances[762].

Très proche de l'état de guerre, l'état de siège[763] a une genèse

---

758 Cf., Saidou Nourou TALL, Théories et réalités du droit international humanitaire…, op.cit.

759 Voir art.70 de la Constitution du Sénégal de 2001 ; art.104 de la Constitution Ivoirienne de 2016 ; art.93 de la Constitution du Togo révisée en 2019 ; art.62 de la Constitution de Djibouti de 1992 ; art.86 et 101 de la Constitution de la RDC de 2006 ; art.129 de la Constitution du Tchad de 2018 ; art.101 de la Constitution de Guinée de 2020 ; art.156 de la Constitution du Congo de 2015 ; art.78 de la Constitution de la Centrafrique de 2016, etc.

760 Dans la plupart de ces Constitutions, l'autorisation parlementaire est requise, comme cela est prévu à l'art.129 de la Constitution du Tchad de 2018 révisée en 2020, « *La déclaration de guerre est autorisée par l'Assemblée Nationale* », ou dans la Constitution du Congo de 2015 (art.156) « *La déclaration de guerre est autorisée par le Parlement réuni en congrès. Lorsque, à la suite de circonstances exceptionnelles, le Parlement ne peut siéger utilement, la décision de déclaration de guerre est prise en Conseil des ministres par le Président de la République. Il en informe immédiatement la Nation* ». Quant à l'article 101 de la Constitution Guinéenne de 2020, il énonce « *L'état de guerre est déclaré par le Président de la République après avoir été autorisé par l'Assemblée Nationale à la majorité des deux tiers (2/3) de ses membres* ».

761 Pour envisager les effets de la guerre, la Constitution du Sénégal de 2001 prévoit en son art.70 alinéa 2 « *Les droits et devoirs des citoyens, pendant la guerre ou en cas d'invasion ou d'attaque du territoire national par des forces de l'extérieur, font l'objet d'une loi organique* ».

762 A ce propos, l'art.86 de la Constitution de la RDC de 2006 dispose «*Le Président de la République déclare la guerre par ordonnance délibérée en Conseil des ministres après avis du Conseil supérieur de la défense et autorisation de l'Assemblée nationale et du Sénat, conformément à l'article 143 de la présente Constitution* ».

763 Historiquement, l'état de siège renvoyait, au Moyen Age, à des situations d'encerclement de places fortifiées et de villes défendues. Plus tard, va apparaitre la distinction entre l'état *de siège proprement dit*, qui ne concernait que les lieux assiégés, et *l'état de siège politique* (loi du 9 août 1849 et loi du 3 avril 1878, rendues applicables à l'AOF, par un décret du 30 novembre 1916 promulgué par un arrêté du gouverneur le 7 février 1917), qui peut être défini comme une *« institution politique conçue pour les situations de grave danger pour la sécurité nationale »,* selon Bernard

normative qui remonte, selon une partie de la doctrine, à la loi française du 9 août 1849[764]. Il est constitutif d'une situation où l'État est en proie à une attaque militaire, une agression ou toute autre menace extérieure suffisamment grave pour nécessiter la mobilisation[765] de la population et des différents secteurs de la défense nationale [766] .Dans cette occurrence, les forces de défense et de sécurité (FDS) au premier rang desquelles on compte l'armée, se substituent à l'autorité civile, et reçoivent transfert des pouvoirs nécessaires à la police du maintien de l'ordre et à la sauvegarde de la Nation[767]. Il reste que les menaces qui peuvent peser sur la vie et les biens des citoyens, nécessitent un

---

MANIN, *« The emergency Paradigm and the new Terrorism. What if the end of terrorism was not in sight?» in* Sandrine Baume, Fontana Biancamaria, (eds), *Les usages de la séparation des pouvoirs*, Paris, Michel Houdiard, 2008, p. 146, cité par Djaminatou Zombré, *op. cit.*, p. 21.

[764] Voir Jacques ROBERT, « Situations d'urgence … », op.cit.

[765] Ce n'est que dans ce sens, exclusif de tout autre, qu'il faut comprendre l'art.72 de la Constitution du Togo révisée en 2019, qui dispose que le Président de la République «*…décrète la mobilisation générale après consultation du Premier ministre…* » .

[766] Cette acception est présente dans la loi n°023-2019/AN du 14 mai 2019 portant Réglementation de l'état de siège et de l'état d'urgence au Burkina Faso et dont l'article 4 dispose : « *L'état de siège est un régime exceptionnel de police qui a pour effet de transférer aux autorités militaires l'exercice des pouvoirs de police.*
L'état de siège peut être déclaré sur tout ou partie du territoire en cas de péril imminent pour la nation résultant notamment d'une insurrection armée ou d'une invasion étrangère ».Les articles 5 et 6 de cette loi en précisent, successivement, les conditions d'application : « *Dès que l'état de siège est déclaré, les pouvoirs dont l'autorité civile est investie pour le maintien de l'ordre public sont dévolus en tout ou partie à l'autorité militaire.*
L'autorité civile continue cependant d'exercer les pouvoirs dont elle n'est pas dessaisie » (article 5) ; « *L'état de siège est déclaré par le Président du Faso par décret pris après délibération en Conseil des ministres* » (article 6).

[767] Voir, l'art.105 de la Constitution Ivoirienne de 2016 qui dispose « *L'état de siège est décrété en Conseil des ministres. Le Parlement se réunit de plein droit s'il n'est en session.*
La prorogation de l'état de siège au-delà de quinze jours ne peut être autorisée que par le Parlement ; chacune des deux chambres se prononçant à la majorité simple des membres en fonction. En cas de désaccord entre les deux chambres, le vote de l'Assemblée nationale est prépondérant ».
Par ailleurs, selon Demba Sy, cette situation donne naissance à un régime d'exception en raison de péril imminent pour la sécurité intérieure ou extérieure de l'Etat et « dans ce cas, l'ensemble des pouvoirs de police est transfère à l'autorité militaire, ainsi que les pouvoirs dévolus en temps normal à l'autorité civile pour le maintien de l'ordre et la police. La proclamation de l'état de siège entraine la restriction des libertés individuelles et l'élargissement considérable des pouvoirs de police », Demba SY, Droit administratif, op.cit., p.76.

encadrement étroit, une minoration précise par le biais de lois et règlements.

Fréquemment corrélé à l'état de siège dans les textes constitutionnels[768], mais sans s'y confondre, l'état d'urgence connaît un régime juridique[769] quasi semblable tout en gardant des caractéristiques

---

[768] Cf., art.130 de la Constitution du Tchad de 2018 «*L'état de siège et l'état d'urgence sont décrétés en Conseil des ministres. Le Président de la République en informe l'Assemblée Nationale. Leur prorogation au-delà de vingt et un (21) jours ne peut être autorisée que par l'Assemblée Nationale*»; voir aussi, art.69 de la Constitution sénégalaise de 2001, art.62 de la Constitution de Djibouti révisée en 2010, art.94 de la Constitution du Togo révisée en 2019 ; art.58 de la Constitution du Burkina Faso, art.85 de la Constitution de la RDC de 2006, art.44 de la Constitution Centrafricaine de 2016.

[769] Il convient de signaler que dans la plupart de ces Constitutions, c'est la loi qui fixe les règles concernant l'état de siège ou l'état d'urgence, voir art.101 de la Constitution du Burkina Faso, art.99 de la Constitution Nigérienne de 2010, art.47 de la Constitution Gabonaise de 1991, art.101 de la Constitution de la RCI de 2016.Voir aussi en République du Congo, diverses lois : loi n° 15-2020 du 20 avril 2020 autorisant la prorogation de l'état d'urgence sanitaire en République du Congo ; loi n° 21-2020 du 8 mai 2020 déterminant les conditions de mise en œuvre de l'état d'urgence et de l'état de siège en République du Congo ; loi n° 22-2020 du 9 mai 2020 autorisant la prorogation de l'état d'urgence sanitaire en République du Congo ;loi n° 25-2020 du 30 mai 2020 autorisant la prorogation de l'état d'urgence sanitaire en République du Congo ; loi n° 31-2020 du 19 juin 2020 autorisant la prorogation de l'état d'urgence sanitaire en République du Congo ; loi n° 34-2020 du 8 juillet 2020 autorisant la prorogation de l'état d'urgence sanitaire en République du Congo ; loi n° 35-2020 du 28 juillet 2020 autorisant la prorogation de l'état d'urgence sanitaire en République du Congo ; loi n° 42-2020 du 18 août 2020 autorisant la prorogation de l'état d'urgence sanitaire en République du Congo ; loi n° 44-2020 du 7 septembre 2020 autorisant la prorogation de l'état d'urgence sanitaire en République du Congo ; loi n° 51-2020 du 26 septembre 2020 autorisant la prorogation de l'état d'urgence sanitaire en République du Congo ; loi n° 55-2020 du 17 octobre 2020 autorisant la prorogation de l'état d'urgence sanitaire en République du Congo ; loi n° 56-2020 du 6 novembre 2020 autorisant la prorogation de l'état d'urgence sanitaire en République du Congo (*JORC*, n°45 du 12 novembre 2020).

propres[770].Il est généralement proclamé, en cas de péril imminent[771] ou d'atteintes graves à l'ordre public[772].

Il fait généralement l'objet d'un décret du Président de la

[770] Comme le rapportait le député Khar Ndoffene Diouf,lors de la 2ème session extraordinaire de 1969 à l'Assemblée nationale,concernant le projet de loi sur l'état d'urgence et l'état de siège :« L'Etat d'urgence constitue un régime de légalité destiné, en cas de période de crise intérieure ou de tension extérieure grave, à mettre à la disposition du Gouvernement les pouvoirs nécessaires au maintien de l'ordre. Il a été déjà appliqué au Sénégal avant la crise de 1962, en Algérie de 1955 à 1957, et sur l'ensemble de la France de 1961 à 1962.Les effets de l'état d'urgence sont simples à exposer. L'état d'urgence permet au Gouvernement et aux autorités administratives de prendre des mesures restrictives de la liberté individuelle. Le pouvoir d'ordonner certaines de ces mesures leur est conféré de plein droit. », Rapport au nom de l'Inter-Commission composée de la Commission de la Législation, de la Justice, de l'Administration Générale, .du Règlement Intérieur, et de la Commission de la Défense), à l'Assemblée nationale, disponible sur le site de la direction des relations avec les Institutions : www.dri.gouv.sn.

[771] Cf., au Cameroun, la Loi n° 90-47 du 19 décembre 1990 relative à l'Etat d'Urgence qui prévoit en son article premier : « *L'état d'urgence peut être déclaré sur tout ou partie du territoire national :*
- soit en cas d'événements présentant par leur nature et leur gravité le caractère de calamité publique ;
- soit en cas de troubles portant gravement atteinte à l'ordre public ou à la sûreté de l'Etat ;
- soit en cas d'agression venant de l'extérieur » (texte *in* République du Cameroun, Ministère de l'Administration Territoriale et de la Décentralisation (MINATD), Recueil des Textes Juridiques, Yaoundé 2011,475p).

[772] Cf., au Sénégal, la loi n°69-29 du 29 avril 1969 qui fixe,en son article 2 alinéa 1er, les trois conditions de sa déclaration : « *L'état d'urgence peut être déclarée sur tout ou partie du territoire de la République du Sénégal, soit en cas de péril imminent résultant d'atteintes graves à l'ordre,soit en cas de menées subversives compromettant la sécurité intérieure, soit en cas d'évènements présentant,par leur nature et leur gravité, un caractère de calamité publique* »,(JORS du 10 mai 1969). Avec la propagation de la pandémie du coronavirus, cette loi a été modifiée pour tenir compte d'un troisième régime juridique, dénommé, état de catastrophe sanitaire ; voir, Loi n°2021-18 du 19 janvier 2021 relative à l'état d'urgence, l'état de siège et l'état de catastrophe sanitaire modifiant la loi n°69-29 du 29 avril 1969 relative à l'état d'urgence et à l'état de siège.

République[773] ou d'une ordonnance[774] qui délimite géographiquement, temporellement [775] et matériellement les conditions de son

---

[773] Voir, l'art.9 de la Constitution du Cameroun de 1996, « *Le Président de la République peut, lorsque les circonstances l'exigent, proclamer par décret, l'état d'urgence qui lui confère des pouvoirs spéciaux dans les conditions fixées par la loi.*
Le Président de la République peut, en cas de péril grave menaçant l'intégrité du territoire, la vie, l'indépendance ou les Institutions de la République, proclamer, par décret, l'état d'exception et prendre toutes mesures qu'il juge nécessaires. Il en informe la Nation par voie de message ». De manière plus globale, on peut se référer à l'art.61 de la Constitution Malgache de 2010, selon lequel : « *Lorsque les institutions de la République, l'indépendance de la Nation, son unité ou l'intégrité de son territoire sont menacées et que le fonctionnement régulier des pouvoirs publics se trouve compromis, le président de la République peut proclamer, sur tout ou partie du territoire national, la situation d'exception, à savoir l'état d'urgence, l'état de nécessité ou la loi martiale. La décision est prise par le président de la République en Conseil des ministres, après avis des présidents de l'Assemblée nationale, du Sénat et de la Haute Cour constitutionnelle.*
La proclamation de la situation d'exception confère au Président de la République des pouvoirs spéciaux dont l'étendue et la durée sont fixées par une loi organique».

[774] En RDC, le choix d'encadrer l'état d'urgence par les ordonnances est manifeste dans les articles 144 et 145 de la Constitution de 2006 qui se lisent ainsi : « ***Article 144****.En application des dispositions de l'article 85 de la présente Constitution, l'état de siège, comme l'état d'urgence, est déclaré par le Président de la République.*
L'Assemblée nationale et le Sénat se réunissent alors de plein droit. S'ils ne sont pas en session, une session extraordinaire est convoquée à cet effet conformément à l'article 116 de la présente Constitution.
La clôture des sessions ordinaires ou extraordinaires est de droit retardée pour permettre, le cas échéant, l'application des dispositions de l'alinéa précédent.
L'état d'urgence ou l'état de siège peut être proclamé sur tout ou partie du territoire de la République pour une durée de trente jours.
L'ordonnance proclamant l'état d'urgence ou l'état de siège cesse de plein droit de produire ses effets après l'expiration du délai prévu à l'alinéa trois du présent article, à moins que l'Assemblée nationale et le Sénat, saisis par le Président de la République sur décision du Conseil des ministres, n'en aient autorisé la prorogation pour des périodes successives de quinze jours. L'Assemblée nationale et le Sénat peuvent, par une loi, mettre fin à tout moment à l'état d'urgence ou à l'état de siège », ***« Article 145****.En cas d'état d'urgence ou d'état de siège, le Président de la République prend, par ordonnances délibérées en Conseil des ministres, les mesures nécessaires pour faire face à la situation.*
Ces ordonnances sont, dès leur signature, soumises à la Cour constitutionnelle qui, toutes affaires cessantes, déclare si elles dérogent ou non à la présente Constitution ».

[775] Au Congo, l'art.157 de la Constitution de 2015 fait mention de délais précis, en ces termes « *L'état d'urgence comme l'état de siège est décrété par le Président de la République en Conseil des ministres. Le Parlement se réunit de plein droit.*
L'état d'urgence comme l'état de siège peut être proclamé sur tout ou partie de la République pour une durée qui ne peut excéder vingt (20) jours.
Dans les deux cas, le Président de la République informe la Nation par un message.

application[776]. De même, ces Constitutions convergent, de manière implicite ou explicite, pour assigner à ces mesures d'exception des finalités analogues à celles mentionnées à l'art.97 de la Constitution tchadienne de 2018, à savoir « *Les mesures prises (...) doivent être inspirées par la volonté d'assurer aux pouvoirs publics constitutionnels, dans les moindres délais, les moyens d'accomplir leur mission...* »777.

Au surplus, prévu par les Constitutions, organisé par des lois et proclamé par décrets ou ordonnances, l'état d'urgence, qui est susceptible de prorogation, laisse ouverte la possibilité pour l'État d'édicter des mesures restrictives de libertés[778].

Aussi, l'art.13 de la Loi Burkinabè de 2019 prévoit que « *Le ministre en charge de la sécurité et celui en charge de l'administration territoriale, selon leurs domaines de compétence, ou le chef de circonscription administrative compétent, peut, dans les zones où l'état d'urgence est en vigueur :*

- *requérir les personnes, les biens et les services ;*
- *interdire la circulation des personnes ou des véhicules sur toute*

Le Parlement se réunit de plein droit, s'il n'est pas en session, pour, le cas échéant, autoriser la prorogation de l'état d'urgence ou de l'état de siège au-delà de vingt (20) jours.
Lorsque, à la suite de circonstances exceptionnelles, le Parlement ne peut siéger, le Président de la République peut décider du maintien de l'état d'urgence ou de l'état de siège. Il en informe la Nation par un message. Une loi détermine les conditions de mise en œuvre de l'état d'urgence ou de l'état de siège ».

[776] En Guinée, l'article 100 de la Constitution de 2020 dispose : « *L'état de siège, comme l'état d'urgence, est décrété par le Président de la République, après avis du Président de l'Assemblée Nationale et du Président de la Cour Constitutionnelle. Ces avis sont publiés au Journal Officiel de la République . Pendant cette période, le Président de là République peut prendre, par Ordonnance, toute mesure nécessaire à la défense de l'intégrité du territoire et au rétablissement ou au maintien de l'Ordre public.*
L'Assemblée Nationale se réunit alors de plein droit, si elle n'est pas en session. Elle ne peut être dissoute.
Le décret proclamant l'état de siège ou l'état d'urgence cesse d'être en vigueur après douze (12) jours, à moins que l'Assemblée Nationale, saisie par le Président de la République, n'en autorise la prorogation pour un délai qu'elle fixe. Les Ordonnances prises en application de l'état de siège et de l'état d'urgence cessent d'être en vigueur à la fin de ceux-ci ».

[777] Reprenant les termes de l'art.16 de la Constitution française de 1958.

[778] Voir en Haute-Volta, sous l'Assemblée législative, la loi n°14/59/AL organique du 31 août 1959 sur l'état d'urgence.

l'étendue de son ressort territorial ou dans des lieux précis et à des heures fixées par arrêté ;

- ordonner des perquisitions, de jour et de nuit, dans les domiciles des citoyens ;

- requérir ou faire requérir la force armée et lui confier des tâches de maintien ou de rétablissement de l'ordre en collaboration avec les forces de sécurité intérieures ;

- ordonner le dépôt des armes et munitions, la recherche de toute cache d'armes et procéder à leur enlèvement en cas de découverte ;

- contrôler les contenus des médias et interdire les publications quel que soit le support utilisé ainsi que les réunions qu'elle juge de nature à inciter, à créer ou à entretenir le désordre ;

- contrôler, interdire et faire cesser tout enseignement, prêche, programme ou activité incitant à la violence, à la haine ou à l'extrémisme religieux ;

- assigner à résidence toute personne qui incite, crée ou entretient le désordre de quelque manière que ce soit ;

- suspendre ou dissoudre tout groupe ou association qui participe ou incite à la commission d'actes portant atteinte à l'ordre public »[779].

Ce sont pratiquement des restrictions semblables qu'on peut retrouver dans d'autres législations sur les situations d'exception[780]. De

---

[779] Loi n°023-2019/AN portant Réglementation de l'état de siège et de l'état d'urgence au Burkina Faso, *op. cit.* Et l'article 14 de la même Loi d'ajouter « *Le ministre en charge de l'administration territoriale ou le ministre en charge de la sécurité peut prendre toute mesure pour assurer le blocage de tous moyens de communication incitant à la commission d'actes de terrorisme ou faisant leur apologie ou divulguant des informations ou stratégies militaires de nature à exposer les Forces de défense et de sécurité ou à compromettre leur mission.*
Ces mesures cessent en même temps que la fin de l'état d'urgence. Elles sont soumises au contrôle du juge administratif. L'Assemblée nationale est informée des mesures prises par le gouvernement pendant l'état d'urgence » ; voir aussi la Loi n°045-2019/AN adoptée le 11 juillet 2019 portant prorogation de la durée de l'état d'urgence, prorogée par la loi n°001-2019/AN du 11 janvier 2019 (www.assembléenationale.bf).

[780] Outre la loi sénégalaise de 1969 modifiée en 2021 précitée, voir en République de Madagascar, la loi n° 91-011 du 18 juillet 1991 relative aux situations d'exception, (www.presidence.gov.mg).On peut aussi citer l'art.5 de la Loi camerounaise n° 90-47 du 19 décembre 1990 relative à l'état d'urgence, qui dispose « *Lorsque l'état d'urgence est déclaré sur une partie du territoire, les autorités administratives de ladite partie du territoire habilitées par le décret de proclamation peuvent, selon le cas et de plein droit, par arrêtés immédiatement exécutoires :*

telles mesures restrictives de libertés sont également envisageables dans le cadre de l'application de la théorie jurisprudentielle des circonstances exceptionnelles[781]. Elle est ainsi explicitée par Demba Sy : « certaines décisions administratives, qui seraient en temps normal illégales, peuvent devenir légales en certaines circonstances, parce qu'elles apparaissent alors nécessaires pour assurer l'ordre public. Cette théorie est fondée sur l'idée que l'Administration est parfois obligée d'agir

---

1) soumettre la circulation des personnes et des biens à des mesures restrictives et éventuellement à une autorisation administrative ;
2) ordonner la remise des armes, munitions, effets militaires d'habillement ou de campement et postes de radio émetteur-récepteur, ainsi que faire procéder à leur recherche et à leur enlèvement ;
3) interdire toutes réunions et publications de nature à entretenir le désordre ;
4) instituer des zones de protection ou de sécurité où le séjour des personnes est réglementé ;
5) requérir les autorités militaires pour participer en permanence au maintien de l'ordre dans les formés légales;
6) autoriser, par tout officier de police judiciaire, civile ou militaire, des perquisitions à domicile de jour ou de nuit dans les formes légales ;
7) ordonner la garde à vue des individus jugés dangereux pour la sécurité publique dans les locaux, y compris dans un quartier spécial des établissements pénitentiaires, pendant une durée de 7 jours pour les Préfets et 15 jours pour les Gouverneurs.
A l'expiration de ces délais, l'élargissement sera de droit si la mesure n'a pas été confirmée dans les conditions prévues à l'article 6, alinéa 6 ci-dessous ».

[781] Relativement au Droit administratif, la notion d'état d'exception se rattache à celle consacrée en jurisprudence de « circonstances exceptionnelles » qui embrasse une grande variété de situations comme une grève générale du service public (*CE, arrêt du 28 juin 1918, Heyriès, GAJA*, n° 31,19ème éd., pp. 192-199),des restrictions de libertés (*CE, arrêt du 28 février 1919,Dames Dol et Laurent*,GAJA n°37),une éruption volcanique, (*CE arrêt du 18 mai 1983, Rodes, GAJA*, n° 40, p. 254), une guerre (*CE, arrêt du 30 mai 1930, Chambre syndicale de commerce en détail de Nevers, GAJA*, n° 42, 19ème éd., pp. 265-276), etc. Voir aussi, Lucien NIZARD, La jurisprudence administrative des circonstances exceptionnelles et la légalité, Paris, *LGDJ.*, coll. Bibliothèque de Droit public, 1962, p. 6 et s. Cette notion de circonstances exceptionnelles recouvre donc des situations très diverses et englobe, *mutatis mutandis*, des situations de guerre, d'urgence, ce qui entraine la confusion de genres de certaines Constitutions qui les appréhendent ensemble .Voir, par exemple, l'art.85 de la Constitution de la RDC de 2006 «*Lorsque des circonstances graves menacent, d'une manière immédiate, l'indépendance ou l'intégrité du territoire national ou qu'elles provoquent l'interruption du fonctionnement régulier des institutions, le Président de la République proclame l'état d'urgence ou l'état de siège, après concertation avec le Premier ministre et les Présidents des deux Chambres, conformément aux articles 144 et 145 de la présente Constitution.*
Il en informe la nation par un message. Les modalités d'application de l'état d'urgence et de l'état de siège sont déterminées par la loi ».

pour faire face à certaines situations graves ou imprévisibles, mais sans pouvoir respecter les règles classiques de la légalité »[782].

Il reste que cette théorie, forgée dans le contexte de la première Guerre mondiale, octroie un grand pouvoir d'appréciation au juge. Si l'application de la théorie donne lieu à la faculté pour l'administration de se soustraire momentanément aux lourdeurs qui affectent le régime normal des actes administratifs unilatéraux, il faut convenir qu'elle ne justifie pas les violations manifestes des droits fondamentaux car, « l'extension des pouvoirs de l'administration ne se fait pas en dehors du droit » [783] . Toutefois, la rétention de ces circonstances exceptionnelles n'a pas pour effet, contrairement à l'opinion la plus courante, de s'affranchir de la légalité habituelle, mais entraîne plutôt une adaptation de la légalité formelle ou matérielle pouvant limiter les droits et libertés, sauf refus par le juge d'affecter le caractère exceptionnel à ces circonstances. Il va de soi que le juge peut fixer des limites temporelles et matérielles aux pouvoirs exceptionnels de l'administration lorsque de telles circonstances sont admises[784].

Dans cette lancée, la théorie des circonstances exceptionnelles en droit administratif garde une réelle mais lointaine parenté avec la théorie des « *circonstances particulières* » en droit constitutionnel[785]. Cette dernière a une origine nichée dans le droit du contentieux électoral français[786] avant de gagner progressivement le droit du contentieux constitutionnel, notamment dans le cadre du contrôle par voie d'action[787].

---

[782] Demba SY, Droit administratif, op.cit., p.74.

[783] Jacqueline MORAND-DEVILLER, Pierre BOURDON et Florian POULET, Droit administratif, 15e édition, Paris, *LGDJ/Lextenso*, 2017, p.443.

[784] Plusieurs arrêts du Conseil d'Etat français ont clarifié cette théorie : CE, *arrêt du 12 juillet 1939*, Chambre *de commerce et d'industrie de Saint Etienne* ; CE, arrêt du 25 juillet 1985*, Dame Dagostini*, etc., (www.legifrance.gouv.fr).

[785] Sur la distinction entre les deux théories de circonstances, lire Maxime CHARITE, « La théorie des « circonstances particulières » dans la jurisprudence du Conseil constitutionnel », *Revue Droits et Libertés Fondamentaux*, 2020, chronique n°41, disponible sur *https// :www.revuedlf.com* (consulté en janvier 2021).

[786] Voir, Conseil constitutionnel, *n° 65-349/350 SEN, 8 novembre 1965, Sénat, Meurthe-et-Moselle, Rec.* p. 65 ; Conseil constitutionnel, n° 73-582 AN, 28 novembre 1973, *A.N., Territoire français des Afars et Issas*, *Rec.* p. 198 ; Conseil constitutionnel, n° 2007-4002 SEN, 25 octobre 2007, *Sénat, Hérault*, *Rec.* p. 357.

[787] Une des plus récentes illustrations de cette théorie réside dans une décision du CC français, dans laquelle le Conseil retient que « *3. Compte tenu des circonstances*

L'économie de cette théorie tient en ce que la reconnaissance de telles situations, circonscrites matériellement, spatialement et temporellement, peut justifier la méconnaissance de dispositions constitutionnelles (principe d'égalité, droit de propriété, avis obligatoire préalable, etc.) et empêcher de déclarer inconstitutionnelle une loi adoptée dans les « *circonstances particulières de l'espèce* ».

Last but not least, il faut signaler que les états d'exception peuvent atteindre leur paroxysme par la survenance d'événements dont la seule possibilité de résolution est la mise en œuvre de pouvoirs exceptionnels, à l'instar des pouvoirs de crise prévus à l'art.16 de la Constitution française de 1958[788], qu'on retrouve de manière quasi-inchangée dans

---

particulières de l'espèce, il n'y a pas lieu de juger que cette loi organique a été adoptée en violation des règles de procédure prévues à l'article 46 de la Constitution.
4. Conformément au premier alinéa de l'article 61-1 de la Constitution, les articles 23-4 et 23-5 de l'ordonnance du 7 novembre 1958 mentionnée ci-dessus fixent à trois mois le délai déterminé dans lequel le Conseil d'Etat ou la Cour de cassation doit se prononcer sur le renvoi d'une question prioritaire de constitutionnalité au Conseil constitutionnel. L'article 23-10 de la même ordonnance prévoit que le Conseil constitutionnel statue dans un même délai de trois mois après sa saisine.
5. Afin de faire face aux conséquences de l'épidémie du virus covid-19 sur le fonctionnement des juridictions, l'article unique de cette loi organique se borne à suspendre jusqu'au 30 juin 2020 le délai dans lequel le Conseil d'Etat ou la Cour de cassation doit se prononcer sur le renvoi d'une question prioritaire de constitutionnalité au Conseil constitutionnel et celui dans lequel ce dernier doit statuer sur une telle question. Il ne remet pas en cause l'exercice de ce recours ni n'interdit qu'il soit statué sur une question prioritaire de constitutionnalité durant cette période.
6. Ces dispositions sont conformes à la Constitution » (*Conseil constitutionnel, Décision n°2020-799 DC du 26 mars 2020, Loi organique d'urgence pour faire face à l'épidémie de COVID-19*). Consulter aussi ses décisions suivantes : Conseil constitutionnel, Décision n° 2018-5567 AN, 8 juin 2018, *A.N., Nord 20ème circ.*, *J.O.R.F.* n° 133 du 12 juin 2018, texte n° 58,Conseil constitutionnel, Décision n° 88-248 DC, 17 janvier 1989, *Loi modifiant la loi n° 86-1067 du 30 septembre 1986 relative à la liberté de communication*, *Rec.* p. 15,Conseil constitutionnel, Décision n° 99-425 DC, 29 décembre 1999, *Loi de finances rectificative pour 1999*, *Rec.* p. 168,Conseil constitutionnel, Décision n° 99-423 DC, 13 janvier 2000, *Loi relative à la réduction négociée du temps de travail*, *Rec.* p. 33,Conseil constitutionnel, Décision n° 2017-756 DC, 21 décembre 2017, *Loi de financement de la sécurité sociale pour 2018*, *JORF* n° 305 du 31 décembre 2017, texte n° 7, décisions citées par Maxime Charité, op.cit.

[788] L'article 16 de la Constitution française de 1958 prescrit « *Lorsque les institutions de la République, l'indépendance de la nation, l'intégrité de son territoire ou l'exécution de ses engagements internationaux sont menacées d'une manière grave et immédiate et que le fonctionnement régulier des pouvoirs publics constitutionnels est interrompu, le Président de la République prend les mesures exigées par ces*

les Constitutions des États francophones d'Afrique subsaharienne[789].

Le recours aux pouvoirs exceptionnels confère au Chef de l'État un grand nombre de prérogatives qui frisent, peu ou prou, une confusion de pouvoirs bornés, cependant, par la survivance de certains droits fondamentaux[790].

En outre, l'exercice de ces pouvoirs est assujetti à la réalisation de

---

circonstances, après consultation officielle du Premier ministre, des présidents des assemblées ainsi que du Conseil constitutionnel.
Il en informe la nation par un message.
Ces mesures doivent être inspirées par la volonté d'assurer aux pouvoirs publics constitutionnels, dans les moindres délais, les moyens d'accomplir leur mission. Le Conseil constitutionnel est consulté à leur sujet.
Le Parlement se réunit de plein droit.
L'Assemblée nationale ne peut être dissoute pendant l'exercice des pouvoirs exceptionnels.
Après trente jours d'exercice des pouvoirs exceptionnels, le Conseil constitutionnel peut être saisi par le Président de l'Assemblée nationale, le Président du Sénat, soixante députés ou soixante sénateurs, aux fins d'examiner si les conditions énoncées au premier alinéa demeurent réunies. Il se prononce dans les délais les plus brefs par un avis public. Il procède de plein droit à cet examen et se prononce dans les mêmes conditions au terme de soixante jours d'exercice des pouvoirs exceptionnels et à tout moment au-delà de cette durée ».

789 Voir, par exemples, article 52 de la Constitution du Sénégal de 2001,art.9 de la Constitution de la République du Cameroun (loi n°96 /06 du 18 janvier 1996 portant révision de la Constitution du 2 juin 1972) ; article 40 de la Constitution de Djibouti de 1992 ;article 93 de la Constitution de la République du Congo du 6 novembre 2015 ; article 26 de la Constitution de la République Gabonaise (loi n°3/91 du 26 mars 1991,révisée par la Loi n°001/2018 du 12 janvier 2018).

790 Cf., art.96 de la Constitution du Tchad du 4 mai 2018 : « *Lorsque les Institutions de la République, l'indépendance de la Nation, l'intégrité du territoire ou l'exécution de ses engagements internationaux sont menacées d'une manière grave et immédiate, et que le fonctionnement régulier des pouvoirs publics est interrompu, le Président de la République, après consultation obligatoire du Président de l'Assemblée Nationale et du Président de la Cour Suprême, prend en Conseil des ministres, pour une durée n'excédant pas trente (30) jours, les mesures exceptionnelles exigées par ces circonstances.*
Cette période ne peut être prorogée qu'après avis de l'Assemblée Nationale.
L'Assemblée Nationale se réunit de plein droit si elle n'est pas en session.
Le Président de la République informe la Nation par message.
La fin de la crise est constatée par un message du Président de la République à la Nation. Ces mesures exceptionnelles ne sauraient justifier les atteintes aux droits humains, à l'intégrité physique et morale et aux garanties juridictionnelles accordées aux individus ».

conditions de fond et de forme[791].

Les conditions de fond ont trait à la survenance de faits et d'événements qui constituent des menaces graves et immédiates sur les institutions, l'indépendance de la Nation, l'intégrité du territoire ou l'exécution de ses engagements internationaux, et à l'interruption du fonctionnement régulier des pouvoirs publics ou des institutions. Ces conditions sont en principe appréciées librement par l'Exécutif, ce qui n'exclut pas, en cas de saisine, l'intervention des juridictions pour en vérifier l'exactitude matérielle des faits[792].

Les conditions de fond sont associées à la réalisation de conditions de forme, comme le fait d'informer la nation par un message, de recueillir l'avis de certaines autorités et, dans certains États, la réunion de plein droit du Parlement en session extraordinaire pour fixer « le délai au-delà duquel le Président de la République ne peut plus prendre des mesures exceptionnelles »[793]. À ces conditions de fond et de forme, sont assorties des limites interdisant la suspension ou la révision de la Constitution, ou encore de dissoudre l'Assemblée nationale[794].

Pour compréhensible et justifiable que puisse être l'application des pouvoirs exceptionnels qui se traduisent par l'extension extraordinaire des prérogatives du Chef de l'Exécutif, elle laisse, à la libre appréciation de ce dernier, le choix de la nature, de la qualification et du moment de son recours. C'est à cet égard qu'on a beaucoup discuté, malgré la présence de certaines garanties, l'exorbitance de ces pouvoirs d'autant

---

[791] Sur le contrôle strict de la réunion des différentes conditions de mise en œuvre de l'art.68 de la Constitution de 1990, voir *Cour constitutionnelle du Bénin, Avis n° CC-001/94 du 1er septembre 1994.*

[792] Voir, l'adoption d'ordonnance par le Président YAYI sur le fondement des pouvoirs exceptionnels, et les réactions de la classe politique ; consulter Stéphane BOLLE, « Le Bénin sous ordonnances », www.la-constitution-en-afrique.org, (consulté le 30 juin 2020).

[793] Le texte entier de l'article 93 de la Constitution Congolaise de 2015 est ainsi conçu : « *Lorsque les institutions de la République, l'indépendance de la nation, l'intégrité du territoire national ou l'exécution des engagements internationaux sont menacées de manière grave et imminente et que le fonctionnement régulier des pouvoirs publics est interrompu, le Président de la République prend les mesures exigées par ces circonstances, après consultation du Premier ministre et des Présidents des deux chambres du Parlement. Il en informe la nation par un message. Le Parlement se réunit de plein droit en session extraordinaire. Le Parlement fixe le délai au-delà duquel le Président de la République ne peut plus prendre des mesures exceptionnelles* ».

[794] Art .43 de la Constitution de la RCA du 30 mars 2016.

plus que la décision d'y recourir constitue un acte de gouvernement insusceptible de REP[795] même si les mesures règlementaires édictées sur ce fondement peuvent être contestées devant le juge de l'excès de pouvoir.

La prise en charge par les textes constitutionnels, législatifs et réglementaires de la question des pouvoirs de crise peut trouver des illustrations ponctuelles avec les législations d'urgence pour affronter les menaces de toutes sortes notamment celles générées par la pandémie du « *coronavirus disease* » actuel ou COVID-19.

B) Les ordonnances face à l'urgence sanitaire de la COVID-19

Les nombreux signes de vulnérabilité notés au sein des États africains, se sont accrus, depuis quelques décennies, avec l'apparition d'insécurités qui se manifestent, solitairement ou solidairement, en urgences environnementale, sociale, économique, alimentaire, terroriste, ou encore d'ordre sanitaire[796].

En effet, les succès engrangés dans la lutte pour l'amélioration des conditions de vie des populations africaines, deviennent de plus en plus précaires, hypothéqués qu'ils sont par les nombreux défis qui assaillent les États et dont l'un des plus actuels est la menace de type sanitaire engendrée par la présence de maladies à large spectre d'action comme le paludisme, le Sida, la fièvre hémorragique à virus Ebola[797] ou encore la maladie causée par le coronavirus[798].

Déclarée à Wuhan (Chine) en fin 2019, la pandémie du COVID-19[799] s'est rapidement propagée, faisant plus de deux millions de morts

---

[795] France, *Conseil d'Etat, arrêt du 2 mars 1962, Rubin de Servens, GAJA* n°100 ;voir, au *Sénégal,Conseil d'Etat, arrêt du 4 janvier 2001,Parti Socialiste et URD c/Etat du* Sénégal, cité par Demba SY, Droit administratif, op.cit., p.77.

[796] Nicolas BONBLED, Céline ROMAINVILLE, « États d'exception et crises humaines aiguës : débats récents autour du terrorisme et des nouvelles formes de crise », Annuaire international de justice constitutionnelle, 24, 2008-2009. *Constitution et famille(s) - Urgence, exception et Constitution*, pp. 429-459.

[797] La fièvre hémorragique à virus Ebola a causé entre 2014 et 2015, plus de 11000 morts en Guinée, au Libéria et en Sierra Léone. Elle continue de sévir épisodiquement en RDC.

[798] L'OMS a baptisé cette maladie « *Covid-19* », le 11 février 2020.

[799] Il est à souligner que le nom scientifique est «*Sars-CoV-2* ».Ce nouveau coronavirus, identifié le 9 janvier 2020 dans la ville de Wuhan, chef-lieu de la province du Hubei en Chine a d'abord été surnommé « coronavirus de Wuhan » ou « *2019-nCoV* », par *International Committee on Taxonomy of Viruses,* l'organisme en

et plus de 100 millions de personnes contaminées dans plus de 190 pays[800].

Le contexte, en ce commencement de l'année 2021, est marqué, malgré les efforts incessants des États en termes de riposte notamment par le recours aux confinements, « déconfinements » et « reconfinements » [801], par un nombre élevé d'infections, le développement de virus variants (britannique, brésilien, sud-Africain, indien, entre autres), de nouveaux foyers de contaminations (*clusters*) et surtout par la fragilité accrue des systèmes de santé et un impact négatif sur le monde du travail, dans les secteurs de l'enseignement, du commerce, des transports, du tourisme, etc.

L'impact de cette crise sanitaire est sans commune mesure puisqu'il s'étend à tous les secteurs de la vie politique, économique, sociale et culturelle aux plans national et international. Le contexte est également marqué par les décomptes macabres quotidiens de nouveaux cas de contamination et de décès, l'interventionnisme des États par l'adoption de mesures, la mobilisation sans précédent de moyens humains, matériels et financiers, dans une ambition contrariée de renforcement de la résilience des populations, sur toile de fond d'espoirs placés dans la recherche et la découverte de nouveaux traitements et vaccins[802].

Devant ces nombreux défis qui n'ont épargné aucun pays, les États africains ont développé diverses stratégies de riposte, au premier rang desquelles on compte les réponses juridiques. C'est par la voie de la déclaration de l'état d'urgence[803], qui sera vite qualifié d'état d'urgence

---

charge de la classification des virus, voir le site des urgences de l' Équipe de communication de la riposte de l'ONU au COVID-19 : www.un.org/fr/coronavirus.

800 En janvier 2021, voir pour l'actualisation, le site de l'Organisation Mondiale de la Santé www.who.int.

801 Par exemple, au Burkina Faso, Décret n°2020-0240/PRES/PM/MS/MDNAC MSSECU/MINEFID portant mise en quarantaine des villes ayant au moins un cas positif de COVID-19 du 30 mars 2020 et Décret n°2020-0325/PRES du 4 mai 2020 portant suspension de la mise en quarantaine des villes ayant au moins un cas positif de COVID-19 ; en République de Djibouti, Décret n°2020-078/PRE du 30 avril 2020 portant Prolongation des mesures exceptionnelles contre le COVID-19, édictées par le Décret n°2020-074/PRE du 15 avril 2020 (www.droit-afrique.com).

802 Voir les sites de certaines institutions spécialisées des Nations unies : OMS, OIT, FAO : successivement : www.who.int; www.ilo.org; www.fao.org.

803 Voir, au Gabon, loi n°11/90 du 16 novembre 1990 relative à l'état d'urgence ; Décret n°00100/PR/PM du 10 avril 2020 portant déclaration de l'état d'urgence en République Gabonaise et Décret n°00111/PR du 10 avril 2020 portant déclaration de nécessité publique (*JORG* du 16 au 23 avril 2020).

sanitaire[804], entre autres que prendra la forme initiale de la réaction[805].

Aux déclarations sur l'état d'urgence, sera adjoint, dans certains cas, devant l'imminence et la sévérité du péril sanitaire et, à la suite de messages à la Nation, le recours aux pouvoirs exceptionnels du Président de la République[806].

L'urgence sanitaire découlant de la propagation du ou de la [807] COVID-19, tout en se traduisant par une crise aiguë dans les villes et capitales, n'a pas du tout perdu de sa virulence dans les communes rurales et villages amenant les autorités gouvernementales à mettre particulièrement à contribution les autorités administratives

[804] L'expression d' « état d'urgence sanitaire », est une adaptation de la notion classique d'état d'urgence pour faire face aux épidémies et pandémies. Voir, le contenu et les implications en France, avec la possibilité de le déclarer en tout ou partie du territoire en cas de catastrophe sanitaire mettant en danger la population par décret pris en Conseil des ministres pour une durée ne devant pas excéder un mois, et en cas de prorogation au-delà d'un mois, par une autorisation contenue dans une loi ; se référer aux textes suivants ; la loi du 23 mars 2020 d'urgence pour faire face à l'épidémie de COVID-19,la loi du 9 juillet 2020, la loi du 14 novembre 2020 autorisant la prorogation de l'état d'urgence sanitaire et portant diverses mesures de gestion de la crise sanitaire (www.vie-publique.fr ; www.legifrance.fr).

[805] Ou autre déclinaison nationale, comme la notion d' « *état d'alerte sanitaire* » au Burkina Faso avec le Décret n°2020-0239/PRES du 30 mars 2020 instituant l'état d'alerte sanitaire sur toute l'étendue du territoire national, ou la notion d' « *état de catastrophe sanitaire* » au Sénégal.

[806] Voir en RDC, la décision de la Cour constitutionnelle, arrêt *R.Const.1.200 du 13 avril 2020,Requête du Président de la République en appréciation de la conformité à la Constitution de l'Ordonnance n°20/014 du 24 mars 2020 portant proclamation de l'état d'urgence sanitaire pour faire face à l'épidémie de COVID 19*, *JORDC*, numéro spécial du 16 avril 2020, p.12 et s. Selon la Cour « ... *De ce qui précède, la Cour dira que l'Ordonnance n°20/014 du 24 mars 2020 est conforme à la Constitution et garantit le droit à la santé prévu à l'article 47 alinéa 1 de la Constitution ainsi que le droit pour toute personne à un environnement sain et propice à l'épanouissement intégral tel qu'énoncé par l'article 53 alinéa 1er de la Constitution. S'agissant d'un état d'urgence sanitaire, le fait que l'ordonnance susvisée proclame à la fois l'état d'urgence et énumère les mesures y relatives d'application immédiate pour l'intérêt général de protéger la santé des populations congolaises ne déroge en rien à la Constitution...* »

[807] Le vocabulaire relatif à l'article défini précédant l'acronyme *COVID* a laissé planer une délicate confusion sur sa masculinité ou sa féminité avant que sa part féminine n'en sorte victorieuse même si certains textes continuent de mentionner « *le* » COVID à la place de celui retenu mais rébarbatif, de « *la* » COVID (www .académie- francaise.fr).

déconcentrées ou des collectivités décentralisées[808] par l'utilisation en parallèle ou en relais de la voie réglementaire ordinaire des décrets[809], arrêtés[810] et circulaires[811].

Dans certains pays, le recours à l'état d'urgence s'est fait concomitamment à l'usage d'une habilitation parlementaire pour prendre par ordonnances des mesures relevant du domaine de la loi[812]. C'est notamment le cas au Sénégal avec la Loi n° 2020-13, dont voici un extrait qui explique les raisons d'un tel recours : « *La lutte contre la pandémie du COVID-19 nécessite, de la part de l'État, la prise diligente de mesures fortes dont le respect par tous est un impératif de santé publique et de sécurité nationale. Il convient, face à cette crise sanitaire sans précédent, de consolider la résilience durable des populations, de mieux protéger celles-ci et de sauvegarder les intérêts vitaux de la nation. Ainsi, après les premières décisions du Président de la République visant à contenir la propagation de la maladie dans notre pays et la proclamation de l'état d'urgence, il importe de passer à une étape supérieure dans la prise en charge de l'épidémie en prenant, dans la célérité et en tant que de besoin, des mesures exceptionnelles*

[808] Le champ spatial de l'état d'urgence (en l'occurrence, sanitaire) peut être circonscrit à une ville, un village, une province, un canton, une région un état fédéré et les textes peuvent attribuer compétence aux ministres, maires, préfets, gouverneurs, etc., pour adapter la lutte contre la pandémie aux contextes locaux.

[809]Voir, par exemple au Burkina Faso, Décret n°20200271/PM/MDNAC/ MATDC/ MSECU/ MS/MTMUSR du 15 avril 2020 portant restriction temporaire de libertés au titre des mesures spéciales de réduction de la propagation du COVID-19 ; en République de Djibouti, Décret n°2020-074/PRE du 15 avril 2020 portant mesures exceptionnelles de prévention contre le COVID-19 et Décret n°2020-078/PRE du 30 avril 2020 prolongeant les mesures exceptionnelles de prévention contre la propagation du COVID-19 (JO 2020-08), disponibles sur le site www.droit-afrique.com (consulté en novembre 2020).

[810] Voir, en République de Côte d'Ivoire, l'Arrêté n°0015/MT du 14 avril 2020 portant réglementation de la circulation des personnes à bord des véhicules ou des bateaux et embarcations flottantes en période de lutte contre le COVID-19 (www.droit-afrique.com).

[811] A titre exemplatif, au Congo, Circulaire n°0247/MFB-CAB du 15 avril 2020, du Ministre des finances et du budget, relative aux mesures d'accompagnement des entreprises pour la lutte contre les effets économiques du COVID-19 ; en Mauritanie, Circulaire n°0000003/MPEM du 17 mars 2020 relative au Nouveau coronavirus (2019-nCoV), voir site : www.droit-afrique.com.

[812]Cf., au Sénégal, la Loi n° 2020-13 du 2 avril 2020 habilitant le Président de la République à prendre, par ordonnances, des mesures relevant du domaine de la loi pour faire face à la pandémie du COVID-19(JORS n°7296, numéro spécial du vendredi 3 avril 2020, p.797).

destinées à garantir la continuité et le fonctionnement optimal de l'État. Certaines de ces mesures, d'ordre économique, budgétaire, social, sanitaire et sécuritaire, relèvent du domaine de la loi. Aussi, pour éviter de devoir faire se réunir l'Assemblée nationale à chaque fois qu'il est question de prendre d'urgence des décisions… »[813].

Dans le même ordre d'idées, le Togo a adopté une loi d'habilitation comme une des premières réactions à la propagation du nouveau coronavirus[814], ce qui justifie le bien fondé des mesures. C'est le lieu de souligner le caractère exhaustif de cette loi qui trace le cadre institutionnel depuis l'échelon central jusqu'à l'échelon local, qui prescrit diverses mesures à caractère politique, social, économique, sanitaire, technique tout en combinant l'approche préventive et l'approche répressive.

Les exigences de la lutte contre la pandémie sont si pressantes qu'elle justifie l'amplitude de telles mesures, énumérées en ces termes : « *protéger la santé de la population* ; *assurer la sécurité des personnes et des biens ; permettre de procéder aux réquisitions ou à la nationalisation de tous biens et services nécessaires afin de lutter contre la pandémie ; permettre de réquisitionner les personnels et*

[813] Extraits de l'Exposé des motifs de la Loi n° 2020-13 précitée. Son article premier dispose « *Dans les conditions prévues à l'article 77 de la Constitution, le Président de la République est habilité à prendre, par ordonnances, dans un délai de trois mois à compter de la publication de la présente loi, toute mesure, relevant du domaine de la loi, afin de faire face aux besoins d'ordre économique, budgétaire, sécuritaire et sanitaire* ». Cette Loi habilite le PR à prendre, pour une durée de trois mois à compter de la publication, par ordonnances des mesures dans les domaines suivants : « *le régime des transports et des communications ; l'exercice des libertés publiques ; les crédits et les engagements financiers de l'Etats ; l'organisation de la production et du commerce ; la procédure devant les juridictions ; l'élaboration, l'exécution et le suivi des plans et programmes de développement ; l'organisation générale de l'administration ; l'organisation de la défense nationale ; l'organisation des mesures sanitaires* ».

[814] République Togolaise, Loi n° 2020-005 du 30 mars 2020 portant habilitation du Gouvernement à prendre par ordonnance les mesures relevant du domaine de la loi,(JORT,65e année, n°10 bis, numéro spécial du 30 mars 2020 ; Loi n°2020-010 du 15 septembre 2020 portant prorogation de l'état d'urgence sanitaire ; Loi n°2020-011 du 15 septembre 2020 portant prorogation du délai du Gouvernement à prendre par ordonnances les mesures relevant du domaine de la loi ; Ordonnance n°2020-005 du 30 juillet 2020 portant loi de finances rectificative pour la gestion 2020 et relative aux mesures d'accompagnement d'ordre fiscal et douanier liées à la pandémie du coronavirus ; Ordonnance n°2020-007 du 26 août 2020 portant loi de finances rectificative pour la gestion 2020 (www.droit-afrique.com).

autres compétences nécessaires ; accorder directement ou indirectement, en cas de nécessité, une aide financière aux entreprises, aux opérateurs économiques et aux ménages ; assurer l'accompagnement et la protection des personnes handicapées exerçant ou non une profession et également des personnes âgées vivant à domicile ; sauver les emplois, éviter les licenciements, prévenir et limiter la cessation d'activité des personnes physiques ou morales exerçant une activité économique et des associations ; permettre aux autorités compétentes la détermination des modalités de délivrances de diplôme ou des modalités de déroulement des concours ou examens d'accès à la fonction publique, dans le respect du principe d'égalité de traitement des candidats ; adapter, aux seules fins de limiter la propagation du COVID-19 parmi les personnes participant ou impliquées dans les procédures judiciaires, les règles relatives au déroulement des gardes à vue, et celles facilitant l'intervention à distance de l'avocat ; encadrer l'exercice des droits et libertés publiques, ainsi que des droits civiques ; réaménager les règles de la détention, les conditions de travail et de vie en milieu carcéral ou en milieu fermé aux seules fins de limiter la propagation du COVID-19 parmi les personnes participant ou impliquées dans ces procédures ; réduire l'impact économique, financier, social, culturel et sécuritaire de l'épidémie à COVID-19, sur l'État, les collectivités locales, les opérateurs économiques publics et privés, ainsi que des personnes physiques, notamment par des ajustements budgétaires, des mesures d'accompagnement fiscal ou incitatives particulières ; faciliter le report ou l'étalement du paiement des loyers, des factures d'eau, d'électricité, de téléphone et d'accès à Internet afférents aux locaux professionnels, aux personnes physiques et aux ménages ; renoncer aux pénalités financières et aux suspensions, interruptions ou réductions de fournitures susceptibles d'être appliquées en cas de non-paiement desdites factures (...) ;

– sanctionner les infractions au non-respect des mesures préventives et curatives préconisées, au confinement, aux restrictions de déplacements et aux spéculations de toute nature »[815].

C'est dans le même perspective d'arrêter la chaîne de transmission du virus que des lois d'habilitation et, subséquemment, des ordonnances ont été utilisées par d'autres États pour établir des modalités pratiques de lutte contre la pandémie dans tous les secteurs

---

[815] Article 2 de la loi togolaise précitée.

de la vie nationale[816].

Il ressort de ce foisonnement textuel que les différentes mesures d'ordre législatif ou réglementaire prises pour enrayer la pandémie du coronavirus, concernent, en majorité sinon exclusivement, le volet institutionnel de la lutte, le financement des opérations, les impacts sur le monde du travail, les droits et libertés, les mesures sanitaires de prévention, etc.

Dans la pratique, la lutte contre la pandémie exige une synergie d'efforts car elle mobilise des acteurs de différents ministères et autres secteurs formels ou informels. L'activisme contextuel, de bon ou mauvais aloi selon les cas, implique une coordination efficace, avec la mise en place d'un cadre institutionnel approprié.

En vérité, il ne s'agit pas là d'une spécificité des crises sanitaires, car avec l'émergence de menaces de toutes sortes, lorsqu'une alerte est suffisamment précise ou que les indicateurs d'imminence de danger en sont présents, les États mettent en place souvent des cellules de crise, des « *situation room* » ou salles de veille et d'alerte précoce (« *early warning* ») pour observer, analyser et proposer des s*cenarii* de réponse. Cette approche peut encore tendre vers la sophistication par une approche multi-niveaux avec des coordinations aux échelons central, régional, départemental ou communal. Aussi, dans cette lutte, un cadre institutionnel initial est centré autour du Ministère en charge de la Santé avec l'adjonction d'autres acteurs intervenant dans les situations d'urgence[817].

---

816 Cf., au Burkina Faso, la loi n°015-2020/AN adoptée le 5 mai 2020 portant habilitation au Gouvernement à légiférer par voie d'ordonnances dans le cadre de la lutte contre la maladie à coronavirus (COVID-19) et promulguée par décret n°2020-0350/PRES du 14 mai 2020.

817 On peut citer au Djibouti le Décret n°2020-066/PRE du 26 mars 2020 portant mise en place d'un cadre institutionnel de gestion de crise liée à la pandémie du COVID-19.En République du Congo, on peut se référer au Décret n°2020-148 du 11 juin 2020 portant attributions, organisation et fonctionnement du Comité technique national de riposte à la pandémie du coronavirus (www.droit-afrique.com).

Au Sénégal,on peut mentionner le Comité de gestion Force COVID (décret n° 2020-884 du 1er avril 2020 portant création et fixant les règles d'organisation et de fonctionnement du Fonds de Riposte et de Solidarité contre les Effets du COVID- 19 dénommé « FORCE COVID 19 » et décret n° 2020-965 du 17 avril 2020 portant création et fixant les règles d'organisation et de fonctionnement du Comité de suivi de la mise en œuvre des opérations du « FORCE COVID-19 »), voir le site du Secrétariat Général du Gouvernement : www.sec.gouv.sn (consulté en novembre 2020).

La crise sanitaire ayant durement éprouvé le monde du travail, la plupart des États, pour sauvegarder leur tissu économique et industriel et favoriser leur adaptation aux circonstances exceptionnelles, ont entrepris d'édicter des mesures d'accompagnement des entreprises[818]

---

[818]Au Sénégal, on peut citer l'Ordonnance n°002-2020 du 23 avril 2020 relative aux mesures fiscales de soutien aux entreprises dans le cadre de la pandémie du COVID-19,qui insère dans le Code General des impôts de nouvelles dispositions, notamment l'art.185 bis, ainsi libellé : « *Par exception aux dispositions de I 'article 185, il est alloue aux personnes physiques et aux personnes morales dont I' activité est directement impactée par la crise liée à la pandémie du COVID-19 une subvention directe correspondant au montant des retenues d'impôts et taxes exigibles sur les traitements et salaires dus à compter du mois de mars 2020 jusqu'au mois coïncidant avec la fin de validité de la loi d'habilitation n° 2020-13 du 02 avril 2020.La notion d'activité directement impactée ainsi que les modalités d'allocation et de régularisation budgétaire de la subvention sont définies par arrêté du Ministre charge des Finances*».

En Côte d'Ivoire, on peut citer l'Ordonnance n°2020-357 du 08 avril 2020 relative aux mesures fiscales dans le cadre du plan de riposte à la pandémie de coronavirus, COVID-19. Son article premier dispose « *Les entreprises qui éprouvent des difficultés de trésorerie bénéficient d'un moratoire de trois mois pour le paiement des impôts et taxes suivants :*

-l'impôt sur les bénéfices, au titre du versement du deuxième tiers de cet impôt ;

-la contribution des patentes, en ce qui concerne le versement de la deuxième tranche de cette contribution ;

- l'Impôt synthétique, pour les cotisations au titre des mois d'avril, de mai et de juin 2020 ;

-les contributions à la charge des employeurs, qui sont acquittées pour la rémunération du personnel au titre des mois d'avril, de mai et de juin 2020 ;

-la taxe forfaitaire de petits commerçants et artisans pour les mois d'avril, de mai et de juin 2020 ;

-l'impôt sur le revenu des créances pour les paiements dus au cours des mois d'avril, de mai et de juin 2020 ;

-les impôts et taxes des entreprises du secteur du tourisme et de l'hôtellerie pour les mois d'avril, de mai et de juin 2020 ».

Au Congo, c'est également le cas avec la Circulaire n°0247/MFB-CAB du 15 avril 2020, du Ministre des finances et du budget, relative aux mesures d'accompagnement des entreprises pour la lutte contre les effets économiques du COVID-19.Ces mesures interviennent en matière douanière ; en matière fiscale (suspension des contrôles fiscaux en cours, extension du délai de déclaration des états financiers des entreprises, non application des pénalités, amendes et intérêts de retard sur la période de deux mois renouvelables, en cas de besoin) ;en matière financière « *Mise en place d'un mécanisme de garantie en vue de soutenir les entreprises en difficulté, pour les besoins de trésorerie, dans le cadre de leurs engagements vis-à-vis du système bancaire* » et en matière de budget rectificatif (www.droit-afrique.com).

Au Togo, on peut se référer au Décret n°2020-049/PR du 3 juin 2020 portant modalités d'indemnisation des hôtels et autres structures d'hébergement lourdement impactées tout en veillant à la préservation des droits des travailleurs[819] par, entre autres, des mesures contre le licenciement arbitraire[820].

On peut aisément imaginer que cette pluralité de défis implique un coût financier élevé. Cet impératif a commandé la mise en place dans certains États de fonds de solidarité[821], ou de comité de gestion financière[822], ainsi que la mobilisation de ressources financières supplémentaires par le truchement de lois de finances rectificatives[823] et, lorsque cela a été indispensable, par le recours à l'emprunt.

---

réquisitionnés pendant la période de l'état d'urgence sanitaire (JORT, n°21, Spécial du 26 juin 2020, p.6) et à l'Ordonnance n°2020-005 du 30 juillet 2020 portant loi de finances rectificative pour la gestion 2020 et relative aux mesures d'accompagnement d'ordre fiscal et douanier liées à la pandémie du coronavirus (COVID-19).

[819] Par exemple en République de Madagascar, Décret n°2020-899 du 12 août 2020 fixant la création et les modalités d'exécution de la prestation exceptionnelle COVID-19 de la Caisse Nationale de Prévoyance Sociale(CNaPS) au bénéfice des salariés du secteur privé formel, en situation de chômage technique ou en travail à temps partiel ; au Gabon, Décret n°00109/PR/MEFPTFPDS du 10 avril 2020 portant dérogation au temps de travail pendant la période de l'état d'urgence lié au COVID-19 (JORG, du 16 au 23 avril 2020,n°63,p.642).

[820] Voir, au Sénégal, Ordonnance n°001-2020 du 08 avril 2020 portant Mesures dérogatoires au licenciement et au chômage technique.

[821]Par exemple, au Togo, Ordonnance n°2020'002 du 11 mai 2020, qui crée un fonds de concours de riposte et de solidarité ; en Djibouti, Décret n°2020-073/PR/PM du 9 avril 2020 modifiant certaines dispositions du Décret n°2020-068/PR/MEFI du 31 mars 2020 portant création du Fonds d'Urgence et de Solidarité (COVID-19) (JO 2020-07).

[822] Au Congo, Décret n°2020-63 du 23 mars 2020 portant règlementation de la gestion financière et comptable des opérations liées au COVID-19 (JO 2020-14) dont l'article premier dispose *« Il est ouvert, dans les écritures du directeur général du trésor, un compte de dépôt pour la gestion des ressources et des dépenses destinées aux opérations de lutte contre le COVID-19 ».*

[823] Par exemple, au Cameroun, Ordonnance n°2020/001 du 03 juin 2020 modifiant et complétant certaines dispositions de la loi n°2019/023 du 24 décembre 2019 portant loi de finances de la République du Cameroun pour l'exercice 2020 : cette ordonnance insère, dans certains cas, de nouvelles dispositions et, dans d'autres cas, modifie et complète des dispositions de la loi de finances initiale pour 2020 pour tenir compte de divers impacts de la COVID-19) ;voir encore au Togo, Ordonnance n°2020-005 du 30 juillet 2020 portant loi de finances rectificative pour la gestion 2020,op.cit., et les jurisprudences précitées, Cour constitutionnelle du Togo, *Avis n°AV-007/20 du 25 août 2020, Demande d'avis du Premier ministre relative au projet d'ordonnance portant loi de finances rectificative, gestion 2020 et* Cour constitutionnelle du Togo, *Avis n° AV-008/20 du 17 décembre 2020, Demande d'avis du Premier ministre relative au projet d'ordonnance portant seconde loi de finances rectificative, gestion 2020.*

Il s'y ajoute que l'ampleur de la crise justifie, pour démultiplier les chances de succès dans la lutte contre la propagation, l'adoption d'une pléthore de mesures comprenant notamment la dérogation, la limitation ou la restriction des droits et libertés (couvre-feu, confinement, réquisition de personnel[824] interdiction de rassemblements dans les lieux publics, limitations de la liberté de commerce et d'industrie, de la liberté d'aller et de venir et de déplacement à l'étranger ou sur le territoire national, imposition du port de masques, l'adoption de mesures ou gestes dits « barrières », quelquefois la prescription de dérogations aux sanctions contre les entreprises [825] ou encore l'obligation de se prêter à des tests de dépistage[826], etc.

Il est de fait que la période de la pandémie de la COVID-19, tout en mettant à rude épreuve, les secteurs économiques et sociaux des États, a mobilisé également l'ingéniosité juridique dans le réaménagement des activités des pouvoirs comme en attestent les avis des Cours

---

[824] Au Gabon, Loi n°11/90 du 16 novembre 1990 relative à l'état d'urgence, Décret n°00106/PR/MEFPTFPDS du 10 avril 2020 désignant les services et les personnels essentiels du secteur public, parapublic et privé d'astreinte pendant l'état d'urgence lié au COVID-19, (JORG, du 16 au 23 avril 2020, n°63, p.641) ;au Tchad, voir les textes suivants : Ordonnance n°044/INT/SUR du 27 octobre1962 relative à l'état d'urgence, Décret n°0708/PR/2020 du 25 avril 2020 portant institution de l'état d'urgence sanitaire en République du Tchad, Décret n°1001/PR/2020 du 13 mai 2020 portant création du Comité de gestion de la crise sanitaire (www.droit-afrique.com).

[825] Voir, en Côte d'Ivoire, Ordonnance n°2020-440 du 6 mai 2020 portant dérogation aux dispositions du Code des marchés publics relatives aux pénalités de retard en matière de marchés et commandes publics, dont l'art.1er dispose «*Dans le cadre du plan de riposte à la pandémie de coronavirus, et par dérogation aux dispositions du Code des Marchés publics, les pénalités de retard à la charge des titulaires des marchés publics et autres commandes de l'Etat et de ses démembrements ne sont pas dues, à compter du 6 avril jusqu'au 6 juillet 2020* » ((*JORCI* 2020-51),. .

[826] Voir, Décret n°00108/PR/MS du 10 avril 2020 instituant un dépistage de masse au COVID-19 en République Gabonaise (JORG du 16 au 23 avril 2020, n°63, p.643) ;au Burundi, Ordonnance ministérielle n°540/1373 du 8 septembre 2020 portant détermination des frais des tests de dépistage à la COVID-19 du Ministre des Finances, du Budget et de la Planification économique (www.droit-afrique.com).

constitutionnelles du Congo[827], du Niger[828], ou encore en France, le report d'élections validé par la décision du CC de juillet 2020[829], etc.

De ce qui précède, il appert que malgré la concurrence farouche des autres actes de caractère règlementaire, les ordonnances ont été largement utilisées dans ce contexte de crise sanitaire aiguë où l'urgence commande une extrême diligence dans les interventions des pouvoirs publics, devenus de plus en plus les interlocuteurs privilégiés pour la satisfaction des besoins essentiels des populations en termes de sécurité sanitaire, de sécurité tout court.

---

[827] Ainsi, la Cour constitutionnelle du Congo, dans son Avis n°002-ACC-SVC/20 du 30 mars 2020, estime : « *Considérant qu'au regard des faits tels qu'exposés supra, le pouvoir de régulation de la Cour constitutionnelle lui permet d'aviser le Sénat, tant au regard de la Constitution que de son règlement intérieur, sur les options qui sont de nature à maintenir un fonctionnement régulier et satisfaisant de cette institution, ce, en dépit des contingences commandées par les stratégies mondiales de lutte contre la propagation du Coronavirus (Covid-19), une maladie de contagion sommaire et d'extrême fatalité ;*
Considérant, en effet, que la situation exceptionnelle engendrée par la pandémie du Coronavirus (Covid-19) est de nature à compromettre le fonctionnement normal du Sénat qui compte soixante-douze (72) sénateurs alors que, suivant la mesure gouvernementale sus-évoquée, les réunions ou rassemblements de plus de cinquante (50) personnes sont interdits ;
Considérant qu'au regard des contingences ci-dessus relevées, l'organisation des séances plénières, telle que projetée par le Sénat, participe autant de l'exercice de sa fonction législative que du contrôle de l'action gouvernementale prévus par l'article 107 alinéas 2 et 3 de la Constitution ; Que la période d'extrême urgence sanitaire mondiale actuelle devrait permettre au Senat d'explorer toutes les options possibles à l'effet de jouer son rôle constitutionnel aux côtes de l'exécutif dans le cadre de l'élaboration des politiques et stratégies efficaces de lutte contre cette pandémie ... » (Cour constitutionnelle, *Avis n°002-ACC-SVC/20 du 30 mars 2020,sur l'organisation par le Sénat des séances plénières et de la cérémonie de clôture de la Huitième session ordinaire avec un effectif réduit de cinquante (50) personnes, www.cour-constitutionnel.cg).*
[828] Cour constitutionnelle du Niger, Avis n°08/CC du 30 mars 2020.
[829] France, Conseil constitutionnel, Décision n° 2020-802 DC du 30 juillet 2020, *Loi organique portant report de l'élection de six sénateurs représentant les Français établis hors de France et des élections partielles pour les députés et les sénateurs représentant les Français établis hors de France* (JORF du 4 août 2020).

CONCLUSION GÉNÉRALE

Au terme de cette étude, se dégage le constat que les ordonnances participent largement à la production normative des États africains.

Beaucoup d'arguments militent en faveur du recours à ce type de normes puisque les ordonnances permettent de combler le vide juridique avec la répudiation de l'ancien droit positif par les régimes de transition, de suppléer à l'absence d'adoption du projet de loi de finances, d'habiliter l'Exécutif à intervenir dans le domaine de la loi ou d'assurer une continuité normative avec les dispositions transitoires.

En poussant plus loin, l'analyse, on pourrait cependant se poser la question de savoir si la pratique des ordonnances ne contribue pas à l'affaiblissement des prérogatives parlementaires cédées certes temporairement mais aussi volontairement à l'Exécutif.

En dépit des arguments militant en faveur de leur édiction, il n'en demeure pas moins que la complexité procédurale de ces normes peut desservir un tel engouement, à moins qu'à l'instar des régimes militaires, le formalisme n'en soit abrégé, voire occulté.

L'instabilité tient à plusieurs facteurs qui oblitèrent la sécurité juridique généralement escomptée dans l'édiction des ordonnances. Par ricochet, la versatilité du régime juridique amène, tout autant, à s'interroger sur l'utilité réelle de ces ordonnances. À ce propos, l'impact des modifications subséquentes sur le degré de cohésion des ordonnances accroît l'acuité de leur survie même dans l'ordonnancement juridique.

Il est permis alors de s'attarder sur le caractère suffisamment dissuasif de la complexité des ordonnances. Or, l'existence de modes de substitution plaide largement en faveur de l'économie de cet excès de formalisme. En effet, la voie des décrets permet de suppléer amplement aux ordonnances contenant des dispositions règlementaires. De même, le soutien renouvelé de la majorité parlementaire rend plus facile l'emprunt de la procédure législative. Ceci est d'autant plus aisé que les exécutifs africains disposent de prérogatives, à l'instar de celles aménagées par la Constitution de la Ve République, tendant à donner le dernier mot au gouvernement (irrecevabilités, vote bloqué, menace de dissolution, etc.).

Mais, ce serait là réduire les ordonnances à la seule fonction d'habilitation législative, parlementaire ou référendaire et faire pièce à ses autres usages.

Quoiqu'il en soit, ces avantages et ces inconvénients ne sont nullement spécifiques aux ordonnances puisqu'ils sont décelables dans tout acte normatif destiné à l'organisation et au fonctionnement des pouvoirs publics ou à produire tous effets de droit dans le chef des gouvernés.

En toute hypothèse, les inquiétudes soulevées ne constituent que le relevé d'incertitudes dont certains auteurs se sont fait écho au point de poser la question : « trop de complexités pour rien ? ».

BIBLIOGRAPHIE

I- OUVRAGES ET MONOGRAPHIES

AFO SABI Kasséré, La transparence des élections en Droit public africain à partir des cas béninois, sénégalais et togolais, Thèse de doctorat, Panthéon-Sorbonne, 2003.

AGAMBEN Giorgio, *Homo Sacer I*, Le pouvoir souverain et la vie nue, Paris, Le Seuil, 1997, 224 p.

AGAMBEN Giorgio, *Homo Sacer II*, l'État d'exception, Paris, Le Seuil, 2003, 160 p.

AGAMBEN Giorgio, *The state of exception,* Chicago, The University of Chicago Press, 2005,95p.

AGBO Ayawa Aménuvévé, Droit international et règlement des crises constitutionnelles en Afrique francophone, Thèse de doctorat, Lyon 3, 2012, 591 p.

Agence Canadienne de Développement International, Centre Parlementaire, Le processus budgétaire en Afrique : une étude comparative dans sept pays, Canada/Ghana, 2013, 52 p.

AHADZI-NONOU Koffi, KOKOROKO Dodzi, KPODAR Adama et AIVO Fréderic-Joël (dir), Démocratie en questions, Mélanges offerts à Théodore Holo, Toulouse, Presses de l'Université Toulouse 1 Capitole, 2017, 612 p.

AHANHANZO-GLELE Maurice, Naissance d'un État noir : l'évolution politique et constitutionnelle du Dahomey, de la colonisation à nos jours, Paris, L.G.D.J., 1969, 537 p.

AÏVO Fréderic Joël, Le Président de la République en Afrique noire francophone. Genèse, mutations et avenir de la fonction, Paris, L'Harmattan, 2007, 644 p.

AÏVO Fréderic Joël (dir.), Commentaire de la Constitution béninoise du 11 décembre 1990 : Esprit, lettre, interprétation et pratique de la

Constitution par le Bénin et ses institutions, Cotonou, Éd. Konrad Adenauer Stiftung, 2009, 320 p.

AÏVO Fréderic Joël (dir.), Constitution de la République du Bénin. La Constitution de tous les records en Afrique, Cotonou, Nouvelle Édition, 2013, 254 p.

AÏVO Fréderic Joël (dir.), La Constitution béninoise du 11 décembre 1990 : un modèle pour l'Afrique ?, Mélanges offerts à Maurice Ahanhanzo-Glélé, Paris, L'Harmattan, 2014, 800 p.

AÏVO Fréderic Joël, DU BOIS DE GAUDUSSON Jean, DESOUCHES Christine et MAILA Joseph (dir.), L'amphithéâtre et le prétoire. Au service des droits de l'homme et de la démocratie. Mélanges en l'honneur du Président Robert Dossou, Paris, L'Harmattan, 2020, 1097 p.

AKAKPO Maxime Bruno, Démocratie financière en Afrique occidentale francophone, Cotonou, Friedrich Ebert Stiftung, août 2015,167 p.

AKINDES Francis, Les mirages de la démocratie en Afrique subsaharienne francophone, Dakar, CODESRIA, 1997, 246 p.

AKINDES Francis et TOPANOU Victor, Le contrôle parlementaire de l'action gouvernementale en République du Bénin, Institut de Recherche des Nations Unies pour le Développement Social (UNRISD), Démocratie, Gouvernance et Droits de l'Homme, Document de programme n° 18, octobre 2005, 48p.

AKPO-VACHE Catherine, L'AOF et la Seconde Guerre mondiale : la vie politique, septembre 1939 — octobre 1945, Paris, Karthala, 1996, 330 p.

AKPOTROSSOU Marie, Droit constitutionnel et Opposition en Afrique de l'ouest. Cas du Bénin, de la Côte d'Ivoire et du Sénégal, Thèse de doctorat, UCAD, Dakar, 2018, 500 p.

ALCD, Agence Luxembourgeoise pour la Coopération au Développement, Les défis de la réforme des finances publiques en Afrique de l'ouest, les innovations, les enjeux et les enseignements, 28 p, disponible à l'adresse www.luxdev.lu (consulté en juin 2020).

ALLAND Denis et RIALS Stéphane, Dictionnaire de la culture juridique, Paris, Quadrige/PUF, Lamy, 2003, 1640 p.

ALTHUSSER Louis, Montesquieu, la Politique et l'Histoire, Paris, PUF, 1974.

ANDZOKA ATSIMOU Séverin, L'ingénierie constitutionnelle, solution de sortie de crise en Afrique : les exemples de l'Afrique du Sud, de la République démocratique du Congo, du Burundi et du Congo, Thèse de doctorat, Université Cheikh Anta Diop de Dakar, 2013, 712 p.

ARDANT Philippe, Institutions politiques et Droit constitutionnel, 25e édition, Paris, LGDJ, 2013.

ARDANT Philippe, MATHIEU Bertrand, Institutions politiques et droit constitutionnel, 28ème édition, Paris, LGDJ, 2016, 603 p.

ARNAUD André-Jean (dir), Dictionnaire encyclopédique de théorie et de sociologie du droit, 2ème éd., Paris, L.G.D.J., coll. Quadrige, 1993,804 p.

ATANGANA — AMOUGOU Jean-Louis (dir.), Le Cameroun et le droit international, Paris, Pedone, 376 p.

AVRIL Pierre, GICQUEL Jean, Droit parlementaire, 4ème édition, Paris, Montchrestien, 2010, 496 p.

AVRIL Pierre, GICQUEL Jean, Droit parlementaire, 5ème édition, Paris, LGDJ, 2014,414 p.

BADET Ségnon Gilles, Les attributions originales de la Cour Constitutionnelle du Bénin, Cotonou, Éd. Friedrich Ebert Stiftung, 2013, 480 p.

BADET Ségnon Gilles, Contrôle intra normatif et contrôle ultra normatif de constitutionnalité : contribution à l'identification des sous catégories du modèle kelsénien de justice constitutionnelle à partir des systèmes belges et béninois, Thèse de doctorat en droit, Université Catholique de Louvain, 2012, 560 p.

BADJI Mamadou et TALL Saidou Nourou, Les transformations de l'État, Mélanges en l'honneur de Babacar Guèye, FSJP/UCAD et Presses de l'Université de Toulouse Capitole I, novembre 2019,785 p.

BALDÉ Sory, La convergence des modèles constitutionnels : études de cas en Afrique subsaharienne, Paris, Publibook, 2011, 536 p.

BANÉGAS Richard, La démocratie à pas de caméléon. Transitions et imaginaires politiques au Bénin, Paris, Karthala, 2003, 494 p.

BARTHÉLEMY Joseph et DUEZ Paul, Traité de Droit constitutionnel, (1933), Paris, réédition, Paris, Economica, 1985.

BATONON Serge B., Les systèmes financiers publics des États

membres de l'UEMOA à l'épreuve de la nouvelle gouvernance financière publique, Thèse de doctorat de Droit public, Université de Paris I, Panthéon-Sorbonne, 2016,514 p.

BINYOUM Joseph et NGWESE Ngole Philip, Eléments de contentieux administratif Camerounais, Paris, L'Harmattan, 2010.

BIRNBAUM Pierre, HAMON Francis et TROPER Michel, Réinventer le Parlement, Paris, Flammarion, (La Rose au poing), 1978.

BLANC Agnès, La langue du roi est le français, Paris, L'Harmattan, 2010.

BLANCHARD Guillaume, Compilation chronologique, contenant un recueil en abrégé des ordonnances, édits, déclarations et lettres patentes des Rois de France..., tome I, Paris, Chez la Veuve Moreau, 1715.

BLÉOU Roger Martin Djézou, Les grands arrêts de la jurisprudence administrative ivoirienne, Abidjan, Éd. Centre National de Documentation Juridique, 2012, 484 p.

BOCKEL Alain, Droit administratif, Dakar-Abidjan, Nouvelles Editions africaines, 1978.

BOCKENFORDE Markus, KANTE Babacar, NGENGE Yuhnowo et PREMPEH Henry Kwasi, Les juridictions constitutionnelles en Afrique de l'ouest. Analyse comparée, Institut International pour la Démocratie et l'Assistance Electorale (IDEA) et Fondation Hanns Seidel, 2016, 196 p.

BODINEAU Pierre et VERPEAUX Michel, Histoire constitutionnelle de la France, Paris, PUF, Que sais-je ? n° 3547, 2000.

BOUQUET Christian, Géopolitique de la Côte d'Ivoire, 2ème éd., Paris, Armand Colin, 2008, 275 p.

BOURMAUD Daniel, La politique en Afrique, Paris, Montchrestien, Clefs, 1997, 160 p.

BOUVIER Michel, ESCLASSAN Marie-Christine et LASSALE Jean-Pierre, Finances publiques, Paris, LGDJ, 2019-2020,1016 p.

BRAUD Philippe, La science politique, Paris, PUF, 2007,128 p.

BREILLAT Dominique, CHAMPAGNE Gilles et THOME Daniel, Théorie générale du droit constitutionnel : droit constitutionnel et institutions politiques, 2e édition, Paris, L.G.D.J., 2003, 269 p.

BURDEAU Georges, Traité de Science politique, Tome VI, Vol. II, Paris, LGDJ, 1971, 480 p.

BURDEAU Georges, Francis HAMON et Michel TROPER, Droit Constitutionnel, Paris, LGDJ, 1995, 697 p.

BURDEAU Georges, Traité de Science Politique, Tome VI, L'État libéral et les techniques politiques de la démocratie gouvernée, Paris, L.G.D.J., 1987, 810 p.

CABANIS André, MARTIN Michel-Louis, Les constitutions d'Afrique francophone : Evolutions récentes, Paris, Karthala, 1999, 191 p.

CABANIS André et MARTIN Michel-Louis, Le constitutionnalisme de la troisième vague en Afrique francophone, Bruxelles, Bruylant-Academia, 2010, 227 p.

CABRILLAC Rémy, FRISON-ROCHE Marie-Anne, REVET Thierry (sous la direction de), Droits et libertés fondamentaux, Paris, Dalloz, 1996.

CALOGEROPOULOS André, Le contrôle de la légalité externe des actes administratifs unilatéraux, Paris, LGDJ, 1983.

CAMBY Jean-Pierre, La procédure législative en France, Paris, La Documentation française, Coll. Documents d'études, droit constitutionnel et institutions politiques, n° 1-12, édition 1997, 47 p.

CAMILLIERI Gérard (dir.), Le régime politique de la Ve République, Publication du Centre d'Analyse Politique, Coll. Études, Presses universitaires de Perpignan, 1997, 361 p.

CARCASSONNE Guy, La Constitution, 8e édition, Paris, Le Seuil, 2007, 453 p.

CARRE DE MALBERG Raymond, Contribution à la théorie générale de l'État, Tomes I/II, Paris, Sirey, 1920/1922, 837 p. (Réimpression des éditions de 1920 et 1922), Paris, Dalloz, 2003, 1526 p.

CARRE DE MALBERG Raymond, La loi, expression de la volonté générale, Paris, Sirey, 1931, réédition, Paris, Economica, 1984.

CAZELLES Raymond, Étienne Marcel : La révolte de Paris, Paris, Jules Tallandier, 19 octobre 2006, 375 p.

C.G.D, Centre pour la Gouvernance Démocratique, Burkina Faso, Avis et Décisions commentés de la justice constitutionnelle burkinabè de 1960 à nos jours, Ouagadougou, 2009,139 p.

CHAGNOLLAUD Dominique, Droit constitutionnel contemporain, Tome 1, Théorie générale, Les régimes étrangers, 5ème édition, Paris, Dalloz, 2007, 440 p.

CHAGNOLLAUD Dominique, Droit constitutionnel contemporain. Le régime politique de la France, 6ème éd., Paris, Dalloz, 2013.

CHANH TAM Nguyen, Finances publiques sénégalaises, Paris, L'Harmattan, 1990,375 p.

CHANTEBOUT Bernard, Droit constitutionnel, 31ème éd., Paris, Dalloz-Sirey, 2014, 640 p.

CHAPUS René, Droit administratif général, 7e édition, Paris, Montchrestien, Coll. Domat, Tome 1, 1993.

CHAPUS René, Droit du contentieux administratif, 13éme éd, Paris, Montchrestien, 2008, 1589 p.

CHEVALLIER Jacques, L'État de droit, 5ème éd., Paris, Montchrestien, 2010, 160 p.

COHENDET Marie-Anne, Droit constitutionnel, 5e édition, Paris, Montchrestien, 2011, 560 p.

CONAC Gérard (dir.), Dynamiques et finalités des droits africains, Paris, Economica, 1980, 509 p.

CONAC Gérard (dir.), Les Cours suprêmes en Afrique, Tome II, Paris, Economica, 1989, 299 p.

CONAC Gérard (dir.), L'Afrique en transition vers le pluralisme politique, Paris, Economica, 1993, 517 p.

CONSTANTINESCO Léontin-Jean, Traité de droit comparé, Tome I, Introduction au droit comparé, Paris, L.G.D.J., 1972, 243 p.

CORNU Gérard (dir.), Vocabulaire juridique, Paris, PUF, 2011,1024 p.

Cour constitutionnelle du Bénin, Études en l'honneur de Madame Élisabeth K. Pognon et de la première Mandature (1993-1998), Cotonou, 2021,528 p.

DALOZ Jean-Pierre et QUANTIN Patrick (sous la direction de), Transitions démocratiques en Afrique : dynamiques et contraintes (1990-1994), Paris, Karthala, 1997, 313 p

DANSOU ALIDJINOU Adolphe, Le discours politique béninois (1972-1990), Thèse de doctorat, Université de Montpellier I, 1992, 345 p.

DEBARD Thierry, Dictionnaire de Droit Constitutionnel, Paris, Ellipses, 2007,493 p.

DEBBASCH Charles et DAUDET Yves, (dir.), Lexique de politique, Paris, Dalloz, 2001, 453 p.

DEGNI-SEGUI René, Droit administratif général : l'organisation administrative, 3éme édition, Abidjan, Editions Ceda, 2002.

DE TOCQUEVILLE Alexis, L'Ancien Régime et la Révolution (1856), réédition, Paris, Gallimard, 1952,376 p.

DE VILLIERS Michel et LE DIVELLEC Armel, Dictionnaire du droit constitutionnel, Paris, Dalloz, 2011.

DIAGNE Mayacine, L'efficacité du contrôle contentieux exercé sur l'administration sénégalaise, Thèse de doctorat, Aix-en-Provence, 1990, 412 p.

DIAGNE Ndèye Madjiguène, Les méthodes et les techniques du juge en droit administratif sénégalais, Dakar, 1995, 523 p.

DIAGNE Ndèye Madjiguène et DIOP El Hadj Omar (dir.), Droit administratif : Convergence ou concurrence des disciplines juridiques ? Mélanges en l'honneur de Demba Sy, Presses de l'Université de Toulouse I Capitole, 2 Tomes, 2020,527 p et 509p.

DIAKHATE Meissa, L'émergence du droit électoral dans les Etats de l'Afrique subsaharienne francophone : le cas du Bénin, du Mali et du Sénégal, Thèse de doctorat, UCAD, Dakar, 2012,476 p.

DIARRA Abdoulaye, Démocratie et droit constitutionnel dans les pays francophones d'Afrique noire : Le cas du Mali depuis 1960, Paris, Karthala, 2010, 368 p.

DICEY Albert Venn, Introduction à l'étude du droit constitutionnel, 1885, Traduction de André Batut/Gaston Jéze, Paris, éd. Giard et Brière, 1902.

DIOP Alioune Badara, Le Sénégal, une démocratie du phœnix ?, Paris, Karthala - CREPOS, 2009, 372 p.

DIOP El Hadj Oumar, Partis politiques et processus de transition démocratique en Afrique noire : recherches sur les enjeux juridiques et sociologiques du multipartisme dans quelques pays de l'espace francophone, Paris, Publibook, 2006, 755 p.

DIOP El Hadj Oumar, La justice constitutionnelle au Sénégal, Dakar, CREDILA - OVIPA, 2013, 333 p.

DIOP El Hadj Oumar, L'instrumentalisation de la Constitution dans les régimes politiques africains, Dakar, CREDILA - OVIPA, 2017, 362 p.

DIOP Momar Coumba et DIOUF Mamadou, Le Sénégal sous Abdou Diouf. État et société, Paris, Karthala, 1990, 439 p.

DIOP Momar Coumba et DIOUF Mamadou (dir.), Les figures du politique en Afrique : des pouvoirs hérités aux pouvoirs élus, Paris, Karthala, 1999, 464 p.

DIOUKHANE Abdourahmane, Finances publiques. Le budget du Sénégal, Paris, L'Harmattan, 2015, 274 p.

DOBRY Michel, Sociologie des crises politiques, 3ème éd., Paris, Les Presses de Sciences Po, 2009, 383 p.

Documents officiels précédés de notices historiques, Institut colonial international, Bruxelles 1906.

DONZO Vabigné, Le mimétisme juridique en Afrique francophone, Paris, Les Editions du Net, 2020, 96 p.

DOSSO Karim, L'influence du droit administratif français sur le droit administratif ivoirien, Thèse de doctorat, Cocody Abidjan, 2005.

DRAGO Guillaume, LE PRADO Didier, SEILLIER Bertrand et THERY Philippe (dir.), Repenser le droit transitoire, Paris, Dalloz, 2010, 155 p.

DU BOIS DE GAUDUSSON Jean, CONAC Gérard et DESOUCHES Christine (Textes rassemblés et présentés par), Les Constitutions africaines publiées en langue française, 2 vol., Paris, La Documentation française, Bruxelles, Bruylant, 1997/1998, 497 p.

DUGUIT Léon, Manuel de droit constitutionnel, Paris, Éd. Panthéon Assas, 2007, 585 p.

DUHAMEL Olivier et MENY Yves, Dictionnaire constitutionnel, Paris, PUF, 1992,1120 p.

DUHAMEL Olivier et TUSSEAU Guillaume, Droit constitutionnel et institutions politiques, 5e éd, Paris, Seuil, 2020, 1088 p.

DUVERGER Maurice, Institutions politiques et droit constitutionnel, PUF, Coll. « Thémis », Paris, 1980, 603 p.

ÉBOUSSI BOULAGA Fabien, Les Conférences nationales en Afrique noire. Une affaire à suivre, Paris, Karthala, 2009, 240 p.

EISENMANN Charles, Cours de droit administratif, Tome 2, LGDJ, 1983.

EISENMANN Charles, Écrits de théorie du droit, de droit constitutionnel et d'idées politiques, Paris, 2002.

ESAMBO KANGASHE Jean -Louis, La Constitution congolaise du 18 février 2006 à l'épreuve du constitutionnalisme. Contraintes pratiques et perspectives, Louvain-la-Neuve, Éd. Académia Bruylant, 2010, 358 p.

FALL Alioune Badara, La responsabilité extracontractuelle de la puissance publique : essai de transposition du droit administratif dans un pays d'Afrique noire francophone, Thèse de doctorat, Bordeaux, 1994, 873 p.

FALL Ismaila Madior, Textes constitutionnels du Sénégal de 1959 à 2007, Dakar, CREDILA, 2007, 258 p.

FALL Ismaila Madior, (dir.), Les décisions et avis du Conseil Constitutionnel du Sénégal, Dakar, CREDILA, 2007, 565 p.

FALL Ismaila Madior, Le pouvoir exécutif dans le constitutionnalisme des États d'Afrique, Paris, L'Harmattan, 2008, 310 p.

FALL Ismaila Madior, Évolution constitutionnelle du Sénégal. De la veille de l'Indépendance aux élections de 2007, Dakar, CREDILA — Karthala — CREPOS, 2009, 191 p.

FALL Ismaila Madior, Les révisions constitutionnelles au Sénégal. Révisions consolidantes et révisions déconsolidantes de la démocratie sénégalaise, Dakar, CREDILA, 2011, 221 p.

FAVOREU Louis, La Politique saisie par le droit. Alternance, cohabitation et Conseil Constitutionnel, Paris, Economica, 1988, 155 p.

FAVOREU Louis, GAIA Patrick, GHEVONTIAN Richard, MESTRE Jean -Louis, PFERSMANN Otto, ROUX André et SCOFFONI Guy, Droit constitutionnel, 5e éd., Paris, Dalloz, 2002.

FAVOREU Louis, GAIA Patrick, GHEVONTIAN Richard, MESTRE Jean -Louis, PFERSMANN Otto, ROUX André et SCOFFONI Guy, Droit constitutionnel, 16ème éd., Paris, Dalloz, 2014, 1100 p.

FAVOREU Louis, GAIA Patrick, GHEVONTIAN Richard, MESTRE Jean -Louis, PFERSMANN Otto, ROUX André et SCOFFONI Guy, Droit constitutionnel, 21 éd., Paris, Dalloz, 2019,1210 p.

FRIER Pierre-Laurent, Précis de droit administratif, Montchrestien, 3è éd. Coll. « Domat Droit public », Paris, Montchrestien, 2004, 531 p.

FRIER Pierre-Laurent et PETIT Jacques, Droit administratif, Paris, LGDJ, Coll. Domat Droit public, 2018-2019, 800 p.

GAIA Patrick, GHEVONTIAN Richard, MELIN-SOUCRAMANIEN Ferdinand, OLIVA Éric et ROUX André, Les grandes décisions du Conseil Constitutionnel, Paris, Dalloz, 18ème édition, 2016, 930 p.

GAZIBO Mamoudou, La problématique de la consolidation démocratique : les trajectoires comparées du Bénin et du Niger, Université Montesquieu-Bordeaux IV, 1998.

GAZIBO Mamoudou, Les paradoxes de la démocratisation en Afrique. Analyse institutionnelle et stratégique, Montréal, P.U.M., 2005, 294 p.

GAZIBO Mamoudou, Introduction à la politique africaine, Montréal, Canada : Presses de l'Université de Montréal, 2006, 261 p.

GICQUEL Jean, Droit constitutionnel et Institutions politiques, Paris, Montchrestien, 17e édition 2001.

GICQUEL Jean et GICQUEL Jean-Éric, Droit constitutionnel et institutions politiques, 31e éd., Paris, Montchrestien/Lextenso éditions, coll. « Précis Domat/Droit public », septembre 2017, 926 p.

GODECHOT Jacques (présentation par), Les Constitutions de la France depuis 1789, Paris, Garnier-Flammarion, 1970, 510 p.

GONIDEC Pierre-François, Les systèmes politiques africains. Les nouvelles démocraties, 3ème éd., Paris, L.G.D.J., 1997, 242 p.

GOUET Yvon, La question constitutionnelle des prétendus décrets-lois, Paris, Dalloz, 1932,264 p.

GOUPY Marie, L'essor de la théorie juridico-politique sur l'état d'exception dans l'entre-deux guerres en France et en Allemagne : une genèse de l'état d'exception comme enjeu pour la démocratie, Thèse présentée pour l'obtention du grade de docteur en Philosophie,, Ecole normale supérieure de Lyon, 2011.

GROSS Oren, NÌ AOLÁIN Fionnuala, *Law in time of crisis. Emergency powers in Theory and Practice*, Cambridge, Cambridge University Press, 2007, 516p.

GUIMDO DONGMO Bernard-Raymond, Le juge administratif camerounais et l'urgence. Recherches sur la place de l'urgence dans le contentieux administratif camerounais, Thèse de doctorat en Droit public, Université de Yaoundé II, 2004.

HAGEGE Claude, Le français, histoire d'un combat, Éditions Michel Hagège, 1996, 175 p.

HAMON Francis, TROPER Michel, Droit constitutionnel, Paris, L.G.D.J., 2013, 744 p.

HAURIOU Maurice, Précis de droit constitutionnel, Paris, Recueil Sirey, 2e éd., 1929, (rééditions du CNRS), 1965, 636 p.

HERON Jacques, Principes du droit transitoire, Paris, Dalloz, coll. Philosophie et théorie générale du droit, 1996, 168 p.

HESSELING Gerti, Histoire politique du Sénégal. Institutions, droit et société, Paris, Karthala, 1985, 380 p.

HOLO Théodore, L'étude d'un régime militaire. Le cas du Dahomey (Bénin), Thèse de doctorat en Droit public, Paris I, 1979.

HOUNKPE Mathias et FALL Ismaila Madior, Les commissions électorales en Afrique de l'ouest-Analyse comparée — Nigéria, 2e édition, Friedrich-Ebert-Stiftung, 2010, 200 p.

HOURQUEBIE Fabrice (dir), Les commissions parlementaires dans l'espace francophone, Paris, Montchrestien, Lextenso, 2011,282 p.

HUNTINGTON Samuel, Troisième vague. Les démocratisations de la fin du XXème siècle, Paris, Nouveaux Horizons, 1991, 340 p.

HUNTINGTON Samuel, *The soldier and the State. The theory and politics of civil-military relations*, Cambridge, Harvard University, 1957.

ISSA ABDOURHAMANE Boubacar, Les Cours constitutionnelles dans le processus de démocratisation en Afrique : Analyse comparative à partir des exemples du Bénin, de la Côte d'Ivoire et du Niger, Thèse de doctorat en Droit public, Université Montesquieu de Bordeaux IV, octobre 2002, 406 p.

JEANNEAU Benoit, Les principes généraux du droit dans la jurisprudence administrative, Paris, Sirey, 1954, 287 p.

JEANNEAU Benoit, Droit constitutionnel et institutions politiques, Paris, Dalloz, 1991,413 p.

Justice et Intégration, Mélanges en l'honneur du Professeur Ndiaw Diouf, 2 tomes, Les éditions du CREDIJ et les éditions de l'ERSUMA, 2020, 720 p.

KAMTO Maurice, Pouvoir et droit en Afrique noire. Essai sur les fondements du constitutionnalisme dans les États d'Afrique francophone, Paris, L.G.D.J., 1987, 545 p.

KANTE Babacar, Unité de juridiction et droit administratif, l'exemple du Sénégal, Thèse de doctorat, Université d'Orléans, 1983, 416 p.

KEBE Abdou Aziz Daba, NDIAYE Sidy Alpha et BA Boubacar (dir.), Textes fondamentaux de la République du Sénégal, Dakar, L'Harmattan, CREDILA, 2021, 499 p.

KELSEN Hans, Théorie pure du droit, Paris, L.G.D.J., 1999, 367 p.

KELSEN Hans, Théorie générale du droit et de l'État, Bruxelles-Paris, Bruylant, LGDJ, 1997.

KONÉ B. Cyrille (dir.), Médiation et gestion des conflits, Essais sur les fins et les moyens pacifiques de sortie de crise, Francfort, Éd. Peter Lang, 2011, 344 p.

KOUBI Geneviève, Réflexions critiques à propos de la distinction entre légalité externe et légalité interne de l'acte administratif unilatéral, Thèse de doctorat de Droit public, Montpellier, 1984.

KPENOUHOUN Césaire Foed S., Contribution à l'étude du contentieux administratif au Bénin : 1990-2010, Thèse pour le Doctorat en Droit public, Université Cheick Anta Diop, Dakar, janvier 2012.

LASCOMBE Michel, VANDENDRIESSCHE Xavier et DE GAUDEMONT Christelle, Code constitutionnel et des droits fondamentaux, commenté, Paris, Dalloz, 6ème Éd., 2017, 2960 p

LAUVAUX Philippe, Les grandes démocraties contemporaines, Paris, P.U.F., 2004, 1060 p.

LE BOS LE POURHIET Anne Marie, L'article 92 de la Constitution de 1958, Paris, Economica, 1981, Coll. Recherches Panthéon Sorbonne, 91p.

LEVEL Patrice, Essai de systématisation du conflit des lois dans le temps, thèse Paris, LGDJ, 1959, 344 p.

LEVOYER Loïc, L'influence du droit communautaire sur le pouvoir financier du parlement français, Paris, LGDJ, 2002, 451 p.

LINIGER-GOUMAZ Max, La Démocrature. Dictature camouflée, Démocratie truquée, Paris, L'Harmattan, 1992, 364 p.

LOADA Augustin, IBRIGA Luc Marius, Droit constitutionnel et institutions politiques, Ouagadougou, Éd. UFR/Sciences Juridiques et Politiques, 2007, 655 p.

LOADA Augustin et WHEATLEY Jonathan (dir.), Transitions démocratiques en Afrique de l'Ouest : Processus constitutionnels, société civile et institutions démocratiques, Paris, L'Harmattan, 2015,284 p.

LONG Marceau, WEIL Prosper, BRAIBANT Guy, DELVOLVE Pierre et GENEVOIS Bruno, Les Grands Arrêts de la Jurisprudence administrative, Dalloz 1996, 847 p.

LUCHAIRE François et CONAC Gérard, La Constitution de la République française, Analyses et commentaires, 2éme édition, Paris, Economica, 1979, 1113 p.

MABAKA Placide Mukwabuhika., Constitution et risque(s), Paris, L'Harmattan, 2010, 356 p.

MAILLOT Jean-Marc, La théorie administrativiste des principes généraux du droit : continuité et modernité, Paris, Dalloz, 2003, 766 p.

MATHIEU Bertrand et ROUSSEAU Dominique, Les grandes décisions de la question prioritaire de constitutionnalité, Paris, LGDJ, Lextenso, 2013.

MATHIEU Bertrand et VERPEAUX Michel, Contentieux constitutionnel des droits fondamentaux, Paris, L.G.D.J., 2002, 791 p.

MAUGUIN HELGESON Murielle, L'élaboration parlementaire de la loi : étude comparative (Allemagne, France, Royaume Uni), Paris, Dalloz, 2006, 528 p.

MBORANTSUO Marie Madeleine, La contribution des Cours constitutionnelles à l'état de droit en Afrique, Paris, Economica, 2007, 380 p.

MEDE Nicaise, Finances publiques. Espace UEMOA/UMOA, Paris, L'Harmattan, 2017, 548 p.

MEDE Nicaise, Constitutions et documents financiers, Paris, L'Harmattan, 2 vol. (2018 et 2020), 486 p et 360 p.

MEDE Nicaise, Les grandes décisions de la Cour constitutionnelle du Bénin, Dakar, L'Harmattan, CREDILA, 2020, 644 p.

MEKHANTAR Joël, Paix et Constitutions, Paris, Éd. Eska, 2013, 758 p.

MÉLÈDJE DJEDJRO Francisco, Droit constitutionnel, 7ème éd., Abidjan, les Éditions ABC, 2007, 364 p.

MÉLÈDJE DJEDJRO Francisco, Les grands arrêts de la jurisprudence constitutionnelle ivoirienne, Abidjan, Éd. Centre National de Documentation Juridique, 2012, 671 p.

MÉLÈDJE DJEDJRO Francisco, BLÉOU Djézou Roger Martin et KOMOIN François (dir.), Mélanges offerts à Francis V. Wodié, Toulouse, Presses de l'Université Toulouse 1 Capitole, 2016, 568 p.

MELIN-SOUCRAMANIEN Ferdinand (Texte intégral présenté par), la Constitution de la République française, Paris, A. Colin Ed. Dalloz 2003, 104 p.

MELIN-SOUCRAMANIEN Ferdinand (dir.), L'interprétation constitutionnelle, Paris, Dalloz, 2005, 248 p.

MELIN-SOUCRAMANIEN Ferdinand, Les grandes démocraties. Constitutions des États-Unis, de l'Espagne, et de l'Italie, Paris, Dalloz, 2007, 237 p.

MELIN-SOUCRAMANIEN Ferdinand, Libertés fondamentales, Paris, Dalloz, 2016, 242 p.

MESCHERIAKOFF Alain Serge, Le Droit administratif ivoirien, Paris, Economica, 1982.

MONTESQUIEU, De l'Esprit des Lois, Œuvres complètes, Paris, Gallimard, 1951, 1809 p.

MORABITO Marcel et BOURMAUD Daniel, Histoire constitutionnelle et politique de la France (1789-1958), 4e édition, Paris, Montchrestien, 1996.

MORABITO Marcel, Histoire constitutionnelle de la France : De 1789 à nos jours, 13ème éd., Paris, L.G.D.J., 2014, 550 p.

MORAND-DEVILLER Jacqueline, Cours de Droit administratif, 6e édition, Paris, Montchrestien, 1999.

MORAND-DEVILLER Jacqueline, BOURDON Pierre et POULET Florian, Droit administratif, 15e édition, Paris, LGDJ/Lextenso, 2017, 966 p.

MOUDOUDOU Placide, Droit administratif congolais, Paris, L'Harmattan, 2003,200 p.

NAREY Oumarou (dir.), Séparation des pouvoirs et contrepouvoirs, Actes des 1eres journées scientifiques de droit constitutionnel, Niamey 10-13 octobre 2017, Paris, L'Harmattan 2019, 518 p.

NDAO El Hadj Ibrahima, Sénégal. Histoire des conquêtes démocratiques, Dakar, NEAS, 2003.

NDIAYE Guédel, L'échec de la Fédération du Mali, Dakar, NEA, 1980,196 p.

NGAKOUTOU Timothée, Les limites de la démocratie subsaharienne, Paris, L'Harmattan, 2005, 219 p.

NGOM Saliu Benoit, L'arbitrage d'une démocratie en Afrique : La Cour Suprême du Sénégal, Paris, Présence Africaine, 1989, 190 p.

NIZARD Lucien, La jurisprudence administrative des circonstances exceptionnelles et la légalité, Paris, L.G.D.J., coll. Bibliothèque de Droit public, 1962, 293 p.

NOUDJÈNOUMÈ Philippe, La démocratie au Bénin 1988-1993 : Bilan et perspectives, Paris, L'Harmattan, 1999, 395 p.

NTUMBA MUSUKA Zacharie, Le rôle du juge administratif congolais dans l'émergence de l'État de droit, Paris, L'Harmattan, 2014, 364 p.

NZOUANKEU Jacques Mariel, Les grandes décisions de la chambre administrative sénégalaise, 2e éd., Dakar, Publications de la RIPAS, Tome 1, 1984.

OBERDOFF Henri, Droit de l'homme et libertés fondamentales, Paris, Armand Colin, 2003, 313 p.

O'BRIEN Donal Cruise, DIOP Momar-Coumba, DIOUF Mamadou, La Construction de l'État au Sénégal, Paris, Karthala, 2002, 232 p.

OLIVA Éric, Droit constitutionnel, Paris, 8ème éd., Paris, Dalloz, 2014, 371 p.

OUGUERGOUZ Fatsah, La Charte africaine des Droits de l'Homme et des Peuples. Une approche juridique des droits de l'homme entre tradition et modernité, Paris, PUF, 479 p.

ORDONNANCES des anciens Roys de France, de la troisième race, recueillies par ordre chronologique, Paris, 1790, vol. XIV.

ORSONI Gilbert (dir.), Finances Publiques. Dictionnaire encyclopédique, 2e édition, Presses universitaires d'Aix-Marseille, Economica, 2017, 983 p.

OWONA Joseph, Droit constitutionnel et institutions politiques du monde contemporain. Etude comparative, Paris, L'Harmattan, 2010,730 p.

OWONA Joseph, Contentieux administratif de la République du Cameroun, Paris, L'Harmattan, 2011.

PACTEAU Bernard, Manuel de contentieux administratif, 3ème édition, Paris, PUF, 2013, 304 p.

PACTET Pierre, Textes de Droit constitutionnel, 3ème édition, Paris, LGDJ., 1994.

PACTET Pierre, Institutions politiques et droit constitutionnel, 18ème éd., Paris, Armand Colin, 1999, 616 p.

PACTET Pierre et MELIN-SOUCRAMANIEN Ferdinand, Droit constitutionnel, 30e édition, Paris, Dalloz Sirey, 2011,628 p.

PAMBOU TCHIVOUNDA Guillaume, Les grandes décisions de la jurisprudence administrative du Gabon, Paris, Pedone, 1994.

PHILIP Loïc (dir.), Dictionnaire encyclopédique de finances publiques, Paris, Économica, 1991,1700 p.

PHILIPPE Xavier, Le contrôle de proportionnalité dans les jurisprudences constitutionnelles et administratives, Paris, Economica, PUAM, 1990.

PONTHOREAU Marie-Claire, Droit(s) constitutionnel(s) comparé(s), Paris, Economica, Coll. « Corpus », 2010, 410 p.

QUOC DINH Nguyen, DAILLIER Patrick et PELLET Alain, Droit international public, 7ème édition, Paris, LGDJ, 2002, 1510 p.

RAYNAL Jean Jacques, Les institutions politiques du Niger, Saint Maur, Sepia, 1993.

Recueil (non annoté) des Arrêts de la Chambre administrative de la Cour Suprême de la République Centrafricaine (1982-1995), éd. Giraf et Agence intergouvernementale de la francophonie, 2000.

REINACH Théodore, L'état de siège : études historique et juridique, Paris, Librairie Cotilon, 1885, 324 p.

REMONDO Max, Le Droit administratif gabonais, Paris, LGDJ, 1987,304 p.

République du Cameroun, Ministère de l'Administration Territoriale et de la Décentralisation (MINATD), Recueil des Textes Juridiques, Yaoundé 2011,475 p.

République de Côte d'Ivoire, Recueil des décisions et avis du Conseil constitutionnel 2013-2016.

République Islamique de Mauritanie, Recueil des textes applicables aux Collectivités Territoriales, Ministère de l'Intérieur et de la Décentralisation, juillet 2019, 970 p.

République du Sénégal, Conseil constitutionnel, Recueil des Décisions, (Janvier 1993 — Mars 2019), 2020, 698 p.

REVET Thierry (dir), L'inflation des avis en droit, Paris, Economica, 1999, 203 p.

ROUBIER Paul, Le droit transitoire : conflits des lois dans le temps, (Paris, 1929), 2éme éd., Paris, Dalloz et Sirey, 1960.

ROUSSEAU Dominique, Droit du contentieux constitutionnel, 12è éd., Paris, LGDJ, 2013, 592 p.

ROZENBERG Olivier, THIERS Éric (dir.), L'Opposition parlementaire, Paris, La Documentation Française, 2013, 215 p.

RRAPI Patricia, L'accessibilité et l'intelligibilité de la loi, Etude du discours sur la qualité de la loi, Paris, Dalloz, vol.137, 2014, 280 p.

SAINT-BONNET François, L'état d'exception, coll. Léviathan, Paris, P.U.F., 2001,400 p.

SALAMI Ibrahim David, GANDONOU Diane O. Mélone, Droit constitutionnel et institutions du Bénin, Cotonou, Éd. CeDAT, 2014, 492 p.

SALL Alioune, FALL Ismaila Madior (dir.), Actualités du Droit public et de la science politique en Afrique, Mélanges offerts à Babacar Kanté, Paris, L'Harmattan, 2017, 961 p.

SARRAULT Albert, La mise en valeur des colonies françaises, Paris, Payot, 1923.

SEILLER Bertrand, L'exception d'illégalité des actes administratifs, Thèse, Paris, 1995.

SEILLER Bertrand, Droit administratif, 2e éd., Paris, Flammarion, vol. 1, 2004.

SIEGHART Marguerite A., *Government by decree : A comparative study of the ordinances in English and French Law*,London, Stevens and Sons Limited,1950, 345p.

SINDJOUN Luc, La formation du Patrimoine constitutionnel des sociétés politiques : éléments pour une théorie de la civilisation politique internationale, Dakar, CODESRIA, série des monographies 2/97, 1997. 63 p.

SINDJOUN Luc, Les grandes décisions de la justice constitutionnelle africaine : droit constitutionnel jurisprudentiel et politiques constitutionnelles au prisme des systèmes politiques africains, Bruxelles, Bruylant, 2009, 598 p.

SOMA Abdoulaye (dir.), Alternances politiques en Afrique : défis démocratiques et enjeux constitutionnels : actes du colloque international de la SBDC, Ouagadougou, Ed. Ronier-Tikanson, 2017, 414 p.

SOMMACO Valérie, Le droit d'amendement et le juge constitutionnel en France et en Italie, Paris, LGDJ, 2002.

STECKEL-ASSOUERE Marie-Christine, Les Finances publiques en schémas, Paris, Ellipses, 2015, 141 p.

SOW Abdoulaye Séckou, L'État démocratique républicain. La problématique de sa construction au Mali, Brinon-sur-Sauldre, Grand vaux, 2008, 455 p.

SY Demba, Droit administratif, 2e édition, Dakar, L'Harmattan, CREDILA, 2014,420 p.

SY Mouhamadou Mounirou, La protection constitutionnelle des droits fondamentaux en Afrique. L'exemple du Sénégal, Paris, L'Harmattan, 2007, 564 p.

SY Papa Mamour, Le développement de la justice constitutionnelle en Afrique noire francophone : les exemples du Bénin, du Gabon et du Sénégal, Thèse de doctorat, UCAD, 1998, 414 p.

SY Seydou Madani, Les régimes politiques sénégalais de l'indépendance à l'alternance politique 1960-2008, Paris, Karthala - CREPOS, 2009, 372 p.

TALL Saidou Nourou, Théories et réalités du Droit international humanitaire : Contribution à l'étude de l'application du droit des conflits armés en Afrique noire contemporaine, Sarrebruck, Editions Universitaires Européennes, 2012, 560 p.

TALL Saidou Nourou, Droit des organisations internationales africaines. Théorie générale, Droit communautaire comparé, Droit de l'Homme, Paix et Sécurité, Paris, L'Harmattan, 2015, 547 p.

TALL Saidou Nourou, Droit du contentieux international africain Paris, L'Harmattan, 2018, 550 p.

THEODOROU Spyros (dir.), L'exception dans tous ses états, Paris, Editions Parenthèses, 2007, 264 p.

TOPANOU Victor, Introduction à la sociologie politique du Bénin, Paris,

L'Harmattan, 2013, 118 p.

TOURE Papa Assane, La réforme de l'organisation judiciaire au Sénégal, commentée et annotée, Paris, L'Harmattan, Coll. CREDILA, 2016, 432 p.

TROPER Michel, La séparation des pouvoirs et l'histoire constitutionnelle française, Paris, LGDJ, 2014,250 p.

TROPER Michel et CHAGNOLLAUD Dominique, (dir.), Traité international de droit constitutionnel. Théorie de la Constitution, Dalloz, Paris, 2012, 816 p.

UNESCO, Des frontières en Afrique du XII é siècle au XXe siècle, Bamako, 1999, Paris, 2004, 313 p.

UNESCO, Histoire générale de l'Afrique, VII : l'Afrique sous domination coloniale, 1880-1935, Paris, 1987, 937 p.

Union Interparlementaire, Les parlements dans le monde. Recueil de données comparatives, vol. II, Bruxelles, Bruylant, 1987.

VAN LANG Agathe, GONDOUIN Geneviève et INSERGUET — BRISSET Véronique, Dictionnaire de droit administratif, Paris, Dalloz, 2008.

VEDEL Georges, Manuel élémentaire de droit constitutionnel, Paris, Sirey, 1949, 616 p.

VERPEAUX Michel, La Constitution, Paris, Dalloz, 2008, 145 p.

VETTOVAGLIA Jean-Pierre, DU BOIS DE GAUDUSSON Jean, BOURGI Albert, DESOUCHES Christine et *alii*, Démocratie et Elections dans l'Espace Francophone, Vol II, Bruxelles, Bruylant, 2010, 935 p.

WODIE Francis et BLEOU Martin, La chambre administrative de la Cour suprême et sa jurisprudence : commentaires d'arrêts, Paris, Economica, Coll. Annales de l'Université d'Abidjan, Série A, Droit, 1981.

WODIÉ Francis Vangah, Institutions politiques et droit constitutionnel en Côte d'Ivoire, Abidjan, Presses Universitaires de Côte d'Ivoire, 1996, 625 p.

WODIE Francis Vangah, Le conflit ivoirien : Solution juridique ou solution politique ?, Abidjan, Les éditions du CERAP, 2007.

YONABA Salif, Les grandes décisions de la jurisprudence burkinabè : droit administratif, Ouagadougou, Presses Africaines, 2004, 319 p.

ZAKI Moussa, Le contrôle des finances publiques dans les États d'Afrique noire francophone : l'exemple du Niger et du Sénégal, Thèse de doctorat en Droit public, Toulouse I, 1999, 349 p.

ZOLLER Elizabeth, Droit constitutionnel, 2ème éd., Paris, PUF, 1999, 642 p.

ZOMBRE Djaminatou, La protection des droits fondamentaux dans l'état d'exception : exemples du Burkina Faso et du Mali, Dakar, Thèse de doctorat, UCAD, Janvier 2021, 448 p.

ZUCCARRELI François, La vie politique sénégalaise (1940-1988), Paris, CHEAM, 1988, 208 p.

II. ARTICLES

ABA'A OYONO Jean-Calvin, « Les fondements constitutionnels du droit administratif : de sa vertueuse origine française a sa graduelle transposition vicieuse dans des États stable et instable de l'Afrique francophone », *Revue CAMES/SJP,* n° 001/2017, pp. 11-31.

ACKA Félix Sohuily, « La promulgation de la loi en Afrique noire francophone », Revue EDJA, n° 49, avril-mai-juin 2001, pp.30-76.

ACKERMAN Bruce, « *The emergency constitution* », *The Yale Law Journal,* vol. CXII, n°5, 2004, pp. 1029-1091.

ADOUKI Delphine Emmanuel, « Contribution à l'étude de l'autorité des décisions du juge constitutionnel en Afrique », RFDC 2013/3 (n° 95), pp. 611-638.

AHADZI NONOU Koffi, « Les nouvelles tendances du constitutionnalisme africain : le cas des États d'Afrique noire francophone », La revue du CERDIP, pp. 35-38.

AHANHANZO GLÈLÈ Maurice, « La Constitution ou Loi Fondamentale », *in* Encyclopédie Juridique de l'Afrique, Abidjan Dakar Lomé, N.E.A., 1982, p. 22.

AIVO Fréderic Joël, « La crise de normativité de la Constitution en Afrique », RDP 2012-1-006, pp.141-172.

AÏVO Fréderic Joël, « La fracture constitutionnelle. Critique pure du procès en mimétisme », *in* Mélanges Maurice Ahanhanzo-Glélé, La Constitution béninoise du 11 décembre 1990 : un modèle pour l'Afrique ?, Paris, L'Harmattan, 2014.

AIVO Gérard, « Le pouvoir d'injonction du juge constitutionnel », RBSJA, n° 42, 2021, pp.5-38.

AKANDJI-KOMBE Jean-François, « Le juge (du fond), les parties et la question prioritaire de constitutionnalité. Stratégies contentieuses entre question de constitutionnalité et contrôle de conventionalité », Dalloz, n° 17, 2010, pp. 1725-1732.

AKEREKORO Hilaire, « La Cour constitutionnelle et le bloc de constitutionnalité au Bénin », Afrilex, septembre 2016,44 p.

ANDOH Isaac Hamilton, « Les réaménagements constitutionnels en Côte d'Ivoire », Revue Ivoirienne de Droit, numéros 1-2-3-4, 1984-1985.

APCHAIN Hélène, « La Q.P.C. et le contrôle de conventionalité : complémentarité ou antagonisme ? », juin 2012, 18 p., www.credho.org.

ATANGANA AMOUGOU Jean Louis, « Les accords de paix dans l'ordre juridique interne en Afrique », Revue de la Recherche Juridique-Droit Prospectif, 2008, no 3, pp. 1723-1745.

AUBY Jean -Marie, « Le régime juridique des avis dans la procédure administrative », AJDA, 1956, pp.53-67.

AUGE Axel et GNANGUENON Amandine, « Introduction au thème de l'institutionnalisation de l'armée dans l'appareil d'État », Les Champs de Mars, IRSEM, 2005/3, n° 28, pp.7-12.

AUVRET-FINCK Josiane, « Les actes de gouvernement, irréductible peau de chagrin », RDP, tome 111, janvier-février 1995, pp. 131-174.

AVRIL Pierre, « Le vote bloqué », RDP 1971, n° 2, pp.469-503.

AVRIL Pierre, « Penser le droit politique », *Jus Politicum*, « Actualités », http://juspoliticum.com/article/Penser-le-droit-politique-1264.html, (consulté en juin 2020).

AVRIL Pierre, « Application de la notion de convention de la constitution à quelques problèmes constitutionnels », *in* Présence du Droit public et des droits de l'homme, Mélanges offerts à Jacques Velu, Bruxelles, Bruylant, 1992, p. 292.

AVRIL Pierre, « Le parlementarisme rationnalisé », RDP, 1998, pp.1507-1515.

AYISSI Anatole et MAIA Catherine, « La gestion des crises institutionnelles en Afrique : Mandat et défis de la médiation internationale », Annuaire Français des Relations Internationales, vol. XIII, 2012, pp.173-198.

BA Ahmed Tidjani, « L'exécutif dans les démocraties pluralistes africaines : l'exemple des États francophones de l'Afrique de l'ouest », Revue Burkinabè de Droit, 1er semestre, 1999, pp.18-74.

BA Boubacar, « Le préambule de la Constitution et le juge constitutionnel en Afrique », Afrilex, 2016, 37 p.

BADJI Mamadou, « L'abolition de l'esclavage au Sénégal : entre plasticité du droit colonial et respect de l'État de droit », Droit et cultures, n° 52, 2006-2, en ligne : http://journals.openedition.org/droitcultures/729. (consulté le 02 mai 2020).

BALLA KALTO Amina, « La problématique de l'accès à la justice au Niger », Afrilex, juillet 2013.

BAUFUME Bruno, « Le droit présidentiel de demander une nouvelle délibération de la loi : le précèdent du 13 juillet 1983 (Loi sur l'exposition universelle de 1989) », RDP 1985, p. 1240.

BATOUM-BA – NGOUE Samuel-Théophile, « Démocratie et processus budgétaire dans les États de la Communauté Economique et

Monétaire de l'Afrique Centrale : le cas du Cameroun », Afrilex n° 4, 20 p.

BEAUD Olivier, « Les conventions de la constitution », Droits, n° 3, 1986, pp. 125-135.

BELL John, « Les ordonnances (au Royaume Uni) », RFDA, 1987, p.750.

BELORGEY Jean-Michel, « Le parlement à refaire », Revue Politique et Parlementaire, n° 955, septembre-octobre 1991, pp.31-46.

BENZINA Samy, « Les *executive orders* du président des États-Unis comme outil alternatif de législation », *Jus Politicum*, n° 20-2001, pp.485-516, www.juspoliticum.com.

BERGERES Maurice Christian, « La prohibition des cavaliers budgétaires : une règle constitutionnelle », *Les Petites Affiches*, 23 décembre 2011, n° 255, pp.9-22.

BERGOUGNOUS Georges, « L'incompétence négative, vue du Parlement », *Les Nouveaux Cahiers du Conseil Constitutionnel*, 2015/1, n° 46, pp.41-54.

BILOUNGA Steve Thiéry, « « La crise de la loi en Droit public camerounais », *Les Annales de droit,* n° 11/2017, pp.21-56, disponible en ligne : http://www.journals.openedition.org/add/496 (consulté en juillet 2020).

BIPOUN-WOUM Jean-Marie, « Recherches sur les aspects actuels de la réception du droit administratif dans les États d'Afrique noire d'expression française : le cas du Cameroun », RJPIC, n° 3, 1972, p. 361 et s.

BLEOU Martin, « La place du règlement dans le contentieux de l'excès de pouvoir en Côte d'Ivoire », RIPAS n° 23-24, janvier-décembre 1990 (Actes du colloque sur le pouvoir règlementaire des autorités administratives au Sénégal), pp.276-284.

BLEOU Martin, « Les acteurs de la transition constitutionnelle », *in* Xavier Philippe, Natasa Danelciuc-Colodrovoschi, op.cit., p. 81 et s.

BLEOU Martin, « Le juge constitutionnel et les révisions constitutionnelles » *in* Koffi Ahadzi-Nonou, Dodzi Kokoroko, Adama Kpodar et Fréderic — Joël Aivo (dir), Démocratie en questions, Mélanges en l'honneur du Professeur Théodore Holo, Presses de l'Université de Toulouse I Capitole, 2017, p.232.

BOLLE Stéphane, « Le Bénin sous ordonnances », http// : www.la —

constitution-en-afrique-over-blog.com (consulté le 30 juin 2020).

BOLLE Stéphane, « Des Constitutions "*made in Africa*" » *in* AFDC, Actes du VIème Colloque de droit constitutionnel (Montpellier, 9-11 juin 2005), disponible sur http// : www.la — constitution-en-afrique-over-blog.com.

BON Pierre, « Les substituts de la loi : les actes législatifs de l'exécutif », Annuaire International de Justice Constitutionnelle, Année 2004, n° 19-2003, pp. 472-503.

BONBLED Nicolas, ROMAINVILLE Céline, « États d'exception et crises humaines aiguës : débats récents autour du terrorisme et des nouvelles formes de crise », Annuaire International de Justice Constitutionnelle, 24-2008, 2009. *Constitution et famille(s) - Urgence, exception et Constitution*, pp. 429-459.

BONICHOT Jean-Claude, MELIN-SOUCRAMANIEN Ferdinand, MAUGÜE Christine, « Le contrôle juridictionnel des ordonnances », RFDA 1997, p.450.

BOSHAB Evariste, « Les dispositions constitutionnelles transitoires relatives à la Cour constitutionnelle de la République Démocratique du Congo » *in Fédéralisme* 2034-6298, Volume 7 : 2007, n° 1 — *« Premiers scrutins et contrôle de constitutionnalité en R.D.C. : la mise en œuvre d'une constitution "régionaliste »*, pp.561-573.

BOURGI Albert, « L'évolution du constitutionnalisme en Afrique : du formalisme à l'effectivité », RFDC, n° 32, 2002/4, pp.721-748.

BOUSTA Rhita, « Contrôle constitutionnel de proportionalité. La spécificité française à l'épreuve des évolutions récentes », RFDC, 2011/4, n° 88, pp.913-930.

BOUVIER Michel, « La loi organique du 1er août 2001 relative aux lois de finances », AJDA, 2001, p.7876 et s.

BOYER-MERENTIER Catherine, « Les ordonnances de l'article 38 de la Constitution : une place ambiguë dans la hiérarchie des normes », RFDA 1998, p.924.

BRAIBANT Guy, « Qui fait la loi ? », Revue Pouvoirs n° 54,1993, pp.43-46.

BRENET François et CLAEYS Antoine, « La procédure de saisine pour avis du Conseil d'État : pratique contentieuse et influence du droit positif », RFDA mai-juin 2002, pp. 525-537.

BRETONNEAU Aurélie et LESSI Jean, « Exception d'illégalité et annulation par voie de conséquence : la théorie du domino », AJDA, 2014, p. 222.

BRUNET Pierre, « Les principes généraux du droit et la hiérarchie des normes », *in* Mélanges en l'honneur de Michel Troper, Paris, Economica, 2006, pp. 207-221.

CABANIS André et MARTIN Michel Louis, « Note sur la Constitution béninoise du 2 décembre 1990 », RJPIC n° 1, janvier-mars 1992, pp. 28-37.

CABANIS André, « Constitutions africaines et française : mimétisme inversé ou dialogue des constitutionnalistes francophones ? », *in* Mamadou Badji et Saidou Nourou Tall (dir.), Les transformations de l'État, Mélanges en l'honneur de Babacar Guèye, FSJP/UCAD et Presses de l'Université de Toulouse Capitole I, 2019, pp.121-142.

CAHOUA Paul, « Les commissions, lieu du travail législatif », Pouvoirs n° 34, pp.37-49.

CAMARA Guibril, « Les conventions internationales et la loi interne à travers la jurisprudence sénégalaise. Communication de la Cour de Cassation du Sénégal », *in* Actes du colloque de Ouagadougou, 24-26 juin 2005, Les Cahiers de l'Association ouest africaine des Hautes Juridictions Francophones, www.ahjucaf.org.

CAMARA Ousmane, « La Cour suprême du Sénégal », *in Les Cours suprêmes en Afrique*, Tome 1, Economica, Paris, 1988.

CARPENTIER Elise, « Permanence et unité de la notion d'acte de gouvernement », AJDA, 2015, p.799.

CARTIER Emmanuel, « Les petites Constitutions : contribution à l'analyse du droit constitutionnel transitoire », RFDC 2007/3, n° 71, pp.513-534.

CASTAING Cécile, « La ratification implicite des ordonnances de codification. Haro sur « La grande illusion », RFDC 2004/2 (n° 58), pp. 275-304.

CHAPUS René, « L'acte de gouvernement, monstre ou victime ? », Recueil Dalloz, 1958, chr., pp.5-10.

CHARITE Maxime, « La théorie des "circonstances particulières" dans la jurisprudence du Conseil constitutionnel », disponible sur *https// : www.revuedif.com* (consulté en janvier 2021).

CHEVALLIER Jacques, « De quelques usages du concept de régulation », *in* Michel Miaille (dir.), La régulation entre droit et politique, Paris, L'Harmattan, 1995, p.71 et s.

CIAVOLELLA Riccardo et FRESIA Marion, « Entre démocratisation et coups d'État. Hégémonie et subalternité en Mauritanie », Politique africaine, 2009/2, n° 114, pp. 5 -23.

CLAMOUR Guylain et COUTRON Laurent, « L'exception d'illégalité devant le juge judiciaire », RDP, 2012, p.853.

CONAC Gérard, « L'évolution constitutionnelle des États francophones d'Afrique Noire et de la République Démocratique Malgache » *in* Gérard Conac, Les institutions constitutionnelles dans les Etats d'Afrique francophone et de la République Malgache, Paris, Economica, 1979,355 p.

COULIBALEY Djobo Babakane, « Le juge administratif, rempart de protection des citoyens contre l'administration en Afrique noire francophone ? », Afrilex, janvier 2013, 35 p.

CRIDDLE Evan-J., FOX-DECENT Evan, *« Human Rights, Emergencies, and the Rule of Law », Human Rights Quarterly, n °34, april 2010*, pp.413-454.

DE MONTALIVET Pierre, « Les objectifs de valeur constitutionnelle », *Nouveaux Cahiers du Conseil constitutionnel* n° 20, juin 2006.

DE RAULIN Arnaud, « La Constitution guinéenne du 23 décembre 1990 », RJPIC n° 2, avril-juin 1992, pp. 182-190.

DEBOS Marielle et GLASMAN Joël, « Politique des corps habillés. États, pouvoirs et métiers de l'ordre en Afrique », Politique Africaine 2012/4, n° 128.

DESOUCHES Christine, « Les Assemblées », *in* Encyclopédie Juridique de l'Afrique, Tome I (L'État et le droit), Dakar-Abidjan-Lomé, NEA, 1985, pp.57-96.

DIAGNE Mayacine, « La justice administrative en Afrique est-elle efficace ? », *in* Demba Sy et Alioune Badara Fall (dir.), *La justice administrative en Afrique,* Actes des Deuxièmes rencontres de Dakar, Presses de l'Université Toulouse 1 Capitole, 2017, p. 183.

DIAKHATÉ Meissa, « La motivation des décisions administratives en Afrique subsaharienne francophone », Afrilex, avril 2019, (consulté en septembre 2020)

DIALLO Harouna, « Révision constitutionnelle suite à l'Accord issu du processus d'Alger incidences de l'exception d'inconstitutionnalité sur le droit positif malien » *in* Bakary Camara et Olivier Devaux (dir.), L'Accord pour la paix au Mali issu du processus d'Alger et varia, numéro spécial de la Revue Malienne des Sciences Juridiques et Politiques, n° 4, 2017, pp.47-67.

DIALLO Ibrahima, « A la recherche d'un modèle africain de justice constitutionnelle », AIJC, n° 20/2004-2005, pp.93-120.

DIALLO Ibrahima, « L'exception d'illégalité dans le système judiciaire sénégalais », Nouvelles Annales Africaines, n° 1, 2010, pp.145-179 (www.credila.net).

DIALLO Ibrahima, « Pour une appréciation concrète des pouvoirs du parlement sénégalais en matière budgétaire », Afrilex, 2015, 32 p.

DIALLO Mamadou Yaya, « Le contrôle de proportionnalité dans la jurisprudence constitutionnelle en Afrique », Revue Juridique et Politique des États Francophones, n° 1/2018, pp.67-108.

DIARRA Eloi, « Constitution et État de droit au Mali », R.J.P.I.C. n° 4, octobre-décembre 1995, pp. 252-285.

DIEYE Abdoulaye, « La problématique des lois d'habilitation dans un régime parlementaire » *in* OIF/Assemblée Parlementaire de la Francophonie, Actes du Séminaire parlementaire sur les lois d'habilitation, Ouagadougou, 15-16 septembre 2011, pp.26-33, disponible sur http://www.apf.francophonie.org (consulté en juin 2020).

DIEYE Abdoulaye, « Les lois d'habilitation en droit comparé. La situation dans quelques États d'Afrique noire francophone et en France », Annales de l'Université des Sciences sociales de Toulouse, Tome LV, 2014, pp.133-167.

DIOMPY Abraham Hervé, « Les dynamiques de la justice constitutionnelle en Afrique francophone », Afrilex, février 2014, 30 p., consultable sur www.afrilex.u-bordeaux4.fr.

DIOP Alioune Badara, « Société civile et gouvernance démocratique. Enjeux de pouvoir et pouvoirs en jeu », Nouvelles Annales Africaines, Dakar, 2011, pp.18-74.

DIOP Momar Coumba, DIOUF Mamadou et DIAW Aminata, « Le Baobab a été déraciné. L'alternance au Sénégal. », Politique Africaine n° 78, juin 2000, 25 p.

DIOP Mamadou Falilou, « L'exigence d'un recours effectif en Droit international des Droits de l'Homme », Annales Africaines, 2017, n° 6, pp.189-232.

DJOGBENOU Joseph, « Le contrôle de constitutionnalité des décisions de justice : une fantaisie de plus ? », Afrilex, avril 2014, 27 p.

DOUMBE-BILLÉ Stéphane, « Recours pour excès de pouvoir et recours de plein contentieux, A propos de la nouvelle frontière », AJDA 1993, pp.3-12.

DU BOIS DE GAUDUSSON Jean, « Le recours au contrat, une chance pour le constitutionnalisme contemporain, en Afrique et ailleurs ? », *in* Mélanges en l'honneur du professeur Jean Hauser, Lexis Nexis, 2012, p. 803.

DU BOIS DE GAUDUSSON Jean, « Les solutions constitutionnelles des conflits politiques », Afrique contemporaine, numéro spécial, 4e trimestre 1996, pp. 250-256.

DU BOIS DE GAUDUSSON Jean, « Constitution sans culture constitutionnelle n'est que ruine du constitutionnalisme : poursuite du dialogue sur quinze de « transition en Afrique et en Europe », *in* Mélanges en l'honneur de Slobodan Milacic : Démocratie et liberté : tension, dialogue et confrontation, Bruxelles, Bruylant, 2008, pp. 333-348.

DU BOIS DE GAUDUSSON Jean, « L'accord de Marcoussis, entre droit et politique », Afrique contemporaine, Eté 2003, pp.41-55.

DU BOIS De GAUDUSSON Jean, « Le mimétisme postcolonial, et après ? », Revue Pouvoirs 2009/2, n° 129, pp.45-55.

DU BOIS DE GAUDUSSON Jean, « Les élections à l'épreuve de l'Afrique », Cahiers du Conseil constitutionnel n° 13, (Dossier : La sincérité du scrutin), janvier 2003.

DU BOIS DE GAUDUSSON Jean, « La jurisprudence administrative des Cours Suprêmes en Afrique », *in* Gérard Conac et Jean du Bois de Gaudusson (dir.), Les Cours Suprêmes en Afrique, La jurisprudence administrative, vol. 3, Economica, 1988.

DUGUIT Léon, « Des règlements faits en vertu d'une compétence donnée au gouvernement par le législateur », Revue du Droit public et de la science politique en France et à l'étranger, vol. 31e année, t. XLI, 1924, pp. 313-349.

DUPRAT Jean-Pierre, « La crise des assemblées parlementaires françaises », Études offertes à Jean-Marie Auby, Dalloz, 1992, pp.493-512.

DUPRAT Jean-Pierre, « Les ordonnances de l'article 38 et la législation secondaire en Grande-Bretagne » *in* Le droit administratif : permanences et convergences, Mélanges en l'honneur de Jean-François Lachaume, Paris, Dalloz, 2007, pp.467-487.

EBRARD Pierre, « L'article 38 de la Constitution du 4 octobre 1958 et la Ve République », RDP 1969, p.259.

EISENMANN Charles, « L'esprit des lois et la séparation des pouvoirs », in Mélanges Raymond Carré de Malberg, Sirey, Paris, 1933, pp. 165-192.

EISENMANN Charles, « Le droit administratif et le principe de légalité », EDCE, 1957, n° 11, p. 25.

EMERI Claude, « Le bloc de la constitutionnalité », RDP 1970, p.608.

EMMANUEL Grégoire, « Cohabitation au Niger », *Afrique contemporaine*, n° 175, 3éme trimestre, 1995, pp.43-51.

FALL Alioune Badara, « La démocratie sénégalaise à l'épreuve de l'alternance », Afrilex, n° 5,51 p, www.afrilex.u-bordeaux4.fr.

FALL Ismaila Madior, « La loi organique dans les ordonnancements juridiques des États d'Afrique francophone : Réflexions sur une norme particulière », Afrilex, mars 2014.

FALL Mohamed, « Les lois de finances rectificatives », afrilex n° 4, http : //www.afrilex.u-bordeaux4.fr (consulté en juillet 2020).

FARRA Sylvestre, « Les fondations de l'exception d'inconstitutionnalité au Bénin », *in* Cour constitutionnelle, Études en l'honneur de Madame Élisabeth K. Pognon et de la première Mandature (1993-1998), Cotonou, 2021,528 p.

FAVOREU Louis, « La délégalisation des textes en forme législative par le Conseil constitutionnel », *in* Mélanges offerts à Marcel Waline, LGDJ, 1974, 429 p.

FAYE Amadou, « État de droit et contrôle de l'Exécutif : réflexion d'un privatiste sur l'exception d'illégalité au Sénégal », Revue EDJA n° 33, avril-mai-juin 1997, p.29.

FERAL François, « La nouvelle hiérarchie des normes juridiques sous la Ve République. La recomposition de la fonction et du pouvoir législatifs », *in* Gérard Camillieri, (sous la direction de), Le régime politique de la Ve République, Publication du Centre d'Analyse Politique, Coll. Études, Presses universitaires de Perpignan, 1997 (361 p), p. 171.

FOUDA Guillaume Joseph, « L'accès au droit : richesse et fécondité d'un principe pour la socialisation juridique et l'état de droit en Afrique noire francophone », Afrilex, 2000/01, 11 p.

GAUCHER Paul, « Les ordonnances en matière budgétaire », Annales de la Faculté de droit de Clermont, 1965, p.7.

GAUTRON Jean Claude, « L'exercice du pouvoir par l'Armée. Analyse des régimes militaires actuels », RJA n° 0, 1983, pp.61-71.

GBEOU-KPAYILE Nadjombé Gmagnido, « L'idée de Constitution en Afrique noire francophone », www.afrilex.u-Bordeaux4.fr.

GEORGES Philippe, « La procédure législative au Sénégal », Annales africaines, 1965, pp. 173-188.

GENEVOIS Bruno, « Conditions d'exercice du pouvoir réglementaire et compétence de la juridiction administrative », RFDA 2000, p.668.

GENEVOIS Bruno, « L'application de l'article 38 de la Constitution : un régime juridique cohérent et nullement baroque », RFDA, n° 04, 2018, pp.755-769.

GNAMOU Dandi, « La Cour constitutionnelle du Bénin en fait-elle trop ? », *in* Fréderic-Joël Aivo (dir.), La Constitution béninoise du11 décembre 1990. Un modèle pour l'Afrique ? Mélanges en l'honneur de Maurice Ahanhanzo-Glèlè, Paris, L'Harmattan, 2014, 800p.

GOHIN Olivier, « Exception d'illégalité », Répertoire du Contentieux administratif, Paris, Dalloz, avril 2005,11 p.

GONIDEC Pierre – François, « Constitutionnalismes africains », RJPIC, 1996, n° 1, pp. 23-33.

GRINBERG Martine, « La rédaction des coutumes et les droits seigneuriaux : nommer, classer, exclure. », Annales. Histoire, Sciences Sociales, vol. 52, n° 5, 1997, p. 1017 et s.

GROSSMAN Claudio, *« A Framework for the examination of States of emergency under the American Convention on Human Rights », American University International Law Review,* n°1, 1986, pp.35-55.

GUEYE Babacar, « Les transformations de l'État en Afrique : l'exemple du Sénégal », Revue EDJA, n° 54, juillet-septembre 2002, pp.7-51.

GUEYE Babacar, « La démocratie en Afrique : succès et résistances », Pouvoirs 2009/2 (n ° 129).

GUEYE Babacar et TINE Martin Pascal, « La légitimité et la légitimation de la transition constitutionnelle par les élections en Afrique », *in* Xavier Philippe, Natasa Danelciuc-Colodrovoschi (sous dir.), Transitions constitutionnelles et constitutions transitionnelles, Institut Universitaire Varenne, Collection transition et justice, 2014, p.197.

GUILLAUME Marc, « La question prioritaire de constitutionnalité » in « Justice et cassation, revue annuelle des avocats au Conseil d'État et à la Cour de cassation », 2010 et Cahiers du Conseil Constitutionnel, 29.11.2017, 27 p.

HOLO Théodore, « Le contrôle de la légalité et la protection des administrés au Bénin », Revue Béninoise des Sciences Juridiques et Administratives, 1985, n° 5, p. 403 et s.

HOLO Théodore, « Démocratie revitalisée ou démocratie émasculée ? Les constitutions du renouveau démocratique dans les États de l'espace francophone : régimes juridiques et systèmes politiques », RBSJA, n° 16, 2006, pp. 17-41.

HOLO Théodore, « Emergence de la justice constitutionnelle », Revue Pouvoirs 129, 2009, pp. 101-114.

HOSTERT Jean, « Droit international et droit interne dans la Convention de Vienne sur le droit des traités du 23 mai 1969 », AFDI, volume 15, 1969. pp. 92-121.

HOUNAKE Kossivi, « L'exigence de proportionnalité dans la jurisprudence de la Cour constitutionnelle du Bénin », Revue Togolaise des Sciences Juridiques, Janvier-Juin 2015, pp.155-172.

HOURQUEBIE Fabrice, « La diffusion du constitutionnalisme en Afrique du Sud : une analyse à travers la décision de la Cour constitutionnelle du 06 juin 1995 portant inconstitutionnalité de la peine de mort », www.droitconstitutionnel.org/congresmtp/textes7/ et Politeia, n° 7, 2005, pp. 649-675.

HUGON Philippe et ESSIANE ANGO Naida, « Les armées africaines depuis les indépendances. Essai de périodisation et de comparaison », Les Notes de l'Institut des Relations Internationales et Stratégiques, avril 2018, 60 p.

ISSA ABDOURHAMANE Boubacar, « Alternances militaires au Niger », Politique Africaine n° 74, 1999, pp.85-94.

ISSOUFOU Adamou, « L'autorité des avis du juge constitutionnel en Afrique francophone », Revue électronique Afrilex, mars 2020, 39 p, http://www.afrilex.u-bordeaux4. fr (consulté en juin 2020).

KALFLECHE Gregory, « Le contrôle de proportionnalité devant le juge administratif », *Les Petites Affiches*, n° 46, spécial, 5 mars 2009, pp.46-53.

KAMARA Mactar, « De l'applicabilité du droit international des droits de l'Homme dans l'ordre juridique interne », Annuaire Colombien de Droit international, Bogota, n ° 4, 2011, pp.97-162.

KAMTO Maurice, « Quelques réflexions sur la transition vers le pluralisme politique au Cameroun », *in* Gérard Conac (sous la direction de), L'Afrique en transition vers le pluralisme politique, Paris, Economica, 1993, pp.209-236.

KAMTO Maurice, « Les Conférences nationales africaines ou la création révolutionnaire des Constitutions », *in* Dominique Darbon et Jean du Bois de Gaudusson (dir.), La création du droit en Afrique, Paris, Karthala, 1997, p. 177.

KANGULUMBA MBAMBI Vincent, « Légistique et cohérence des textes de loi en R.D.C. », Revue de Droit africain n° 17/2001, Bruxelles, pp. 251-264.

KANTE Babacar, « Les juridictions constitutionnelles et la régulation des systèmes politiques en Afrique », *in* Mélanges en l'honneur de Jean Gicquel, Constitutions et Pouvoirs, Paris, LGDJ, 2008, pp.265-276.

KANTE Babacar, « Les droits fondamentaux constituent-ils une nouvelle catégorie juridique en Afrique ? », *in* Mélanges en l'honneur de Jean-François Flauss, L'Homme et le Droit, Paris, Pedone, 2016, pp.445-462.

KANTE Babacar, « Le constitutionnalisme à l'épreuve de la transition démocratique en Afrique » *in Constitutionnalism in Africa. À quest for autochtonous principles,* Sanders Institut, Gouda Quint, Deventer 1996, pp.17-32.

KASSABO Léon Die, « Contribution à l'analyse de la réappropriation de certaines catégories constitutionnelles en droit constitutionnel africain » www.afrilex.u-Bordeaux4.fr.

KAZADI MPIANA Joseph, « L'UA face à la question des changements anticonstitutionnels de gouvernement », Revue Québécoise de Droit

International 25/3, (2012), pp. 101-141.

KEBE Abdou Aziz Daba, « Les réserves d'interprétation dans la jurisprudence constitutionnelle des États de l'Afrique francophone », *in* Ismaila Madior Fall et Alioune Sall, Actualités du Droit public et de la science politique en Afrique, Mélanges en l'honneur de Babacar Kanté, L'Harmattan-Sénégal, 2017, pp. 425-471.

KELSEN Hans, « La garantie juridictionnelle de la Constitution », RDP, 1928, pp.198-257.

KHOUMA Ousmane, « Le contrôle de la légalité externe des actes administratifs unilatéraux par le juge sénégalais. Un exemple de la transposition de la jurisprudence administrative française », Afrilex 2017, 41 p, www.afrilex.u-bordeaux4.fr, (consulté en août 2020).

KHOUMA Ousmane, « La sincérité du scrutin présidentiel devant les juridictions constitutionnelles africaines (Les exemples du Bénin, de la Cote d'Ivoire, du Mali et du Sénégal) », Nouvelles Annales Africaines, 2013, FSJP/UCAD, pp.59-108.

KIMBA Idrissa, « Les régimes militaires entre 1974 et 1999 au Niger », *in* Idrissa Kimba (dir.), Armée et politique au Niger, Dakar, CODESRIA, 2008.

KOKOROKO Dodzi, « Les élections disputées : réussites et échecs », Pouvoirs n° 129, pp.115-125.

KPODAR Adama, « Cinquante ans de théorie constitutionnelle en Afrique noire francophone », communication lors du colloque international de Cotonou, 8,9 et 10 août 2012 sur La Constitution béninoise du 11 décembre 1990 : un modèle pour l'Afrique ? Mélanges en l'honneur de Maurice Ahanhanzo-Glélé, Paris, L'Harmattan, 2014, pp. 89 — 126.

KPODAR Adama, « Politique et ordre juridique : les problèmes constitutionnels posés par l'accord de Linas-Marcoussis du 23 janvier 2003 », RRJ-Droit prospectif, 2005, n° 4 - II, pp. 2503-2526.

KPODAR Adama, « La régulation de l'État dans la théorie du Droit public et de la science politique », *in* Mamadou Badji et Saidou Nourou Tall, Les transformations de l'État, Mélanges en l'honneur de Babacar Guèye, FSJP/UCAD et Presses de l'Université de Toulouse Capitole I, novembre 2019, pp.349-366.

LABAYLE Henri, « Question prioritaire de constitutionnalité et question préjudicielle : ordonner le dialogue des juges ? », RFDA, n° 4, 2010, pp. 659-678.

LAFERRIERE Julien, « La coutume constitutionnelle, son rôle et sa valeur en France », RDP 1944, p. 44 et s.

LAFERRIERE Julien, « La législation déléguée en Angleterre et le contrôle de son exercice par le parlement », *in* Mélanges Mestre, 1956, p.331.

LALI Armel, « La perception de l'État de droit dans le droit et la pratique de l'Union africaine », *in* L'État de droit en droit international. Actes du 42e colloque de la Société française pour le droit international tenu à l'Université libre de Bruxelles du 5 au 7 juin 2008, Pedone, 2009, pp 297-299.

LATH Sébastien Yédoh, « Les caractères du droit administratif des États africains de succession française, vers un droit administratif africain francophone ? », RDP, n° 5, 2011, p. 1254 et s.

LAVROFF Dimitri Georges, « Le droit saisi par la politique : l'instabilité de la norme constitutionnelle sous la Ve république », Politeia, n° 25, 2014, pp. 23-46.

LAVROFF Dimitri Georges, « Régimes militaires et développement politique en Afrique noire », RFSP, 22e année, n° 5, 1972, pp. 973-991.

LE BOT Olivier, « Le droit au recours comme garantie des droits fondamentaux : l'article 8 de la Déclaration universelle des Droits de l'homme », CRDF, n° 7,2009, pp.108-116.

LE COUR GRANDMAISON Olivier, « L'exception et la règle : sur le droit colonial français », *Diogène*, 2005/4, n° 212, pp.42-64.

LEMAIRE Félicien, « Les conventions de la constitution dans le système français », RFDC, 1998, pp. 451-515.

LE MIRE Pierre, « L'ordre du jour sous la Ve République », RFDC, 1991, p.207 et s.

LENOIR Noëlle, « Le nouvel ordre constitutionnel en Afrique du Sud », Cahiers du conseil constitutionnel, n° 1, décembre 1996.

LETOURNEUR Maxime, « Les principes généraux du droit et la jurisprudence du Conseil d'État », EDCE 1951, p.19.

LOGO Yawo Kakaty, « Les mésententes politiques et le droit constitutionnel en Afrique noire francophone », Afrilex, novembre

2018, www.http://afrilex.u-bordeaux4.fr.

LONG Marceau, « Le Conseil d'État et la fonction consultative », RFDA, 1992.

LOSCHAK Danièle, « Le principe de légalité. Mythes et mystification », AJDA, septembre 1987, pp.387-392.

MAMBO Paterne, « Les rapports entre la constitution et les accords politiques dans les États africains : réflexion sur la légalité constitutionnelle en période de crise », Revue de droit de McGill, 2012, n° 57, pp. 921-949.

MANANGOU Vivien Romain, « "Un État, deux Constitutions" : Analyse des dispositions transitoires de la Constitution congolaise du 6 novembre 2015 », *Recht in Afrika – Law in Africa* – Droit en Afrique 19 (2016), pp.61-82.

MANANGOU Vivien Romain, « La Constitution congolaise du 6 novembre 2015 », *Les Annales de droit,* n° 13, 2019, http://www.journals.openedition.org (consulté en juillet 2020).

MANIN Bernard, *« The emergency Paradigm and the new Terrorism. What if the end of terrorism was not in sight? » in* Sandrine Baume, Fontana Biancamaria, (eds), *Les usages de la séparation des pouvoirs*, Paris, Michel Houdiard, 2008, pp 135-171.

MARTIN Michel-Louis, « Armée et politique : cycle de vie du militarisme en Afrique noire francophone » *in* Daniel Bach et Anthony Kirk-Greene (ed), État et Sociétés en Afrique francophone, Paris, Economica, 1993.

MASSINA Palouki, « Le coup d'État, déshonneur et bienveillance », www.afrilex.u-bordeaux4.fr.

MASSINA Palouki, « De la souveraineté des Conférences nationales africaines », Revue Congolaise de Droit, n° 15 et 16, janvier-décembre 1994, pp. 7-36.

MATHIEU Bertrand, « Les rôles respectifs du Parlement, du Président de la République et du Conseil constitutionnel dans l'édiction des ordonnances », RFDA 1987, pp.700-722.

MATHIEU Bertrand, « La part de la loi, la part du règlement. De la limitation de la compétence parlementaire à la limitation de la compétence législative », Pouvoirs 2005/3, n° 114, pp.73-87.

MAUS Didier, « Élections et constitutionnalisme : vers un droit international des élections ? » *in* Jean-Pierre Vettovaglia (dir),

Démocratie et élections dans l'espace francophone, Bruxelles, Bruylant, 2010, pp 51-58.

MBODJ El Hadji, « Le contrôle parlementaire de l'Exécutif », Colloque « Le Parlement dans la consolidation de la démocratie au Sénégal », Fondation Friedrich Naumann/Institut des Droits de l'Homme et de la Paix, (Mbour19-22 novembre 1997), 15 p.

MBODJ El Hadji, « La Constitution de transition et la résolution des conflits en Afrique. L'exemple de la République démocratique du Congo », RDP, 2010, n° 2, pp. 441-471.

MBOUENDEU Jean de Dieu, « La brève et malheureuse expérience du régime parlementaire par les États africains. Raisons de l'adoption et causes de l'échec », R.J.P.I.C., n° 4, octobre-décembre 1979, pp. 451-465.

MEBIAMA Guy Jean Clément, « L'évolution du droit administratif congolais », RJP, 2008 n° 2, pp. 209 et s.

MEDE Nicaise, « La fonction de régulation des juridictions constitutionnelles en Afrique francophone », Annuaire international de justice constitutionnelle, 23-2007, 2008. Constitution et liberté d'expression - Famille et droits fondamentaux, pp. 45-66.

MELEDJE DJEDJRO Francisco, « Le système politique ivoirien dans la géopolitique ouest africaine », RDP, n ° 3-2006, pp. 701-713.

MELEDJE DJEDJRO Francisco, « Le contentieux électoral en Afrique », Pouvoirs, n° 129, avril 2009, pp. 139-155.

MELEDJE DJEDJRO Francisco, « Faire, défaire et refaire la constitution en Côte d'Ivoire : un exemple d'instabilité chronique », *in* Charles Fombad, Christina Murray, (eds), *Fostering constitutionalism in Africa*, Pretoria University Law Press, 2010, pp. 309-339.

MELEDJE DJEDJRO Francisco, « Constitution et urgence ou le lien entre les contestations violentes de l'ordre constitutionnel et la régulation constitutionnelle des crises », Revue ivoirienne de droit, n° 42, 2011.

MELEDJE DJEDJRO Francisco, « Les arrangements politiques et la constitution : le droit constitutionnel de crise », *in* Droit constitutionnel, 9e édition, ABC, Abidjan, 2012, p. 237 et s.

MELLERAY Fabrice, « Le droit administratif doit-il redevenir jurisprudentiel ? Remarques sur le déclin paradoxal de son caractère jurisprudentiel », AJDA 2005, pp.637-643.

MENGUE ME ENGOUANG Fidèle, « La publicité des lois et règlements au Gabon », Revue Penant n° 788-789, 95e année, juillet décembre 1985, pp.262-276.

MENGUE ME ENGOUANG Fidèle, « Le nouveau parlement gabonais », in Afrique Juridique et Politique (La revue du CERDIP), Libreville, vol.1, n° 1, janvier-juin 2002, pp.5-28.

MENY Yves, « Les conventions de la constitution », Pouvoirs, 1989, n° 50, pp. 53-68.

MESNARD André-Hubert, « Ordonnances, lois d'orientation ou lois cadres ? », RDP 1964, p.261.

MESSAGE Hervé, « Peut-on mesurer le pouvoir budgétaire du Parlement ? », Revue Française des Finances Publiques, n° 41, 1993, pp.14-29.

METOU Brusil Miranda, « Existe-t-il une hiérarchie entre les normes constitutionnelles ? », Afrilex, février 2019,32 p.

MEYNAUD Jean, « Les militaires et le pouvoir », Revue Française de Sociologie, 1961, 2-2, Guerre — Armée - Société. pp. 75-87.

MODERNE Franck, « Actualité des principes généraux du droit », RFDA 1998, p.495.

MODERNE Franck, « Légitimité des principes généraux du droit et théorie du droit », RFDA 1999, p.722.

MOLEUR Bernard, « L'indigène aux urnes. Le droit de suffrage et la citoyenneté dans la colonie du Sénégal », Annales Africaines, 1989-1990-1991, p. 43.

MOUELLE-KOMBI Narcisse, « Les dispositions relatives aux conventions internationales dans les nouvelles Constitutions des Etats francophones d'Afrique », RJPIC 2003, n ° 1, pp. 5-38.

NAREY Oumarou, « La suprématie de la Constitution en période de crise (Niger) », 23 p., 7e Congrès de l'Association des Cours Constitutionnelles ayant en Partage l'Usage du Français (ACCPUF) – La suprématie de la constitution, 3e session de travail : les situations de conflits ou de concurrence entre la Constitution et les normes internationales (www.accf-francophonie.org).

NDIAYE Ameth, « Le référé administratif en Afrique », Revue Afrilex, 2020, 47 p, www.http://afrilex.u-bordeaux4.fr (consulté en juin 2020).

NIANDOU SOULEY Abdoulaye, « Mutineries militaires en période de démocratisation » *in* Idrissa Kimba, op. cit, pp.233-253.

NZOUANKEU Jacques Mariel, « Les domaines respectifs de la loi et du règlement en Droit sénégalais », R.I.P.A.S. n° 11, Dakar, octobre-décembre 1984.

NZOUANKEU Jacques Mariel, « Remarques sur le pouvoir réglementaire au Sénégal », R.I.P.A.S. n ° 23 et 24, Dakar, janvier-décembre 1990, pp.11-32.

NZOUANKEU Jacques Mariel, « L'Afrique devant l'idée de démocratie ». Revue internationale des sciences sociales (128), mai 1991, pp. 396-409.

OLIVA, Éric, « La constitutionnalisation du droit d'amendement », *in* Association française de Droit constitutionnel, La constitutionnalisation des branches du droit, Paris, Economica, 1998, pp.87-103.

ONDO Telesphore, « L'annulation par la Cour constitutionnelle gabonaise de l'ordonnance n° 15/PR/2015 du 11 août 2015 portant organisation et fonctionnement de la justice : essai d'analyse d'une décision controversée », 9p www.la-constitution-en-afrique.org, (consulté le 30 juin 2020).

OUEDRAOGO Séni Mahamadou et OUEDRAOGO Djibrihina, « Libres propos sur la transition politique au Burkina Faso : du contexte au texte de la Charte de la transition », disponible sur le site de la Revue électronique Afrilex : www.http://afrilex.u-bordeaux4.fr (consulté en juin 2020).

OUEDRAOGO Emile, « Les normes d'urgence dans les Constitutions des États francophones d'Afrique noire » Annales de l'Université Marien Ngouabi, Sciences Juridiques et Politiques, volume 18, numéro 2, 2018, pp.59-67, www.annalesumg.org.

OULAYE Hubert, « La délimitation de la loi et du règlement en Côte d'Ivoire », Études et Document du Centre Ivoirien de Recherches et d'Études Juridiques (E.D.C.I.R.E.J), 1986, pp. 35-70.

OULD-BOUBOUTT Ahmed Salem, « Existe-t-il un contentieux administratif autonome en Mauritanie ? Réflexions à propos d'une décision jurisprudentielle récente », Penant, n° 786 à 787, 1985, p. 58 et s.

OULD BOUBOUTT Ahmed Salem, « La Constitution mauritanienne, toujours recommencée », RFDC, 2018/1 (n° 113), pp.75-92.

OURAGA OBOU Boniface, « Essai d'explication des crises politiques en Afrique », Revue Débats n° 1 janvier 2003 publiée par le CERAP, p.17.

PALLEZ Christophe, « Le régime juridique des ordonnances » *in* OIF/Assemblée Parlementaire de la Francophonie, Actes du Séminaire parlementaire sur les lois d'habilitation, pp.36-48.

PAMBOU-TCHVOUNDA Guillaume, « Recherche sur l'urgence en droit administratif français », RDP, 1983, pp.81-133.

PAPAGIANI Katia, « Le partage du pouvoir, les gouvernements de transition et le rôle de la médiation », *in* Médiation et facilitation dans l'espace francophone : théorie et pratique, Bruxelles, Bruylant, 2010, pp. 659-677.

PASQUINO Pasquale, « Urgence et État de droit : le gouvernement d'exception dans la théorie constitutionnelle », *Les cahiers de la sécurité intérieure*, n° 51, 1er trimestre, 2003, pp.9-27.

PECH Laurent, « Les dispositions transitoires en droit constitutionnel », RRJ, 1999, p. 1412.

PERLO Nicoletta, « Les constitutions provisoires, une catégorie normative au cœur des transitions constitutionnelles », AFDC, 2014, Atelier F « Transitions constitutionnelles », 33 p.

PERSON Yves, « L'Afrique noire et ses frontières », Revue d'études politiques africaines, août 1972, pp. 18-43.

PEZANT Jean-Louis, « Le contrôle de recevabilité des initiatives parlementaires. Éléments pour un bilan », RFSP, n° 1,1981, pp.140-171.

PEZANT Jean-Louis, « Les dispositions instituant un système de délimitation des compétences législatives et règlementaires », *in* L'écriture de la Constitution de 1958, P.U.A.M., Economica, 1992, p. 510.

PHILIPPE Xavier, « Le juge constitutionnel et la proportionnalité en Afrique du Sud », AIJC, 2010.

PINON Stéphane, « Le principe de continuité des services publics : du renforcement de la puissance étatique à la sauvegarde de l'expression démocratique », Revue interdisciplinaire d'études juridiques, 2003/2 Volume 51, pp.69 -109.

POULET-GIBOT LECLERC Nadine, « Le Conseil d'État et le contenu de la motivation des actes administratifs », Dalloz, 1992, chr. p. 61.

PRELOT Marcel, « La formation du droit des assemblées nationales »,

R.C.A.D.I, La Haye, 1961, Tome III, p.221.

RABENIRAMY Jaona, « Les forces armées et les crises politiques (1972-2002) », Politique africaine, 2002/2 n ° 86, pp. 86-102.

RAJAONO Andrianaivo Ravelona, « La juridiction constitutionnelle à Madagascar ». Annuaire International de Justice Constitutionnelle, 8-1992, 1994. Les méthodes de travail des juridictions constitutionnelles. pp. 111-157.

RAYNAUD Philippe, « Le droit et la Science politique », *Jus Politicum*, n° 2.

REYNTJENS Filip, « La production constitutionnelle en situation de crise : les cas du Rwanda et du Burundi », *in* La création du droit en Afrique, Paris, Karthala, 1997, pp.293-307.

REYNTJENS Filip, « Le *gaçaça* ou la justice du gazon au Rwanda », *in* Le droit et ses pratiques, Politique africaine, 1990, n° 49, pp. 31-41.

RIALS Stéphane, « Réflexion sur la notion de coutume constitutionnelle », Revue Administrative, 1979, p. 265 et s.

RIVERO Jean, « Les phénomènes d'imitation des modèles étrangers en droit administratif », Mélanges W-J. Ganshof Van Der Meersch, Bruxelles, Bruylant, 1972, Tome 3.

RRAPI Patricia, « "L'incompétence négative" dans la Q.P.C. : de la double négation à la double incompréhension », Nouveaux Cahiers du Conseil constitutionnel n° 34, janvier 2012.

SALAMI Ibrahim David, « Le recours pour excès de pouvoir : contribution à l'efficacité du procès administratif au Bénin (1990 — 2010) », Revue Béninoise des Sciences Juridiques et Administratives, n° 25, 2011, p. 95 et s.

SALAMI Ibrahim David, « Le chef de l'État de transition », Revue Béninoise de Sciences Politiques, vol.01, n° 01, mai 2017, pp.1-47.

SALL Alioune et FALL Ismaila Madior, « Une Constitution régionale pour l'espace CEDEAO : Le protocole sur la Démocratie et la bonne Gouvernance de la CEDEAO », www.la-constitution-en-afrique.org, (consulté le 30 juin 2020).

SAMB Moussa, « L'accès des justiciables à la justice au Sénégal », Afrique contemporaine, 2014/2, n° 250, p.82 et s.

SANTOPINTO Frédérico, « L'UE, la CEDEAO et l'observation

électorale en Afrique de l'ouest », Note d'Analyse, GRIP, 20 mai 2015,9 p, www.grip.org.

SAVADOGO Lassané, « La pratique des lois d'habilitation au Burkina Faso » *in* OIF/Assemblée Parlementaire de la Francophonie, Actes du Séminaire parlementaire sur les lois d'habilitation, Ouagadougou, 15-16 septembre 2011,90 p, disponible sur http://www.apf.francophonie.org (consulté en juin 2020).

SAVAGE Terry, « Les commissions "vérité et réconciliation" : une nouvelle approche de la vérité » *in*, *Les Cahiers de la justice* 2018/2, n° 2, pp. 323 -340.

SCHMITTER Georges, « Étendue et limites du droit au recours juridictionnel », RFDC, 2015/4, (n° 104), pp.935-952.

SCHMITTER Georges, « L'incompétence négative du législateur et des autorités administratives », AIJC, n° 5-1989-1991, pp.137-176.

SEIGNALET-MAUHOURAT François, « La valeur juridique des préambules des ordonnances royales », Revue historique de droit français et étranger, vol.84, n° 2, avril-juin 2006, pp.229-258.

SENE Biram, « Le traitement de l'exception d'illégalité en droit sénégalais », *in* Diagne Ndèye Madjiguène et Diop El Hadj Omar (dir.), Droit administratif : Convergence ou concurrence des disciplines juridiques ? Mélanges en l'honneur de Demba Sy, Presses de l'Université de Toulouse I Capitole, 2 Tomes, 2020, Tome II, pp.401-430.

SEURIN Jean-Louis, « Les origines historiques de la séparation des pouvoirs ? », *in* Mélanges Auby, Paris, 1992.

SINDJOUN Luc, « Le gouvernement de transition : éléments pour une théorie politico — constitutionnelle de l'État en crise ou en reconstruction » *in* Mélanges en l'honneur de Slobodan Milacic, Démocratie et liberté : tension, dialogue, confrontation, Bruylant, 2008, pp. 968-1011.

SOHOUENOU Epiphane, « Les catégories du bloc de constitutionnalité », Revue Constitution et Consolidation (R.C.C.), 2020, n° 2 et 3, pp.7-31.

SOMA Abdoulaye, « Réflexion sur le changement insurrectionnel au Burkina Faso », Revue CAMES, Science Juridique et Politique, n° 001, 2015.

SOMA Abdoulaye, « La séparation des pouvoirs comme droit fondamental dans le constitutionnalisme contemporain », Revue électronique Afrilex, janvier 2018.

SOMA/KABORE Valérie, « Le contrôle parlementaire du pouvoir exécutif en Afrique subsaharienne », Revue CAMES/SJP, n° 001/2017, pp.131-154.

SY Demba, « Le juge sénégalais et la création du droit administratif », *in* Dominique Darbon et Jean du Bois de Gaudusson (dir.), *La création du droit en Afrique*, Karthala, 1997, p. 401. .

SY Demba, « Un demi-siècle de jurisprudence administrative au Sénégal : de l'émergence à la maturation », *in* Alioune Sall et Ismaïla Madior Fall (dir.), Mélanges en l'honneur de Babacar Kanté, Actualité du Droit public et de la science politique en Afrique, Dakar, L'Harmattan Sénégal, 2017.

SY Pape Mamour, « Quelques remarques sur l'institution du recours pour excès de pouvoir au Sénégal depuis la création du Conseil d'État », Revue de Droit sénégalais, n° 1, 2002, p. 35-47.

SYLLA Salifou et DIOP Serigne, « Les compétences de la Cour suprême du Sénégal en matière constitutionnelle », *in* Les Cours suprêmes en Afrique (sous la direction de Jean du Bois de Gaudusson et Gérard Conac), Paris, Economica, 1988, Tome 1, pp. 325-336.

TALL Saidou Nourou, « Le statut des députés au Sénégal », Revue EDJA, n° 57, avril-mai-juin 2003, pp.51-75.

TALL Saidou Nourou, « Les ordonnances en Afrique noire francophone », Revue EDJA, n° 64, Janvier-Février-Mars 2005, pp.47-81.

TALL Saidou Nourou, « Alternances politiques et Organisations Internationales : entre alternatives, aléas et altérations », in Abdoulaye Soma (dir), Alternances politiques en Afrique : défis démocratiques et enjeux constitutionnels : actes du colloque international de la SBDC, Ouagadougou, Ed. Ronier-Tikanson, 2017, 414 p.

TALL Saidou Nourou, « La demande d'avis consultatif à la CIJ », Revue de la Recherche Juridique, Droit prospectif, PUAM, 2012/2, pp.903-936.

TALL Saidou Nourou, « La justice constitutionnelle sénégalaise et le

Droit International Public », *in* Oumarou Narey (dir.), La justice constitutionnelle. Actes du colloque de l'ANDC, Paris, L'Harmattan, 2016, pp. 21-40.

TALL Saidou Nourou, « Les références au Droit International Public dans les Constitutions du Bénin, du Sénégal et du Togo » *in* Koffi Ahadzi-Nonou, Fréderic-Joël Aivo, Dodzi Kokoroko et Adama Kpodar (dir.), Démocratie en questions, Mélanges offerts à Théodore Holo, Toulouse, Presses de l'Université Toulouse 1 Capitole, 2017, 612 p.

TANDJIP Olivier, « Les obstacles à la publicité des actes administratifs dans les États d'Afrique francophone : l'exemple du Cameroun », RJTUM (Revue juridique Thémis, Université de Montréal), 2018, n° 51-2-3, pp. 465-486.

TANKOANO Amadou, « La Constitution de la République du Niger du 12 mai 1996 », R.A.D.I.C., décembre 1997, Tome 9, n ° 4, pp. 878-893.

TCHEUWA Jean-Claude, « L'Union Africaine et les changements anticonstitutionnels de gouvernement », RRJ, Droit Prospectif, PUAM, 2009, n° 2, pp. 995-1022.

TEBOUL Gérard, « Nouvelles remarques sur la création du droit par le juge administratif dans l'ordre juridique interne », RDP, 2002, p. 1363.

THERON Sophie, « Les catégories en droit administratif », RRJ — Droit prospectif, n° 4, 2005, pp. 2309-2420.

THIRIOT Céline, « La place des militaires dans les régimes post — transition en Afrique subsaharienne : la difficile re — sectorisation », Revue Internationale de Politique Comparée, vol.15, 2008.

TIDJANI ALOU Mahaman « La justice au plus offrant : Les infortunes du système judiciaire en Afrique de l'Ouest (autour du cas du Niger) », Politique africaine n° 83 — octobre 2001, pp. 59-78.

TONI Errol, « Les principes non écrits dans la jurisprudence de la Cour constitutionnelle u Bénin », Revue Afrilex, mars 2020,30 p.

TOUSCOZ Jean, « La notion d'ordonnance », Études de Droit public, Paris, Cujas, 1964, pp.219-248.

TRIMUA Christian Eninam, « L'idée républicaine de la constitution en

Afrique noire francophone », Afrilex, Revue électronique des droits et des institutions d'Afrique, Bordeaux, mai 2015.

TROPER Michel, « La signature des ordonnances », Pouvoirs n° 41, 1987, pp.75-91.

TROPER Michel, « Réflexions autour de la théorie kelsénienne de l'État », *in* La pensée politique de Hans Kelsen, Cahiers de philosophie politique et juridique, Centre de publications de l'Université de Caen, n° 17, 1990.

TROPER Michel, « Le concept de constitutionnalisme et la théorie moderne du droit », *in* Terrence Marshall (dir.), Théorie et pratique du gouvernement constitutionnel : La France et les États-Unis, La Garenne-colombes, édit. De l'Espace Européen, Collection Droit et sciences sociales, 1992, p.35 et s.

TSHIENDA MUAMBI Richard, « L'analyse de l'ordonnance n° 15/081 du 29 octobre 2015 portant nomination des commissaires spéciaux et des commissaires spéciaux adjoints chargés d'administrer les nouvelles provinces en République Démocratique du Congo », *Afrika Focus*, Volume 30, n° 1, 2017, pp.99-116.

TUEKAM TATCHUM Charles, « Les chartes de transition dans l'ordre constitutionnel des États d'Afrique noire francophone : étude a partir des exemples du Burkina Faso et de la République centrafricaine », Revue CAMES/SJP, n° 001/2016, pp. 25-50.

VEDEL Georges, « Remarques sur la notion de clause exorbitante », *in* L'évolution du Droit public, Études en l'honneur d'Achille Mestre, Sirey, 1956, pp. 527-561.

VEDEL Georges, « Le droit, le fait et la coutume », *Le Monde* du 27 juillet 1968, p.7.

VERPEAUX Michel, « Les ordonnances de l'article 38 ou les fluctuations contrôlées de la répartition des compétences entre la loi et le règlement », *Cahiers du Conseil constitutionnel*, n° 19, janvier 2006, (Dossier : Loi et règlements).

VETTOVAGLIA Jean-Pierre, « Lignes directrices de la médiation : vade-mecum », *in* Médiation et facilitation dans l'espace francophone : théorie et pratique, Bruxelles, Bruylant, 2010, vol. I, pp. 244-274.

VIDAL-NAQUET Ariane, « L'état de la jurisprudence du Conseil constitutionnel sur l'incompétence négative », Nouveaux Cahiers du Conseil constitutionnel n° 46, janvier 2015.

VIGNON Yao, « Le Coup d'État en Afrique noire francophone », *in* Les voyages du droit, Mélanges Dominique Breillat, 2011, p. 613.

WALINE Marcel, « Les rapports entre la loi et le règlement avant et après 1958 », Revue de Droit public (RDP) 1959, p.699.

ZAKI Moussa, « Petites constitutions et droit transitoire en Afrique », RDP, n° 6, 2012, pp. 1667-1696.

ZIMMER Willy, « La loi du 3 juin 1958 : contribution à l'étude des actes préconstituants », RDP, 1995, p. 385.

ZOGO NKADA Simon-Pierre, « Le nouveau constitutionnalisme africain et la garantie des droits socioculturels des citoyens : cas du Cameroun et du Sénégal », Revue française de droit constitutionnel, 2012/4, n° 92.

III. TEXTES NATIONAUX ET INTERNATIONAUX

A) Textes nationaux africains

1) Bénin (ex-Dahomey)

Constitution du Dahomey du 28 février 1959.

Loi n° 1960-36 du 26 novembre 1960 portant Constitution de la République du Dahomey (www.sgg.gouv.bj).

Constitution du 11 janvier 1964.

Charte du 1er septembre 1966.

Constitution du 11 avril 1968.

Ordonnance du 26 décembre 1969.

Ordonnance du 7 mai 1970.

Ordonnance n° 77-42 du 9 septembre 1977 portant promulgation de 1a. Loi Fondamentale de 1a République Populaire du Bénin adoptée le 26 août 1977.

Loi n° 90-32 du 11 décembre 1990 portant Constitution de la République du Bénin.

Loi n° 2019-40 du 7 novembre 2019 portant révision de la Constitution de la République du Bénin.

Loi n° 91-009 du 04 mars 1991 portant Loi organique sur la Cour constitutionnelle, modifiée.

Ordonnance n° 1965-03 du 31 décembre 1965 relatif à l'exécution du budget national, exercice 1965, (site du Secrétariat Général du Gouvernement de la République du Bénin, www.sgg.bj [consulté en juin 2020].

Ordonnance n° 74-68 du 18 novembre 1974 portant création, attributions, composition, organisation et fonctionnement du Conseil National de la Révolution, du Bureau Politique dudit Conseil, des Conseils Provinciaux, de District, Communaux et locaux de la Révolution.

Ordonnance n° 75-56 du 14 août 1975 modifiant l'Ordonnance n° 74-68 du 18 novembre 1974.

Ordonnance n° 1978-12 du 24 mars 1978 portant loi de finances pour la gestion 1978.

Ordonnance n° 80-1 du 6 février 1980 portant formule de Prestation de Serment du Président de 1a République.

Ordonnance n° 90-001 du 1er mars 1990 abrogeant la loi fondamentale de la République Populaire du Bénin.

Ordonnance n° 1994-01 du 16 septembre 1994 portant loi de finances pour la gestion 1994.

Ordonnance n° 1996-02 du 31 janvier 1996 portant loi de finances pour la gestion 1996.

Ordonnance n° 2000-001 du 2 janvier 2000.

*2) **Burkina Faso*** (*ex*-Haute-Volta)

Constitution de la République de Haute-Volta du 19 mars 1959.

Constitution de la République de Haute-Volta du 30 novembre 1960.

Constitution de la République de Haute-Volta du 29 juin 1970.

Constitution de la République de Haute-Volta du 13 décembre1977.

Constitution du Burkina Faso du 2 juin 1991, révisée par la Loi n° 002/97/ADP du 27 janvier 1997, modifiée.

Charte de la transition signée à Ouagadougou le 13 novembre 2014.

Proclamation ayant valeur de loi du Comité Militaire présidé par le Colonel Saye Zerbo (JO de la République de Haute-Volta du 4 décembre 1980).

Proclamation du 15 octobre 1987 de Blaise Compaoré, Président du Front Populaire (JOBF, 29e année, n° 44, du 29 octobre 1987).

Loi organique n° 14/59/AL du 31 août 1959 sur l'état d'urgence.

Loi n° 020-2009/AN portant institution d'une fonction publique parlementaire au Burkina Faso (www.assembleenationale.bf).

Loi n° 023-2019/AN du 14 mai 2019 portant réglementation de l'état de siège et de l'état d'urgence au Burkina Faso.

Loi n° 036-2019 AN adoptée le 27 mai 2019 et portant ratification de l'Ordonnance n° 2018-018/PRES du 28 décembre 2018 portant autorisation de ratification de l'Accord de prêt ligne de crédit pour l'appui à quatre fonds nationaux de financement, signé le 06 décembre 2018 à Nouakchott, entre le Burkina Faso et la Banque Arabe pour le Développement Economique en Afrique.

Loi n° 037-2019 AN adoptée le 28 mai 2019 et portant ratification de l'Ordonnance n° 2018-017/PRES du 28 décembre 2018 portant autorisation de ratification des Accords de don n° D392-BF et de prêt n° 6339 — BF conclus à Ouagadougou le 21 novembre 2018 entre le Burkina Faso et l'Association internationale de développement pour le financement de la mise en œuvre du projet d'interconnexion Dorsale Nord.

Loi n° 038-2019 AN adoptée le 28 mai 2019 et portant ratification de l'Ordonnance n° 2018-001/PRES du 5 juillet 2018 portant autorisation de ratification de l'Accord de don n° D256-BF, de l'Accord de prêt n° 6160 — BF, de l'Accord de don n° TF0A6169 conclus le 11 mai 2018, à Ouagadougou entre le Burkina Faso et l'Association internationale de développement (IDA) pour le financement du Projet d'appui régional à l'initiative pour l'irrigation au Sahel, Burkina Faso (PARIIS-BF).

Loi n° 039-2019 AN adoptée le 28 mai 2019 et portant ratification de l'Ordonnance n° 2018-002/PRES du 05 juillet 2018 portant autorisation de ratification de l'Accord de prêt n° 6184 — BF conclu le 11 mai 2018 à Ouagadougou entre le Burkina Faso et l'Association internationale de développement (IDA) pour le financement additionnel du projet Pôle de croissance de Bagré.

Loi n° 041-2019 AN adoptée le 31 mai 2019 et portant ratification de l'Ordonnance n° 2018-016/PRES du 28 décembre 2018 portant autorisation de ratification de l'Accord de prêt conclu à Nouakchott le 06 décembre 2018 entre le Burkina Faso et la Banque Arabe pour le Développement Economique en Afrique, pour le financement du projet de construction et de bitumage de la route nationale n° 10 entre Tougan et Ouahigouya.

Loi n° 045-2019/AN adoptée le 11 juillet 2019 portant prorogation de la durée de l'état d'urgence, prorogée par la loi n° 001-2019/AN du 11 janvier 2019 (www.assembléenationale.bf).

Loi n ° 015-2020/AN adoptée le 5 mai 2020 portant habilitation au Gouvernement à légiférer par voie d'ordonnances dans le cadre de la lutte contre la maladie à coronavirus (COVID-19) et promulguée par décret n° 2020-0350/PRES du 14 mai 2020.

Ordonnance du 27 février 1943 prohibant la conclusion de pactes sur le règlement des indemnités dues aux victimes d'accidents.

Ordonnance du 27 juillet 1944 portant réglementation des sociétés coopératives d'information.

Ordonnance n° 1 — PRES., du 5 janvier 1966, portant suspension de la Constitution du 30 novembre 1960 et dissolution de l'Assemblée nationale (JO de la République de Haute-Volta du 6 janvier 1966).

Ordonnance n° 68-7 du 21 février 1968 portant institution d'un Code de procédure pénale.

Ordonnance n° 69-25 du 12 mai 1969 portant code de l'aéronautique civile, modifiée par l'Ordonnance 75-46 du 29 septembre 1975.

Ordonnance n° 69-33 du 1er juillet 1969 modifiant l'article 22 de la loi n° 20 AL du 31 août 1959 relative à la presse et aux délits de presse (JO de la Haute-Volta du 3 juillet 1969, p. 336).

Ordonnance n° 69-47 du 18 septembre 1969 portant loi organique relative aux lois de finances modifiée par l'Ordonnance 84-26 du 12 juin 1984.

Ordonnance n° 69-63 du 15 novembre 1969 portant détermination de l'âge du militaire lors du recrutement.

Ordonnance n° 69-68 du 12 décembre 1969 relative à la nomination et à l'attribution de l'Agent judiciaire du Trésor.

Ordonnance n° 74-56 du 26 août 1974 portant organisation du contrôle des activités des personnes morales ou physiques bénéficiant des concours financiers de la puissance publique.

Ordonnance n° 75-23 du 6 mai 1975 fixant les règles d'application des lois, ordonnances, décrets et arrêtés ministériels ainsi que des actes administratifs à caractère individuel.

Ordonnance n° 80-1CMPRN du 25 novembre 1980 portant prise du pouvoir par le Comité Militaire de Redressement pour le Progrès National, (JORHV du 4 décembre 1980, p.974).

Ordonnance n° 82-1 CPSP du 7 novembre 1982 portant prise de pouvoir par le Conseil Provisoire pour le Salut du Peuple, (JORHV, 24e année, n° 47 du 29 novembre 1982, p.1015).

Ordonnance n° 84-14 du 30 mars 1984 portant réglementation des indemnités servies aux dirigeants, au personnel d'encadrement supérieur dans les établissements publics de l'État, les sociétés d'État et les sociétés d'économie mixte.

Ordonnance n° 84-22 du 22 mai 1984 instituant les opérations sociales de lotissement des villes et localités de la Haute-Volta.

Ordonnance n° 84-55 du 15 août 1984 portant découpage du territoire national en trente provinces et deux cent cinquante départements.

Ordonnance n° 85-47 du 29 août 1985 portant réglementation des feux de brousse, de l'exploitation du bois de chauffe et du charbon de bois.

Ordonnance n° 92-53 du 21 octobre 1992 portant statut des huissiers de justice.

Ordonnance n° 2017-021/PRES du 29 décembre 2017 portant autorisation de ratification de l'accord de Service Ijarah n° 2 — BFA-1010, de l'accord de prêt n° 2 — BFA — 1010, de l'Accord de crédit-bail n° 2 BFA-1010 et de l'Accord cadre n° 2 BFA-1010 conclus le 14 octobre 2017 entre le Burkina Faso et la Banque islamique de développement (BID) pour le financement du projet de construction de la centrale électrique de 50 mégawatts de Kossodo à Ouagadougou.

Ordonnance n° 2018-007/PRES du 08 août 2018 portant autorisation de ratification de l'Accord de prêt n° 2018012/PR BF 2018 13 00 conclu le 31 mai 2018 à Lomé entre le Burkina Faso et la Banque ouest-africaines de Développement (BOAD) pour le financement partiel du projet de renforcement du réseau d'assainissement des eaux pluviales de la ville de Ouagadougou (phase 3).

Zatu an 85 — 14 du 31 décembre 1985 fixant les conditions et les tarifs de délivrance des carnets de voyage des pays membres de la CEDEAO.

Zatu an V 11 du 20 avril 1988 portant institution de la catégorie des groupements d'intérêt économique au Burkina Faso.

Zatu an V 28 du 3 août 1988 portant statut des réfugiés.

Zatu an VI 31 du 6 avril 1990 portant statut général des élèves officiers d'active des forces armées.

Zatu an VI 43 du 28 juillet 1989 portant affectation des résultats des entreprises publiques.

Zatu an VII 48 du 25 juillet 1990 portant réglementation de la profession d'artisan.

Zatu an VIII 18 du 12 février 1991 relative à la reconnaissance des organisations et partis politiques au Burkina Faso (site du Secrétariat Général du Gouvernement et du Conseil des ministres : www.sggcm.gov.bf, consulté en juin 2020)..

Décret n° 2020-0239/PRES du 30 mars 2020 instituant l'état d'alerte sanitaire sur toute l'étendue du territoire national.

Décret n° 2020-0240/PRES/PM/MS/MDNAC MSSECU/MINEFID du 30 mars 2020 portant mise en quarantaine des villes ayant au moins un cas positif de COVID-19.

Décret n° 2020-0271 du 15 avril 2020 portant Mesures spéciales de la réduction de la propagation du COVID-19.

Décret n° 2020-0325/PRES du 4 mai 2020 portant suspension de la mise en quarantaine des villes ayant au moins un cas positif de COVID-19.

3) Burundi

Constitution de la République du Burundi du 18 mars 2005.

Constitution de la République du Burundi du 7 juin 2018 portant révision de la Constitution du 18 mars 2005.

Ordonnance ministérielle n° 540/373 du 08 avril 2020 portant détermination des frais de test de dépistage à la COVID-19.

4) Cameroun

Constitution de la République du Cameroun du 4 mars 1960 révisée par la Constitution de la République Fédérale du Cameroun (loi n° 61-24 du 1er septembre 1961).

Constitution de la République du Cameroun du 2 juin 1972, révisée par la loi n° 96-06 du 18 janvier 1996.

Loi n° 2016/011 du 27 octobre 2016 modifiant et complétant certaines dispositions de la Loi n° 2013/006 portant Règlement intérieur du Sénat (www.camerlex.com, consulté en juillet 2020).

Loi n° 2017/007 du 12 juillet 2017 portant ratification de l'Ordonnance n° 2017/001 du 17 mai 2017 modifiant et complétant certaines dispositions de la loi n° 2016/018 du 14 janvier 2016 portant loi de finances de la République du Cameroun pour l'exercice 2017.

Ordonnance n° 62/OF/4 du 07 février 1962 portant régime financier de la République Fédérale du Cameroun, modifiée par la loi n° 2002/001 du 19 avril 2002.

Ordonnance n° 2020/001 du 03 juin 2020 modifiant et complétant certaines dispositions de la loi n° 2019/023 du 24 décembre 2019 portant loi de finances de la République du Cameroun pour l'exercice 2020.

5) Comores

Constitution de l'Union des Comores du 23 décembre 2001 révisée par la loi référendaire du 23 novembre 2009 et promulguée par décret n° 09-066/PR du 23 mai 2009.

Constitution de l'Union des Comores adoptée par référendum du 30 juillet 2018.

Ordonnance n° 20-001/PR du 02 janvier 2020 portant budget de l'État au titre de l'année 2020 (www.droit- afrique.com).

6) Congo

Constitution de la République du Congo du 02 mars 1961.

Constitution de la République du Congo du 08 décembre 1963.

Constitution de la République du Congo du 24 juin 1973.

Constitution de la République du Congo du 15 mars 1992.

Acte fondamental du 24 octobre 1997.

Constitution de la République du Congo du 20 janvier 2002.

Constitution de la République du Congo du 6 novembre 2015.

Loi n° 15-2020 du 20 avril 2020 autorisant la prorogation de l'état d'urgence sanitaire en République du Congo.

Loi n° 21-2020 du 8 mai 2020 déterminant les conditions de mise en œuvre de l'état d'urgence et de l'état de siège en République du Congo.

Loi n° 22-2020 du 9 mai 2020 autorisant la prorogation de l'état d'urgence sanitaire en République du Congo.

Loi n° 25-2020 du 30 mai 2020 autorisant la prorogation de l'état d'urgence sanitaire en République du Congo.

Loi n° 31-2020 du 19 juin 2020 autorisant la prorogation de l'état d'urgence sanitaire en République du Congo.

Loi n° 34-2020 du 8 juillet 2020 autorisant la prorogation de l'état d'urgence sanitaire en République du Congo.

Loi n° 35-2020 du 28 juillet 2020 autorisant la prorogation de l'état d'urgence sanitaire en République du Congo.

Loi n° 42-2020 du 18 août 2020 autorisant la prorogation de l'état d'urgence sanitaire en République du Congo.

Loi n° 44-2020 du 7 septembre 2020 autorisant la prorogation de l'état d'urgence sanitaire en République du Congo.

Loi n° 51-2020 du 26 septembre 2020 autorisant la prorogation de l'état d'urgence sanitaire en République du Congo.

Loi n° 55-2020 du 17 octobre 2020 autorisant la prorogation de l'état d'urgence sanitaire en République du Congo.

Loi n° 56-2020 du 6 novembre 2020 autorisant la prorogation de l'état d'urgence sanitaire en République du Congo.

Ordonnance n° 4-2001 du 5 février 2001 fixant statut général des militaires et des gendarmes.

Ordonnance n° 6-2001 du 5 février 2001 modifiant et complétant les dispositions de l'Ordonnance n° 30-71 du 6 décembre 1971 portant création de la Caisse congolaise d'amortissement des emprunts souscrits par la République Populaire du Congo.

Ordonnance n° 7-2001 du 5 février 2001 portant règlement de la dette commerciale extérieure.

Décret n° 2020-63 du 23 mars 2020 relatif à la gestion financière et comptable des opérations liées au COVID-19 (JO 2020-14).

Décret n° 2020-93 du 30 mars 2020 portant déclaration sur l'état d'urgence sanitaire en République du Congo.

Décret n° 2020-148 du 11 juin 2020 portant attributions, organisation et fonctionnement du Comité technique national de riposte à la pandémie du coronavirus (www.droit-afrique.com).

7) Côte d'Ivoire

Loi n° 60-356 du 3 novembre 1960 portant Constitution de la République de Côte d'Ivoire.

Acte constitutionnel du 27 décembre 1999.

Ordonnance n° 01/99 PR du 27 décembre 1999 portant suspension de la Constitution et organisation provisoire des pouvoirs publics, Journal officiel de la République de Côte d'Ivoire, n° 1 spécial du jeudi 13 janvier 2000.

Loi n° 2000-513 du 1er août 2000 portant Constitution de la

République de Côte d'Ivoire.

Loi n° 2016-886 du 8 novembre 2016 portant Constitution de la République de Côte d'Ivoire, (JORCI, 58éme année, n° 16, numéro spécial du mercredi 9 novembre 2016, pp.129-142).

Loi constitutionnelle n° 2020-348 du 19 mars 2020 modifiant la Loi n° 2016-886 du 8 novembre 2016 portant Constitution de la République de Côte d'Ivoire, (JORCI, 62éme année, n° 23, numéro spécial du jeudi 19 mars 2020, pp.329-333).

Décision n° 2008-15/PR du 14 avril 2008 portant modalités spéciales d'ajustements du Code Electoral.

Décision n° 001/PR du 03 octobre 2011 relative aux ordonnances du Président de la République.

Loi organique n° 59-249 du 31 décembre 1959 sur les lois de finances (JORCI, numéro spécial du 1er janvier 1960, p.35).

Ordonnance n° 2009-367 du 12 novembre 2009 relative à la lutte contre le financement du terrorisme dans les États membres de l'UEMOA.

Ordonnance n° 2011-382 du 10 novembre 2011 modifiant les articles 80, 82 et 100 de l'Ordonnance n° 2008-133 du 14 avril 2008 portant ajustements du Code électoral pour les Elections législatives de sortie de crise, tels que modifiés par l'Ordonnance n° 2011-352 du 24 octobre 2011 et l'article 98 de la loi n° 2000-514 du 1er août 2000 portant Code Electoral.

Ordonnance n° 2011-474 du 21 décembre 2011 modifiant la loi n° 2004-644 du 14 décembre 2004 portant régime juridique de la communication audiovisuelle.

Ordonnance n° 2013-660 du 20 septembre 2013 relative à la prévention et à la lutte contre la corruption et les infractions assimilées (JORCI du 25 septembre 2013).

Ordonnance n° 2013-662 du 20 septembre 2013 relative à la concurrence (JORCI du 25 septembre 2013).

Ordonnance n° 2015-182 du 24 mars 2015 instituant un identifiant unique pour l'immatriculation des entreprises en Côte d'Ivoire.

Ordonnance n° 2020-357 du 08 avril 2020 portant Mesures fiscales dans le cadre du plan de riposte à la pandémie du coronavirus.

Ordonnance n° 2020-440 du 06 mai 2020 portant Pénalités de retard en matière de marchés et commandes publics.

Arrêté n° 0015/MT du 14 avril 2020 portant réglementation de la circulation en période de lutte contre le COVID-19.

8) Djibouti

Constitution de la République de Djibouti du 4 septembre 1992.

Loi constitutionnelle du 21 avril 2010 portant révision de la Constitution de la République de Djibouti du 4 septembre 1992, (www.presidence.dj/jo/texte).

Décret n° 2020-066/PRE du 26 mars 2020 portant mise en place d'un cadre institutionnel de gestion de crise liée à la pandémie du COVID-19.

Décret n° 2020-073/PR/PM du 9 avril 2020 modifiant certaines dispositions du Décret n° 2020-068/PR/MEFI du 31 mars 2020 portant création du Fonds d'Urgence et de Solidarité (COVID-19), (JO 2020-07).

Décret n° 2020-078/PRE du 30 avril 2020 portant Prolongation des mesures exceptionnelles contre le COVID-19, édictées par le Décret n° 2020-074/PRE du 15 avril 2020 (www.droit-afrique.com).

9) Gabon

Constitution de la République Gabonaise du 19 février 1959.

Constitution de la République Gabonaise du 14 novembre 1960.

Constitution de la République Gabonaise du 21 février 1961.

Constitution de la République Gabonaise de 1961 révisée le 31 mai 1963, (www.legigabon.com).

Loi n° 003/91 du 26 mars 1991 portant Constitution de la République du Gabon, modifiée par la loi n° 047/2010 du 12 janvier 2011, révisée par la loi n° 001-2018 du 12 janvier 2018 (JORG du 24 au 31 janvier 2018, n° 382, p.3711).

Loi n° 046/2020 du 11 janvier 2021 portant révision de la Constitution de la République gabonaise, *Journal officiel de la République gabonaise*, n° 98, Quinquies, du 15 janvier 2021, pp. 1-7.

Loi organique n° 9.91 du 26 septembre 1991 sur la Cour constitutionnelle, modifiée par l'Ordonnance n° 00005/PR.2018 du 26 janvier 2018.

Loi n ° 29/82 du 24 janvier 1983 autorisant le Président de la République à légiférer par ordonnances pendant la période de l'intercession, (JO n° 5 et 6 des 1er et 15 mars 1983, p.1).

Ordonnance n° 0023/PR/2007 du 21 août 2007 fixant le régime des prestations familiales des Gabonais économiquement faibles (www.droit-afrique.com).

Décret n° 00100/PR/PM du 10 avril 2020 portant déclaration sur l'état d'urgence en République Gabonaise (JORG du 16 au 23 avril 2020, n° 63, p.635).

Décret n° 00106/PR/MEFPTFPDS du 10 avril 2020 désignant les services essentiels du secteur public, parapublic et privé d'astreinte pendant l'état d'urgence lié au COVID-19 (JORG, n° 63, p.641).

Décret n° 00108/PR/MS du 10 avril 2020 instituant un dépistage de masse au COVID-19 en République Gabonaise (JORG du 16 au 23 avril 2020, n° 63, p.643).

Décret n° 00109/PR/ MEFPTFPDS du 10 avril 2020 portant dérogation au temps de travail pendant la période de l'état d'urgence (JORG, n° 63, p.642).

10) Guinée

Constitution de la République de Guinée du 10 novembre 1958 (www.univ-perp.fr/constit/gn1958.htm).

Communiqué n° 1 du 3 avril 1984 du Général Lassana CONTE annonçant la prise du pouvoir par l'armée et créant le Comité Militaire de Redressement National (CMRN).

Constitution de la République de Guinée du 23 décembre 1990, révisée.

Communiqué n° 001/CNDD/2008 du 23 décembre 2008, portant prise effective du pouvoir par le Conseil National pour la Démocratie et le Développement (CNDD), suspension de la Constitution et dissolution du Gouvernement.

Constitution de la République de Guinée promulguée par décret D/068/PRG/CNDD/SGPRG/2010 du Conseil National de Transition le 19 avril 2010.

Constitution Guinéenne de la IVe République du 06 avril 2020 (JORG, numéro spécial du 14 avril 2020).

Ordonnance n° 009/PRG/84 du 18 avril 1984.

Ordonnance n° 002/PRG/86 du 25 mars 1986 portant réorganisation territoriale de la République de Guinée et institution des collectivités décentralisées.

Ordonnance n° 030/PRG/88 du 15 juin 1988 portant Principes fondamentaux de création, d'organisation et de contrôle des structures des services publics.

Ordonnance n° 002/PRG/SGG/ 89 du 05 janvier 1989 portant statut particulier de la Ville de Conakry.

Ordonnance n° 006/PRG/CNDD/2008 du 29 décembre 2008, portant création d'un poste de Premier ministre.

Ordonnance n° 001/PRG/CNDD/SGPRG/2010 du 09 février 2010, portant création du Conseil National de la Transition (CNT).

Ordonnance n ° 006/PRG/CNDD/SGPRG/2010 du 05 mai 2010, portant attributions et composition du Conseil National de la Transition (CNT).

Ordonnance 2020/001/PRG/SGG du 29 janvier 2020 portant dispositions relatives au référendum, (J.O.R.G., numero spécial, janvier 2020, p.34 et s).

11) Madagascar

Constitution de la République de Madagascar du 29 avril 1959.

Constitution de la République de Madagascar du 31 décembre 1975.

Convention du 31 octobre 1991.

Constitution de la République de Madagascar adoptée par référendum du 19 août 1992 et promulguée le 18 septembre 1992.

Constitution de la République de Madagascar du 11 décembre 2010 (IVe République), (Textes disponibles sur www.mjp.univ-perp.fr/constit/mg.htm).

Ordonnance n° 88-015 du 1er septembre 1988 relative à la Politique d'exportation de la République Démocratique de Madagascar, (disponible sur www.ambassade-madagascar.ch.).

Ordonnance n° 2001-002 du 31 août 2001 portant loi organique relative à l'élection du Président de la République, (www.elsa.org.za [consulté en juin 2020].

Ordonnance n° 2001-003 du 18 novembre 2001 portant loi organique relative à la Haute Cour constitutionnelle.

Ordonnance n° 2010-006 du 6 septembre 2010 portant loi de

finances rectificative pour 2010, signée par le Président de la Haute Autorité de la Transition.

Ordonnance n° 2018-001 du 26 décembre 2018 portant loi de finances pour 2019, [signée par le Président du Sénat, Président de la République par intérim Rakotovao Rivo].

12) Mali

Fédération du Mali (Sénégal et Soudan français) Ordonnance-loi n° 5 du 22 décembre 1959 fixant le mode de rémunération des représentants fédéraux et décret de promulgation n° 59-325 du 31 décembre 1959, Journal Officiel de la République du Mali n° 43 du 16 janvier 1960.

République du Mali

Constitution de la République du Mali du 22 septembre 1960.

Proclamation du Lieutenant Moussa Traoré, *in* Le Mali, Notes et Études Documentaires n° 4081-4083, Paris, La Documentation française, 22 avril 1974.

Constitution de la République du Mali du 2 juin 1974.

Constitution de la République du Mali adoptée par référendum du 12 janvier 1992 et promulguée par décret n° 92-073/P-CTSP du 27 février 1992.

Adresse à la Nation du CNSP lors de sa prise du pouvoir le 18 août 2020.

Déclaration du 19 août 2020 portant création du Comité National pour le Salut du Peuple.

Acte Fondamental n° 001/CNSP du 24 août 2020 pour l'organisation provisoire des pouvoirs publics (JORM, spécial n° 15 du 27 août 2020).

Charte de la Transition adoptée par les Forces vives de la Nation le 12 septembre 2020 et promulguée par décret n° 2020-072 du 1er octobre 2020, (JORM, 61e année, spécial n° 17,1 ^er^ octobre 2020, p.1).

Ordonnance n° 16 – PC du 27 septembre 1960 portant création d'un service des douanes en République du Mali (JO n° 67 du 15 octobre 1960).

Ordonnance n° 1 – CMLN du 18 janvier 1974 portant loi de finances pour l'année budgétaire 1974 (JO du Mali du 1er février 1974, p.81).

Ordonnance n° 28 CMLN du 31 juillet 1974 portant création de l'usine céramique du Mali (UCEMA), (JORM du 15 août 1974, p. 656).

Ordonnance n° 51 CMLN du 8 septembre 1974 abrogeant et remplaçant l'article 76 de la Constitution du 2 juin 1974 (Journal officiel de la République du Mali du 1er octobre 1975, p. 1301).

Ordonnance n° 49 CMLN du 12 novembre 1974 portant création de la chambre de commerce et d'industrie du Mali (JORM du 1er décembre 1974, p. 902).

Ordonnance n° 1CMLN du 2 janvier 1975 portant loi de finances pour l'année budgétaire 1975 (JORM du 15 mars 1975, p.1028).

Ordonnance n° 53 CMLN du 25 septembre 1975 portant application de l'article 76 de la Constitution (JORM du 15 octobre 1975, p. 1320).

Ordonnance n° 91/075/PCTSP du 8 avril 1991 autorisant la création des partis politiques.

Ordonnance n° 2020-02/P-CNSP du 11 septembre 2020 portant modification de la loi n° 2018-007 du 16 janvier 2018 portant statut du personnel enseignant de l'enseignement secondaire, de l'enseignement fondamental et de l'éducation préscolaire et spéciale, (JORM, 61e année, spécial n° 16,11 septembre 2020, p.7).

13) Mauritanie

Constitution de la République Islamique de Mauritanie du 22 mars 1959.

Constitution de la République Islamique de Mauritanie de 1959 modifiée le 26 novembre 1960.

Constitution de la République Islamique de Mauritanie du 20 mai 1961.

Charte constitutionnelle du 9 février 1985 (Comité Militaire de Salut National).

Constitution de la République Islamique de Mauritanie du 20 juillet 1991.

Déclaration du Conseil Militaire pour la Justice et la Démocratie, 3 août 2005.

Ordonnance n° 001.2005 du 6 août 2005, portant promulgation de la Charte constitutionnelle définissant l'organisation et le fonctionnement des pouvoirs publics constitutionnels pendant la période transitoire.

Constitution de la République Islamique de Mauritanie de 1991 révisée le 15 août 2017.

Ordonnance n° 90.02 du 30 janvier 1990 portant Organisation de l'Administration Territoriale.

Ordonnance n° 90-09 du 4 avril 1990 portant Statut des Établissements Publics et des Sociétés à capitaux publics, et régissant les relations de ces Entités avec l'État, (République Islamique de Mauritanie, Recueil des textes applicables aux Collectivités Territoriales, ministère de l'Intérieur et de la Décentralisation, juillet 2019, 970 p).

Ordonnance n° 04/92 du 18/02/1992 portant loi organique sur le Conseil constitutionnel de la République Islamique de Mauritanie.

Ordonnance n° 2006-029 du 22 août 2006, portant loi organique relative à la promotion de l'accès des femmes aux mandats électoraux et aux fonctions électives, modifiée par la loi organique n° 2012-032 du 12 avril 2012.

Ordonnance n° 020/2007 du 13 mars 2007 portant réglementation des établissements de crédit en Mauritanie.

14) Niger

Constitution de la République du Niger du 8 novembre 1960.

Proclamation du Lieutenant-colonel Seyni Kountché du 15 avril 1974.

Constitution de la République du Niger du 24 septembre 1989.

Acte fondamental n° 1/CN du 30 juillet 1990, portant statut de la Conférence nationale.

Acte n ° III/CN du 9 août 1991, proclamant les attributs de la souveraineté de la Conférence nationale au Niger.

Constitution de la République du Niger du 26 décembre 1992.

Constitution de la République du Niger du 12 mai 1996.

Proclamation des Forces Armées Nigériennes de 1999 (Journal officiel de la République du Niger, Spécial numéro 6 du 13 avril 1999, p. 139 et s.).

Ordonnance n° 99-001 du 11 avril 1999 portant organisation des pouvoirs publics pendant la période de transition (JO du 13 avril 1999, p. 140).

Constitution de la République du Niger du 18 juillet 1999, promulguée par le décret n° 99-320/PCRN du 9 août 1999 (Constitution à jour au 22 septembre 2004 avec intégration de la révision opérée par Loi n° 2004-15 du 13 mai 2004, JORN, spécial n° 7 du 14 mai 2004).

Constitution de la République du Niger approuvée par référendum du 4 août 2009.

Proclamation des Forces Armées Nigériennes du 18 février 2010.

Ordonnance n° 2010-001 du 22 février 2010 portant organisation des pouvoirs publics pendant la période de transition, modifiée par l'Ordonnance n° 2010-005 du 30 mars 2010.

Constitution de la République du Niger approuvée par référendum du 31 octobre 2010 promulguée le 25 novembre 2010 (VIIe République) et révisée par la loi constitutionnelle n° 2017-50 du 6 juin 2017.

Loi n° 60-12 du 12 mai 1960 ratifiant l'Ordonnance n° 60-22 du 22 janvier 1960 portant adaptation des amendes pénales (*JORN* n° 6 du 1er juin 1960).

Loi n° 93-007 du 3 décembre 1993 portant ratification de l'Ordonnance n° 93-001 du 10 août 1993 portant loi de finances pour l'année budgétaire 1993 (JORN du 15 janvier 1994, p.31).

Ordonnance n° 95-01 du 11 janvier 1995 portant adoption d'un douzième provisoire pour janvier 1995, au titre du budget de l'année 1995 (JORN du 1er février 1995, p.96).

Ordonnance n° 96-21 du 19 mai 1996 portant composition de la Chambre constitutionnelle de la Cour suprême pendant la période de transition.

Ordonnance n° 99-03 du 14 avril 1999 relative à la neutralité des membres du gouvernement, des Secrétaires généraux des ministères et de certains cadres de l'administration territoriale pendant la période de transition, (Journal officiel de la République du Niger, 1er juin 1999, p. 376).

Ordonnance n° 99-59 du 20 décembre 1999 portant Charte des partis politiques.

Ordonnance n° 99-60 du 20 décembre 1999 portant statut de l'opposition.

Ordonnance n° 99-67 du 20 décembre 1999 portant régime de liberté de la presse (Journal officiel de la République du Niger, Spécial n° 1 du 27 janvier 2000).

Ordonnance n° 2009-16 du 6 novembre 2009 portant loi de finances pour l'année budgétaire 2010 (JORN, n° 21, édition spéciale, 24 décembre 2009, p.312).

Ordonnance n° 2010-84 du 16 décembre 2010 portant charte des partis politiques.

Ordonnance n° 2010-85 du 16 décembre 2010 portant statut de l'Opposition au Niger.

15) RCA

Constitution de la République Centrafricaine du 18 février 1959.

Constitution de la République Centrafricaine du 26 novembre 1964 (Ire République).

Acte constitutionnel n° 2 du 8 janvier 1966.

Constitution de l'Empire Centrafricain du 4 décembre 1976.

Acte constitutionnel n° 2 du 21 septembre 1979 (IIe République).

Constitution de la République Centrafricaine du 5 février 1981.

Acte constitutionnel n° 1 du 1er septembre 1981.

Acte Constitutionnel n° 2 du 22 septembre 1981.

Acte constitutionnel n° 1 de 1985.

Constitution de la République Centrafricaine du 28 novembre 1986 (IIIe République).

Constitution de la République Centrafricaine approuvée par référendum le 28 décembre 1994 et promulguée le 14 janvier 1995 (IVe République).

Constitution de la Transition du 6 mars 2003.

Acte fondamental n° 1 du 15 mars 2003 et Acte constitutionnel n° 2 du 15 mars 2003.

Constitution de la République Centrafricaine du 27 décembre 2004 (Ve République).

Actes Constitutionnels n° 1 et n° 2 du 26 mars 2013 portant organisation provisoire des pouvoirs de l'État.

Loi n° 13.001 portant Charte constitutionnelle de transition de la République Centrafricaine adoptée par le Conseil national de transition le 18 juillet 2013.

Constitution de la République Centrafricaine du 30 mars 2016 (J.O.R.CA, édition spéciale, n° 3).

Ordonnance n° 76/030 du 24-3-76 portant ratification de l'Accord de Prêt conclu le 20 octobre 1975 entre le Gouvernement de la République Centrafricaine et le Fonds Africain de Développement (JORCA, 18e année, n° 5, mai 1976, p.265).

Ordonnance n° 76/034 du 24-3-76 modifiant les dispositions de l'article premier de la Loi n° 63/449 du 3-1-64 rendant libre la circulation des Ressortissants des États membres de la Communauté Economique Européenne (République Fédérale d'Allemagne, France, Italie, Luxembourg et Pays-Bas), des États membres de l'Union Douanière et Economique d'Afrique Centrale (République Populaire du Congo, République du Gabon, République du Tchad, République unie du Cameroun), République du Zaïre et État d'Israël (J.O.R.C.A, 18e année, n° 5, mai 1976, p.265).

Ordonnance n° 76/038 du 27 avril 1976 autorisant le Président à vie de la République à ratifier l'Accord International de 1968 sur le café renouvelé le 30-9-75, (JORCA, 18e année, n° 5, mai 1976, p.265 et s).

Ordonnance n° 79/016 du 6 février 1979 portant modification du Code Minier Centrafricain (www.ecolex.org et www.droit-afrique.com).

Ordonnance n° 83.016 du 10 février 1983 portant création d'un Haut-commissariat aux Mines et à la Géologie (www.ecolex.org et www.droit-afrique.com).

Ordonnance n° 83.024 du 25 mars 1983 fixant les conditions de possession et de détention et réglementant l'exploitation et le commerce de l'or et des diamants bruts, (disponible sur le site : www.droit-afrique.com ou sur le site : www.ecolex.org, consultés en juin 2020).

Ordonnance n° 05-007 du 02 juin 2005 relative aux partis politiques et au statut de l'opposition en République Centrafricaine.

16) R.D.C. (ex-Zaire)

Constitution de la République du Congo du 1er août 1964 dite « *Constitution de Luluabourg* ».

Constitution de la République Démocratique du Congo du 24 juin 1967, dite « *Constitution révolutionnaire* ».

Loi n° 74/020 du 15 août 1974 de la République du Zaïre portant révision de la Constitution du 24 juin 1967.

Acte constitutionnel de la Transition de la République du Zaïre du 9 avril 1994.

Décret-loi constitutionnel n° 3 du 28 mai 1997.

Constitution de transition du 4 avril 2003 adoptée sur la base du Projet de Constitution souscrit à Pretoria le 6 mars 2003.

Constitution de la République Démocratique du Congo du 18 février 2006.

Loi n° 11/002 du 20 janvier 2011 portant révision de la Constitution de la République Démocratique du Congo du 18 février 2006.

Loi n° 69-29 du 29 avril 1969 relative à l'état d'urgence et à l'état de siège.

Ordonnance-loi du 22 mars 1966 accordant le pouvoir législatif au Président de la République Zaïroise.

Ordonnance-loi du 6 avril 1966 sur la réorganisation territoriale.

Ordonnance-loi n ° 82-017 du 31 mars 1982 relative à la procédure devant la Cour suprême de justice (JO du Zaïre n° 7, du 1er avril 1982).

Ordonnance-loi n ° 86-028 du 5 avril 1986 sur les investissements (JO du Zaïre, n° Spécial, avril 1986, p.5-27).

Ordonnance-loi n ° 88-056 du 29 septembre 1988 sur le Statut des magistrats (JO du Zaïre, numéro spécial, septembre 1988, pp. 15-19).

Ordonnance n° 15/015 du 21 mars 2015 fixant les attributions des ministères (JORDC du 27 mars 2015).

Décret-loi n° 081 du 2 juillet 1998 portant organisation territoriale et administrative de la République Démocratique du Congo, *in* Agence Congolaise de Presse, Bulletin quotidien du 11 juillet 1998, pp. 1-50.

Décret-loi n° 01/2001 du 17 mai 2001 portant organisation et fonctionnement des partis et regroupements en République Démocratique du Congo.

Ordonnance-loi n ° 18-003 du 13 mars 2018 fixant la nomenclature des impôts, droits, taxes et redevances du pouvoir central.

Ordonnance-loi n° 18-004 du 13 mars 2018 fixant la nomenclature des impôts, droits, taxes et redevances de la province et de l'entité territoriale décentralisée ainsi que les modalités de leur répartition.

Ordonnance n° 20/014 du 24 mars 2020 portant proclamation de l'état d'urgence sanitaire pour faire face à l'épidémie de COVID 19, JORDC, numéro spécial du 16 avril 2020, p.12 et s.

17) Rwanda

Constitution de la République du Rwanda du 24 novembre 1962.

Constitution de la République du Rwanda adoptée par référendum le 17 décembre 1978 et promulguée le 20 décembre 1978.

Constitution de la République du Rwanda du 10 juin 1991.

Loi Fondamentale de la République rwandaise du 17 juillet 1994 (J. O., n° 11 du 1er juin 1995, p. 3).

Constitution de la République du Rwanda du 26 mai 2003.

Constitution de 2003 révisée le 24 décembre 2015.

18) Sénégal

Constitution de la République du Sénégal du 24 mai 1959.

Constitution de la République du Sénégal du 26 août 1960.

Constitution de la République du Sénégal du 7 mars 1963.

Constitution de la République du Sénégal du 22 janvier 2001. .

Loi constitutionnelle n° 2019-10 du 14 mai 2019 portant révision de la Constitution de 2001 (JORS n ° 7181 du 20 mai 2019, p.917).

Loi organique n° 92-23 du 30 mai 1992 relative au Conseil constitutionnel, modifiée par la loi organique n° 2016-23 du 14 juillet 2016 (JORS n° 6946 du 15 juillet 2016).

Loi organique n° 2019-14 du 28 octobre 2019 modifiant et complétant la loi n° 2002-20 du 15 mai 2002, modifiée, portant Règlement intérieur de l'Assemblée nationale, (JORS n° 7219, numéro spécial du mardi 29 octobre 2019).

Loi organique n° 2020-07 du 26 février 2020 abrogeant et remplaçant la loi organique n° 2011-15 du 08 juillet 2011 relative aux lois de finances, modifiée par la loi organique n° 2016-34 du 23 décembre 2016 (www.droit-afrique.com).

Loi n° 60-43 ALS du 20 août 1960 (JORS du 24 août 1960, p.857.

Loi n° 89-40 du 26 décembre 1989 portant ratification de l'ordonnance n° 89-30 du 25 août 1989 portant abaissement du taux majoré de la taxe sur la valeur ajoutée et modifiant la liste des produits éligibles à ce taux [JORS du 3 février 1990, p.88].

Loi n° 2020-13 du 02 avril 2013 habilitant le Président de la République à prendre par ordonnances des mesures relevant du domaine de la loi pour faire face à la pandémie du COVID-19 [JORS n° 7296, numéro spécial du vendredi 3 avril 2020].

Loi n° 2021-18 du 19 janvier 2021 relative à l'état d'urgence, l'état de siège et l'état de catastrophe sanitaire, modifiant la loi n° 69-29 du 29 avril 1969 relative à l'état d'urgence et à l'état de siège.

Loi n° 2021-21 du 02 mars 2021 fixant les règles d'applicabilité des lois, des actes administratifs à caractère règlementaire, des actes administratifs à caractère individuel [JORS n° 7409 du 20 mars 2021, p.303].

Ordonnance n° 59-037 du 31 mars 1959 portant fixation des conditions et modalités d'exercice du pouvoir réglementaire.

Ordonnance 60-01MF du 20 août 1960 relative au fonctionnement du Trésor sur le territoire du Sénégal.

Ordonnance n° 60-02 MF du 20 août 1960 portant création d'un service des douanes de la République du Sénégal.

Ordonnance n° 60-03 MJ du 20 août 1960 portant modification de la formule exécutoire.

Ordonnance 60-04 MF du 20 août 1960 portant deuxième remaniement du budget de la République du Sénégal, exercice 1960 [JORS 24 août 1960, pp. 859-860].

Ordonnance n° 60-15 PCG du 3 septembre 1960 relative aux nominations par décret du Président de la République en Conseil des ministres [JORS du 10 septembre 1960, p. 911].

Ordonnance n° 60-18 MF du 21 septembre 1960 relative aux frais de représentation du Président de la République du Sénégal [JORS du 24 septembre 1960, p. 971].

Ordonnance n° 63-02 du 6 juin 1963 relative à l'élection des députés à l'Assemblée nationale [JORS du 15 juin 1963, p. 795].

Ordonnance n° 63-07 du 26 juin 1963 portant modification de la loi organique sur la Cour suprême [JORS du 13 juillet 1963, p.915].

Ordonnance n° 2001-04 du 15 février 2001 relative au cautionnement, au dépôt des candidatures et à la distribution des cartes d'électeur pour l'élection des députés à l'Assemblée nationale [JORS du 15 février 2001, p. 83].

Ordonnance n° 001-2020 du 08 avril 2020 portant Mesures dérogatoires au licenciement et au chômage technique.

Ordonnance n° 002-2020 du 23 avril 2020 relative aux mesures fiscales en soutien aux entreprises dans le cadre de la pandémie du COVID-19.

Commission des délégations de l'Assemblée nationale, Délibération n° 3 du 27 août 1962 instituant une hypothèque forcée sur les biens des comptables publics.

Commission des délégations de l'Assemblée nationale, Délibération n° 4 du 27 août 1962 relative à la taxe sur le chiffre d'affaires [JORS du 8 septembre 1962, p.1478].

Décret n° 60-032SG du 16 janvier 1960 de promulgation de la loi sénégalaise n° 60-008 portant ratification de l'Ordonnance n° 59-025 du 18 mars 1959 créant un commissariat à l'urbanisme et à l'habitat [JORS Spécial n° 3355 du 29 janvier 1960].

Décret n° 2020-884 du 1er avril 2020 portant création et fixant les règles d'organisation et de fonctionnement du Fonds de Riposte et de Solidarité contre les Effets du COVID — 19 dénommé « FORCE COVID 19 ».

Décret n° 2020-965 du 17 avril 2020 portant création et fixant les règles d'organisation et de fonctionnement du Comité de suivi de la mise en œuvre des opérations du « FORCE COVID-19 », [site du Secrétariat Général du Gouvernement : www.sec.gouv.sn, consulté en novembre 2020].

Décret n° 2021-66/PR du 22 janvier 2021 proclamant l'état de catastrophe sanitaire dans les Régions de Dakar et de Thiès.

19) Tchad

Constitution de la République du Tchad du 28 novembre 1960.

Charte nationale provisoire adoptée le 28 février 1991 par le Conseil National du Salut.

Charte de la Transition de janvier 1993 adoptée par la Conférence nationale souveraine et promulguée le 5 avril 1993.

Constitution de la République du Tchad adoptée par référendum le 31 mars 1996 et promulguée du 14 avril 1996.

Constitution de la République du Tchad du 18 mai 2018.

Constitution de la République du Tchad de 2018 révisée par la Loi constitutionnelle n° 017/PR/2020 du 14 décembre 2020.

Ordonnance n° 001/2021/CMT/PCMT portant promulgation de la Charte de Transition de la République du Tchad du 21 avril 2021 (www.presidence.td).

Loi n ° 40/61 du 15 décembre 1961 habilitant le gouvernement à légiférer par ordonnances pendant l'intercession parlementaire 1961-1962 (JO du Tchad du 1er janvier 1962, p.3).

Ordonnance n° 1/EC du 13 janvier 1962 portant création de la Banque de Développement du Tchad (JO du 1er février 1962, p.84).

Ordonnance n° 044/INT/SUR du 27 octobre 1962 relative à l'état d'urgence.

Décret n° 0708/PR/2020 du 25 avril 2020 portant institution de l'état d'urgence sanitaire en République du Tchad.

Décret n° 1001/PR/2020 du 13 mai 2020 portant création du Comité de gestion de la crise sanitaire.

20) Togo

Constitution de la République Togolaise du 15 avril 1961 (www.jo.gouv.tg).

Constitution de la République Togolaise du 5 mai 1963.

Constitution de la République Togolaise adoptée par référendum du 30 décembre 1979 et promulguée le 9 janvier 1980.

Constitution de la République Togolaise du 14 octobre 1992.

Loi constitutionnelle n° 2019-003 du 14 mai 2019 portant révision de la Constitution de la République Togolaise du 14 octobre 1992 (JORT, 64e année, n° 11 ter, du 15 mai 2019, pp.2-6).

Loi n° 2020-005 du 30 mars 2020 portant habilitation au Gouvernement de prendre par ordonnances les mesures relevant du domaine de la loi (JORT, 65e année, n° 10 bis, numéro spécial du 30 mars 2020).

Loi n° 2020-010 du 15 septembre 2020 portant prorogation de l'état d'urgence sanitaire.

Loi n° 2020-011 du 15 septembre 2020 portant prorogation du délai du Gouvernement à prendre par ordonnances les mesures relevant du domaine de la loi.

Ordonnance n° 1 du 14 janvier 1967 (Journal officiel de la République togolaise, numéro spécial du 30 janvier 1967, p.1).

Ordonnance n° 2 du 14 janvier 1967 portant composition du CRN.

Ordonnance n° 15 du 14 avril 1967 nommant le Lieutenant-colonel Etienne Eyadema, Président de la République Togolaise.

Ordonnance n° 16 du 14 avril 1967 portant dissolution du CRN (JORT, numéro spécial du 15 avril 1967, p.9).

Ordonnance n° 2020-002 du 11 mai 2020, qui crée un fonds de concours de riposte et de solidarité.

Ordonnance n° 2020-004 du 3 juillet 2020 portant Mesures

générales nécessaires face à l'épidémie de COVID-19.

Ordonnance n° 2020-005 du 30 juillet 2020 portant loi de finances rectificative pour la gestion 2020 et relative aux mesures d'accompagnement d'ordre fiscal et douanier liées à la pandémie du coronavirus (COVID-19).

Ordonnance n° 2020-007 du 26 août 2020 portant loi de finances rectificative pour la gestion 2020.

Décret n° 2020-049/PR du 3 juin 2020 portant modalités d'indemnisation des hôtels et autres structures d'hébergement réquisitionnés pendant la période de l'état d'urgence sanitaire (JORT, n° 21, Spécial du 26 juin 2020, p.6).

B) Accords de paix, textes étrangers et internationaux

1) France (www.legifrance.fr)

Déclaration des Droits de l'Homme et du Citoyen du 26 août 1789.

Constitution du 3 septembre de 1791.

Constitution du 24 juin 1793.

Constitution du 5 fructidor An III (22 août 1795).

Constitution du 22 frimaire An VIII (25 décembre 1799).

Sénatus-consulte organique de la Constitution du 16 fructidor An X (4 août 1802).

Sénatus-consulte organique de la Constitution du 28 floréal An XII (18 mai 1804).

Charte constitutionnelle du 4 juin 1814.

Charte constitutionnelle du 14 août 1830.

Second Empire, Constitution du 14 janvier 1852.

Troisième République, Lois constitutionnelles :

–Loi du 24 février 1875, sur l'organisation du Sénat ;

–Loi du 25 février 1875, sur l'organisation des pouvoirs publics et,

– Loi du 16 juillet 1875 sur les rapports des pouvoirs publics.

Constitution de la République française du 27 octobre 1946.

Constitution de la République française du 4 octobre 1958, révisée.

Loi constitutionnelle n ° 2008-724 du 23 juillet 2008 de modernisation des institutions de la Ve République, (JORF n° 0171 du 24 juillet 2008).

Ordonnance portant loi organique du 2 janvier 1959 modifiée par la loi organique n° 2001-692 du 1er août 2001 relative aux lois de finances.

Loi n ° 2020-290 du 23 mars 2020 d'urgence pour faire face à l'épidémie de COVID-19.

Loi n° 2020-856 du 9 juillet 2020 organisant la sortie de l'état d'urgence sanitaire.

Loi n° 2020-1379 du 14 novembre 2020 autorisant la prorogation de l'état d'urgence sanitaire et portant diverses mesures de gestion de la crise sanitaire (www.vie-publique.fr ; www.legifrance.fr).

2) Tunisie

Décret-loi n° 2011-14 du 23 mars 2011, portant organisation provisoire des pouvoirs publics (signé par le Président de la République par intérim, Fouad Mebazaâ), Journal Officiel de la République Tunisienne, n° 20, du 25 mars 2011, pp.363-365

3) Textes internationaux

CEDEAO, Protocole A/SP1//12/01 sur la Démocratie et la Bonne Gouvernance additionnel au Protocole relatif au Mécanisme de prévention, de gestion, de règlement des conflits, de maintien de la paix et de la sécurité, Dakar 21 décembre 2001.

ONU, Convention de Vienne sur le droit des traités entre États du 23 mai 1969.

ONU, Résolution n° 46/137 sur « le principe d'élections libres, périodiques et honnêtes qui consacrent la légitimité des gouvernements ».

Déclaration de Principes pour l'observation internationale d'élections et le Code de conduite à l'usage des observateurs électoraux internationaux, adoptés par un groupe d'institutions internationales (dont l'ONU, l 'UA, la Commission européenne), adoptée à New York le 27 octobre 2005.

UEMOA, Directive n° 01/2 009/CM/UEMOA du 26 juin 2009 portant Code de transparence dans la gestion des finances publiques au sein de l'UEMOA.

UEMOA, Directive n° 06/2009/CM/UEMOA du 26 juin 2009 portant loi de finances au sein de l'UEMOA, abrogeant et remplaçant la Directive n° 05/97/CM/UEMOA du 16 décembre 1997 relative aux lois de finances.

UEMOA, Directive n° 07/2009/CM/UEMOA du 26 juin 2009

portant Règlement général sur la comptabilité publique.

UEMOA, Directive n° 08/2009/CM/UEMOA du 26 juin 2009 portant nomenclature budgétaire de l'État.

UEMOA, Directive n° 09/2009/CM/UEMOA du 26 juin 2009 portant Plan comptable de l'État.

UEMOA, Directive n° 10/2009/CM/UEMOA du 26 juin 2009 portant Tableau des opérations financières de l'État.

Union Africaine, Acte constitutif, Lomé 11 juillet 2000.

Union Africaine, Charte Africaine de la Démocratie, des Élections et de la Gouvernance, Addis-Abeba, 30 janvier 2007.

Union Africaine, Lignes Directrices de l'UA pour les missions d'observation et de supervision (Doc.EX.CL/91 [V] Annexe II).

Union européenne, Manuel d'observation électorale de l'Union européenne, 2ème édition, Bruxelles, 2008,274 p.

4) Accords de paix

Pacte national du 11 avril 1992 conclu entre le gouvernement du Mali et le Mouvement des Forces Unifiées de l'Azawad.

Accord de paix d'Arusha entre le Gouvernement de la République rwandaise et le Front Patriotique Rwandais du 4 août 1993.

Protocole de l'Accord de paix d'Arusha de 1993 relatif à l'État de droit conclu entre le Gouvernement de la République rwandaise et le Front Patriotique Rwandais (FPR).

Protocole de l'Accord de paix d'Arusha de 1993 sur le partage du pouvoir conclu entre le Gouvernement de la République rwandaise et le Front patriotique Rwandais (FPR).

Accords d'Arusha du 15 août 1993, pour la République Démocratique du Congo.

Protocole II « Démocratie et bonne gouvernance » de l'Accord d'Arusha du 28 août 2000 pour la paix et la réconciliation au Burundi.

Accord de paix d'Arusha du 02 décembre 2002 conclu entre le gouvernement burundais et le Conseil National pour la Défense de la Démocratie-Forces pour la Défense de la Démocratie (CNDD-FDD).

Accord du 06 septembre 2002 entre les gouvernements de la République Démocratique du Congo et de la République de l'Ouganda sur le retrait des troupes ougandaises de la République Démocratique du Congo, sur la coopération et la normalisation des relations bilatérales entre les deux pays.

Accord global et inclusif de Pretoria signé le 16 décembre 2002 entre le gouvernement de la République Démocratique du Congo, le Rassemblement Congolais pour la Démocratie (RCD), le Mouvement de Libération du Congo (MLC), l'Opposition Politique, les Forces Vives, le Rassemblement Congolais pour la Démocratie/Mouvement de Libération (RCD/ML), le Rassemblement Congolais pour la Démocratie/National (RCD/N), les Maï-Maï.

Accord global et inclusif de Sun City du 17 décembre 2002 sur la Transition en République Démocratique du Congo.

Accord de Linas Marcoussis du 24 janvier 2003 par les différentes formations politiques représentatives et les mouvements rebelles (MPCI, MPIGO, MJP) en Côte d'Ivoire.

Accord d'Accra II du 07 mars 2003 sur la crise ivoirienne.

Accord d'Accra III du 30 juillet 2004 sur la Côte d'Ivoire.

Accord de partage de pouvoir signé le 6 août 2004 à Pretoria sur la crise au Burundi.

Accord de paix d'Ouagadougou du 04 mars 2007 sur la crise ivoirienne.

Feuille de route du 24 juillet 2014 pour la Côte d'Ivoire.

Accord pour la paix et la réconciliation au Mali issu du Processus d'Alger, signé à Bamako le 15 mai et le 20 juin 2015 entre le gouvernement de la République du Mali et la Coordination des Mouvements de l'Azawad (CMA) signataires à Alger de la Feuille de route du 24 juillet 2014.

IV. JURISPRUDENCES

A) Jurisprudences constitutionnelles

1) Jurisprudences constitutionnelles africaines

Bénin

Cour constitutionnelle, *Décision DCC 27-94 du 24 août 1994,* (ordonnances et obligation de consultation de la Cour).

Cour constitutionnelle, *Avis n° CC-001/94 du 1er septembre 1994* (pouvoirs exceptionnels et art.68 de la Constitution du Bénin).

Cour constitutionnelle, Décision *DCC 04-091 du 08 octobre 1994,* sur saisine de la Cour d'appel de Cotonou, Recueil 2004, p.415.

Cour constitutionnelle, *Avis CC 00-01 du 7 janvier 2000*, *in* Nicaise MEDE, Les Grandes Décisions de la Cour Constitutionnelle du Bénin, op.cit.

Cour constitutionnelle, *Décision DCC 00-072 du 17 novembre 2000.*

Cour constitutionnelle, Décision DCC 01-021 du 16 mai 2001, *Association des Parents d'Elèves du CEG de Gbégamey*, *in* Nicaise MEDE, GDCC.

Cour constitutionnelle, *Décision* DCC 01-030 du 17 mai 2001 *Dossou Charles.*

Cour constitutionnelle, *Décision* DCC 02-011 du 07 février 2002 *Maître Dossou Robert.*

Cour constitutionnelle, *Décision DCC 02-09 du 14 avril 2002* (publiée dans la Revue de Droit africain n° 24, octobre 2002, Bruxelles, pp.561-574).

Cour constitutionnelle, Décision DCC 02-042 du 17 avril 2002 *Kakpo Damien Chabi Adebiyi.*

Cour constitutionnelle, Décision DCC 02-097 du 14 août 2002, *Chabi Adébiyi, Kakpo Adrien, Tiamiou Julien Joseph et Adjihoda Jérôme*, Recueil 2002, p.401.

Cour constitutionnelle, Décision DCC 08-066 du 26 mai 2008, *Affaire Thierry Ifedola Mahugnon et alii.*

Cour constitutionnelle, *Décision DCC 08-072 du 25 juillet 2008, Joseph H. Gnonlonfoun.*

Cour constitutionnelle, *Décision DCC 13-121 du 10 septembre 2013.*

Cour constitutionnelle, Décision *DCC 13-144 du 1er octobre 2013*, sur saisine du Président du Tribunal de première instance de première classe de Cotonou, Recueil 2013, vol.2, p.898.

Cour constitutionnelle, *Décision DCC 14-065 du 03 avril 2014, Affaire Serge Roberto Prince Agbodjan*, *in* Nicaise MEDE, GDCC.

Cour constitutionnelle, *Décision DCC 18-031 du 08 février 2018 (Directive de* l'UEMOA *sur le code de transparence*).

Cour constitutionnelle, *Décision DCC 18-131 du 21 juin 2018* (Code de procédure pénale).

Cour constitutionnelle, *Décision DCC 18-262 du 06 décembre 2018, Simplice Amoussou Soudé* (audiences publiques).

Cour constitutionnelle, *Décision DCC 18-202 du 11 octobre 2018* (pour une cour des comptes nationale).

Cour constitutionnelle, *Décision DCC 19-488 du 17 octobre 2019, Pascal S. Mitowade (interdiction de l'avortement dans le Code pénal et celui de l'Enfant), in* Revue Constitution et Consolidation, 2020, n° 2 et 3/Semestriel, p.315.

Cour constitutionnelle, *Décision DCC n° 19-504 du 06 novembre 2019* (révision constitutionnelle).

Burkina Faso

Conseil constitutionnel, *Décision n° 2015-010/CC/transition du 30 janvier 2015 sur la conformité à la Constitution et à la Charte de la transition, de la loi organique n° 003-2015/CNT du 23 janvier 2015 portant attributions, composition, organisation et fonctionnement de la commission de la réconciliation nationale et des réformes, in* Burkina Faso, Recueil des Décisions du Conseil constitutionnel, 2015.

Conseil constitutionnel, *Décision n° 2016-05/CC du 25 mars 2016 sur la conformité à la Constitution de la loi organique n° 073-2015/CNT du 6 novembre 2015 relative aux lois de finances, in* Burkina Faso, Recueil des Décisions du Conseil constitutionnel, 2016.

Conseil constitutionnel, *Décision n° 2016-08/CC du 12 juillet 2016 sur l'exception d'inconstitutionnalité de l'article 497-3 ° du Code de procédure pénale, in* Burkina Faso, Recueil des Décisions du Conseil constitutionnel, 2016.

Conseil constitutionnel, *Décision n° 2016-025/CC du 11 novembre 2016 sur la conformité à la Constitution de la loi organique n° 023-2016/AN du 13 octobre 2015 portant retrait de parcelles illégalement acquises sur la période de 1995 à 2015 au Burkina Faso, in* Burkina Faso, Recueil des Décisions du Conseil constitutionnel, 2016.

Conseil constitutionnel, *Décision n° 2018-009/CC du 27 mars 2018 sur le recours en inconstitutionnalité des articles 12,14, 17 et 37 de la loi organique n° 049-2015/CNT du 25 août 2015 portant organisation, composition, attributions et fonctionnement du Conseil supérieur de la magistrature, in* Burkina Faso, Recueil des Décisions du Conseil constitutionnel, 2018.

Conseil constitutionnel, *Décision n° 2020-030/CC du 13 novembre 2020.*

Conseil constitutionnel, *Décision n° 2021-006/CC du 08 février*

2021 (refus d'exception d'inconstitutionnalité soulevée par l'État du Burkina Faso)..

Comores (Union des)

Cour constitutionnelle, *arrêt n° 15-024/CC du 08 décembre 2015* (irrecevabilité d'une proposition de loi constitutionnelle).

Congo

Cour constitutionnelle, *Avis n° 003-ACC-SVC/18 du 23 février 2018*, règlement intérieur du Senat.

Cour constitutionnelle, *Décision n° 005 DCC/SVA/19 du 06 juin 2019, sur le recours en inconstitutionnalité des articles 3,8, 10,12, 13,15, 18 alinéa 2, 22,27, 28,31, 33,34, 36,42, 43,47, 48,52, 53 et 54 de la loi n° 21-2018 du 13 juin 2018 fixant les règles d'occupation et d'acquisition des terres et terrains.*

Cour constitutionnelle, *Avis n° 002-ACC-SVC/20 du 30 mars 2020, sur l'organisation par le Sénat des séances plénières et de la cérémonie de clôture de la Huitième session ordinaire avec un effectif réduit de cinquante (50) personnes.*

Côte d'Ivoire

Conseil constitutionnel, Commission constitutionnelle, *contrôle de conformité à la Constitution du Traité relatif à l'harmonisation du Droit des affaires en Afrique et portant création de l'OHADA, Décision du 23 décembre 1994, in* Francisco Meledje Djedjro, Les grands arrêts de la jurisprudence constitutionnelle ivoirienne, op.cit., p.86.

Conseil constitutionnel, *contrôle de constitutionnalité de la Convention du 03 juillet 1996 de l'Union Monétaire Ouest Africaine (UMOA), portant création du Conseil Régional de l'Epargne Publique et des Marchés Financiers et son annexe, Décision n° L-001/96 du 11 décembre 1996, in* Francisco Meledje Djedjro, Les grands arrêts de la jurisprudence constitutionnelle ivoirienne, op.cit., p.157.

Conseil constitutionnel, *contrôle de conformité à la Constitution des statuts de l'Observatoire des Fonctions Publiques Africaines (OFPA), Décision n ° L-002/97 du 02 avril 1997, in* Francisco Meledje Djedjro, Les grands arrêts de la jurisprudence constitutionnelle ivoirienne, op.cit., p.179.

Cour suprême, Chambre constitutionnelle, *arrêt n° 15-2001 du 27 février 2001* (contrôle de constitutionnalité de l'Acte constitutif de l'Union africaine) *in* Francisco Meledje Djedjro, Les grands arrêts de la jurisprudence constitutionnelle ivoirienne, op.cit., p.341.

Cour suprême, Chambre constitutionnelle, *Demande d'avis de Monsieur le Ministre de la Communication et des Nouvelles Technologies de l'information sur la constitutionnalité de l'ordonnance n° 2000-544 du 2 août 2000 portant statut des Journalistes Professionnels, arrêt n° 16-2001 du 22 mars 2001, in* Francisco Meledje Djedjro, Les grands arrêts de la jurisprudence constitutionnelle ivoirienne, op.cit., p.359.

Conseil constitutionnel, *Décision CC n° 002/CC/SG du 17 décembre 2003 Situation prévalant en Côte d'Ivoire depuis le 19 septembre 2002, consécutive d'un cas d'atteinte à l'intégrité du territoire*, in Francisco Meledje Djedjro, Les grands arrêts de la jurisprudence constitutionnelle ivoirienne, op.cit., p.456.

Conseil constitutionnel, *contrôle de conformité à la Constitution du Statut de Rome, de la Cour pénale internationale, Décision CC n° 002/CC/SG du 17 décembre 2003*, *in* Francisco Meledje Djedjro, Les grands arrêts de la jurisprudence constitutionnelle ivoirienne, op.cit., p.456.

Conseil constitutionnel, *Avis n° 003/CC/SG du 17 décembre 2003,* www.conseil-constitutionnel.ci.

Conseil constitutionnel, *Avis n° 2005-013/CC/SG du 15 décembre 2005, in* Luc Sindjoun, Les grandes décisions de la justice constitutionnelle africaine, op.cit.

Conseil constitutionnel, *Décision n° CI-2014-142/23-12/CC/SG du 23 décembre 2014 relative au contrôle de constitutionnalité du Protocole sur les amendements à l'Acte constitutif de l'Union africaine, adopté le 03 février 2003 à Addis-Abeba (Ethiopie) et le Protocole adopté le 11 juillet 2003 à Maputo (Mozambique), in* Recueil des décisions et avis du Conseil constitutionnel 2013-2016.

Conseil constitutionnel, *Décision n° CI -2017-308/11-04/CC/SG du 11 avril 2017 relative au recours en exception d'inconstitutionnalité de l'annexe fiscale de la loi de finances rectificative n° 2015-636 du 17 septembre 2015 portant modification du budget de l'État pour l'année 2015.*

Conseil constitutionnel, *Avis n° CI -2017 – A-313/19-12/CC/SG du 19 décembre 2017, demandé par le Président de l'Assemblée nationale.*

Conseil constitutionnel, *Décision n° CI-2018 – 002/DCC/19-03/CC/SG du 19 mars 2018 relative au recours en inconstitutionnalité de l'ordonnance n° 2012-293 du 21 mars 2012 relative aux Télécommunications et aux Technologies de l'Information et de la Communication.*

Conseil constitutionnel, *Décision n° CI-2018 – 005/DCC/03-07/CC/SG du 03 juillet 2018 relative à la requête de la Société pour la promotion de l'Habitat, de l'immobilier et de l'Aménagement dite Sophia S.A., de Messieurs Touré Ahmed Bouah et Sahiri Patrice et Maître Touré Kadidi.*

Conseil constitutionnel, *Décision n° CI-2018 – 006/DCC/04-07/CC/SG du 04 juillet 2018 relative à la requête de la Société Corporate Elite Group.*

Conseil constitutionnel, *Décision n° CI-2019-003/DCC/21-05/CC/SG du 21 mai 2019.*

Conseil constitutionnel, *Décision n° CI-2019-004/DCC/25-06/CC/SG du 25 juin 2019.*

Conseil constitutionnel, *Décision n° CI-2020-001/DCC/04-02/CC/SG du 04 février 2020, relative à la requête aux fins de contrôle de constitutionnalité des articles 354 et 355 anciens du Code pénal.*

Conseil constitutionnel, *Avis n° CI-2020-004/A/07-04/CC/SG du 07 avril 2020, relatif à la demande d'avis sur le report de la date de la cérémonie d'ouverture de la session ordinaire du Sénat au titre de l'année 2020.*

Conseil constitutionnel, *Décision n° CI-2020-005/DCC/07-05/CC/SG du 07 mai 2020, relative à la requête de Monsieur Grah Ange Olivier tendant à soulever l'inconstitutionnalité des articles 51 à 57 de la loi n° 78-662 du 04 août 1978 portant statut de la magistrature.*

Conseil constitutionnel, *Décision n° CI-2020-006/DCC/14-05/CC/SG du 14 mai 2020, relative à la requête de Messieurs Soro Kigbafori Guillaume et Koné Kamaraté Souleymane tendant à soulever l'inconstitutionnalité de la loi constitutionnelle n° 2020-348 du 19 mars 2020.*

Conseil constitutionnel, *Décision n° CI-2020-011/DCC/24-11/CC/SG du 24 novembre 2020, relative à la requête du Président de la République aux fins de contrôle de constitutionnalité de la loi organique portant composition, attributions et fonctionnement de la Chambre nationale des Rois.*

Conseil constitutionnel, Décision n° CI-2021-001/DCC/12-01/CC/SG du 12 janvier 2021, relative à la requête de la société Maersk Côte d'Ivoire aux fins de contrôle de constitutionnalité de l'article 8 de la loi n° 2018-974 du 27 décembre 2018 portant statut des commissaires de justice.

Gabon

Cour constitutionnelle, *Décision n° 006/CC du 4 mars 1993, relative à la loi organique n ° 2/93 fixant la composition, l'organisation et le fonctionnement du Conseil supérieur de la magistrature.*

Cour constitutionnelle, *Décision n° 022/CC du 26 mai 2015 relative au contrôle de constitutionnalité par voie d'exception des dispositions de l'article 383 de la loi n° 036/2010 du 25 novembre 2010 portant Code de procédure pénale.*

Cour constitutionnelle, *Décision n° 39/CC du 6 novembre 2017, Hebdo informations*, n° 667, 13-31 octobre 2018, pp. 126-127.

Cour constitutionnelle, *Décision n° 022 du 30 avril 2018 relative à la requête présentée par le Premier ministre aux fins d'interprétation des articles 4, 28, 28 a, 31, 34, 35 et 36 de la Constitution.*

Cour constitutionnelle, *Décision n° 255bis/CC du 13 décembre 2018 relative au contrôle de constitutionnalité du règlement intérieur de la Commission pour la protection des données à caractère personnel.*

Cour constitutionnelle, *Décision n° 332/CC du 25 juillet 2019, in Hebdo informations*, n° 675, 14-31 décembre 2019, pp. 138-139.

Cour constitutionnelle, *Décision n° 16/CC du 24 mars 2020, in Hebdo informations*, n° 680, 14-28 novembre 2020, pp. 71-72.

Cour constitutionnelle, *Décision n° 24/CC du 15 juin 2020, in Hebdo informations,* n° 680, 14-28 novembre 2020, pp. 75-76.

Guinée

Cour constitutionnelle, arrêt *n ° AC 010 du 16 octobre 2015* à propos de la loi organique portant Attributions, organisation et fonctionnement de la Cour suprême.

Cour constitutionnelle, *arrêt n ° AC 09 du 05 mai 2016 relatif à la Haute Autorité de la Communication.*

Cour constitutionnelle, *arrêt n ° AC 29 du 04 octobre 2016 relatif à l'Institution Nationale Indépendante des Droits Humains.*

Cour constitutionnelle, *arrêt n° 001 du 28 juillet 2015* (contrôle du Protocole d'accord : assistance technique en appui aux pays les plus touchés par l'épidémie d'Ebola).

Cour constitutionnelle, *arrêt n° 002 du 25 juillet 2015 (*contrôle d'un accord dans le cadre du PRAO).

Madagascar

Haute Cour constitutionnelle, *Décision n° 04-HCC/D2 du 4 novembre 2009 relative à une requête en exception d'inconstitutionnalité de l'ordonnance n° 2009-003 du 18 mars 2009 portant suspension du parlement.*

Haute Cour constitutionnelle, *Décision n° 07-HCC/D1 du 16 novembre 2009 concernant une ordonnance autorisant la ratification d'un Accord de financement additionnel relatif au Projet de Réhabilitation du périmètre du Bas Mangoky conclu entre la République de Madagascar et le Fonds Africain de Développement.*

Haute Cour Constitutionnelle, *Décision n° 15-HCC/D3 du 26 décembre 2011 concernant la loi n° 2011-014 portant insertion dans l'ordonnancement juridique interne de la feuille de route.*

Haute Cour Constitutionnelle, *Décision n° 04-HCC/D3 du 17 juillet 2013 concernant la loi n° 2013-004 régissant la vacance de la présidence de la Transition.*

Haute Cour constitutionnelle, *Décision n° 01-HCC/D2 du 11 février 2014 concernant une requête aux fins d'exception d'inconstitutionnalité d'une décision de la Fédération Malgache de Pétanque.*

Haute Cour Constitutionnelle, *Avis n° 03-HCC/AV du 11 avril 2014 relatif à la nature et à la portée de toute procédure consultative engagée auprès de la Haute Cour constitutionnelle.*

Haute Cour constitutionnelle, *Décision n° 24-HCC/D2 du 12 juin2015 relative à*

la résolution de mise en accusation du Président de la République Héry Rajaonarimampianina.

Haute Cour constitutionnelle, *Décision n° 01-HCC/D2 du 21 octobre 2015 relative à des requêtes aux fins d'exception d'inconstitutionnalité de l'article 225, alinéa 2 du Code du Travail.*

Haute Cour constitutionnelle, *Décision n° 01-HCC/D2 du 11 avril 2018 concernant des requêtes en exception d'inconstitutionnalité d'actes de procédure.*

Haute Cour constitutionnelle, *Décision n° 13 – HCC/D3 du 5 juillet 2019 concernant l'ordonnance n° 2019-012 portant abrogation des dispositions législatives relatives à la création du Fonds d'Entretien Routier et l'ordonnance n° 2019-013 portant création de l'Autorité Routière*.

Mali

Cour constitutionnelle, *Arrêt n° 09-01/CC du 02 février 2009 relatif à la requête du Président du Conseil économique social et culturel aux motifs que son institution n'a pas été consultée sur « les projets de loi relatifs au Code de la famille et à l'abolition de la peine de mort », in* Recueil des arrêts, avis et autres décisions de la Cour constitutionnelle du Mali, vol.5 (2008-2013), Bamako, 2018, 526 p.

Cour constitutionnelle, *Avis n° 001/CM du 20 mai 2011 sur la demande d'avis présentée par le ministre des Relations avec les Institutions, in* Recueil des arrêts, avis et autres décisions de la Cour constitutionnelle du Mali, vol.5.

Cour constitutionnelle, *Avis n° 2014-01/CCM du 25 août 2014 sur la possibilité de questions orales lors d'une session parlementaire extraordinaire*, Recueil, vol.5, p.44.

Cour constitutionnelle, *Avis n° 2015-01/CCM du 04 mai 2015 aux fins de demande d'avis sur la possibilité d'amendement d'une ordonnance par l'Assemblée Nationale.*

Cour suprême du Mali, Assemblée consultative, formation restreinte, *Avis n° 12-2020/CS-AC.FR de consultation juridique du 25 septembre 2020.*

Cour suprême du Mali, Assemblée plénière, *Avis n° 13-2020/CS-AC.FP de consultation juridique du 7 octobre 2020.*

Cour constitutionnelle, *Arrêt n° 2020-07/CC du 18 décembre 2020 relatif à la requête aux fins de contrôle de conformité à la Constitution du Règlement intérieur du Conseil National de Transition (CNT).*

Cour constitutionnelle, *Arrêt n° 2021-02/CC/VACANCE du 28 mai 2021 relatif à la vacance de la présidence de transition* (JORM, Spécial numéro 4 du 28 mai 2020).

Mauritanie

Conseil constitutionnel, *Décision n° 003/2017/referendum/CC du*

17 août 2017 portant proclamation des résultats définitifs du référendum du 05 août 2017.

Niger

Chambre constitutionnelle de la Cour suprême, *arrêt n° 95-06 du 5 septembre 1995.*

Cour constitutionnelle, *Avis n° 001-2001/CC du 8 mars 2001.*

Conseil constitutionnel de transition, *arrêt n° 002/CCT/MC du 7 octobre 2010.*

Conseil constitutionnel de transition, *Avis n° 003/CCT/2013 du 11 janvier 2013 sur le projet d'ordonnance autorisant la ratification de la Charte de l'Eau du Bassin du Lac Tchad.*

Cour constitutionnelle, *Avis n° 32/CC du 30 décembre 2015 sur le projet d'ordonnance sur la protection des données à caractère personnel.*

Cour constitutionnelle, Avis n° 33/CC du 30 décembre 2015 *sur le projet d'ordonnance modifiant et complétant la loi n° 61-27 du 15 juillet 1961 portant institution du Code pénal.*

Cour constitutionnelle, *Avis n° 01/CC du 26 janvier 2018 sur le projet d'ordonnance modifiant et complétant l'ordonnance n° 2010-54 du 17 septembre 2010 portant Code Général des Collectivités Territoriales du Niger.*

Cour constitutionnelle, *Avis n° 05/CC du 13 juin 2018 sur le projet d'ordonnance portant prorogation de l'état d'urgence dans la région de Diffa.*

Cour constitutionnelle, *Avis n° 17/CC du 31 juillet 2018 sur le projet d'ordonnance autorisant la ratification de l'Accord de prêt entre la République du Niger et le Fonds Africain de Développement (FAD) pour le financement partiel du projet d'interconnexion électrique Nigéria – Niger – Bénin – Burkina Faso*, (http://courconstitutionnelle-niger.org/documents/avis).

Cour constitutionnelle, *Avis n° 08/CC du 30 mars 2020, Demande d'avis du PAN pour l'interprétation des articles 91,93 et 94 de la Constitution.*

Cour constitutionnelle, *Arrêt n° 04/CC du 15 juin 2020 (élections et pandémie).*

Cour constitutionnelle, *Avis n° 28/CC du 17 septembre 2020 sur le projet d'ordonnance déterminant les règles statutaires applicables au personnel du Cadre de la Police Nationale.*

Cour constitutionnelle, *Avis n° 29/CC du 06 novembre2020 sur le projet d'ordonnance portant prorogation de l'état d'urgence dans la région de Diffa.*

Cour constitutionnelle, *Avis n° 30/CC du 30 décembre 2020 sur le projet d'ordonnance portant prorogation de l'état d'urgence sur toute l'étendue du territoire de la République du Niger.*

Cour constitutionnelle, *Avis n° 31/CC du 30 décembre 2020 sur le projet d'ordonnance portant prorogation de l'état d'urgence dans la région de Diffa et dans certains départements des régions de Tahoua et de Tillabéry.*

République Centrafricaine

Cour constitutionnelle de transition, *Décision n° 005/15/CCT du 15 avril 2015 sur la séquence des opérations référendaires et électorales prévues à l'article 44 tiret 5 de la Charte constitutionnelle de transition et sur l'interprétation des dispositions de l'article 104 de la Charte constitutionnelle de transition.*

Cour constitutionnelle de transition, *Décision n° 010/15/CCT du 28 août 2015, relatif à l'interprétation de l'article 106 de la Charte constitutionnelle de la Transition.*

Cour constitutionnelle, Avis n ° 001/CC/18 du 07 mars 2018, relatif à certaines règles régissant la composition du Bureau de l'Assemblée nationale selon la loi organique n° 17-011 du 14 mars 2017 portant Règlement intérieur de l'Assemblée nationale.

Cour constitutionnelle, Avis n ° 015/CC/20 du 05 juin 2020, relatif à la révision de certaines dispositions de la Constitution du 30 mars 2016.

République Démocratique du Congo

Cour constitutionnelle (Cour Suprême de Justice siégeant comme), *arrêt R. Const. 001/073 du 15 avril 2016.*

Cour constitutionnelle (Cour Suprême de Justice siégeant comme), *arrêt R.Const.002/082 du 15 avril 2016.*

Cour constitutionnelle (Cour Suprême de Justice siégeant comme), arrêt *R.Const.003/177 du 10 août 2016.*

Cour constitutionnelle, arrêt *R. Const. 622 du 2 février 2018.*

Cour constitutionnelle, siégeant en matière de déclaration du patrimoine, RDPF : 94 à 161, *Déclaration du Patrimoine familial des membres du gouvernement Samy Badibanga Ntita nommé par Ordonnance n° 16/099 du 26 novembre deux mille seize portant nomination de Monsieur Samy Badibanga Ntita en qualité de Premier ministre et celle n° 16/100 du dix-neuf décembre deux mille seize portant nomination des vices-Premiers ministres, ministres d'État, ministres, ministre délégué et vice-ministres, arrêt du 18 février 2018.*

Cour constitutionnelle, arrêt *R. Const.1.200 du 13 avril 2020, Requête du Président de la République en appréciation de la conformité à la Constitution de l'Ordonnance n° 20/014 du 24 mars 2020 portant proclamation de l'état d'urgence sanitaire pour faire face à l'épidémie de COVID 19*, JORDC, numéro spécial du 16 avril 2020, p.12 et s.

Cour constitutionnelle, arrêt *R. Const. 1438 du 15 décembre 2020, requête de l'Assemblée nationale tendant à obtenir habilitation de son Bureau d'âge pour finaliser le processus d'examen de la pétition contre un membre du Bureau conformément à l'article 31 de son Règlement intérieur et à assurer sa gestion courante jusqu'à la mise en place de son Bureau définitif.*

Sénégal

Cour suprême, Sections réunies, *Décision du 16 février 1960* (JO n° 3443 du 1er avril 1961, p.461).

Cour suprême, Sections réunies, *Décision du 17 novembre 1962, Secrétariat Général du gouvernement.*

Cour Suprême, Sections réunies, *Décision du 5 mars 1963.*

Cour Suprême, Sections réunies, *Décision du 25 juillet 1967.*

Cour Suprême, Sections réunies, *Décision du 22 octobre 1968* (Décisions de la Cour Suprême, reproduites dans la RIPAS n° 23-24, janvier-décembre 1990, pp.81-104).

Conseil constitutionnel, *Décision n ° 11/93 du 16 décembre 1993.*

Conseil constitutionnel, *Décision 2/C/95 du 13 février 1995.*

Conseil constitutionnel, *Décision 3/C/95 du 19 juin 1995 (art.140 du Code de procédure pénale).*

Conseil constitutionnel, *Décision sur les affaires 3 et 4/C/96 du 3 juin 1996 (loi sur l'expropriation pour cause d'utilité publique).*

Conseil constitutionnel, *Décision 4/C/2000 du 8 février 2001 (Accord de siège entre le Sénégal et la BCEAO).*

*Con*seil constitutionnel, *Décision 2/C/2012 du 6 décembre 2012 (liberté syndicale et personnel des Douanes).*

*Con*seil constitutionnel, *Décision 2/C/2013 du 18 juillet 2013 (statut du personnel des Douanes).*

*Con*seil constitutionnel, *Décision 1/C/2014 du 3 mars 2014 (lois sur l'enrichissement illicite).*

*Con*seil constitutionnel, *Décision 1/C/2015 du 2 mars 2015 (Accord entre le Sénégal et l'Union Africaine).*

*Con*seil constitutionnel, *Décision n° 3/C/2017 du 9 janvier 2017 (loi organique sur la Cour suprême).*

*Con*seil constitutionnel, *Décision n° 3/C/2017 du 9 janvier 2017.*

*Con*seil constitutionnel, *Décision n° 1/C/2019 du 25 avril 2019.*

*Con*seil constitutionnel, *Décision n° 2/C/2019 du 23 octobre 2019.*

*Con*seil constitutionnel, *Décision n° 1/C/2020 du 24 février 2020,* (site : www.conseilconstitutionnel.sn).

Togo

Cour constitutionnelle, Affaire *de la Demande d'avis du Président de la République relative aux armoiries de la République, Avis n° AV-001/08 du 20 juin 2008.*

Cour constitutionnelle, Affaire *de la Demande d'avis du Premier ministre sur le projet d'ordonnance déterminant les conditions de mise en œuvre de l'état d'urgence au Togo, Avis n° AV-003/20 du 8 avril 2020.*

Cour constitutionnelle, *Décision n° C-005/20 du 25 novembre 2020, exception d'inconstitutionnalité : Ministère public et BIA Togo c/Monsieur Koezi, magistrat à la Cour d'appel.*

Cour constitutionnelle, *Avis n° AV-007/20 du 25 août 2020, Demande d'avis du Premier ministre relative au projet d'ordonnance portant loi de finances rectificative, gestion 2020.*

Cour constitutionnelle, *Avis n° AV-008/20 du 17 décembre 2020, Demande d'avis du Premier ministre relative au projet d'ordonnance portant seconde loi de finances rectificative, gestion 2020.*

Cour constitutionnelle, *Décision n° C-006/20 du 30 décembre 2020, contrôle de constitutionnalité de la loi organique fixant la composition, l'organisation et le fonctionnement des services du Médiateur de la République*, https://courconstitutionnelle.tg.

2) Jurisprudence constitutionnelle française

Conseil constitutionne*l, Décision n° 59-1 L du 27 novembre 1959.*

Conseil constitutionnel, n° 65 – 349/350 SEN, 8 novembre 1965, *Sénat, Meurthe-et-Moselle*, *Rec.* p. 65.

Conseil constitutionnel, n° 72-73 L du 29 février 1972, *Participation des salariés aux résultats de l'entreprise*, Rec., CC, p.31.

Conseil constitutionnel, n° 73-582 AN, 28 novembre 1973, *A.N., Territoire français des Afars et Issas*, *Rec.* p. 198.

Conseil constitutionnel, *Décision n° 76-72 DC du 12 janvier 1977.*

Conseil constitutionnel, *Décision n° 80-119 DC du 22 juillet 1980,* Rec. p.46.

Conseil constitutionnel, *Décision DC du 4 juin 1984, ordonnances en matière financière*, Rec. p.45.

Conseil constitutionnel, Décision *n° 85-196 DC du 8 avril 1985.*

Conseil constitutionnel, *Décision n° 86-207 DC des 25 et 26 juin*

1986 (JORF du 27 juin 1986).

Conseil constitutionnel, *Décision n° 86-224 DC du 23 janvier 1987, Conseil de la Concurrence*, RFDA 1987, p.301, Note Louis Favoreu.

Conseil constitutionnel, Décision n° 88-248 DC du 17 janvier 1989, *Loi modifiant la loi n° 86-1067 du 30 septembre 1986 relative à la liberté de communication*, *Rec.* p. 15.

Conseil constitutionnel, *Décision n° 93-320 DC du 21 juin 1993.*

Conseil constitutionnel, *Décision n° 96-373 DC du 9 avril 1996, (JORF du 13 avril 1996, p.5724).*

Conseil constitutionnel, Décision n° 99-425 DC du 29 décembre 1999, *Loi de finances rectificative pour 1999*, *Rec.* p. 168.

Conseil constitutionnel, Décision n° 99-423 DC du 13 janvier 2000, *Loi relative à la réduction négociée du temps de travail*, *Rec.* p. 33.

Conseil constitutionnel, Décision *du 7 novembre 2000, Code de l'Environnement*, (chronique constitutionnelle française n° 97, Revue Pouvoirs 2000, p.153).

Conseil constitutionnel, Décision n° 2001-448 DC du 25 juillet 2001.

Conseil constitutionnel, *Décision n° 2004-506 DC du 2 décembre 2004.*

Conseil constitutionnel, *Décision n° 2004-510 DC du 20 janvier 2005.*

Conseil constitutionnel, *Décision n° 2006-534 DC du 16 mars 2006.*

Conseil constitutionnel, n° 2007-4002 SEN, 25 octobre 2007, *Sénat, Hérault*, *Rec.* p. 357.

Conseil constitutionnel, Décision n° 2017-756 DC du 21 décembre 2017, *Loi de financement de la sécurité sociale pour 2018*, (J.O.R.F. n° 305 du 31 décembre 2017, texte n° 7).

Conseil constitutionnel, Décision n° 2018-5567 AN, 8 juin 2018, *A.N., Nord 20ème circonscription*, *J.O.R.F.* n° 133 du 12 juin 2018, texte n° 58.

Conseil constitutionnel, *Décision n° 2020-799 DC du 26 mars 2020, Loi organique d'urgence pour faire face à l'épidémie de COVID-19.*

Conseil constitutionnel, *Décision n° 2020-843 Q.P.C. du 28 mai 2020, Force 5, Autorisation d'exploiter une installation de production d'électricité*, (www.conseil-constitutionnel.fr).

Conseil constitutionnel, Décision n° 2020-802 DC du 30 juillet 2020, *Loi organique portant report de l'élection de six sénateurs représentant les Français établis hors de France et des élections partielles pour les députés et les sénateurs représentant les Français établis hors de France* (JORF du 4 août 2020).

B) Autres jurisprudences africaines et françaises

Burkina Faso, *Cour Suprême – Chambre Administrative, arrêt du 8 juillet 1983, Garango Tiémoko Marc.*

Burkina Faso, *Tribunal Administratif de Ouagadougou, Madame Balima née Zongo K. Juliette c/ministre de la Jeunesse et des Sports et Receveur des Domaines et de la Publicité Foncière Kadiogo VI, arrêt du 10 mars 2005.*

France, Conseil d'État, arrêt du 6 décembre 1907, Compagnie des Chemins de Fer de l'Est.

France, Conseil d'État, arrêt du 29 mai 1908, *Paulin.*

France, Conseil d'État, arrêt du 2 juin 1918, *Heyriés,* GAJA, n° 31.

France, Conseil d'État, arrêt *du 28 février 1919, Dames Dol et Laurent*, GAJA n° 37.

France, Conseil d'État, arrêt *du 8 août 1919 Labonne, Rec., p.737.*

France, Conseil d'État, arrêt du 30 mai 1930, *Chambre syndicale de commerce en détail de Nevers*, (GAJA, 19ème éd. n° 42, pp. 265-276).

France, Conseil d'État, Ass., arrêt *du 27 juin 1937, Union des véhicules industriels,* Rec. p.619.

France, Conseil d'État, *arrêt du 12 juillet 1939* Chambre de commerce et d'industrie de Saint Etienne.

France, Conseil d'État, arrêt *du 7 février 1944, Ghez*, Rec. p.55.

France, Conseil d'État, arrêt *du 26 octobre 1945, Aramu,* Dalloz 1946, p.148.

France, Conseil d'État, arrêt *du 22 février 1946, Botton*, Rec. p.58.

France, Cour de Cassation, *Chambre criminelle,* arrêt *du 28 mai 1959, Ahmed Bouazza* (JCP 1959.II.n ° 11.152).

France, Conseil d'État, arrêt *du 29 juin 1959, Syndicat général des Ingénieurs-conseils*, GAJA n° 96.

France, Conseil d'État, arrêt *du 12 février 1960, Société Eky*, Sirey 1960, p.131, concl. Kahn.

France, Conseil d'État section, arrêt *du 3 novembre 1961, Damiani,* Rec., p. 607.

France, Conseil d'État, *Ass.*, arrêt *du 24 novembre 1961, Fédération Nationale des Syndicats de Police,* Sirey 1963, p.59, note Léo Hamon.

France, Conseil d'État, *Ass.*, arrêt *du 19 octobre 1962*, *Canal, Robin et Godot,* Rec. p.552.

France, Conseil d'État, arrêt *du 14 janvier 1964, Charlet,* RDP 1964, p.439.

France, Conseil d'État, *Ass.*, arrêt *du 15 juillet 1964, Société des Etablissements Mulsant,* Rec. p.481.

France, Conseil d'État, arrêt du 10 février 1967, *Société des Établissements Petitjean et autres.*

France, Conseil d'État, *arrêt du 10 juillet 1972, Air Inter*, Rec., p.157.

France, Conseil d'État, arrêt du 18 mai 1983, *Rodes*, GAJA, n° 40.

France, Cour de cassation, *chambre commerciale, arrêt du 6 octobre 1992, Société Anonyme Lefebvre et autres.*

France, Conseil d'État, arrêt du 25 juillet 1985 *Dame Dagostini*, (www.legifrance.gouv.fr).

France, Conseil d'État, arrêt *du* 4 novembre. 1996, *Asso*ciation *de défense des sociétés de course des hippodromes de province.*

France, Conseil d'État, arrêt *du* 1er décembre 1997, *Union des professions de santé libérales SOS Action santé.*

France, Conseil d'État, arrêt *du* 1er décembre 1997, *Caisse primaire d'assurance-maladie de la Sarthe.*

France, Conseil d'État, arrêt *du* 12 juin 1998, *Conseil national de l'ordre des médecins.*

France, Conseil d'État, arrêt *du* 3 décembre 1999, Oiseaux migrateurs, RDP, 2000, p.1, note Jean-Pierre Camby.

France, Conseil d'État, arrêt *du 8 décembre 2000, Hoffer*, (RFDA 2001, p.454).

France, Conseil d'État, arrêt *du* 30 juin 2003, *Fédération régionale ovine du Sud-est.*

France, Conseil d'État, Ass., arrêt *du* 11 décembre 2006.

France, Tribunal des conflits, *Préfet de l'Essonne c/Cour d'appel de Paris, arrêt du 19 mars 2007* (AJDA 2007, p.1357, note Michel

Verpeaux).

France, Conseil d'État, Assemblée, *arrêt du* 23 décembre 2011, (Danthony), n° 335033, Rec. Lebon.

France, Conseil d'État, Section, *arrêt du* 11 juillet 2011, *Société d'équipement du département de Maine-et-Loire Sodemel et ministre de l'intérieur, de l'outremer, des collectivités territoriales et de l'immigration (SODEMEL)*, n° 320735, 320854, *Rec. Lebon*, p. 346.

R.D.C., Cour suprême de Justice, section administrative arrêt *du 26 septembre 2001, Ntenda Didi c/République Démocratique du Congo et Président de la R.D.C.*.

Sénégal, *Cour Suprême, arrêt du 2 janvier 1970 Longin Coly*, (Annales Africaines 1973).

Sénégal, *Cour Suprême,* arrêt *du 5 juillet 1979, Aminata Sall et autres*, GDJAS n° XII.

Sénégal, *Tribunal de Dakar,* arrêt *du 7 avril 1981, Ministère public c/Cheikh Anta Diop,* GDJAS, n° XIII.

Sénégal, *Conseil d'État, arrêt du 4 janvier 2001, Parti Socialiste et URD c/État du* Sénégal.

Sénégal, Cour de cassation, *arrêt n° 14 du 09 janvier 2002, Matar Seck c/SNR*

Sénégal, *Cour Suprême,* arrêt *du 14 janvier 2010, Ibrahima Diagne c/État du Sénégal*, *in* Bulletin des arrêts de la Cour suprême, n° 2-3,2010-2011.

Sénégal, *Cour Suprême,* arrêt *du 13 janvier 2011, Port Autonome de Dakar c/Comité de règlement des différends de l'ARMP*, *in* Bulletin des arrêts de la Cour suprême, n° 2-3, 2010-1011.

Sénégal, Cour Suprême, chambre administrative, *arrêt n° 113 du 17 juin 2010, Abdoulaye Diagne dit Foreman c/État du Sénégal.*

Sénégal, Cour Suprême, chambre administrative, *arrêt n° 9 du 3 mars 2011 Birassy Guissé et autres c/État du Sénégal.*

Sénégal, Cour suprême, chambre administrative, *arrêt n° 50 du 26 septembre 2013, Cheikh Tidiane Sy et autres c/État du Sénégal.*

Union Africaine, Cour Africaine des Droits de l'Homme et des Peuples, *Affaire XYZ c/République du Bénin, Requête n° 010/2020, arrêt du 27 novembre 2020.*

V. LISTE DES SITES INTERNET CONSULTES

African Union: www.african-union.org.

Afrilex (revue) : www.afrilex.u-bordeaux4.fr.

Agence luxembourgeoise de coopération pour le développement : www.luxdev.lu.

Assemblée Parlementaire de la Francophonie,

http://www.apf.francophonie.org.

Assemblée nationale (Bénin) : www.assemblee nationale.bj.

Assemblée nationale (Burkina Faso) : www.assembleenationale.bf.

Assemblée nationale (Burundi) : www.assemblee.bi.

Association des Cours et Conseils constitutionnels francophones : www.accf-francophonie.org.

Association ouest africaine des Hautes Juridictions Francophones, www.ahjucaf.org.

BCEAO : www.bceao.int.

Bénin, secrétariat général du Gouvernement et du Conseil des ministres : www.sggcm.bj.

Blog de Stéphane Bolle : www.la–constitution–en–afrique–over–blog.com.

CAMES : www.lecames.org

CEDEAO : www.ecowas.int www.cedeao.org

CEDH : www.coe-.int.

Conseil de Sécurité : www.un.org/french/sc.info.com.

Conseil constitutionnel (Burkina Faso) :

www.conseil-constitutionnel.bf.

Conseil constitutionnel (Côte d'Ivoire) :

www.conseil-constitutionnel.ci.

Conseil constitutionnel (France) : www.conseil-constitutionnel.fr

Conseil constitutionnel (Sénégal) : www.conseilconstitutionnel.sn

Constitutions africaines : www.mjp.univ-perp.fr.

Cour ADHP : www.african-court.org.

Cour constitutionnelle (Bénin) : www.courconstitutionnelle.bj.

Cour constitutionnelle (Congo) : www.cour-constitutionnelle.cg.

Cour constitutionnelle (Guinée) :

www.courconstitutionnelle.gov.gn.

Cour constitutionnelle (Mali) : www.cour-constitutionnelle.ml.

Cour constitutionnelle (Niger) : www.cour–constitutionnelle-niger.org.

Cour constitutionnelle (R.D.C.) : www.courconstitutionnelle.cd.

Cour constitutionnelle (Togo) : www.courconstitutionnelle.tg.

CREDILA : www.credila-fsjp.ucad.sn.

Direction des relations avec les institutions (Sénégal) : www.dri ; gouv.sn.

Djibouti (textes) : www.presidence.dj.

Droits africains : www.droit-afrique.com.

Droit camerounais : www.camerlex.com.

Droit congolais : www.droitcongolais.com.

Droit gabonais : www.legigabon.com.

France (textes) : www.legifrance.gouv.fr.

Haute Cour constitutionnelle (Madagascar) : www.hcc-gov.mg.

JORS : www.jo.gouv.sn.

Jus Politicum (revue) : www.juspoliticum.com.

OHADA : www.ohada.com.

OIT : www.ilo.org.

O.M.S. : www.who.int.

ONUCI : www.onuci.org.

Ordonnances des rois de France :

www.archives-nationales.culture.gouv.fr/commission-des-ordonnances-des-rois-de-france.

UCAD : www.ucad.edu.sn.

UE : Union européenne : www.europa.eu.int.

UNESCO : www.unesco.org.

INDEX

A

C

D

E

L

O

Q

R

TABLE DES MATIÈRES

Structures éditoriales du groupe L'Harmattan

L'Harmattan Italie
Via degli Artisti, 15
10124 Torino
harmattan.italia@gmail.com

L'Harmattan Hongrie
Kossuth l. u. 14-16.
1053 Budapest
harmattan@harmattan.hu

L'Harmattan Sénégal
10 VDN en face Mermoz
BP 45034 Dakar-Fann
senharmattan@gmail.com

L'Harmattan Cameroun
TSINGA/FECAFOOT
BP 11486 Yaoundé
inkoukam@gmail.com

L'Harmattan Burkina Faso
Achille Somé – tengnule@hotmail.fr

L'Harmattan Guinée
Almamya, rue KA 028 OKB Agency
BP 3470 Conakry
harmattanguinee@yahoo.fr

L'Harmattan RDC
185, avenue Nyangwe
Commune de Lingwala – Kinshasa
matangilamusadila@yahoo.fr

L'Harmattan Congo
67, boulevard Denis-Sassou-N'Guesso
BP 2874 Brazzaville
harmattan.congo@yahoo.fr

L'Harmattan Mali
ACI 2000 - Immeuble Mgr Jean Marie Cisse
Bureau 10
BP 145 Bamako-Mali
mali@harmattan.fr

L'Harmattan Togo
Djidjole – Lomé
Maison Amela
face EPP BATOME
ddamela@aol.com

L'Harmattan Côte d'Ivoire
Résidence Karl – Cité des Arts
Abidjan-Cocody
03 BP 1588 Abidjan
espace_harmattan.ci@hotmail.fr

Nos librairies en France

Librairie internationale
16, rue des Écoles
75005 Paris
librairie.internationale@harmattan.fr
01 40 46 79 11
www.librairieharmattan.com

Librairie des savoirs
21, rue des Écoles
75005 Paris
librairie.sh@harmattan.fr
01 46 34 13 71
www.librairieharmattansh.com

Librairie Le Lucernaire
53, rue Notre-Dame-des-Champs
75006 Paris
librairie@lucernaire.fr
01 42 22 67 13

www.ingramcontent.com/pod-product-compliance
Lightning Source LLC
LaVergne TN
LVHW011140061026
849535LV00003B/550